병자호란과 예,
그리고 중화

허태구(許泰玖, Huh, Tae-koo)

1970년 서울에서 출생. 서울대학교 인문대학 국사학과를 졸업하고, 같은 학교 대학원에서 석사·박사 학위를 받았다. 서울대학교, 국민대학교, 경인교육대학교, 동덕여자대학교 등에 출강하였다. 서울대 학교 규장각한국학연구원의 선임연구원과 학예연구사를 거쳐, 현재 가톨릭대학교 인문학부 국사학 전공의 조교수로 재직 중이다. 주요 관심 분야는 중화주의(中華主義)와 연관된 조선 후기의 정치사, 군사사, 외교사, 사상사이다. 주요 논문으로는 「丁卯·丙子胡亂 전후 主和·斥和論 관련 연구의 성과와 전망」, 「이나바 이와키치(稻葉岩吉)의 丁卯·丙子胡亂 관련 주요 연구 검토」, 「丙子胡亂 이해의 새로운 시각과 전망−胡亂期 斥和論의 성격과 그에 대한 맥락적 이해」, 「「인조교서(仁祖敎書)」와 척화(斥和) 의 시대」, 「崔鳴吉의 主和論과 對明義理」 등이 있다.

병자호란과 예禮, 그리고 중화中華

초판 1쇄 발행 2019년 4월 9일

초판 3쇄 발행 2022년 3월 15일

지은이 허태구 **펴낸이** 박성모 **펴낸곳** 소명출판 **출판등록** 제13-522호

주소 06643 서울시 서초구 서초중앙로6길 15, 2층

전화 02-585-7840 **팩스** 02-585-7848 **전자우편** somyungbooks@daum.net **홈페이지** www.somyong.co.kr

값 28,000원 ⓒ 허태구, 2019

ISBN 979-11-5905-404-4 93910

잘못된 책은 바꾸어드립니다.
이 책은 저작권법의 보호를 받는 저작물이므로 무단전재와 복제를 금하며,
이 책의 전부 또는 일부를 이용하려면 반드시 사전에 소명출판의 동의를 받아야 합니다.

(재)한국연구원은 학술지원사업의 일환으로 연구비를 지급하고, 그 성과를 한국연구총서로 출간함.

한국연구총서 96

병자호란과 예^禮, 그리고 중화^{中華}

허태구 지음

A New Understanding of Byeongja Horan(丙子胡亂) through Li(禮) and Zhonghua(中華)

책머리에

병자호란에 대한 관심은 대학원 석사과정 입학 때부터 품고 있던 두 가지 질문에서 비롯되었다.

첫째, 대안으로서의 성격이 부재不在했던 것으로 보이는 척화론斥和論이 당시 공론公論의 압도적 지지를 받았던 이유는 무엇인가?

둘째, 일방적 패전이라는 결과에도 불구하고, 척화론의 계승자들이 이후 조선 후기 역사에서 승자로 자리매김할 수 있었던 원동력은 무엇인가?

물론, 위의 질문은 '국제 정세를 오판한 무능한 집권층' 또는 '화이론華夷論과 연관된 성리학적 명분의 고수'라는 두 가지 설명을 적당히 섞으면 해결될 문제였다. 그러나 첫 번째는 결과론적이고 현재주의적 시각의 답변이라는 점에서, 두 번째는 학문적 엄밀성이 떨어지는 동어 반복적 답변이라는 점에서 만족스럽지 않았다.

적지 않은 나이에 박사논문의 주제조차 정하지 못했다는 불안감에 시달리면서 송시열의 「삼학사전三學士傳」을 집어 들은 때가 2007년 겨울방학 무렵이었다. 「삼학사전」의 한 글자 한 글자를 자전字典에서 찾으며 두세 차례 정독하자, 명나라 때문에 나라를 망친 정신 나간 사대주의자로만 여겨졌던 척화론자들의 다른 모습이 보이기 시작하였다. 이처럼 막연하고 왠지 모를 느낌에 이끌려 병자호란기의 주화主和·척화和 논쟁을 박사논문 주제로 확정한 것이 이 책의 출발점이었다.

2009년 8월 「丙子胡亂의 정치·군사사적 연구」라는 제목으로 제출한 박사논문에서 병자호란 이전 조선의 종합적 군사력과 국방 태세, 전쟁의 발발 과정, 강화講和 협상의 추이와 쟁점, 전후처리 과정과 조선후기 척화론의 함의라는 주제를 다루었다. 광해군 대와 인조 대를 중심으로 조선의 군사력 강화 노력을 살펴본 결과, 두 시기의 질·양적 차이는 생각보다 크지 않았다. 오히려, 후금(청)의 침입을 효과적으로 물리치기 위한 국방력을 단기간에 구축하는 것은 당대의 여러 조건을 고려해 볼 때 당국자의 의지와 별도로 매우 어려운 과제였다는 점만 확인할 수 있었다. 이와 같은 점을 고려해 볼 때, 국방 태세의 해이나 군 지휘관의 무능과 비겁을 병자호란의 주요 패인으로 간주하는 것은 다소 결과론적 해석이라는 생각이 들었다. 그리하여 당대 조선의 군비 확충이라는 문제가 집권 세력의 능력과 의지 여부에만 좌우되는 단기적 과제가 아니라, 정치·외교·경제·사회·문화 전반을 포함한 사회 체제의 근본적인 전환과 직결되는 좀 더 구조적이고 장기적 과제였다는 점을 알게 되었다.

나아가, 당대 조선인들의 신념과 가치 체계인 대명의리對明義理와 중화中華 인식에 대해서도 새로운 이해의 방향을 모색하게 되었다. 우리의 선입견과 달리, 당시 조선의 조야朝野에서는 후금(청)과의 무력 충돌 가능성과 함께 전력의 열세 상황을 충분히 인지·예측하고 있었다. 아울러, 명明이 임진왜란 때와는 달리 구원군을 보내줄 의지와 능력이 없다는 사실도 잘 알고 있었다. 호란기 척화론의 제기는 명이라는 특정 국가에 대한 맹목적 종속이나 국제 정세의 오판에서 기인했다기보다는, 명이라는 한자漢字가 상징하는 중화문명中華文明에 대한 가치를 당대 조선의 군신君臣과 사대부가 공유하였기 때문이다. 척화의 논의에서 명의 지원 또는 문책을 예상하거나 이른바 '재조지은再造之恩'을 상기하는 것은 부차적 요인이었다. 따라서, 이들에게 주화·척화의 문제는 외교적 진로의 선택이 아닌 그들이 남긴 기록 그대로 문명과 야만, 인간과 짐승을 택하는 실존적 결단의 문제였다. 아울러 당대인들에게 대명의리의 가치와 대명사대對明事大의 의례는 상황에 따라 분리될 수 있는 것으로 결코 인식되지 않았다. 이와 같은 맥락에서 보아야만 '대명의리의 고수를 위해서는 국가가 망해도 어쩔 수 없다'는 척화론자의 발언이나 국가 존망의 위급한 상황 속에서 외교문서의 한 글자, 한 구절에 집착하는 그들의 행동도 이해의 실마리를 얻게 된다. 척화론자들에게 '국國'이란 그것이 중화문명의 보편적 가치를 담지하고 실천하고 있었을 때에만 유의미한 것이었다.

박사논문의 결론부에서는 조선인들의 중화 인식이 질적으로 전환된 결과, 당대인들의 대명對明인식 속에 '두 개의 대명인식'—① 특정 국가로서의 명明에 대한 인식, ② 보편적 중화문명을 상징하는 명에 대한 인식—이 존재하였다는 점을 척화론과 대명의리론이 제기되는 맥락을 통하여 입증해보았다. 이상의 시도를 통해 그동안 다소 결과론적이고 목적론적으로 접근된 병자호란 연구의 방향을 수정하여 새로운 시각과 전망을 제시해 보고자 하였다. 다시 말해, 병자호란이란 주제를 정치적·외교적·군사적 실패의 반면교사라기보다 당대 조선인을 그들 내부의 시선에서 좀 더 정밀하게 설명하는 창窓으로 활용하고자 노력하였다.

이 책은 위에서 소개한 박사논문을 수정·보완한 결과물이다. 저자는 병자호란 당시 조선인들의 인식과 대응을 정치사, 군사사, 외교사, 사상사의 종합적 이해를 통하여 해석해 보고자 노력해 왔다. 물론 이러한 시도의 근본적 동기는 저자 나름대로의 조선 후기 사상사 또는 심성사心性史를 그려보고자 하는 무모한 열망 때문이었다. 하지만 그 성과는 학위취득 이후 9년 반이란 시간이 무색할 정도로 미미하다. 병자호란이란 주제를 파고들면 들수록 한 명의 연구자가 전체를 조망하기에는 역부족이라는 점만 절감하게 된다. 한없이 부끄러운 결과물이지만 관련 연구의 공백을 메우는 데 약간의 도움이 되고, 유사한 주제를 탐구하는 연구자의 지적 호기심을 자극하는 계기가 되기를 바라는 마음에서 출간을 결정하였다. 부족한 부분은 평생의 끊임없는 공부를 통하여 보완하고자 한다.

모교 은사님들로부터 받은 가르침이 없었다면 변변한 학문적 능력도 열정도 부족한 저자가 학계의 말석에서나마 연구자로서 자립하기 불가능하였을 것이다. 석사논문의 지도교수이신 이태진 선생님께서는 하나의 역사적 현상을 종합적으로 파악하는 시야가 필요하다는 것을 본인의 저작을 통해 모범적으로 보여주셨다. 박사논문의 지도를 맡은 김인걸 선생님께서는 논문의 제목부터 실천적 함의에 이르기까지 다양한 조언을 아끼지 않으셨다. 두 분과 같이 박사논문을 심사해 주신 문중양, 김문식, 노영구 선생님 역시 논문의 완성도를 높이는 데 필요한 지적과 조언을 많이 해주셨다.

학부 시절 한영우, 최승희, 정옥자, 최병헌, 노태돈, 노명호, 권태억, 송기호 선생님으로부터 받은 지도 또한 저자가 한 명의 연구자로 성장하는 데 좋은 밑거름이 되었다. 박사논문 제출 이후 6년 남짓 몸 담았던 규장각한국학연구원의 동료 연구원과 동료 직원들은 저자가 학문적으로나 인간적으로 성장하는 데 큰 도움을 주었다. 훌륭한 연구 환경에서 공부하고 잘 적응할 수 있도록 도와주신 가톨릭대 국사학과의 이순근, 채웅석, 정연태 선생님께도 감사의 말씀을 올린다. 좋은 동료이자 후배인 기경량 교수에게도 고마운 마음을 전한다.

'마중봉직麻中蓬直'은 '삼밭 가운데 심으면 쑥도 곧게 자란다'는 의미의 고사성어이다. 쑥처럼 엉망이었던 저자도 모교 대학원의 선·후배와 동기들이 주는 지적 자극의 세례 속에서 조금씩 성장할 수 있었다. 대학원 시절 그들과 나눈 동고동락은 끝이 보이지 않는 학위과정을 참고 견디어 가게 하는 큰 버팀목이었다. 지금까지 매달 인연을 이어가고 있는 '규장각 지성사 세미나팀'은 조금씩 나태해지려고 하는 저자의 자세를 다시금 바로 잡게 해주는 학문적 나침반이다. 1999년부터 폭발적으로 쏟아져 나온 대외관계사 분야의 수준 높은 논저가 없었더라면, 이 책의 수준은 더욱 형편없었을 것이다. 이러한 흐름의 큰 물꼬를 튼 한명기 선배님께 특별히 감사의 말씀을 드리고 싶다. 국사편찬위원회, 한국고전번역원, 서울대 규장각한국학연구원, 동북아역사재단 등에서 공개한 웹 데이터베이스의 도움도 많이 받았다. 덕분에 상상도 할 수 없는 방대한 양의 자료를 손쉽게 검토하였다.

학문의 길을 걷는 막내아들을 끝까지 지지하고 성원해주신 어머니께는 항상 죄송하고 감사한 마음뿐이다. 1993년 말 선친께서 돌아가신 후부터 막내동생의 장래를 염려하고 보살펴 준 큰형님·누님·작은형님 내외분께도 고마운 마음을 전하고 싶다. 공부하는 사위를 항상 따뜻하게 대해주신 장인·장모님과 처가 식구들이 없었다면 저자의 삶은 훨씬 고달팠을 것이다. 결혼 이후 생계와 육아를 전담하다시피 한 아내에게는 미안함과 함께 고마움을 느낀다. 현명하고 자상한 아내 덕분에 안정적 환경에서 공부에 전념할 수 있었다. 평소 바쁘다는 핑계로 잘 놀아주지 못했지만, 건강하고 밝게 자라준 이쁜 딸에게도 고마운 마음을 전한다. 이 책이 못난 저자를 위해 걱정하고 희생한 가족·친지들에게 조그만 위안이나마 되었으면 한다.

한국연구원의 후원과 재촉 덕분에 도저히 엄두가 나지 않던 박사논문의 보완과 출간 작업을 무사히 마무리하였다. 여러 차례 기한을 어기고 변명만 늘어놓은 저자를 끈기 있게 기다려 준 한국연구원의 김상원 원장님과 황수미 과장님께 깊은 감사의 말씀을 드린다. 소명출판 윤소연 씨의 노고가 없었다면 난삽한 원고가 짧은 기간 안에 아담한 책으로 완성되지 못했을 것이다. 예리하고 담대한 질문을 아끼지 않고 해준 가톨릭대 국사학과의 학부생들도 이 책의 수정에 적지 않은 도움을 주었다.

끝으로, 당신께서 먼저 밟았던 국사학國史學이란 매력적인 학문의 길을 적극 권유하고 지지해 주셨던 아버님 영전靈前에 이 책을 바친다.

2019년 3월 성심교정에서
허태구

차례

제1장

병자호란 연구의 성과와 한계

1. 문제의 제기

병자호란은 인조 15년(1637) 1월 30일[1] 국왕의 출성 항복이라는 조선 왕조 개창 이래 유례없는 사태와 함께 막을 내렸다. 해방 이후 한국의 역사학계는 이 전쟁을 커다란 실패의 반면교사로 인식하면서, 병자호란 연구를 통해 정치적·외교적·군사적 교훈을 찾고자 노력하였다. 병자호란이란 주제의 특성상, 관련 연구의 내용은 '급변하는 동아시아 정세 속에서 대한민국 외교의 진로를 어떻게 설정한 것인가?'라는 현재적 과제의 해결책을 모색하는 데 흔히 참조되기도 한다. 한국사의 전개 과정에서 병자호란이 차지하는 역사적 의미는 다음과 같다.

첫 번째, 이 전쟁은 신라의 삼국 통일 이후 한반도에서 국왕이 출성 항복한 유일무이한 사례이자 백제나 고구려와는 달리 출성 항복을 하

---

[1]   이 책의 날짜 표기는 음력을 사용한다.

고도 국맥을 유지한 경우이다.[2] 전쟁의 기간은 임진왜란보다 짧았지만 항복으로 입은 정신적 충격은 심대하였으며, 그 상처의 치유에도 오랜 시간이 걸렸다.

두 번째, 전쟁의 근본 배경이었던 척화론斥和論과 대명의리론對明義理論은 병자호란 이후에도 조선의 정치사상계를 지배하며 지속적 영향을 미쳤다.[3] 고려도 때로는 갈등과 대립 속에서 여러 차례 사대처事大處를 변경하였지만, 예컨대 '대송의리론對宋義理論'과 같은 방식의 사고가 후대까지 존속하지는 않았다.[4]

세 번째, 조선은 이 전쟁으로 1392년 건국 이후부터 지속하였던 명에 대한 사대事大를 중단하는 대신 청으로 사대처를 변경하였다. 청은 몽골에 이어 조선을 복속시킴으로써 요동을 중심으로 한 동북아시아 일대에 독자적 질서를 수립할 수 있었고, 마침내 중원마저 정복하였다. 그럼에도 불구하고 조선은, 명의 영역·인구·문화를 계승한 청을 오랜 기간 동안 중화中華로 인정하려 하지 않았다.

임진왜란과 관련된 군사사 연구가 국내외에 상당히 축적된 데 비해,[5]

---

2   유재성, 『丙子胡亂史』, 국방부 전사편찬위원회, 1986, 1~2쪽 참조.
3   대명의리론은 조선 후기 사료에 흔히 보이는 '명에 대한 의리를 지켜야 한다'는 류의 주장을 지칭하는 근대 학자들의 조어(造語)이다. 학자에 따라 '대명의리론(大明義理論)'이라고도 표기한다. 조선 후기 대명의리론의 전개에 대해서는 다음을 참조. 유봉학, 「18·9세기 大明義理論과 對淸意識의 推移」, 『한신논문집』 5, 한신대, 1988; 이태진, 「조선후기 對明義理論의 변천」, 『아시아문화』 10, 한림대 아시아문화연구소, 1994; 정옥자, 『조선후기 조선중화사상연구』, 일지사, 1998, 100~116쪽. 단, 저자는 대명의리론이 명이 멸망하는 1644년 이후 대청복수론(對淸復讐論)과 함께 제기되었다는 설명에는 동의하지 않는다(위의 책, 15쪽). 후금(청)과의 화친을 반대하는 척화론의 동기가 명에 대한 의리를 지키기 위한 것이었기 때문이다. 따라서 척화론은 대명의리론에 포섭되는 개념이라고 생각한다.
4   고려와 송의 외교 관계에 대해서는 신채식, 「高麗와 宋의 外交關係-朝貢과 冊封關係를 중심으로」, 『한중 외교 관계와 조공책봉』, 고구려연구재단, 2005 참조.

병자호란과 관련된 군사사 연구는 희소한 편이다. 이러한 현상의 원인으로는 양차에 걸친 호란이 단기간 내에 조선의 일방적 패전으로 종결되었고, 눈에 띄는 의병 활동도 없었다는 점이 지적되었다.[6] 그러나 전쟁 관련 연구의 가장 기본이 되는 군사사적 분석이 부진한 점은 반드시 개선되어야 한다. 왜냐하면 전쟁의 준비 과정과 전황에 대한 정확한 이해가 선행되어야 이를 바탕으로 전쟁에 대한 해석이나 평가, 아울러 관련 연구도 제대로 이루어질 수 있기 때문이다.

지금까지 전쟁 전후의 대외 관계와 개략적 전황, 전쟁의 전개 과정은 선행 연구를 통해 상당히 밝혀졌다. 그러나 대부분의 연구가 전쟁 발발과 패배의 주요 원인을 국왕을 포함한 지배층의 한계, 즉 국제 정세에 대한 오판이나 국방 태세의 해이 탓으로 돌렸다.[7] 그러나 이러한 통설적 해석은 그것과 다른 사실을 전해주는, 당대의 또 다른 기록들이 적지 않게 존재한다는 점에서 쉽게 받아들이기 힘들다.

『조선왕조실록』에 따르면, 조선은 누르하치奴兒哈赤가 원병을 제안한

5   임진왜란과 관련된 군사사 연구는 조원래, 「임진왜란사 연구의 추이와 과제」, 『조선 후기사 연구의 현황과 과제』, 창작과비평사, 2000, 123~149쪽 참조.

6   오종록, 「壬辰倭亂~丙子胡亂 時期 軍事史 硏究의 現況과 課題」, 『軍史』 38, 국방부 군사편찬연구소, 1999, 158쪽. 병자호란 관련 최근의 연구 동향은 다음을 참조. 강석화, 「정묘·병자호란 연구의 현황과 과제」, 『한국 역대 대외항쟁사 연구』, 전쟁기념관, 2014; 허태구, 「丁卯·丙子胡亂 전후 主和·斥和論 관련 연구의 성과와 전망」, 『사학연구』 128, 한국사학회, 2017; 조성을, 「병자호란 연구의 제문제」, 『韓國史學史學報』 36, 한국사학사학회, 2017 등.

7   유재성은 병자호란의 패인 가운데 하나로 국제 정세의 오판과 문치주의(文治主義)의 팽배를 지적하였다(유재성, 앞의 책, 299쪽). 국방 태세의 해이와 군 지휘관들의 무능과 비겁 등을 패전의 원인으로 보는 해석은 『인조실록』을 비롯한 『병자록』, 『연려실기술』 등의 조선시대 기록에서도 쉽게 찾을 수 있다. 흥미로운 점은, 이 기록들이 현재 우리가 바람직한 정치가로 생각하는 광해군과 최명길에 대해서도 매우 부정적이고 적대적 평가를 남기고 있다는 사실이다. 저자는 이와 같은 상반된 평가가 당대와 현대의 심성적(心性的) 간극을 보여주는 지점이자 현재 시점에서 쉽게 납득하기 어려운 척화론과 대명의리론의 제기를 당대의 맥락에서 이해하게 해주는 실마리라고 생각한다.

시점인 선조 25년(1592) 9월부터 이미 건주여진建州女眞을 일본에 버금가는 잠재적 위협 세력으로 인식하고 이에 대한 방어책을 고심하고 있었다. 명의 원병 요청을 거부했던 광해군은 물론이고, 인조 정권도 후금·청의 군사적 위협과 조선군의 전력 열세를 분명히 인지하였으며 이에 대한 방어책을 집권 초기부터 구상하고 추진하였다.[8]

그러나 사전 예측과 대비에도 불구하고 조선은 병자호란이 일어나자 일방적 패배를 당하며 끝내 항복하고 말았다. 과연 병자호란은 어떤 이유로 발발했으며, 어떻게 전개되어 국왕의 출성 항복이라는 결말로 마무리된 것일까? 이러한 기초적이면서도 근본적인 의문을 이 책은 사료에 근거하여 구체적으로 해명하고자 한다.

전쟁이 당대 사회와 제도의 총체적 산물이라는 점을 감안한다면, 병자호란의 패배를 단지 지배층의 태만이나 군사 지휘관들의 자질 부족에서 비롯된 것으로 판단할 수 없다. 그보다 군제·병참·병기·전술·전략·정보·관방關防·군기軍紀 등 군사적 제 요소의 종합적 검토를 통해 전쟁의 패인과 실상이 정확하게 분석되어야 할 것이다.[9] 이 책은 특히 각종 군사 문제에 대한 집권자들의 인식과 구상, 군비 증강의 추진 과정을 살펴보는 데에 집중하고자 한다. 이러한 검토를 통해 당시 조선에서 논의된 군비 강화책이 선행 연구에서 설명한 것처럼 정책 담당자의 정세 오판이나 실천 의지의 부족 때문에 실패하였는지, 아니면 당대 조선 사회가 안고 있던 구조적 문제 때문에 실패하였는지 판단할

---

8   최효식, 「仁祖代의 國防 施策」, 『東國史學』 19·20, 동국사학회, 1986 참조.
9   전쟁의 승패를 군사적 제 요소의 고찰을 통해 분석해야 한다는 선구적 연구로는 허선도, 「壬辰倭亂論」, 『千寬宇先生還曆紀念韓國史學論叢』, 正音文化社, 1985, 556~560쪽 참조.

수 있게 될 것이다. 국가의 존망을 건 전쟁 위협에 대하여 당대인들이 ① 주변 정세를 제대로 파악하지 못해 그에 대한 대비조차 하지 않았는지, ② 인지는 하였지만 대비를 태만히 하였는지, ③ 인지하고도 실효성 있는 대비를 할 수 없는 상황이었는지 파악하는 것은 병자호란 패전의 역사성을 이해하기 위해 반드시 해결되어야 할 문제이다.

지금까지 전쟁의 패인과 척화론의 성격에 대한 면밀한 분석이 선행되지 않았기 때문에 척화론자들을 포함한 당대인에 대한 몰이해가 초래되었다고 생각한다. 이러한 오해는 패전의 원인 또는 책임론과 결부되어 대명의리란 사대주의적 가치에 매몰되어 국제 정세를 오판한 척화론자들, 아무런 대비없이 척화론에 사로잡혀 나라를 패망 직전까지 몰고 간 무능한 인조와 집권 세력이라는 통념적 이해를 존속시켰다.[10] 반면, 광해군과 최명길崔鳴吉 등은 삼전도三田渡의 굴욕을 미리 내다보고 회피하기에 힘썼던 극소수의 선지자先知者이자 국가와 백성에 대한 책임감을 지닌 예외적 지도자로서 높게 평가되어 왔다.[11] 병자호란의 어이없고 참담한 결과만 놓고 본다면 이러한 설명은 일면 타당한 것으로 보인다. 그러나, 이것은 전쟁을 수행한 당사자들이 지금의 우리와 매우 다른 신념과 가치 체계를 가지고 있었다는 (조선시대 사상사의 지평에서 본

---

10 병자호란에 대한 통념적 이해가 반영된 대표적인 논문으로는 이이화, 「北伐論의 思想史的 檢討」, 『창작과 비평』 38, 1975, 256~261쪽 참조. 이러한 시각에 대한 비판은 오수창, 「청과의 외교 실상과 병자호란」, 『한국사시민강좌』 36, 일조각, 2005, 102~112쪽 참조.
11 한명기, 『광해군』, 역사비평사, 2000; 김용흠, 『朝鮮後期 政治史 硏究 I－仁祖代 政治論의 分化와 變通論』, 혜안, 2006 등. 반면 소수이기는 하지만 광해군 중립 외교의 한계를 지적한 연구도 학계에 제출된 바 있다(오수창, 앞의 글, 109~112쪽; 계승범, 「조선감호론 문제를 통해 본 광해군대 외교 노선 논쟁」, 『朝鮮時代史學報』 34, 조선시대사학회, 2005, 27~29쪽 등).

다면 지극히 당연한) 사실을 간과한 평가라고 생각된다.

본문에서 서술하겠지만 최명길을 포함한 주화론자들과 국왕 인조는 물론이고 척화론자들조차도 전세의 불리함을 분명히 알고 있었다. 하지만 이들은 조선과 명과의 관계를 군신君臣 간의 관계를 넘어서는 부자 사이의 관계로 비유하면서,[12] 대명사대를 형세와 힘의 강약에 따라 변경할 수 없는 의리義理의 차원에서 인식하였다.[13] 주목해야 할 것은 이들의 주장이 명·청의 형세와 강약을 계산하거나 조선군의 승산을 고려하며 제기되지 않았다는 사실이다.

주화론자들 역시 전쟁을 피하려 했지만 명에 대한 의리를 부정한 것은 결코 아니었다.[14] 따라서 종전 직후 청에 순응적일 수밖에 없었던 인조와 대신들의 대응을 곧 친청親淸 행보라고 해석하는 것[15]은 무리라고 생각한다. 병자호란의 참패에도 불구하고 척화론이 조선 사대부들의 광범위한 지지를 받으며 조선 후기 정치·사상계의 지배적 담론으로서 강고한 생명력을 유지했음을 고려한다면,[16] 아무리 패전 이후 청의 압력이 가중된 시기라도 조선 사회에서 친청파의 득세를 상상하기란 쉽지 않다.[17]

---

12 『仁祖實錄』 권22 인조 8년 3월 丙午(26일), "憲府啓曰 我國之於天朝 義君臣而情父子也 蠢玆 凶醜 闔逼皇城 皇上旣親冒矢石 則不計國勢之難易 兵力之强弱 在我之道 惟當生死以之".

13 의리는 당대의 용법으로, 어떠한 상황에서도 반드시 지켜야만 할 보편적인 도덕 법칙이나 당위를 의미한다. 주의해야 할 점은, 한 인간이 의리를 지켜야 하는 이유가 어떤 은혜나 이득 때문이 아니라는 것이다. 예를 들어, 부모에 대한 의리를 반드시 지켜야만 하는 것은 나를 잘 길러 주신 부모의 은혜 때문이 아니다. 그것은, 천리(天理 : 보편적 도덕 법칙)이기 때문에 반드시 지켜야만 하는 것 또는 저절로 그렇게 되는 것이다.

14 김용흠, 앞의 책, 203~204·251~252쪽.

15 한명기, 「丙子胡亂 패전의 정치적 파장—청의 조선 압박과 仁祖의 대응을 중심으로」, 『東方學志』 119, 연세대 국학연구원, 2003, 73~77쪽.

16 오수창, 「최명길과 김상헌」, 『역사비평』 42, 역사비평사, 1998, 402~403쪽 참조.

17 김자점을 친청파로 보는 견해에 대한 반론은 김용흠, 「조선 후기 역모사건과 변통론의 위상—김자점 역모 사건을 중심으로」, 『사회와 역사』 70, 한국사회사학회, 2006 참조.

이 시기에 국왕과 주화·척화론자를 포함한 어느 누구도 대명의리를 비난하거나 부정하지 않았다. 설령 대명의리를 부정하는 마음을 개인적으로 가지고 있다고 해도, 조선 후기는 이것을 공공연하게 표출하기 어려운 시기였다. 이와 같은 점을 고려해 볼 때 병자호란에 대한 심화된 이해는 정치사, 군사사, 외교사, 사상사의 결합을 필연적으로 요구한다고 하겠다. '외교는 내정內政의 연장'이라는 명제를 고려한다면 이러한 시도는 때 늦은 감마저 있다.[18]

요컨대 전쟁을 수행한 당사자들의 신념과 가치관에 대한 이해가 부족한 상태에서는 병자호란의 역사성과 의미를 제대로 파악할 수 없다. 이민족異民族의 침입에 대한 우리 민족의 항쟁이란 틀에서 본다면 이 전쟁은 긍정적 교훈을 줄 만한 인물이나 자랑스러워할 만한 승전 사례를 찾기 힘들다. 지금 우리의 시각에서 볼 때, 1592~1598년의 임진왜란, 1619년의 심하深河 전투, 1627년 정묘호란의 연이은 시련을 겪은 후 10여 년도 지나지 않아 반복된 병자호란의 참패는 도저히 이해할 수 없는 사태가 아닐 수 없다. 그러나 이른바 대명의리라는 보편적, 절대적 가치를 고수하려 했던 당대인들의 심성을 조금이나마 이해하려 한다면 17세기 전반의 컨텍스트로 돌아가야 하며, 동시에 그동안 주목되지 않았던 당대의 사료와 현상에 다시 눈길을 돌려야 한다. 물론 이러한 시도가 척화론을 견지하였던 당시의 집권 세력과 사대부들에게 면죄부를 주기 위한 것은 아니다. 병자호란의 피해는 (수도권 일대의) 백성들, 특히 노약자와 부녀자

병자호란 이후 조선 조정 내 친청파의 발호 가능성을 부정하는 김용흠과 허태구의 주장에 대한 비판은 우경섭, 「인조대 '親淸派'의 존재에 대한 재검토」, 『朝鮮時代史學報』 81, 조선시대사학회, 2017 참조.

18   하우봉, 「사대교린과 양란」, 『한국역사입문』 2, 풀빛, 1995, 390~391쪽 참조.

들에게 집중되었다.[19] 인조 정권에게 위정자로서의 정치적 책임을 묻는 문제는 척화론의 성격 여부와는 별개로 또 다른 차원에서 규명되어야 할 사안이다.

전쟁을 수행한 조선인들의 의식 구조를 파악하기 위해서는, 당시 그들로부터 절대적이고 광범위한 지지를 받았던 척화론과 대명의리론을 당대의 맥락에서 이해하는 것이 필요하다. 척화의 신념을 사상적으로 정당화하는 성리학적 명분론名分論과 의리론은 당대인의 중화中華 인식과 밀접하게 관련되어 있었다. 무엇인가 마땅히 어떤 상황에서도 지켜야 한다는 정신을 성리학적 명분론 또는 의리론이라고 한다면, 그 무엇인가에 대한 가치 판단이 당대인의 중화 인식이었기 때문이다. 대외 관계와 관련된 성리학적 명분론은 주로 화이관華夷觀에 관련된 내용이었다. 정묘·병자호란기의 척화론은 이 둘이 결합된 것으로서, 중화에 대한 가치 부여가 전제되지 않는다면 척화론은 성립될 수 없는 구조였다. 중요하지도 않은 그 무엇, 즉 중화(=명)에 대해 의리義理라고 지칭하며 목숨까지 바친다고 하지는 않았을 것이기 때문이다. 그러므로 당대인들의 중화 인식을 심층적으로 분석하는 것은 척화론과 척화론자들에 대한 이해에 크게 기여할 것이라고 생각한다. 그리고 이러한 작업은 당대인의 중화사상이 구체적으로 반영된 대명對明인식의 성격과 구조를 분석함으로써 수행되어야 할 것이다.

중화 질서의 핵심은 예교禮敎 또는 예치禮治였으므로, 당대인의 중화 인식은 예禮를 통해 표출되었다.[20] 즉 대명의리의 고수와 '예의 실천'은

---

19   허태구, 「인조반정과 병자호란 이후의 서울」, 서울특별시 시사편찬위원회 편, 『서울2천년사 ⑫ - 조선시대 정치와 한양』, 서울특별시 시사편찬위원회, 2015, 182~187쪽.

불가분의 관계를 맺고 있었다.[21] 조선 사회에서 '예의 실천'은 단순한 형식이 아닌 목적과 당위의 문제였고, 예송禮訟을 둘러싼 정국의 격렬한 변동에서 보이듯이 권력을 생산하는 기제이기도 하였다. 황제국 체제로 전환한 청 역시 명의 자리를 대체하면서 자연스레 명의 위상과 예제적禮制的 지위를 계승하려 하였고, 조선에게 명과 동등한 의례로 자국을 대우하도록 집요하게 요구하였다. 선행 연구에서도 이미 지적되었지만, 정묘호란의 강화講和 협상은 철병撤兵·쇄환刷還·개시開市·세폐歲幣·월경越境·요민遼民 등의 사안보다, 행례行禮를 둘러싼 여러 가지 문제를 둘러싸고 치열한 갈등과 대립이 발생하였다.[22] 교섭 과정을 기록한 『인조실록』에 이와 관련된 내용이 많이 실려 있다는 사실은, 교섭의 실상을 반영하는 것이자 기록을 남긴 당대인의 시선이 어디로 향하고 있었는지 잘 보여주는 것이다. 저자의 관견管見이지만, 병자호란의 역사성과 당대인의 내면에 대한 보다 심화된 이해의 실마리는 그들의 중화 인식과 밀접히 연관된 '예禮의 실천'이란 창窓을 통해 찾을 수 있다고 생각한다.

이와 같은 관점에서 이 책은 선행 연구에서는 거의 주목하지 않았던

---

20 김태호, 「中華-보편 문화의 수용과 해체」, 『조선유학의 개념들』, 예문서원, 2002, 608~613쪽 참조. 넓은 의미의 예는 한 시대나 국가의 문물 제도 전반을 가리킨다. 예를 들어 공자가 회복을 역설한 주례(周禮)는 주대(周代)와 관련이 있는 정치·경제·사회 제도 전체이다. 반면, 좁은 의미의 예는 사람들의 행위 규범과 규칙, 예절 등을 의미한다. 기능적인 측면에서 고찰하면, 예란 존비(尊卑)와 차등(差等)의 계층 질서를 유지함으로써 사회질서의 확립과 유지를 도모하는 규정이다. 원래 예는 향촌 사회나 종족 집단의 계서적(階序的) 질서를 규정하기 위해 고안된 것이었다. 이후 군신 관계나 국가 사이의 교섭에까지 확장되어 통치자 계층 상호 간의 내부 질서를 유지하기 위한 규범이라는 의미도 지니게 되었다(戶川芳郎·小島毅, 「禮」, 溝口雄三 외편, 김석근·김용천·박규태 역, 『中國思想文化事典』, 민족문화문고 참조, 2003).

21 『仁祖實錄』 권32 인조 14년 6월 庚寅(17일), "答金汗書 送于灣上 稱以撤 其書曰(…中略…) 我國臣事中朝 敬待漢人 乃禮之當然也".

22 전해종, 『韓中關係史研究』, 일조각, 1970, 123쪽 참조.

병자호란기 강화 협상의 쟁점 및 전후처리 과정을 분석하고자 한다. 남한산성의 강화 협상은 항복으로 종결되는 전쟁의 일부분으로서만 소략하게 다루어지는 바람에, 협상의 중요한 쟁점이 되었던 사안인 국서國書의 형식 등이 당대인들에게 과연 어떤 의미를 갖고 있었는가라는 문제에 대해서는 본격적인 분석이 시도되지 않았다.[23] 사대처의 변경을 확인하는 절차는 조병助兵이나 세폐 이외에도 여러 가지 상징적 의례 —삼전도 항례降禮, 고명誥命과 인신印信의 교체, 청의 연호 사용, 표문表文 작성 등—를 통해 진행되었는데, 이에 대한 청과 조선의 인식과 반응을 검토해 보면 병자호란의 역사적 성격과 의미를 재조명할 수 있으리라 기대한다. 그리고 종전 이후 패전 책임의 규명을 둘러싼 조정의 갈등과 논점, 이것을 처리하는 인조의 인식과 태도 등을 면밀하게 검토함으로써 이 시기 주화·척화 논쟁의 성격을 살펴보고자 한다. 마지막으로 전쟁을 수행하였던 당대인들의 중화 인식과 척화론이 대명인식을 매개로 어떻게 연관되어 있었으며, 이것이 전쟁과 대외 관계에 어떠한 영향을 미쳤는지 고찰해 보겠다.

---

[23] 조선과 청 양측에게 조선의 칭신(稱臣)을 표기한 국서의 작성은 인조의 출성 못지않게 중대한 사안이었다. 선행 연구에서는 이 사안을 청이 '트집'을 잡은 것으로 이해하는 데 그치고 말았다. 유재성, 앞의 책, 228쪽; 이상배, 「丙子胡亂과 三田渡碑文 撰述」, 『江原史學』 19·20, 강원사학회, 2004, 102쪽.

2. 연구 동향 검토

병자호란과 관련된 연구는 크게 세 가지 분야로 구분된다. 첫 번째는 한·중 관계사의 시각에서 접근된 연구이다. 특히 병자호란을 전후한 시기의 한·중 관계는 명·청 교체라는 동북아시아 국제 질서의 변동 아래 진행된 것이었기 때문에 다른 시기에 비해 상대적으로 많은 조명이 이루어졌다.

근대 역사학의 병자호란 탐구는 대표적 만선사滿鮮史 연구자로 알려진 이나바 이와키치稻葉岩吉에 의해 본격적으로 시작되었다.[24] 일본 측 입장에서 본다면 정묘·병자호란이 조선사의 타율성과 정체성을 입증하는 매우 좋은 소재임에도 불구하고, 의외로 일제 강점기에 축적된 관련 연구는 별로 많지 않다.[25] 이에 비해, 100여 년간의 전국시대를 마무리한 일본이 교전 당사국으로서 초반에 압도적 승리를 거두었던 임진왜란에 관한 연구는 동 시기에 훨씬 더 많이 수행되었다.[26]

---

[24] 稻葉君山(＝稻葉岩吉),「第一次朝鮮役及び其經過」,『清朝全史』上, 早稻田大學出版部, 1914, pp.212~249·321~344; 稻葉岩吉,『光海君時代の滿鮮關係』, 大阪屋號書店, 1933. 그의 병자호란 관련 연구에 대한 사학사적 비판은 한명기, 앞의 책, 26~31쪽; 허태구,「이나바 이와키치(稻葉岩吉)의 丁卯·丙子胡亂 관련 주요 연구 검토」,『朝鮮時代史學報』81, 조선시대사학회, 2017 참조.

[25] 저자가 현재까지 조사한 바로는 鴛淵一,「清初に於ける淸鮮關係と三田渡の碑文 上·中·下 1·下2」,『史林』13-1·2·3·4, 史學研究會, 1928; 篠田治策,『南漢山城の開城史 : 極東に於けるcapitulationの一例』, 1930; 中村榮孝,「滿鮮關係の新史料－淸太宗朝鮮征伐に關する古文書」,『青丘學叢』1, 青丘學會, 1930; 浦廉一,「明末淸初の鮮滿關係上に於ける日本の地位 1·2」,『史林』19-2·3, 史學研究會, 1934; 田川孝三,「毛文龍と朝鮮との關係について」, 青丘説叢3, 1932; 田川孝三,「藩館考」,『小田先生頌壽記念朝鮮論集』, 1934; 田川孝三,「藩試問題について（上）」,『青丘學叢』17, 青丘學會, 1934 등에 불과하다.

[26] 대표적인 연구로는 池內宏,『文禄慶長の役 正編 第1』, 南満洲鉄道, 1914;『文禄慶長の役 別

해방 이전 일본인 학자가 병자호란을 단독으로 다룬 연구는 매우 드문데,[27] 이것은 병자호란이란 주제가 조선사 자체의 맥락에서 접근되었다기보다, 동북아 국제 질서의 큰 분수령인 명·청 교체의 부속 주제로 다루어졌기 때문이라고 생각한다. 당시 조선사朝鮮史를 전공한 일본인 학자들은 임진왜란을 비롯하여 한·일 고대사, 사회경제적 정체성停滯性, 당쟁과 성리학 등과 같은 주제에 더 많은 관심과 노력을 기울였다.

해방 이후 조공朝貢 관계의 변동이란 틀 아래 정묘호란의 화평和平 교섭과 후금군의 철병撤兵 경위가 고찰된 이래,[28] 임진왜란과 병자호란 시기에 이르는 한·중 관계의 추이가 개괄적으로 정리되었다.[29] 양국 간의 경제적 갈등 — 쇄환·세폐·개시 등 — 과 병자호란 이후 수립된 새로운 무역 관계의 실상도 상세히 고찰되었다.[30] 아울러 양차의 호란으로 발생한 피로인被擄人의 쇄환·속환贖還과 환향녀還鄕女 등의 주제도 꾸준히 다루어졌다.[31]

編』第1, 東洋文庫6, 1936; 參謀本部 編, 『日本戰史: 朝鮮役』, 東京, 1925.

27 국제법 연구자인 시노다 지사쿠(篠田治策)가 집필한 『南漢山城의 開城史』(1930)는 사료의 구사나 해석 면에서 이나바 이와키치의 의 1914년 저술보다 수준이 크게 떨어진다.

28 전해종, 「丁卯胡亂의 和平交涉에 대하여」, 『亞細亞學報』 3, 아세아학술연구회, 1967; 전해종, 「丁卯胡亂時 後金軍의 撤兵經緯」, 『白山學報』 2, 백산학회, 1967; 전해종, 『韓中關係史硏究』, 일조각, 1970.

29 劉家駒, 『淸朝初期的中韓關係』, 文史哲出版社, 1986; 최소자, 『명청시대 중·한관계사 연구』, 이화여대 출판부, 1997.

30 김종원, 「丁卯胡亂時의 後金의 出兵動機」, 『東洋史學硏究』 12·13, 동양사학회, 1978; 김종원, 『근세 동아시아관계사 연구 – 朝淸交涉과 東亞三國交易을 중심으로』, 혜안, 1999; 江嶋壽雄, 「天聰年間における朝鮮の歲幣について」, 『史淵』 101, 九州大學文學部, 1969; 江嶋壽雄, 「崇德年間における朝鮮の歲幣について」, 『史淵』 108, 九州大學文學部, 1972; 홍선이, 「歲幣·方物을 통해 본 朝淸 관계의 특징 – 인조 대 歲幣·方物의 구성과 재정 부담을 중심으로」, 『韓國史學報』 55, 고려사학회, 2014; 辻 大和, 「丙子の乱後朝鮮の対淸貿易について」, 『內陸アジア史研究』 30, 內陸アジア史学会, 2015 등.

31 박용옥, 「丙子亂 被擄人 贖還考」, 『史叢』 9, 고려대 역사연구소, 1964; 박용옥, 「丁卯亂 朝鮮 被擄人 刷·贖還考」, 『사학연구』 18, 한국사학회, 1964; 森岡 康, 「朝鮮捕虜の淸國の價格に

한편 이 시기의 한·중 관계를 재조지은再造之恩의 형성·변형·복구라는 시각에서 거시적으로 조망한 연구도 제출되었다.[32] 이 연구는 선행연구에서 주목받지 않았던 한·중 양국의 사료와 논저를 새로이 발굴하여 폭 넓고 깊이 있게 활용하였다. 이를 통해 17세기 한·중 관계의 전개와 양상을 조선·명·후금(청) 내부의 정치·경제·사회적 상황과 상호연결하여 살펴봄으로써, 이전보다 한 단계 높은 차원에서 한·중 관계사를 세밀하게 복원하는 데 성공하였다. 연관된 후속 연구에서는 정묘·병자호란 시기의 조·청(후금) 교섭과 갈등, 조·일 관계의 변동, 병자호란 이후 인조의 친청親淸 행보, 피로인 문제 등이 다루어졌다.[33]

최근에는 인조 정권의 친명배금親明排金 정책이 호란을 자초했다는 통설에 이의를 제기하는 연구가 다수 나와 주목된다.[34] 이 연구들은 대개 그동안 부각되지 않았던 조선의 외교적 노력과 관망적 태도를 실증

　　ついて」, 『東洋學報』 66, 東洋文庫, 1965; 鄭丙振, 「入關前 淸의 朝鮮에 대한 '三色人' 刷還要求」, 『明淸史硏究』 37, 명청사학회, 2012 등.

32　한명기, 『임진왜란과 한중관계』, 역사비평사, 1999.

33　한명기, 『정묘·병자호란과 동아시아』, 푸른역사, 2009.

34　오수창, 「청과의 외교 실상과 병자호란」, 『한국사시민강좌』 36, 일조각, 2005; 오수창, 「병자호란에 대한 기억의 왜곡과 그 현재적 의미」, 『역사와 현실』 104, 한국역사연구회, 2017; 鈴木開, 「姜弘立의 生涯와 朝鮮·後金関係—もう一つの朝淸関係前史」, 『明大アジア史論集』 16, 2012; 鈴木開, 「光海君十三年(一六二一)における鄭忠信の後金派遣—光海君時代の朝鮮と後金の関係について」, 『朝鮮史硏究会論文集』 50, 朝鮮史硏究会, 2012; 鈴木開, 「朝鮮丁卯胡乱考—朝鮮·後金関係の成立をめぐって」, 『史学雑誌』 123-8, 史学会, 2014; 鈴木開, 「『瀋陽往還日記』에 나타난 仁祖 9年(1631) 朝鮮—後金關係」, 『韓國文化』 68 서울대 규장각한국학연구원, 2014; 鈴木開, 「劉興治와 朝鮮과의 관계에 대하여」, 『만주연구』 19, 만주학회, 2015; 鈴木開, 「朝鮮·後金間の使者往来について(1631~1633)」, 『駿台史学』 155, 2015; 鈴木開, 「丙子の乱直前の朝淸交渉について(1634~1636)」, 『駿台史学』 159, 駿台史学会, 2017; 鈴木開, 「丙子の乱と朝淸関係の成立」, 『朝鮮史硏究会論文集』 55, 朝鮮史硏究会, 2017; 石少穎, 「'丁卯之役'前後朝鮮對東江情勢的關注與對應」, 『한중인문학연구』 51, 한중인문학, 2016; 조일수, 「인조의 대중국 외교에 대한 비판적 고찰」, 『역사비평』 121, 역사비평사, 2017.

에 기반하여 부각·강조하는 것이 그 특징이다. 특히 스즈키 카이鈴木開의 연구는 조선과 명의 한문漢文 사료뿐만 아니라, 청의 만문滿文 사료까지 폭넓게 섭렵하여 조·명·청 3국 교섭의 실상에 대해 새롭고 다양한 문제 제기를 하고 있어 주목된다. 이 밖에 정묘맹약丁卯盟約과 정축화약丁丑和約의 성격을 재론한 연구,[35] 병자호란 종전 이후 조선과 명의 비밀 접촉을 상세히 복원한 연구도 나왔다.[36]

이상 서술한 한·중 관계사 분야의 연구를 통해 병자호란 전후 조·청 간의 교섭 과정과 갈등, 양차의 호란으로 인한 사회경제적 피해상에 대해서는 많은 연구 성과가 축적되었다. 한 가지 아쉬운 점은 이 분야의 대부분 연구가 정묘·병자호란의 발발을 조선 외교의 실패로 규정하였다는 점이다.[37] 이러한 결론은 '근대인과 당대인이 타국과의 교섭과 외교에서 추구하는 목적이 동일한 것이다'라는 가정에서 추출된 것이라고 생각한다. 조선과 청(후금)의 긴밀한 외교 교섭을 강조하는 최근의 연구 경향 역시 인조 정권의 입장과 태도를 해명하는 데에는 일정 부분 기여했지만, 조선 측의 외교를 크게 제약한 내부의 자발적 동력 ─ 척화론의 주도 세력 ─ 을 간과한 채 설명한 한계가 보인다.

두 번째는 정치사적 시각에서 접근한 연구이다. 호란기의 주화主和·척화斥和 논쟁은 하나의 정치사상으로서 '주화-현실 대對 척화-명분'이란 구도 속에서 고찰되어 왔다.[38] 대부분의 연구가 최명길을 비롯한 주

---

35 남호현, 「朝淸 關係의 초기 형성단계에서 '盟約'의 역할─丁卯胡亂期 朝鮮과 後金의 講和過程을 중심으로」, 『朝鮮時代史學報』 78, 조선시대사학회, 2016; 김근하, 「丁丑約條의 성격과 顯宗代 安秋元 사건」, 위의 책.

36 이재경, 「병자호란 이후 朝明 비밀접촉의 전개」, 『軍史』 103, 국방부 군사편찬연구소, 2017.

37 대표적 연구로는 한명기의 『임진왜란과 한중관계』(역사비평사, 1999), 『정묘·병자호란과 동아시아』(푸른역사, 2009)가 있다.

화파를 안민安民과 보국保國의 차원에서 높이 평가하는 데 비해, 김상헌金尙憲을 비롯한 척화파는 명분名分과 의리에 사로 잡혀 국제 정세의 변동에 제대로 대처하지 못한 자들로 규정하였다.[39] 반면 척화파인 삼학사三學士를 국난에 처하여 항쟁의 기개를 드높인 인물로 재평가하는 연구,[40] 김상헌을 국제 정세에 밝은 자주적 춘추대의론자春秋大義論者로 규정하는 연구도 제출되었다.[41] 최명길과 김상헌의 행적을 언행의 일관성 면에서 검토하고 최명길 쪽을 더 명료하다고 평가한 연구도 나왔다.[42] 어느 쪽이든 간에 성리학적 명분론이 척화론의 사상적 배경이라고 보는 데에는 별다른 이견이 없다. 주화론의 사상적 배경으로는 최명길의 양명학적 성향이 주목되었다.[43] 이귀李貴의 주화론을 사세론事勢論·경권론經權論으로, 최명길의 주화론을 명실론名實論이라 규정하면서 주화·척화론의

---

38 당대인들은 흔히 '주화−이해(利害)' 대 '척화−의리(義理)'라는 구도로 보았다.

39 이희권, 「丙子胡亂中의 主和論 是非에 대한 小考」, 전북대 석사논문, 1975; 조성을, 「17세기 전반 서인관료의 사상−김류·최명길·조익을 중심으로」, 『역사와 현실』 8, 한국역사연구회, 1992; 오수창, 「최명길과 김상헌」, 『역사비평』 42, 역사비평사, 1998; 박현모, 「정묘호란기의 국내외 정치−국가위기 시의 공론정치」, 『국제정치논총』 42-2, 한국정치학회, 2002; 박현모, 「10년 간의 위기 : 정묘-병자호란기의 공론정치 비판」, 『한국정치학회보』 37-2, 한국정치학회, 2003; 김태영, 「遲川 崔鳴吉의 現實 變通論」, 『도산학보』 9, 도산학연구, 2003; 김용흠, 앞의 책; 부남철, 「조선시대의 대외전쟁과 유교적 和·戰論−임진왜란과 병자호란」, 『동양정치사상사』 5-2, 한국동양정치사상사학회, 2006; 이삼성, 제7장 7절 「병자호란과 집권층의 외교노선」, 『동아시아의 전쟁과 평화−전통시대 동아시아 2천년과 한반도』 I, 한길사, 2009; 손애리, 「문명과 제국 사이−병자호란 전후시기 주화·척화 논쟁을 통해 본 조선 지식관료층의 國 표상」, 『동양정치사상사』 10-2, 한국동양정치사상사학회, 2011 등.

40 정옥자, 「병자호란 시 言官의 위상과 활동−三學士에 대한 재평가」, 『韓國文化』 12, 서울대 규장각한국학연구원, 1991.

41 지두환, 「淸陰 金尙憲의 生涯와 思想−春秋大義論을 중심으로」, 『韓國學論叢』 24, 국민대 한국학연구소, 2001.

42 오수창, 「최명길과 김상헌」, 『역사비평』 42, 역사비평사, 1998.

43 윤남한, 「崔鳴吉」, 『人物韓國史』, 博友社, 1965, 60~61쪽; 김태영, 앞의 글, 37~45쪽.

대립을 국가재조론國家再造論(진보 개혁)과 재조번방론再造藩邦論(보수 수구)의 대립으로 규정한 연구도 있다.[44] 이 연구에서 척화론은 주자학 명분론과 의리론에 매몰된 삼사三司(사헌부·사간원·홍문관) 언관言官의 무책임하고 비현실적인 정치 행태로 규정된 반면,[45] 주화론은 탈 주자학적 경향, 즉 실학實學의 등장을 예고하는 전조로 설명되었다.[46]

이러한 연구에도 불구하고 여전히 주화론의 내적 동기에 대한 설명은 부족한 것으로 보인다. 일단 최명길이 과연 양명학에 경도되어 주화론을 주장한 것인지 좀 더 상세히 논증될 필요가 있다. 더욱이 이러한 방식의 설명은 최명길 외 이귀와 같은 주화론자들에게는 적용되지 않는다는 약점이 있다.[47] 더구나, 병자호란 종전 이후 최명길의 반청反淸 행적 — 청을 위한 조병助兵 반대, 명과의 밀통 시도 등 — 에 대한 일관성 있는 설명도 부족하다. 주화·척화 논쟁을 국가재조론과 재조번방론의 대립이라고 규정한 김용흠의 구도는 이러한 난점을 조금 돌파한 것이라고 생각하지만, 주화론을 과연 탈중화적脫中華的 성격을 지닌 독자적 '국가' 관념의 대두로 규정할 수 있는지는 여전히 의문이다.[48] 이상의 질문을 해소하기 위해서는 당대의 주화론이 왜·어떻게 지지받지 못했는지, 그리고 최명길이 명에 대해서 어떤 인식과 태도를 가지고 있었는지 좀 더 정밀하게 분석될 필요가 있다.

---

44 김준석, 「兩亂期의 國家再造 문제」, 『韓國史硏究』 101, 한국사연구회, 1998; 김용흠, 『朝鮮後期 政治史 硏究 I—仁祖代 政治論의 分化와 變通論』, 혜안, 2006, 449쪽.
45 위의 책, 264쪽 참조.
46 위의 책, 449쪽.
47 병자호란의 막바지에 이르면 대다수의 반정 공신들은 청과의 화친을 지지하였다.
48 김용흠 연구의 성과와 한계에 대한 좀 더 상세한 비평은 허태구, 「丁卯·丙子胡亂 전후 主和·斥和論 관련 연구의 성과와 전망」, 『사학연구』 128, 한국사학회, 211~214쪽 참조.

세 번째는 군사사적 시각에서 접근한 연구이다. 병자호란을 직접 다룬 것은 아니지만, 인조 대 정국의 동향과 함께 5군영軍營 체제의 발전을 고찰한 연구에서 정묘·병자호란에 대한 준비 과정과 대응이 선구적으로 정리된 바 있다.[49] 임진왜란에 비해 희소했던 의병 활동과 민심의 동향을 다룬 연구도 나왔다.[50]

유재성의 연구는 전사戰史, a history of combat 차원에서 호란의 전황을 가장 상세하게 총 정리한 것이다.[51] 병자호란을 군사사적 관점에서 접근할 때 가장 기본적으로 활용해야 하는 텍스트이지만, 출간 당시보다 관련 연구가 많이 축적된 현재 시점에서 보면 사실 관계의 오류가 없지 않다.[52] 특히 청 측 사료의 활용과 검토가 부족하여 청군의 종합적 전력이나 병력 규모, 이동 경로 등에 대한 서술이 소략한 편이다. 한편, 『청태종실록淸太宗實錄』의 사료를 적극 활용함으로써 그동안 공백으로 남았던 청군의 전쟁 수행 과정을 상세히 복원한 연구가 제출되기도 하였다.[53] 최근에는 17세기 조선군의 전술 변화를 다룬 연구, 방어 체제와 전술의 변화를 다룬 연구, 병자호란 당시 청군의 병력 규모를 비롯하여 남한산성 공성 전략 및 강화도 함락의 실상을 정밀하게 추정한 연구가 잇달아 나와 병자호란 군사사 연구에 큰 기여를 하였다.[54]

49 이태진, 「丁卯·丙子胡亂과 軍營體制의 發展」, 『韓國軍制史－近世朝鮮後期篇』, 陸軍本部, 1977; 이태진, 『朝鮮後期의 政治와 軍營制 變遷』, 韓國研究院, 1985, 107~173쪽.
50 이장희, 「丁卯·丙子胡亂時 義兵研究」, 『國史館論叢』 30, 국사편찬위원회, 1991.
51 유재성, 『丙子胡亂史』, 국방부 전사편찬위원회, 1986.
52 구범진·이재경, 「丙子胡亂 당시 淸軍의 構成과 規模」, 『韓國文化』 72, 서울대 규장각한국학연구원, 2015, 435~436쪽 참조.
53 유승주, 「丙子胡亂의 戰況과 金化戰鬪 一考」, 『史叢』 55, 고려대 역사연구소, 2002; 유승주, 「仁祖의 丁卯胡亂 對策考」, 『韓國人物史研究』 3, 한국인물사연구회, 2005.
54 노영구, 「인조초~丙子胡亂 시기 조선의 전술 전개」, 『韓國史學報』 41, 고려사학회, 2010;

이상 군사사적 시각의 연구를 통하여 병자호란의 발발부터 종전에 이르는 개략적 전황은 밝혀졌다. 그러나 상당수 연구가 앞에서 살펴본 것처럼 병자호란의 패인을 전쟁 지도부나 군사 지휘관 개인의 무능·무책임에만 치중하여 설명하는 데 그치고 말았다. 요컨대 병자호란의 패배는 좀 더 구조적 차원에서 종합적으로 설명되어야 할 필요가 있다.

3. 책의 구성과 논점

이상에서 서술한 문제 제기에 기초하여 이 책은 다음과 같이 서술될 것이다.

제2장에서는 정묘·병자호란 이전 조선의 군사력 정비 과정과 기본 방어 전술, 군사적 측면에서 본 명과의 협력 관계 등을 다룰 것이다.

노영구, 「조선-청 전쟁(정묘·병자호란)과 군사제도의 정비」, 『한국군사사 ⑦—조선후기』 I, 육군본부, 2012; 노영구, 「17세기 조선의 전술 변화와 전개 양상」, 『조선후기의 전술—『兵學通』을 중심으로』, 그물, 2016; 장정수, 「병자호란 시 조선 勤王軍의 남한산성 집결 시도와 활동」, 『韓國史硏究』 173, 한국사연구회, 2016; 장정수, 「병자호란 이전 조선의 對後金(淸) 방어 전략의 수립 과정과 그 실상」, 『朝鮮時代史學報』 81, 조선시대사학회, 2017; 구범진·이재경, 앞의 글; 구범진, 「병자호란과 천연두」, 『민족문화연구』 72, 고려대 민족문화연구원, 2016; 구범진, 「병자호란 시기 청군의 강화도 작전—목격담과 조석·조류 추산 결과를 중심으로 한 전황의 재구성」, 『韓國文化』 80, 서울대 규장각한국학연구원, 2017; 구범진, 「병자호란 시기 강화도 함락 당시 조선군의 배치 상황과 청군의 전력」, 『東洋史學硏究』 141, 동양사학회, 2017; 변도성·김효원·구범진, 「병자호란 시기 강화도 함락 당일 염하수로의 조석과 조류 추산」, 『한국과학사학회지』 39-3, 한국과학사학회, 2017; 구범진, 『병자호란, 홍타이지의 전쟁』, 까치, 2019.

제2장 1절에서는 병력 확보와 군량 공급의 문제를 살펴보겠다. 병력과 군량의 부족은 임진왜란 이후 꾸준히 지적된 조선군의 약점이었지만, 종전 이후 40여 년이 다 되어 가는 병자호란의 발발 시점까지 해결되지 않았다. 이러한 점은 양병養兵과 군량 공급이 정책 담당자의 수행 의지나 시간 부족의 문제라기보다는 당시 조선 사회가 구조적으로 갖고 있었던 여러 문제와 연관되어 있음을 시사한다.

　　제2장 2절에서는 조·명 군사 협력의 가능성에 대해 검토하겠다. 조선의 입장에서는 자체 군사력이 부실한 상황이었으므로, 명과의 군사적 연합을 통한 대응은 임진왜란의 경험을 떠올려보면 자연스럽게 모색해 볼 만한 사안이었다. 우선 인조반정의 집권 세력이 가도假島에 주둔한 모문룡毛文龍 부대의 전투력을 어떻게 인식했으며 나아가 명과의 군사적 연합에 대해 어떠한 전망을 갖고 있었는지 살펴보고자 한다. 아울러 명·청 전쟁의 추이 속에 명이 군사적 협력자로서 조선을 어떻게 인식했는지도 살펴보겠다. 이를 통해 호란을 전후한 시기에 명과의 군사적 연합이 과연 실현 가능한 대안이었는지, 그리고 이것이 조선의 대외 정책 결정에 어떠한 영향을 주었는지 분석하고자 한다.

　　제2장 3절에서는 대후금·대청 방어의 기본 전술이라고 할 수 있는 청야입보淸野入保 전술에 대해 검토해 보겠다. 명의 직접적 군사 지원을 기대할 수 없고, 개별 전투력 및 병력 수에서 확실한 우위를 보이지 못했던 조선의 입장에서 선택 가능한 방어 전술의 종류는 많지 않았다. 조선은 주변의 들판을 청야하고 야전을 피해 방어 거점으로 선정된 성城에 웅거한 뒤 화약병기를 사용하여 적을 방어하면서 외부의 지원군을 기다리는 방안을 기본 방어 전술로 채택하였다. 이 절에서는 청야입

보의 방어 전술을 둘러싼 조정의 논의와 대책, 아울러 그 근본적 한계점에 대하여 살펴보겠다.

제3장에서는 병자호란의 발발 과정과 강화 협상의 추이를 다룬다. 병자호란의 전개 과정은 제2장에서 검토한 조선군의 약점을 청군이 집요하게 공략하여 개전開戰의 목표를 달성하였음을 보여준다.

제3장 1절에서는 대청체제大淸體制의 수립에 따른 양국 간의 갈등이 의례라는 측면에 반영되어 나타났음을 부각한다. 아울러 이에 대한 실천을 놓고 조선 내에서 벌어졌던 주화·척화 논쟁의 내용과 성격을 분석하고자 한다.

제3장 2절에서는 병자호란 직전 청군의 종합적 전력을 검토한다. 관련하여 병자호란에 참전한 청군 병력의 규모와 구성, 장비의 동원과 운영, 개전 초기 청군 선발대의 기동 경로와 그 의미를 고찰하고자 한다.

제3장 3절에서는 남한산성의 농성 과정과 강화 협상의 쟁점을 살펴보겠다. 특히 선행 연구에서는 간과되었던 사실, 즉 청군의 공세가 강화됨에 따라 강화 협상의 조건과 쟁점도 이에 연동되었던 점을 면밀히 살펴보겠다. 이와 같은 현상은 청의 개전 목표와 연관되어 발생한 것인데, 청군의 신축적 공세에 따라 조선 측의 동향과 대응도 급변하였다. 이러한 과정 속에서 조선이 끝까지 회피하려고 했던 것이 무엇이었는지 추적해 본다면, 이 전쟁이 갖는 역사적 성격과 의미도 새롭게 드러나리라 기대한다.

제4장에서는 병자호란의 전후처리 과정과 이 전쟁의 사상적 배경인 중화 인식의 형성 및 척화론의 성격을 고찰해보고자 한다.

제4장 1절에서는 인조의 출성 항복과 정축화약의 강화 조건을 검토

하여 청이 이 전쟁을 통하여 과연 무엇을 얻으려고 했는지 확인해 보겠다. 인조가 삼전도에서 행한 항례와 청이 조선에게 강요하였던 정축화약의 조건들 가운데 상당수는 당대인들에게 단순히 청의 승전을 확인하는 절차 이상의 강렬한 상징적 의미를 지닌 것이었다.

제4장 2절에서는 패전 책임을 둘러싼 조정의 정치적 갈등과 그 논점이 무엇이었는지 고찰한다. 이것이 병자호란의 패배를 바라보는 당대인의 인식과 전후 분위기를 가늠하는 중요한 척도이기 때문이다. 특히 강화도 함락의 책임을 진 장신과 김경징의 처벌이 어떠한 상황과 맥락에서 이루어졌는지 상세히 분석할 것이다. 이를 통해 종전 이후 강화도 함락의 책임을 규명하고 처벌하는 사안이 단순히 전투상의 공과功過만을 고려하여 이루어진 것이 아니며, 그 이상의 정치·사회·문화적 컨텍스트가 배후에 내재해 있었다는 점을 논증해보고자 한다.

제4장 3절에서는 조선의 중화 인식이 언제 어떻게 변동하여 17세기 척화론의 형성에 영향을 주게 되었는지 고찰하겠다. 나아가 당대인의 중화사상이 투영된 대명인식의 이중적 구조와, 이것이 조선의 대외 관계에 미친 영향과 의미를 살펴보고자 한다. 이와 같은 작업은 병자호란을 수행하였던 당대인들의 신념과 가치 체계에 대한 이해를 증진하고, 이 전쟁의 역사적 성격과 유산을 밝히는 데 도움을 줄 것이다.

제2장

병자호란 이전 조선의 국방 태세

1. 병력 확보와 군량 공급의 문제점

1623년 광해군의 '폐모살제廢母殺弟'와 후금에 대한 유화 정책을 비판하며 인조반정仁祖反正을 일으킨 주도 세력은 향후의 대외 정책을 '숭명배금崇明排金'의 기조 아래 운영할 것이라고 천명하였다.[1] 그러나 이러한 선언과 달리, 인조 정권은 후금에 공세적 태도를 유보하고, 광해군 대 후반의 유연한 외교노선 ── 화의론和議論에 근거를 둔 기미책羈縻策 ── 을 답습하였다고 한다. 선행 연구는 신생 인조 정권이 내부 안정을 우선시했기 때문에 일종의 현상 유지책을 편 것이라 설명했지만,[2] 정묘호란 이전

---

1 『仁祖實錄』 권1 인조 1년 3월 甲辰(14일)조 일곱 번째 기사와 여덟 번째 기사에 실린 반정교서 참조. 전자는 인목대비, 후자는 인조의 이름으로 반포되었지만 모두 반정 2등 공신에 녹훈(錄勳)된 장유가 지은 것이다.
2 田川孝三, 『毛文龍と朝鮮との關係について』, 青丘說叢3, 1932, pp.73~76; 한명기, 『임진왜란과 한중관계』, 역사비평사, 1999, 361~373쪽 참조.

조선-후금 관계의 긴장 완화는 조선 측의 외교노선 변화에 기인한 것이 아니라, 후금의 태도 변화 때문이라는 해석도 나왔다.[3] 여하튼 더 주목해야 할 점은 근본적으로 조선이 '숭명배금'의 의지를 후금에 관철시킬 만한 군사적 역량을 구비하지 못하고 있었다는 사실이다. 당시 불안한 국제 정세로 인하여 군비 확충이 필요하다는 것은 누구나 동감하는 사안이었지만, 그 실현은 무엇보다도 군사적 자원을 동원할 수 있는 체제 전반의 역량이 뒷받침되어야만 가능한 일이었다.

광해군 11년(1619) 3월의 심하深河 전투는 당시 조선과 후금의 질적 군사력 격차를 여실히 보여준 사건이었다.[4] 지원군 파병 자체를 반대한 광해군은 물론이고, 이이첨李爾瞻, 유희분柳希奮, 박홍구朴弘耉를 비롯한 대부분의 조정 신료들도 애초부터 조선군의 우세를 예견하여 파병을 찬성한 것은 아니었다.[5] 그들은 전력의 열세를 알았음에도 불구하고 대명의리對明義理를 지키는 차원에서 불가피하게 파병을 주장하였던 것이다.

인조반정 초기에도 후금을 배격하는 논의는 비등하였지만, 이를 군

---

3 계승범, 「광해군, 두 개의 상반된 평가」, 『韓國史學史學報』 32, 한국사학사학회, 2015, 503~505쪽 참조.

4 심하 전투를 포함하여 이 때 벌어진 명군과 후금군의 전투 전체를 중국 학계에서는 대개 '薩爾滸戰', 일본 학계에서는 'サルフ戰'으로 부른다. 이때 1만여 명의 후금군은 자신들의 본거지인 허투알라(赫圖阿砬)로 진공하는 10만여 명의 명(8만)·조선(1만 3천)·여허(1만) 연합군을 완파하였다. 심하 전투의 상세한 전황은 대한민국 육군대학 역, 「機動戰 ―사르호전」, 『軍事評論』 337호 부록, 1998, 191~203쪽(원서는 陸戰史研究普及會 編, 『明と淸の決戰』, 原書房, 1972) 참조.

5 『光海君日記』 권127 광해군 10년 윤4월 壬午(24일), "臣 弘耉 希奮 尙毅 爾瞻 馨男 時言 挺公亮 慶全 沖悼 蕭國 晩 璀 瑾 致績 盻等議 (…中略…) 我國兵農不分 素無預養之卒 重以蕩殘之餘 瘡痍甫起 今若策疲乏軍 助戰天兵 則無益於征勤 有害於自守 而其他種種憂虞之端 臣等亦豈不知 然而以大體言之 則有父子之義 以私情言之 有必報之義 以此以彼 斷不可不爲應援 若徒思我勢之弱 以示不肯之色 而天朝責以大義 迫不得已 然後方爲赴援 則後至之責 似不得免 而他日脫有緩急 則將 何面目 求救於天朝乎"; 『光海君日記』 권161 광해군 13년 2월 癸丑(11일) 등. 이하 본 책에서 인용한 『광해군일기』는 조선 후기 태백산사고에 소장되었던 중초본(中草本)이다.

사적 조치로 실행하기에는 영의정 이원익李元翼의 발언에서 보이는 것처럼 여러 가지 어려움이 많았다.

> 앞으로 노적(奴賊)을 방비하고 천병(天兵 : 명군)을 지원하는 일이 극히 난처합니다. 현재 민생이 도탄에 빠지고 나라의 재정이 고갈되었습니다. 반드시 수입을 헤아려 지출하여 용도를 절약하고 백성을 아끼며, 무릇 요역(徭役)과 관계된 일들도 백성에게 부담지우지 않음으로써 민력을 조금이라도 펴게 해야 하겠습니다. 그리하면 백성은 매우 신통한 존재라 그들로 하여금 명군에게 (식량을) 공급하게 하더라도 원망이 없을 것이며, 노적을 정벌하게 하더라도 꺼려하지 않을 것입니다. 그것은 비록 (백성들이) 군신(君臣)의 대의(大義)는 모른다 하더라도 임진년의 재조(再造)한 은혜에는 모두 감격하고 있기 때문입니다.[6]

영의정 이원익은 인조를 면대한 자리에서 '적을 방어하는 데에는 민심이 가장 중요하다'라는 류의 유교적 원칙에 입각한 발언을 하였지만,[7] 이것만으로 후금에 대한 실질적 방어가 어렵다는 것은 그 자신도 잘 알고 있었을 것이다. 더욱이 민심의 안정을 위해 요역과 세금을 경감하는 등의 조치는 군비 확충책과 양립할 수 없었다.[8]

이러한 상황 속에서 인조반정 초기 후금과의 무력 충돌을 대비한 방어

---

6 『仁祖實錄』 권1 인조 1년 3월 壬子(22일).
7 『論語』 「顔淵」, "子貢問政 子曰 足食 足兵 民信之矣 子貢曰 必不得已而去 於斯三者 何先 曰去兵 子貢曰 必不得已而去 於斯二者 何先 曰去食 自古皆有死 民無信不立".
8 『宣祖實錄』 권193 선조 38년 11월 癸酉(3일), "柳永慶曰 專爲防備 則民力傷矣 恐傷民力 則防備 踈矣 臣百爾[→思] 兩全之策 而一未得焉"; 『仁祖實錄』 권2 인조 1년 7월 乙未(7일), "上曰 軍務與安民 有如水火之不相濟 糧餉器械之措備 率皆貽害於民 況今懸磬之患方極 將何以爲措也" 등.

책이 여러 차례 논의되었지만, 조선군의 우세를 예견한 신료들은 거의 없었다. 특히 도원수都元帥 장만張晚을 비롯한 이괄李适, 정충신鄭忠信 등 경험 많은 무장武將들은 야전에서의 정면 대결보다 수성과 방어에 치중해야 한다는 점을 거듭 강조하였다.[9] 인조 자신도 후금군이 월등한 기동력을 갖추고 있으며 조선군의 방어가 매우 허술함에도 불구하고, 실효성 있는 조치가 시행되지 않고 있는 상황에 대하여 답답함을 토로하곤 하였다.[10] 이와 같은 인조 대 초반 조정의 분위기는 "(적이) 온다면 비록 한신韓信이 다시 살아나고 제갈공명諸葛孔明이 다시 일어나다 해도 우리나라의 인심과 병력으로는 절대로 막아낼 수 없는 형편"이라고 말하며,[11] 후금과의 무력 충돌을 강력하게 만류하고 회피한 광해군의 판단과 조금도 다르지 않았다.

당시 '철기鐵騎'로 지칭되었던 후금의 강력한 기마 전력에 비해, 조선군은 군정의 문란 및 훈련 부족으로 인하여 완비된 방어 전력을 갖추지 못한 상태였다. 광해군은 명에게 지원군을 보내야 한다는 신료들에게 병농兵農이 분리되지 않아 조련된 정예 병력이 거의 없는 조선군은 오히려 명군에게 짐이 될 뿐이라고 반박하였다.[12] 명목상 주력군인 정군

---

9   『仁祖實錄』권1 인조 1년 4월 辛酉(2일), "上御明光殿 引見都元帥張晚 晚曰 (…中略…) 且賊之長技 在於馳突 我國兵勢 似難抵當 以我所長 攻其所短 則可以制勝 莫如據險而禦之"; 『仁祖實錄』권2 인조 1년 7월 辛卯(3일); 『仁祖實錄』권5 인조 2년 3월 戊辰(14일) 등.

10 『仁祖實錄』권1 인조 1년 윤10월 辛亥(25일), "上晝講大學于文政殿 (…中略…) 上曰 伊賊行兵 非如我國 有事便發 其行甚疾 而在我邊備 如彼虛踈 近來多有設弊者 而未聞救弊之策 未知將何爲也".

11 『光海君日記』권176 광해군 14년 4월 辛巳(16일).

12 『光海君日記』권128 광해군 10년 5월 壬辰(5일), "傳曰 (…中略…) 我國兵力 果有分寸 可助天兵之勢 則雖掃境內, 荷戈執殳 爲王師前驅 不旋踵而死 少無所憾矣 第我軍兵無形之狀 聞於天下 予常心寒 而備局大提學 有若瞰奴酋 而犁其庭者 予實未曉 以我疲兵 入討虎穴 不敎之民 必先潰裂 到此尤得罪於天朝 將何兵而可禦長驅之鐵騎乎".

正軍은 평소에 훈련을 하지 않았으며, 부방시赴防時에도 대역代役을 쓰고 있는 실정이었다.[13] 임진왜란 이후 육성에 주력하였던 훈련도감의 군병도 제대로 대우를 받지 못한 채 천賤한 사역에 동원되면서, 건장한 장졸들이 군적軍籍에서 빠지기를 도모하여 헐벗고 굶주린 노약자들로 충원되는 사태가 발생하였다.[14] 훈련도감 소속의 장관將官, 별무사別武士, 금군별대禁軍別隊의 경우, 명색은 마병馬兵이었으나 소유한 말이 없어 기사騎射 훈련조차 하지 못하는 형편이었다.[15] 게다가 위와 같이 각개 전투력이 떨어지는 병력을 통솔하여 전투에 임해야 하는 무장들의 지휘 능력도 높지 않았다.[16]

이러한 상황은 인조 대에도 획기적으로 개선되지 않았기 때문에, 조선은 부득이 후금과의 군사적 대결을 가급적 회피하는 방향으로 대외 정책을 펼칠 수밖에 없었던 것이다. 정묘호란이 수습된 지 얼마 안 된 인조 5년(1627) 7월, 이귀는 군무軍務 개혁의 차자箚子를 올리면서 조선군과 후금군의 장단점을 비교하였다.[17] 그 내용을 보면 전투 의지, 전문성, 공·수성전 능력, 갑옷과 군마軍馬의 구비 여부, 포상 규정, 근접전 능력, 군량의 보급 방식, 군마의 내구성, 정보 수집 능력 등이 조선군의 상대적 약점으로 지적되었다. 심하 전투를 경험한 이민환李民寏 역시 후금에 대한 방어책으로 산성 수축, 군마 육성, 군사의 정예화, 변방 군사의 충

---

13 『光海君日記』권39 광해군 3년 3월 丁卯(27일).
14 『光海君日記』권73 광해군 5년 12월 丙申(13일).
15 『光海君日記』권106 광해군 8년 8월 己未(21일).
16 『宣祖實錄』권142 선조 34년 10월 壬辰(28일), "上曰 我國之人 兵書專不知 雖千人萬人 不過 馳馬彎弓而已 將才則全無矣";『仁祖實錄』권1 인조 1년 4월 辛酉(2일), "上御明光殿 引見都 元帥張晩 晩曰 必得將才 可以禦敵 而武將無一人知兵者 只知以賂做官而已 此輩將焉用之" 등.
17 李貴, 『李忠定公章疏』(奎 4777) 권8 「陳軍務畫一箚 丁卯七月初八日」.

원, 무기의 정예화, 무예 장려를 건의하였다.[18] 양자의 지적을 살펴보면, 당시 조선군이 군사력의 질적 측면에서 후금군에 비해 현저한 열세에 처해 있었다는 점을 확인할 수 있다.

그러나 더욱 큰 문제는 국방력을 구성하는 기본 요소라 할 수 있는 병역 자원의 확보 역시 여의치 못한 상황 속에서 조선이 후금과의 전쟁을 대비해야 했다는 점이다. 즉 조선은 군사력의 양적 측면에서도 후금군에 비해 확실한 우위를 점하지 못했다.[19] 임진왜란과 병자호란의 결과를 돌이켜 볼 때, 패배를 예방하기 위해서는 상당한 규모의 훈련된 병력이 변경과 내륙의 군사 거점에 배치되어 견실한 상비 전력을 유지해야 하였다. 그러나, 이러한 대안은 17세기를 전후로 한 조선의 정치·사회·경제적 조건을 종합적으로 고려해 볼 때 실현되기 쉽지 않았다.

비록 축소 보고의 가능성은 있지만, 광해군 1년(1609) 1월 명나라 사신에게 알리려 한 경외제읍京外諸邑 군사의 총 수는 7만 6천 명에 불과하였다.[20] 이 가운데 건주여진의 방어와 직접적 연관이 있는 평안도, 황해도, 개성부 군사의 합계는 1만 9천 명에 불과하였다. 그나마 이들 중

---

18 李民宬, 『紫巖集』 권6 雜著 「建州聞見錄」.

19 물론 병력의 총 수는 당연히 원정군인 후금(청)군보다 조선군이 많았지만, 이들을 대적하는 주요 전장인 서북·경기 지역 방어거점의 병력 수만 놓고 보면 적에 비해 월등한 우위를 점했다고 보기 어렵다. 조선은 이와 같은 약점을 하삼도(下三道)의 병력 동원 등을 통해 보완하려 하였으나, 이동과 보급에 많은 시간과 비용이 소모되어 여의치 않았다.

20 『光海君日記』 권15 광해군 1년 4월 丙寅(15일), "兵曹京外諸邑軍士摠數 京中五百名 開城府四百名 京畿四千八百名 忠淸道一萬名 江原道三千名 黃海道八千名 全羅道一萬八千名 濟州三邑一千七百名 慶尙道七千名 平安道一萬六百名 咸鏡道七千名 合七萬六千四百名 天使接見時 如或有問 以此數對之". 이 기사는 병조 군적에 기록된 정군(正軍)의 수를 파악한 내용으로 보인다. 여기에 선조 36년(1630)경 이미 2,000여 명을 웃돌았던 훈련도감군의 병력이나 인조 11년(1633)경 9만 70여 명에 달했던 속오군(束伍軍)은 포함되지 않았다. 뿐만 아니라 경·외 제읍 군사의 총 수도 실제 합하여 보면 7만 1천 명에 불과하다. 이 때문인지 몰라도, 이 내용은 정초본(正草本) 『광해군일기』(정족산본)에 실리지 않았다.

국경 지역에 배치된 병력은 여러 거점에 분산 배치된 상태였으므로,[21] 여러 부족을 통합하여 군세를 불린 건주여진의 대규모 침입에 이전과 같이 효과적으로 대응하기 어려웠다.

정군正軍의 실태와 관련해서는 광해군 10년(1618) '(병조) 군적에 등록된 기병과 보병의 원수元數는 18만 명에 달했지만, 현재는 6만 명에 불과한데 그나마 상당수가 유망流亡으로 피역避役한 상태'라는 기록도 보인다.[22] 서북 변경의 방어에 4~5만의 병력이 필요하다는 공감대가 있었지만, 심하 전투 이전 실제 방어에 투입된 병력은 충청·전라·경상도의 부방군赴防軍까지 포함하여 3만 정도였다.[23] 이러한 병력의 부족을 보충하기 위해 북도北道 공·사노비들의 군대 편입을 장려하거나,[24] 정원 외로 등록된 향교 교생의 군적 등재를 시도하였으나 민심의 반발 때문에 원활하게 추진되지 못하였다.[25] 대규모 인원을 선발하는 광취무과廣取武科(일명 만과萬科)를 시행하여 군사를 모집하기도 하였다. 이들 중 상당수를 출신군관出身軍官이라 하여 서북 변경에서 의무적으로 1년 동안 복무하게 하였으나 큰 실효를 거두지는 못하였다.[26]

인조반정 직후 도원수 장만은 인조를 접견한 자리에서 명과 연합하

---

21 『光海君日記』 권14 광해군 1년 3월 辛卯(10일).
22 『光海君日記』 권125 광해군 10년 3월 庚申(1일), "右副承旨朴鼎吉啓曰 (…中略…) 兵曹軍數 槪聞平時則騎步兵元數十八萬 而通計奉足 幾至五十萬 今則兵崖六萬 其中多有絶戶流亡者 除各色軍 訓鍊都監哨 軍戶奉足竝萬餘名外 視平時 不及九分之一 良民逃役之弊 據此可知".
23 『光海君日記』 권135 광해군 10년 12월 甲子(9일);『光海君日記』 권144 광해군 11년 9월 丙午(27일).
24 『光海君日記』 권36 광해군 2년 12월 甲午(23일).
25 『光海君日記』 권147 광해군 11년 12월 己未(10일).
26 17세기 만과의 운영 실태와 폐단에 대해서는 심승구, 「조선 후기 무과의 운영실태와 기능 −萬科를 중심으로」, 『朝鮮時代史學報』 23, 조선시대사학회, 2002, 163~187쪽 참조.

여 후금을 토벌하기 위해서는 최소 5만에서 최대 10만의 병력이 있어야 가능하다고 인조에게 보고하였다.[27] 안주목사安州牧使 정충신은 후금군의 총 병력을 9만여 명 정도로 추산하면서 10여 만의 조련된 정예병이 있어야 요동 수복이 가능하다고 주장하였다.[28] 이 자리에 동석한 연안부사延安府使 남이흥南以興도 정충신과 함께 훈련된 정예 병력이 크게 부족하다는 점을 인조에게 강조하였다. 정묘호란 전후 조선이 파악한 동원 가능한 병력은 서북 지역을 포함하여 대략 10만 정도를 헤아렸으나, 이들 가운데 상당수는 군량 및 훈련 부족으로 인하여 제대로 된 전투력을 발휘하기 힘든 상태였다.[29] 이처럼 인조 대에도 광해군 대와 마찬가지로 잘 조련된 정예 병력의 부족을 인식하면서, 특히 서북 변경과 강화도·남한산성 등지의 군사 거점을 방어하는 병력의 증강을 위해 노력하였다. 그러나 군역 기피로 인한 병역 자원의 부족과 이에 수반된 전투력의 질적 저하라는 조선군의 고질적 문제는 인조 대에도 쉽게 개선되지 않았다.

인조 1년(1623) 8월 인조는 이괄李适을 부원수에 임명하여 평안북도 영변寧邊에 주둔하게 함으로써 후금 방어의 중임重任을 맡겼다.[30] 그러

27 『仁祖實錄』 권1 인조 1년 4월 辛未(12일).
28 『仁祖實錄』 권5 인조 2년 3월 戊辰(14일), "忠信曰 兵馬精强 實難當之賊 其兵之多寡 雖未詳知 聞有八部大人之說 又有四百爲一哨之語 大約可至九萬餘矣 (⋯中略⋯) 忠信對曰 我國本是無兵 之國 雖良將 誰與爲戰 今若抄發十餘萬衆 敎訓一二年 則遼東亦可以進取矣 何必區於守禦乎".
29 『仁祖實錄』 권2 인조 1년 5월 乙未(6일), "濩謙曰 我國西路戍兵 不滿三萬"; 『仁祖實錄』 권16 인조 5년 4월 丙辰(20일), "上曰 軍兵元數 必得十餘萬然後 乃可分老弱而用之 江原道則一邑軍 兵之數 或不過十餘 豈有此理乎 (⋯中略⋯) 廷龜曰 (⋯中略⋯) 聞虜兵在窟穴者 其數不滿十萬 云 我國則兩西軍兵 合數萬餘名 三南合五六萬 則幾至十萬 但兵雖多 無糧則爲無用之軍 宜量軍糧 而定軍數也".
30 『仁祖實錄』 권2 인조 1년 8월 乙亥(17일).

나 이괄이 다음해 1월 22일에 기병起兵했다가 진압당함으로써 이 조치는 오히려 후금 방어의 주력을 소모시키는 결과만 초래하였다. 이로 인한 서북 지역의 전력 손실은 결과적으로 정묘호란의 방어에도 적지 않은 영향을 주었다.[31] 1만 2천 명 남짓한 이괄군은 20여 일도 채 못 된 2월 10일 한양 도성을 점령하였지만, 이 때는 이미 관군의 귀순 권유로 인하여 반란군의 상당수가 이탈한 상태였다.[32] 도성 입성 후 다음날 안현鞍峴 전투에서 도원수 장만이 이끄는 관군이 대승함으로써 이괄의 난은 가까스로 진압되었다. 이상의 경과는 당시 조선군의 수도 방어 능력이 어느 정도 수준이었는지 극명하게 보여주는 것이었다.

이후 조정은 수도권 방어를 강화하기 위해 호위청扈衛廳과 어영청御營廳의 병력을 각각 1천 명 수준으로 증원하고, 경기 일대의 병력을 재편하여 총 병력 2만 명 규모의 총융청摠戎廳을 신설하였다.[33] 이에 따라 인조 1년(1623) 6,500명 정도였던 수도권 일대의 방어 병력이 정묘호란 직전에는 4배 정도로 증원되어 2만 5천 명에 달하였다. 그러나 이괄란 이전 3만여 명에 달했던 서북 지역의 방어 병력은, 정묘호란 직전까지도 이전 수준을 회복하지 못하고 1만 6천 명 수준을 유지하는 데 그쳤다. 더구나 반란 이후 강화된 무장에 대한 감시, 즉 기찰譏察은 서북 일대에 주둔한 병력의 조련에 커다란 장애가 되었다.[34] 기찰로 위축된 무

---

31 이괄란의 전개 상황과 영향에 대해서는 다음 논저를 참조하였다. 노영구, 「대후금 방어전략과 이괄의 난」, 『한국군사사 ⑦-조선 후기』 I, 육군본부, 2012; 한명기, 「李适의 亂이 仁祖代 초반 대내외 정책에 미친 여파」, 『全北史學』 48, 전북사학회, 2016.

32 『仁祖實錄』 권4 인조 2년 1월 癸未(28일), "賊將柳舜懋 李胤緖 李愼 李芑等 自賊中逃還帥府 其所領軍兵四千餘人 皆潰散".

33 이하 서술한 이괄란 이후 조선의 군사력 증강 과정은 유재성, 『丙子胡亂史』, 국방부 전사편찬위원회, 1986, 29~33쪽 참조.

34 『仁祖實錄』 권5 인조 5년 3월 癸巳(26일), "李植曰 (…中略…) 譏察之事 未知其果有 而南以

장들이 괜한 오해를 사지 않기 위하여 군사 훈련을 자제하였기 때문이다.[35] 그리고 이괄의 부하였던 한명련韓明璉의 아들 한윤韓潤이 후금으로 도주함으로써[36] 조선군 전력의 허실虛實과 방어책이 고스란히 후금에게 누설되었을 가능성이 높아졌다. 실제 한윤은 정묘호란 시 강홍립姜弘立과 함께 후금군을 이끌고 돌아왔다.[37]

　방어 병력의 부족은 군사 재정이 뒷받침되지 않은 탓도 있었지만, 30~40%에 육박한 노비 인구가 초래한 양인良人 인구의 부족, 사족士族들의 군역 회피가 근본적 원인이었다.[38] 이 때문에 정군正軍과 봉족奉足으로 대표되는 군역의 구체적 임무가 군적에 남아 있는 농민들에게 집중되었다. 그리고 이것이 농민들의 피역避役과 대립代立, 아울러 파산과 유랑을 초래하는 악순환이 발생하였던 것이다. 공사천公私賤 인구의 과다와 이로 인한 병역 자원의 부족은 임란 당시 파병된 명군의 눈에도 쉽게 인지될 정도였으며,[39] 조정의 군신君臣들도 이와 같은 문제점을 정확히 알고 있었다.[40] 이러한 군정軍政의 모순은 궁극적으로 전투력 약화의 주 요인이 되었다.[41]

　　興亦以譏察 不得一番合操云 豈不惜哉".

35　한명기, 앞의 글, 115~118쪽 참조.

36　『淸太祖實錄』 권9 天命 10년 1월 癸亥(14일).

37　『仁祖實錄』 권15 인조 5년 1월 乙酉(17일).

38　이영훈, 「한국사 연구에서 노비제가 던지는 몇 가지 문제」, 『한국사시민강좌』 40, 일조각, 2007, 144쪽; 오종록, 「서애 류성룡의 군사 정책과 사상」, 『류성룡의 학술과 경륜』, 태학사, 2008, 199~204쪽.

39　『宣祖實錄』 권33 선조 25년 12월 己亥(13일), "(崔－인용자)湜曰 (…中略…) 中原見我國執供億之役者皆丁壯 而編行伍者皆老弱 謂曰丁壯者何不赴戰 而請兵于上國云 此言甚可憫也".

40　『宣祖實錄』 권39 선조 26년 6월 丁酉(14일), "上敎政院曰 我國自來 武略不競 兵力單弱 蓋公私賤人 其數必過於軍丁 而名不登簽兵之籍 然公賤則猶能役於公家 至於私賤 則有司不敢問 爲國內一種人 此古今天下之所無也 (…中略…) 備邊司回啓曰 我國士族之家臧獲 以千百數 而官兵則日就削弱 此雖國俗流傳之舊 難可卒變 然簽名操鍊 不可少緩".

조선은 이미 임진왜란을 수행하는 과정에서 병력 부족을 절감하였다. 군역 자원을 확보하고 부세賦稅 제도를 정비하기 위해서는 정확한 호구戶口 파악이 선행되어야 하였다. 공평한 군역의 부과를 위하여 호패법號牌法 실시와 함께 군적을 정리하자는 방안이 이미 선조 대부터 해결책으로 논의되기 시작하였다.[42] 그러나 행정력의 미비와 민간의 반발을 우려하여 본격적으로 추진되지도 못한 채 흐지부지되고 말았다.[43]

광해군 대 초반에도 이정귀李廷龜의 건의 이후[44] 비변사의 주도로 호패법 실시가 추진되어, 오랜 논란 끝에 광해군 4년(1612) 1월에야 호패 착용이 시행되었다.[45] 호패법 실시로 군적에 누락되어 있는 자들을 색출함으로써 병역 자원의 확보 및 재정 수입의 증대라는 효과를 기대하였던 것이다. 그러나 군역 부담의 증가에 불만을 품은 각 계층의 반발로 인하여 결국 같은 해 7월 그 시행이 완전히 중지되기에 이른다.[46] 호패법 실시에 가장 강력히 반발하였던 세력은 법제와 달리 군역의 부담을 조금도 지지 않고자 하였던 사족층이었다.[47] 후일 광해군의 대외 정책에 반발하면서 심하

---

41 『宣祖實錄』 권33 선조 25년 12월 己亥(13일), "(崔-인용자)滉曰 (…中略…) 爲今計 無過於括軍也 中原見我國執僞免之役者皆丁壯 而編行伍者皆老弱 謂曰 丁壯者何不赴戰 而請兵於上國 云";『宣祖實錄』 권39 선조 26년 6월 丁酉(14일), "上敎政院曰 我國自來 武略不競 兵力單弱 蓋公私賤人 其數必過於軍丁 而名不登簽兵之籍 然公賤則猶能役於公家 至於私賤 則有司不敢問 爲國內一種人 此古今天下之所無也";『光海君日記』 권152 광해군 12년 5월 戊子(11일), "備邊司啓曰 (…中略…) 況公賤也 私賤也 此外士族之子枝 難於偏編伍者 其麗不億 而旣不隷兵籍 又不服公田 其於國家兵之政 了不相干者也 一切驅入於兵農之中 其勢未由 除此而必欲分兵農 則其不足之患 猶夫前也".

42 『宣祖實錄』 권96 선조 31년 1월 庚子(14일).

43 『宣祖實錄』 권103 선조 31년 8월 乙丑(12일).

44 『光海君日記』 권15 광해군 1년 4월 乙卯(4일).

45 『光海君日記』 권49 광해군 4년 1월 己亥(4일).

46 『光海君日記』 권55 광해군 4년 7월 甲辰(12일).

47 임진왜란 이후 사족층(士族層)에 대한 충군(充軍) 정책과 이에 대한 반발은 김성우,『조선중기 국가와 사족』, 역사비평사, 2001, 442~459쪽 참조.

전투의 파병을 강력히 주장하였던 이이첨이 시행 과정에서의 민폐를 명분으로 호패법 실시에 반대하였던 모순적 행보 역시 흥미롭다.[48]

이러한 맥락에서 볼 때 인조 대 초반 호패법 추진 논의가 다시 부활하여 최명길, 이귀 등 대표적 주화론자들의 주도로 추진되었다는 점에 주의를 기울일 필요가 있다.[49] 반면 정계의 원로였던 이원익과 재야의 대표적 산림 김장생金長生은 이이첨과 마찬가지로 '민심을 거스른다'는 이유로 끝까지 호패법 실시에 반대하였다. 정묘호란 직후 김장생은 주화론의 불가피성을 인정하면서도 척화론의 정당성을 강력히 주장한 바 있었다.[50] 특히 이때는 호패법뿐만 아니라 군적의 정비, 양전量田 등의 문제도 같이 거론되었는데, '어떤 것을 먼저 시행해야 하는가?'라는 문제를 놓고 논란이 벌어지기도 하였다.[51]

인조 4년(1626) 한양은 3월 1일까지 지방은 4월 1일까지 호패 착용을 마감한 결과,[52] 남정男丁의 총 수가 기존 103만여 명에서 226만여 명으로 대폭 증가하였다.[53] 이로써 그동안 별다른 국역國役을 부담하지 않았던 한정閑丁 123만여 명이 호패를 착용하게 되었다. 이 때 피역을 목적으로 교안校案에 등록한 것으로 파악된 교생校生은 4만여 명에 달했는데, 이들 중 2/3에 해당하는 2만 7천여 명이 정원을 초과하는 액외額外

---

48 『光海君日記』권36 광해군 2년 12월 戊戌(27일).

49 인조 대 호패법 추진 과정에 대해서는 김용흠, 『朝鮮後期 政治史 研究Ⅰ-仁祖代 政治論의 分化와 變通論』, 혜안, 2006, 191~195·312~319쪽 참조.

50 金長生, 『沙溪先生遺稿』권9 「筵席 問對」, 丁卯三月初八日 "某日 今番和事 雖出於爲 宗社生靈 之計 而其間斥和之議 不可無也 其言雖或過激 不可不優容矣".

51 『仁祖實錄』권9 인조 3년 7월 壬子(6일).

52 『仁祖實錄』권10 인조 3년 12월 庚寅(16일).

53 『仁祖實錄』권13 인조 4년 6월 丙子(5일), "號牌廳進追錄成冊 男丁摠數一百二十三萬餘 其前 所籍 乃一百三萬餘 合二百二十六萬餘云".

교생이었다.[54] 조정은 이들에게 『소학』과 『대학』의 구절을 암기하는 고강考講을 시행한 뒤 낙방한 자들에게 군역을 부과하려고 했으나, 이러한 조치는 사족층의 강한 반발을 야기하였다. 장유張維가 군적 문제를 논하기 위해 작성한 차자는 당시 이들의 불만과 명분을 잘 보여준다.

> 우리나라의 이른바 사족(土族)이라고 하는 자들은 진실로 천하에 아직 있지 않았던 부류입니다. 농사를 짓지 않아 농업에 종사하게 할 자도 드물고 군대에 가지 않아 전투에 참여시킬 자도 드물기만 합니다. 나라가 빈약하게 되는 원인이 꼭 이 자들 때문이 아니라고 할 수도 없는 형편입니다. 그렇지만 명분을 유지하면서 국맥을 일으켜 세우는 것 또한 이들의 힘에 의지하고 있다는 점 역시 속일 수 없습니다. 따라서 이런 사족에 대해서 백성은 마치 그림자나 메아리 역할을 하는 데에 불과하다고도 하겠습니다. 그렇기 때문에 신(臣)이 일찍이 백성의 마음을 차라리 잃을지언정 사족의 마음을 잃어서는 안 된다고 말했던 것입니다. (…중략…) 그리하여 한번 군역에 편입되기만 하면 향리(鄕里)에서도 대우를 받지 못하고 좋은 결혼 상대자도 나서지 않기 때문에 사람들이 군역을 피하는 것이 마치 죽음을 피하는 것처럼 되고 말았습니다.[55]

위의 사료에는 당시 사족들에게 기피된 군역의 위상이 잘 드러나 있다. 장유가 '명분을 유지하면서 국맥을 일으켜 세우는 것[其維持名分, 扶植國脈]'이라고 말한 부분은 임진왜란 때 사족의 의병 활동을 염두에 두고 한 발언이다.[56] 관군이 붕괴되는 임진왜란 초기에 사족의 지역적 명망을

---

54   김성우, 앞의 책, 458쪽.
55   張維, 『谿谷集』 권17 「論軍籍擬上箚」.

기반으로 향민鄕民의 호응을 받으며 일어난 의병이, 신속한 진격으로 보급선이 급속히 확장된 일본군의 배후를 공격함으로써 임진왜란의 극복에 많은 기여를 한 것은 분명한 사실이다.[57] 그러나 임진왜란 당시에도 사족들이 의병 봉기를 명분으로 마땅히 부담하여야 할 군역의 의무를 회피하였다는 비난 역시 심심치 않게 제기되었다.[58]

이태진은 호란 이후 양역변통론良役變通論의 전개 과정에서 사족들이 임란 때의 의병 활동을 근거로 군역 부과 대상에서 빠지고자 한 논리에 대해, '노블레스 오블리제'의 실천이었던 의병 활동과는 상반된 선택이자 오점이며 이것이 조선 후기 정규군 강화 노력이 실패한 근본 원인이었다고 평가하였다.[59] 우리는 흔히 임진왜란 전후 군정의 문란과 의병의 활약을 대조적으로 그리고 모순 없이 이해한다. 하지만 군적에서 누락된 사족·농민·노비는 지역 사회 어딘가에 존재하고 있었을 것이고, 의병은 사실 이러한 자원 가운데 일부로 구성되었을 가능성이 매우 높다.[60]

---

56 『仁祖實錄』 권14 인조 4년 11월 辛卯(22일), "大司憲張維 執義姜碩期 持平金堉啓曰 (…中略…) 且我國士族奴婢 誠天下之所無 然而上下有統 尊卑有定 國家之所以維持者 寔賴於此 雖當兵亂之際 士族皆以名節自勵 絶無叛國投賊者 壬辰之亂三南義旅 皆出於簪纓之緖 而咸鏡北路 素無世胄 故倡亂附賊 如鞠慶仁者 乃出於其中 由此觀之 士族之當扶植 亦已明矣".

57 이태진, 「壬辰倭亂 극복의 사회적 動力」, 『朝鮮儒敎社會史論』, 지식산업사, 1989, 245～247쪽 참조.

58 『宣祖實錄』 권30 선조 25년 9월 戊寅(21일), "備邊司啓曰 昇平日久 紀律解弛 卒有戎事 無以收拾 爲武將守宰者 率多遇賊輒北 有志者投袂奮義 糾合義旅 自爲一隊 揭名以義 爲諸道倡 故朝廷嘉之 凡所論賞 比他軍特優 至於名存軍簿 避亂逃散者 各自成群 厭避官家羈縻 見利則戰 遇强輒散 勝受上賞 敗不爲罪 不可使隊星散 無所統屬 朝廷方議可否";『宣祖實錄』 권35 선조 26년 2월 甲辰(19일), "上曰 予意 提督之事 不爲非矣 避役者多投義兵云 然耶 德馨曰 江華一府 避亂避役 偸安之地 所謂義兵 各自號令 無所統合 故或强奸士女 或慟掠民財 無所不至 若此不已 則不無相聚爲盜之患也".

59 이성무 편, 「제2차 집담회 —임진왜란을 이겨낸 리더쉽」, 『류성룡과 임진왜란』, 태학사, 2008, 459쪽.

60 위의 글 중 오종록 발언, 312～313쪽; 허태구, 「金誠一 招諭 활동의 배경과 경상우도 義兵

이처럼 군정 문란의 여파로 사족과 노비가 빠진 상태에서 군역과 봉족의 의무는 고스란히 군적에 남아 있는 농민의 몫이 되었다.[61] 후금 방어를 위해 인조 대 강력하게 추진된 호패법 역시 정묘호란 발발 직후 사족층의 불만을 달래기 위해 철폐되고 말았다.[62] 정묘·병자호란의 참패에 대하여 조정의 무능과 무책임을 지적하고 비난하는 것은 어렵지 않다. 그러나 정묘호란 직전 추진된 호패법이 결국 사족층의 광범위한 반발로 폐지된 점과 효종 대 시작되어 영조 대에야 종결된 양역변통 논의의 험난한 전개 과정을 보면,[63] 후금(청)에 대항할 수 있는 정예 병력의 확보와 유지가 집권 세력의 의지만으로는 단기간에 달성하기 어려운 복합적 과제였음을 쉽게 짐작할 수 있다.

고금을 막론하고 군량을 포함한 군수물자의 원활한 조달과 보급은 전투 이전 전쟁의 승패를 결정짓는 가장 중요한 요인 가운데 하나였다.[64] 임진왜란의 제반 군사 업무를 총지휘했던 유성룡柳成龍은 전쟁 수행의 가장 핵심적 요소를 양향糧餉·군병軍兵·성지城池·기계器機의 순으로 정리하였으며,[65] 따라서 군사비도 군량의 조달을 최우선으로 고려하여 지출하였다.[66] 더욱이 실제 전투에서는 확보된 군량을 행군 중이거나 전

봉기의 함의」,『南冥學研究』40, 경상대 경남문화연구원 남명학연구소, 2014, 31~40쪽 참조.

61 허남린,「모순과 갈등의 인정－선조를 통해 본 유교정치의 재정구조」,『조선시대 예교 담론과 예제질서』, 소명출판, 2016, 342~343쪽.

62 『仁祖實錄』권15 인조 5년 1월 丁亥(19일).

63 정만조,「양역변통론의 추이」,『한국사 32－조선 후기의 정치』, 국사편찬위원회, 2006 참조.

64 孫武,『孫子兵法』「作戰篇」, "善用兵者 役不再籍 糧不三載 (…中略…) 取用於國 因糧於敵 故軍食可足也 (…中略…) 國之貧於師者遠輸 遠輸卽百姓貧 (…中略…) 故智將務食於敵".

65 柳成龍,『懲毖錄』권16 軍門謄錄 丙申(1596)六月二十日「移京畿巡察使文」, "然其戰守大總 不過四條 一曰糧餉 二曰軍兵 三曰城池 四曰器機".

투 중인 병력에게 적시適時에 운송할 수 있는지의 여부가 전투의 승패를 좌우하는 결정적 요인이었다. 그러나 도로 발달과 수레 이용이 부진하였던 조선의 경우 군량의 조달과 운반은 백성들에게 크나 큰 고통을 안겨 주는 고역苦役이었다.[67] 명·일과 달리 조선은 군수물자의 조달에 상인들을 적극 활용하는 시스템이 발달하지 않았다.[68]

광해군 대 명의 지원 요청에 선뜻 응하지 않았던 명분 가운데 하나도 다름 아닌 군량 공급의 문제였다.[69] 국경 밖 장거리 원정이라는 조건은 군량의 조달과 운송을 더욱 어렵게 만들었다.[70] 불행히도 이러한 우려는 적중하여 심하 전투에 참전한 조선군은 군량과 말 먹이인 건초乾草를 적절히 보급받지 못한 상태에서 후금의 막강한 기병을 맞이하여 싸울 수밖에 없었다.[71] 『광해군일기』의 찬자撰者는 이 모든 책임을 군량 운송을 철저히 감독하지 않은 평안 감사 박엽朴燁과 관향사管餉使 윤수겸尹守謙에게 돌리고 있지만,[72] 더욱 근본적 원인은 군량 운송 시스템의 미비에 있었다고 생각된다.

---

66 柳成龍, 『懲毖錄』 권16 軍門謄錄 丙申(1596) 六月十四日 「移戶曹文」, "乙未十月二十日道啓辭內 今日戰守之計 不過糧餉軍兵城池器械數事而已 然必須先備糧餉 然後他事 次策可擧".

67 『宣祖實錄』 권37 선조 26년 4월 丙戌(2일); 『宣祖實錄』 권51 선조 27년 5월 甲辰(27일); 『宣祖實錄』 권75 선조 29년 5월 己巳(3일) 등.

68 寺田隆信, 『山西商人の硏究』, 同朋舍, 1972, pp.123~124; 구태훈, 「임진왜란 전의 일본 사회―전국시대 연구 서설」, 『사림』 29, 수선사학회, 2008, 247~249쪽 참조.

69 『光海君日記』 권128 광해군 10년 5월 壬辰(5일), "尹暉議 (…中略…) 七千之抄 其勢自致滿萬而運餉之卒 不在此數 戰馬駄馬至於錢糧 以今物力 其何辦得乎".

70 『光海君日記』 권130 광해군 10년 7월 丙申(10일), "調度使尹守謙狀啓 (…中略…) 大槪軍兵在我境內 則雖左枝右梧 抽東補西 庶有繼餉之路 如渡鴨綠 則千里險路運轉極難 百爾思之 未得善策".

71 『光海君日記』 권137 광해군 11년 2월 辛巳(27일); 『光海君日記』 권138 광해군 11년 3월 乙酉(2일).

72 『光海君日記』 권137 광해군 11년 2월 癸未(29일), "元帥兵以糧運不到 留牛毛寨 劉提督亦屯兵不進 先遣喬一琦前進【其時 管餉使尹守謙逍遙江上 無意督運 軍法若行 宜正乏興之律 而適全師陷沒 竟無言其罪者】"; 『光海君日記』 권138 광해군 11년 3월 辛卯(8일).

임진왜란 당시 조정은 부족한 군량의 확보와 운반을 위해 의병을 독려하는 한편[73] 납속納粟 정책을 수차례 실시했지만, 중간 관리의 횡령과 운송 능력의 부족 등으로 인하여 큰 실효를 거두지는 못하였다. 오히려 그 대가로 보관補官·면역免役·면천免賤이 이루어졌기 때문에, 신분 질서의 혼란과 국역 자원의 감소만 초래하였다는 비난만 초래하였다.[74] 요컨대 납속은 군량 부족과 운송 체계의 미비를 근본적으로 해결할 대안이 아니었다. 둔전屯田 역시 부족한 군량을 조달하는 데 일정 정도의 성과를 거두었으나, 사점私占 등 운영상의 폐단이 적지 않았다.[75] 결국 군량의 공급 역시 양병養兵과 마찬가지로 사회 체제 전반의 생산력 및 행정력과 밀접하게 관련된 문제라고 할 수 있는데, 좀 더 범위를 좁혀보면 국가 재정과 직접적으로 연관되는 사안이었다.

후금과의 긴장이 고조되던 광해군 대(재위 : 1608~1623)와 인조 대(재위 : 1623~1649)는 임진왜란의 충격에서 경제가 완전히 회복되지 않은 상태였기 때문에, 군량의 원활한 조달을 더욱 기대하기 어려웠다.[76] 임진왜란 이전 150~170만여 결 사이를 오르락내리락하던 전국의 전결田結은 종전 이후 30만 결로 급감했으며, 숙종 대에 이르러서야 130만 결 수준으로 회복되었다. 16세기 말 1,000만여 명을 상회하였던 전체 인구는 종전 이후 700만 명선까지 내려갔다. 이러한 위기를 더욱 가속

---

73 『宣祖實錄』 권34 선조 26년 1월 戊寅(23일), "上曰 各處義兵 無遺括出 使之輸轉糧餉 以供天兵 違令者 其將依軍令施行".

74 『宣祖實錄』 권50 선조 27년 4월 乙卯(7일); 전병철, 「壬辰倭亂期 納粟政策」, 『龍巖車文燮敎授 華甲紀念論叢 朝鮮時代史 硏究』, 신서원, 1989, 535~531쪽 참조.

75 이장희, 「屯田經營의 實態」, 『壬辰倭亂史硏究』, 아세아문화사, 1999, 277~283쪽 참조.

76 임진왜란의 피해와 소빙기의 영향에 대해서는 이태진, 「자연재해·전란의 피해와 농업의 복구」, 『한국사 30─조선 중기의 정치와 경제』, 국사편찬위원회, 2002, 302~338쪽; 이태진, 『새韓國史─선사시대에서 조선 후기까지』, 까치, 387~391쪽 참조, 2012.

한 것은 동아시아 세계를 휩쓴 소빙기小氷期(약 1500~1750)였다. 소빙기로 인하여 촉발된 자연재해는 한해旱害·수재水災·충재蟲災·기근·전염병 등의 형태로 나타났으며, 이것은 다시 수세지收稅地 회복과 인구 증가에 적지 않은 타격을 주었다. 이러한 배경 속에서 병·농일치의 군제를 기간基幹으로 운영하였던 조선은 정예 병력의 확보와 군량의 원활한 공급에 큰 곤란을 겪지 않을 수 없었다.

조선시대 국가 재정의 세 축軸은 전세田稅, 요역徭役, 공물貢物이었다. 이 가운데 군량 조달과 직접적 연관이 있는 세목稅目은 전세였다.[77] 전쟁 이전 30만여 석石 규모의 전세 수입은 임진왜란 이후 급감하였다.[78] 광해군~인조 대에는 '국가의 1년 세입이 비용을 감당하지 못한다'는 류의 기록이 실록에 빈번하게 나타난다.[79] 광해군 1년(1609)에 국가 경비는 7만여 석 정도였으나 세입은 4만여 석에 불과한 실정이었다.[80] 광

---

77 김용곤, 「朝鮮 前期 軍糧米의 確保와 運送」, 『韓國史論』 7, 국사편찬위원회, 1980, 283~285쪽 참조.

78 『宣祖實錄』 권41 선조 26년 8월 辛卯(10일), "備邊司啓曰 (…中略…) 我國全盛之時 一年稅入 兩界外 六道米豆粟幷 歲僅二十三四萬石 除田粟外 不滿十四萬石"; 柳馨遠, 『磻溪隨錄』 권6 「田制攷說 下」 「國朝田制附」, "平時賦稅米黃豆幷三十餘萬石[以十斗斛計之 則爲四十五萬餘斛]除西北兩界留本道外六道稅 二十六萬餘石"; 『宣祖實錄』 권200 선조 39년 6월 壬戌(25일), "國家經費 專倚於稅入 有國之務 莫急於此 近年一歲稅入 僅至四萬餘石 而一歲經費 不下七萬餘石 不足之數 殆居其半 不得已每年有收米之擧 艱難支保 所謂收米者 乃是規外之賦". 김옥근은 임진왜란 이전 전세 수입이 30만여 석이라고 본 유형원의 기록을 과소평가한 것이라 보고, 미(米) 43만 5천 석으로 보정(補正)하였다(金玉根, 『朝鮮王朝財政史硏究』, 일조각, 1984, 7쪽).

79 『光海君日記』 권78 광해군 6년 5월 甲子(13일), "戶曹啓曰 (…中略…) 一年稅入, 旣不能供一年之用, 則如非加賦於民, 萬無繼用之路"; 『光海君日記』 권109 광해군 8년 11월 甲午(27일), "傳曰 一年稅入 不能周一年經費 此未必由於田野不闢 不善耕墾而然也"; 『仁祖實錄』 권19 인조 6년 9월 丙子(19일), "戶曹回啓曰 (…中略…) 大抵一年稅入 未能支一年之用 不足之數 至於二萬餘石"; 『仁祖實錄』 권22 인조 8년 4월 丙子(27일), "戶曹啓曰 一年稅入 不足以應一年之用 而今此興師之擧 又出於意外 繼餉之策 不可不預講".

80 『光海君日記』 권16 광해군 1년 5월 己酉(29일), "司諫院啓曰 (…中略…) 今者國家經費七萬

해군 14년(1622)에는 경창京倉이 텅 비어 관료들의 녹봉 지급에 곤란을 겪었다.[81] 인조반정 초기의 국가 재정 역시 경비經費는 11만 석이지만 세수稅收는 10만 석으로 적자를 면하지 못하고 있는 상황이었다.[82]

광해군 대 궁궐 영건에 소모된 비용, 명 사신 접대에 소모된 은銀은 국가 재정을 더욱 악화시켰다. 오항녕은 당시 궁궐 공사에 국가 재정의 15~25%가 소모되었다고 주장하였다.[83] 한명기는 광해군 대 명 사신이 거두어 간 은의 수량을 최소 14만 냥兩 이상으로 추산하였다.[84] 제2장 2절에서 상술하겠지만, 모문룡毛文龍의 부대와 요동 난민에 대한 식량 지원도 국가 재정을 궁핍하게 하는 한 요인이었다.[85] 조정은 전결田結에 임시적 부가세인 결포結布를 수시로 부가하거나 조도어사調度御史를 전국에 보내 각종 물자를 징발하였으나, 근본적 해결책이 되지 않았을 뿐더러 민심의 악화 또한 피할 수 없었다.[86] 이러한 상황은 모두 조선군의 양병

餘石 而稅入則不過四萬餘石 以此該曹拮据湊合 猶不補所缺之數". 여기서 제시된 국가 경비는 액수로 보아 실상 호조 재정의 지출 총액만을 가리키는 것 같다.

81 『光海君日記』 권177 광해군 14년 5월 丁未(12일).

82 『仁祖實錄』 권1 인조 1년 4월 甲申(25일), "上又曰 今之大事有二 而皆無實矣 以恤民言之 則實思未孚 以討賊言之 則軍政無形 極可寒心 且措置糧餉 尤爲急務 戶曹計一年經費 所餘幾許 戶曹判書李曙曰 一年經費十一萬石 所捧十萬石 經費猶且不足 有何餘儲 以補軍需 上曰 辦糧之難 甚於抄軍 軍可以臨急抄發 糧餉則決難辦備 而時無見糧 極可慮也".

83 오항녕, 『광해군-그 위험한 거울』, 너머북스, 2012, 294쪽.

84 한명기, 『임진왜란과 한중관계』, 역사비평사, 1999, 222쪽. 당시 은 1량=미 1석의 교환 비율을 대입하면 미 14만 석 이상의 가치로 환산된다(『承政院日記』 6책 인조 3년 6월 己丑(13일), "翼曰 今番所費 銀子十萬餘兩 其他贈遺合計 則幾至二十餘萬兩 折作軍糧 可貿二十餘萬石矣"; 『孝宗實錄』 권15 효종 6년 12월 癸亥(13일), "至是領敦寧府事金堉 請更定科條 (…中略…) 錢無定價 隨時低昂 以銀折定其價 銀一兩直錢六百文 米布視穀銀直高下 米一升直錢四文 銀一兩 直米一石 且申嚴毁錢之禁").

85 『仁祖實錄』 권14 인조 4년 8월 壬子(13일), "備局又啓曰 臣等竊念 南漢卽溫祚數百年定都之地 地形之險 誠一夫當關 萬夫莫開之勢 而今此所築之城 極其堅緻 有糧則爲必守之地 無糧則金湯之險 亦無所用 今之所當講者 只在此一款而已 但本國物力 已盡於接濟毛糧 雖欲拮据湊合 無他善策".

86 17세기 초·중엽 결포제 시행에 대해서는 윤용출, 『조선후기의 요역제와 고용노동』, 서

및 군량 공급에 상당한 제약 요인이 되었다.

이처럼 군비軍備의 측면에서 본다면 국가 재정의 불안이 가장 직접적으로 영향을 미친 부분은 군량의 확보였다.[87] 앞서 언급한 정예 병력의 증강과 확보는 군량의 원활한 조달이 선행되어야만 시행될 수 있는 사안이었다. 인조반정 후에도 양병과 관련하여 군량을 공급하기 어렵다는 실록 기사를 심심치 않게 찾을 수 있다.[88]

다음 사례는 군비 증강과 민생 안정이란 과제가 상호 모순적으로 충돌하고 있었던 인조 대의 실상을 더욱 생생하게 보여준다. 인조는 정묘호란 발발 이후 전세가 급격히 기울자 강화도로의 피난을 결심한다. 인조반정 이후 도성을 비우는 쉽지 않은 조치가 이괄의 난에 이어 두 번째로 시행되면서, 동요하는 민심을 달래기 위해 애통哀痛의 뜻을 담은 교서敎書가 전국에 반포되었다. 장유의 손을 빌어 작성된 이 교서는 국왕의 실정失政을 자책하는 한편 향후의 국정 운영 방향을 제시하여 민심의 지지를 호소하는 내용을 담고 있었다. 그러므로, 이 교서를 통해 집권 세력의 정국 인식뿐만 아니라 당시 사족과 백성의 불만이 무엇인지 거꾸로 추적해 볼 수 있다.

울대 출판부, 1998, 173~181쪽 참조. 조도어사의 작폐(作弊)는 한명기, 앞의 책, 320~322쪽 참조.

87　유성룡의 「시무차자(時務箚子)」에 의하면 조선시대 1만 병사의 1년 배급량은 4만 4천 석(石) 정도였다(柳成龍, 『芹曝集』, 甲午(1594)四月 「陳時務箚」, "蓋一萬名一年之糧 內四萬四千石"). 이 비율로 환산하면, 5만 병사를 상비 전력으로 유지할 경우 소모되는 군량만 22만 석에 달했다. 병사의 가솔들에게 생활비로 지급되어야 할 부가 비용 등은 여기에 포함되지 않은 것이다.

88　『仁祖實錄』 권2 인조 1년 6월 辛未(12일);『仁祖實錄』 권7 인조 2년 12월 壬寅(22일) 등. 병자호란 이전 인조 대 군량 조달에 대해서는 김용곤, 「朝鮮 後期 軍糧米의 確保와 運送─宣祖~顯宗 年間을 中心으로」, 『韓國史論』 9, 국사편찬위원회, 1981, 156~164쪽 참조.

인조는 이 교서에서 자신이 민심을 잃어버린 이유로 크게 네 가지를 거론하였다. 첫 번째, 즉위 직후 시행한 개혁 조치의 과실이 백성들에게 실질적으로 돌아가지 못했다는 점을 언급하였다. 두 번째, 연이은 고변(告變)과 옥사로 무고하게 연루된 자가 많은 점을 지적하였다. 세 번째와 네 번째는 모두 군사 문제와 연관된 실정에 대한 자신의 소회를 진술하였다. 다음은 이 애통교서의 일부이다.

서쪽 변경에 오랜 동안 군사를 주둔시키고 모문룡의 진영에서 군량을 독촉하는 바람에, 길 떠나는 사람은 짐을 싸고 집에 있는 사람은 보낼 준비를 하였다. 사람들의 머리수에 따라 조세를 거두어들이니, 백성들은 곤궁에 빠지고 국고는 탕진되어 안과 밖이 소동을 겪었다. 비록 부득이한 일이었지만 백성들이 어떻게 감당할 수 있었겠는가? 이것이 내가 민심을 잃어버린 세 번째 일이다.

호패법은 본래 도망갔거나 죽은 자들의 결원을 보충하고 인족(隣族)의 폐해를 제거하고자 한 것이었으며, 백성들을 괴롭히려는 것이 아니었다. 그러나, 1백 년 동안이나 폐지되었던 법을 갑자기 거행하여 숱한 놀고먹는 사람을 강제로 단속하였으며 일을 추진하는 데 급급하여 점진적으로 하지 못하였다. 구속하기를 지나치게 엄정하게 하고 독촉하기를 너무 치밀하게 함으로써 사람들이 그 불편한 점을 많이 말하였으나, 나의 독단으로 (호패법을) 중지시키기는 어려웠다. 따라서, 뭇사람들의 분노를 샀으니 누가 나의 본심을 헤아리겠는가? 유생(儒生)의 고강(考講)은 실제 처음 시행한 것이 아니라 고전(古典)에 의거한 일이었으나, 역시 시의(時宜)에 맞지 않았다. 뜻은 비록 장려에 있었으나 사람들은 도리어 그 가혹하고 각박함을 의심하였다.

이것이 내가 민심을 잃어버린 네 번째 일이다.

(…중략…) 이미 명령을 내려 제도(諸道)의 어사(御史)를 소환하고 호패
법을 일체 폐지토록 하였으며 작성한 장부들을 불태우게 하였다. 그리고 전
후에 걸쳐서 호패에 대한 일로 연좌되어 갇히거나 유배된 자들 모두를 사면
시켰다. 이 한 장의 종이에 나의 정성을 담아 각처에 널리 알리노니 각기 나의
이 마음을 살펴서 충의심(忠義心)을 분발하여 몸을 떨쳐 일어나라! 그리하여
의로운 군대[義旅]를 소집하여 행재(行在 : 국왕의 임시 거소)로 달려오기도
하고, 양식을 끌어 모아 군전(軍前)으로 수송해 오기도 하는 등 각자 형편과
힘이 닿는 대로 분의(分義)상 당연히 해야 할 일을 극진히 하도록 하라![89]

위의 사료에서 볼 수 있듯이, 정묘호란 당시 인조 정권이 인심을 잃어
버린 가장 큰 이유는 '후금에 대한 방어 소홀'이 아니었다. 오히려, 당시
의 집권 세력은 후금과의 군사적 긴장의 고조됨에 따라 군량 확보를 위
한 증세를 시행하고, 불법으로 누락된 군역 자원을 색출하기 위한 조치
를 취하려다가 민심의 역풍을 맞이하였던 것이다.[90] 군역이 이미 고역화
苦役化·천역화賤役化되어 버린 사회문화적 환경 속에서, 후자의 조치는
특히 사족층의 강력한 반발을 받았다.[91]

---

89   張維, 『谿谷集』 권2 教書 「八道宣諭教書」;『仁祖實錄』 권15 仁祖 5년 1월 丁亥(19일).
90   『承政院日記』 24책 인조 7년 2월 癸丑(27일), "伯曾曰 光海時 田結之役甚重 民不聊生 近日則
     號牌軍籍 民心騷屑矣";『昭顯分朝日記』 4책 天啓 七年 三月 十七日 甲申 晴 "溫陽幼學趙相禹上
     疏 (…中略…) 今日之禍 不作於今日 而其階也 有自失我民心 一京大同也 二戶牌也 三軍籍也 四
     刑戮也 五賦役也". '금일지화'는 정묘호란의 패전과 이로 인한 후금과의 화친을 가리킨다.
91   『昭顯分朝日記』 1책 天啓 七年 正月 二十六日 甲午 晴, "水原府內 人民數十 呼訴於道左 請焚戶
     牌成冊 世子駐馬下令曰 已盡焚燒 勿爲疑慮";『昭顯分朝日記』 2책 天啓 七年 二月 十一日 戊申
     晴;『昭顯分朝日記』 4책 天啓 七年 三月 十七日 甲申 晴 등.

이 교서의 말미에서, 인조는 호패법의 파기와 새로이 작성된 호적대장成籍의 소각을 명하였다. 이것은 군비 증강과 민간의 이해가 충돌하는 딜레마적 상황을 대표적으로 보여주는 사례이다. 적군의 침입으로 도성까지 버리고 피난가야 하는 절박한 상황이었지만, 군비 증강을 위한 호패법 시행은 민심의 불만을 달래고 사족층의 의병 봉기를 유도하기 위해 유명무실화되고 말았다. 군비 증강과 연관하여 일반 백성의 불만도 작지 않았던 것으로 보인다. 인조 7년(1629) 이충경李忠景, 한성길韓成吉 등은 서북 일대에서 명화적明火賊을 이끌고 반란을 일으켰다가 처형당하였다.[92] 이들이 선포한 개혁안인 「개국대전改國大典」에는 양인의 군역을 가볍게 하고 사족에게 군역을 부담하게 하며, 병사兵使와 수군 및 훈련도감의 혁파를 주장하는 내용이 담겨 있었다.[93] 이상에서 검토한 여러 사실과 정황은 당시 조선의 정치·사회·경제적 상황이 무리한 양병과 군량 조달을 감당할 만하지 않았다는 점을 강력하게 시사한다.[94]

군량의 조달을 포함한 국방력 확대가 국가 재정의 확대 없이는 근본적으로 해결되지 않는 문제라는 사실은 이미 임진왜란을 겪은 선조 대부터 확실한 공감대를 이루고 있었는데,[95] 선조도 군사 문제가 국가 재정과 직결되는 사안임을 언급하였다.[96] 선조의 발언은 군사력의 (획기

---

92 『仁祖實錄』 권20 인조 7년 2월 癸丑(27일).

93 김종수, 「17세기 軍役制의 推移와 改革論」, 『韓國史論』 22, 서울대 국사학과, 1990, 168~171쪽 참조.

94 저자와 비슷한 관점에서, 율곡 이이가 제기했다고 알려진 '십만양병설'의 비현실성을 비판한 선행 연구로는 이재호, 『韓國史의 批正－李載浩史評集』, 도서출판 宇石, 1985, 220~225쪽 참조.

95 『宣祖實錄』 권97 선조 31년 2월 庚午(15일), "史臣曰 我國土地磽薄 一畝所産 不及中原十分之二 桑田絶無 一國養蠶 不滿中原萬分之一 以不敷之穀粟 貨至鮮之布帛 而又無中原銀山銅穴之流泉 國計安得而不實 生民安得而不乏 雖在平時尙然 況此兵興之時乎".

적) 강화라는 목표가 조선에서 실현되기 위해서는 기존의 수많은 관행과 이해 관계가 반드시 재조정되어야 한다는 사실을 의미하였다. 다시 말해, 이 시기 군정軍政의 개혁은 이미 군사적 문제에만 국한된 것이 아닌 정치·사회·경제적 관계의 재조정을 의미하는 사안이었던 것이다. 이상의 맥락에서 볼 때, 조선 후기의 경우 전체 재정 대비 군사 재정의 비율(=1/4)이 다른 서구 국가들은 물론이요 중국과 비교해 볼 때도 낮은 수준이었다는 한 경제사학자의 해석은 매우 시사적이다.[97] 이 해석의 논자는 이러한 방식의 재정 운영이 조공-책봉 체제 아래 중국과의 군사 동맹 때문에 가능한 것이었다는 설명을 덧붙였다. 반면 비슷한 시기의 서구 국가는 무역 활성화, 상공업 증진, 민간 금융의 제도적 보장, 국채國債 발행, 식민지 확보 등에 따른 세원 및 재정의 확대를 통하여 막대한 군비 지출을 감당할 수 있었다.[98]

---

96 『宣祖實錄』권191 선조 38년 9월 己亥(28일), "上曰 (···中略···) 且倭賊則雖以漢唐之盛 亦難 當也 至於北賊 一良將足矣 而如是難之 誠可痛也 蓋蓄積多而後 可以有爲 古人云 富國强兵 雖不可 主於富强 必有蓄積然後 事可成矣 天下安有如此貧國 恰似閭閻窮乏之家 營一鎭堡 亦甚不易".
97 김재호, 「조선후기 군사재정의 수량적 기초: 규모, 구성, 원천−『賦役實摠』의 분석을 중심으로」, 『朝鮮時代史學報』 66, 조선시대사학회, 2013, 235~236쪽 참조.
98 박상섭, 『근대국가와 전쟁−근대국가의 군사적 기초, 1500~1900』, 나남출판, 1996, 73~160쪽 참조.

2. 조·명 군사 협력의 실상

후금은 광해군 11년(1619) 3월 사르후 전투에서 조선과 명의 연합군을 대파한 이후 요동 진출을 가속화하였다. 같은 해에 철령鐵嶺, 개원開原 등을 공략하였고 해서여진海西女眞의 여허葉赫 부도 완전히 복속시켰다. 이듬해에는 무순撫順·의로懿路·포하蒲河 등을 공략하였으며, 광해군 13년(1621) 2월에는 심양瀋陽과 요양遼陽을 함락하였다.[99] 요양은 명의 요동도지휘사사遼東都指揮使司가 설치된 요동 통치의 핵심 거점이었다. 후금은 같은 해 수도를 허투알라赫圖阿拉에서 요양으로 이전하여 동경성東京城을 건설하고 요동 경영을 본격화하였다. 심양과 요양이 함락되자 명의 방어선도 요하遼河 서쪽으로 후퇴하였다. 광해군 14년(1622)에는 요서遼西 지역의 전략 요충지인 광녕廣寧마저 함락되어, 명의 방어 거점은 산해관山海關 이동을 기준으로 영원성寧遠城을 비롯한 몇 개의 군사 요새만 남아 있게 되었다. 이로 인하여 조선과 명의 육로 교통은 완전히 단절되었으며, 요동의 육로를 경유하던 조선의 사행使行도 평안북도 선천宣川의 선사포宣沙浦를 출발하여 해로로 여순旅順 앞의 평도平島를 거쳐 등주登州에 상륙해 북경으로 가는 우회로를 선택해야 했다. 인조 7년(1629)부터 동왕 10년(1632)까지는 선천에서 여순을 거쳐 북상해 영원위寧遠衛에 상륙한 뒤 산해관을 거쳐 북경으로 다니다가, 다시 전자의 등주를 거치는 노선을 취했다.[100]

---

99 김두현, 「淸朝政權의 成立과 發展」, 『講座中國史 IV─帝國秩序의 完成』, 지식산업사, 1989, 152쪽.

후금의 요동 진출은 기존의 대외의존적 경제 방식을 버리고 요동 거주 한인漢人을 직접 지배하여 농경을 시도하는 자급자족적 방식으로의 전환을 시도한 것이었다. 이것은 이제까지 건주여진이 속해 있던 명 중심의 국제 질서로부터의 이탈을 의미하였다.[101] 즉 후금은 요동을 장악함으로써 명의 호시互市 무역에 의존하던 경제 체제에서 벗어나 농업 경영에 기반을 둔 경제력을 신장시킴으로써 확대된 정치체의 통합을 유지하려고 하였다. 후금의 요동 진출 전후 명과 후금을 제외하고 요동 주변에 존재하였던 두 개의 정치적 실체는 몽골과 조선이었다. 당연히 명은 몽골, 조선과 합작하여 후금의 팽창을 막으려고 하였다.[102] 후금 역시 몽골 제 부족과의 동맹 체결을 추진하는 한편, 심양과 요양을 점령한 이후 공개적 맹약盟約의 체결, 명 피난민의 수용 금지, 명에 대한 지원 중단 등을 요구하며 조선을 강하게 압박하였다.[103]

명의 요동 실함失陷을 전후로 요동에서는 수많은 한인 난민이 양산되었고, 이들 중 상당수는 지리적으로 가까운 조선으로 유입되었다. 흔히 요민遼民이라 칭했던 요동 난민의 수용은 조선에 막대한 경제적 부담을 안겨 주었을 뿐만 아니라, 이들의 송환을 요구하는 후금과의 긴장을 고조시켰다. 게다가 요민을 규합하여 후금을 배후에서 견제하려고 시도하였던 모문룡의 등장은 명과 후금이란 적대국 사이에 놓인 조선의 외교적 고민을 가중시켰다.[104]

---

100 金指南, 『通文館志』 권3 「事大 上」 「航海路程」.
101 노기식, 「明代 몽골과 만주의 交替」, 『史叢』 59, 고려대 역사연구소, 2004, 58~59쪽 참조.
102 명의 사주에 의한 몽골 제 부족의 반후금 활동에 대해서는 노기식, 「後金의 遼東進出 前後 만주와 몽골의 關係逆轉」, 『中國學論叢』 12, 고려대 중국학연구소, 1999, 58~59쪽 참조.
103 계승범, 「광해군대 말엽(1621~1622) 외교노선 논쟁의 실제와 그 성격」, 『歷史學報』 193, 역사학회, 2007, 3~15쪽 참조.

광녕순무廣寧巡撫 왕화정王化貞 휘하에서 연병유격練兵遊擊으로 근무하던 모문룡은 명의 유민遺民을 규합하여 강토를 회복하라는 명을 받고, 광해군 13년(1621) 7월 200명 정도의 수군을 거느리고 해상으로 진출하여 요동반도 연해의 섬들을 점령한 뒤 압록강 대안의 요충지인 진강鎭江(지금의 중국 단둥 근처)을 후금으로부터 탈취하는 데 성공하였다.[105] 비록 그는 곧장 후금의 역습을 받아 조선의 경내로 도주하여 미곳진彌串鎭에 상륙하는 처지가 되었지만,[106] '진강기첩鎭江奇捷'이라 불리는 이 승리로 인해 일약 명의 군사적 영웅으로 떠올랐다. 아울러 후금은 요동 지역 한인의 동요를 우려하지 않을 수 없게 되었다. 이후 조선은 모문룡의 처리를 놓고, 후대厚待를 요구하는 명과 압송을 요구하는 후금 사이에서 갈등하게 된다.

모문룡은 미곳진에 상륙한 이후 조선의 서북 지역을 전전하며 당시 이곳에 널리 퍼져 있던 가달假㺚[107]을 규합하여 후금의 배후를 견제하려고 시도하였다.[108] 아울러 그는 조선에 원병과 함께 군량 지원도 요구하였으나,[109] 광해군은 이러한 요구를 흔쾌히 수용하지 않았다.[110] 광해

---

104 모문룡과 요민 문제를 둘러싼 한·중 관계 전반에 대해서는 田川孝三, 『毛文龍と朝鮮との關係について』, 靑丘說叢3, 1932; 한명기, 『임진왜란과 한중관계』, 역사비평사, 1999, 280~286·353~400쪽 참조.

105 정병철, 「明末 遼東 沿海 일대의 '海上勢力'」, 『明淸史硏究』23, 명청사학회, 2005, 149~150쪽.

106 『光海君日記』권167 광해군 13년 7월 乙丑(26일).

107 요민들 중에는 후금에 복속하여 머리를 체발(剃髮)하였다가 다시 도망 나온 한인(漢人)도 다수 포함되어 있었다. 이들의 모양이 오랑캐와 비슷하므로 이들을 가달(假㺚) 또는 체한(剃漢)이라고 불렀다.

108 『光海君日記』권173 광해군 14년 1월 庚子(4일).

109 『光海君日記』권169 광해군 13년 9월 丙寅(28일); 『光海君日記』권170 광해군 13년 10월 丁酉(30일).

110 모문룡과 요민에 대한 광해군 및 조정 신료들의 인식과 대책은 田川孝三, 앞의 책, pp.44

군은 일개 패잔병 세력에 불과했던 모문룡 부대의 초기 전력에 대해 일말의 기대도 하지 않았을 뿐만 아니라,[111] 헤아릴 수 없는 화근 덩어리로 인식하였다.[112] 조선 경내에 주둔한 모문룡의 존재 자체가 후금군의 조선 월경越境을 정당화할 수 있었기 때문이다.

실제로 광해군 13년(1621) 12월 후금은 기병을 동원하여 임반관林畔館(평안도 정주에 설치한 역참)에 주둔하던 모문룡의 부대를 급습하였는데, 이 때 모문룡은 청천강변의 안주성까지 도주한 뒤에야 가까스로 목숨을 구할 수 있었다.[113] 이미 이러한 사태를 예견하였던 광해군은 모문룡에게 광녕으로 귀환할 것을 권유하기도 하고,[114] 군사들과 요민을 이끌고 후금의 기병이 쉽게 접근할 수 없는 해도海島로 들어가라고 여러 차례 종용하였다.[115] 버티던 모문룡이 광해군 14년(1622) 11월 평안도 철산鐵山 앞 바다의 가도椵島[116]로 들어가면서 이 문제는 일단락되었다.[117]

한편, 명의 청병칙서請兵勅書 수용과 후금과의 국서 교환 등을 놓고 광해군과 대립하던 비변사의 신료들은 모문룡과 명에 대한 군사적 지원을 강력히 주장하였다.[118] 그러나 이들도 모문룡 부대의 전력이 부실하다는

~51; 한명기, 앞의 책, 280~286쪽; 계승범, 앞의 글, 15~26쪽 참조.

111 『光海君日記』 권170 광해군 13년 10월 丁丑(10일), "傳于備邊司 以備忘記傳曰 昨見禹致績狀啓 則假韃輩所言 極爲兇慘 毛都司非但至輕 所率軍兵 極爲孤單 處事亦甚疎虞 合氷後 我國被禍必矣".

112 『光海君日記』 권169 광해군 13년 9월 甲子(26일), "傳曰 毛將之來住也 啓我國不測之禍".

113 『光海君日記』 권172 광해군 13년 12월 乙酉(18일); 『光海君日記』 권173 광해군 14년 1월 庚子(4일).

114 『光海君日記』 권170 광해군 13년 10월 丁丑(10일).

115 계승범, 앞의 글, 20~21쪽.

116 가도의 원래 명칭은 단도(椵島)였으나 와전되어 전해진 것이라 한다. 전해종, 「椵島의 名稱에 관한 小考」, 『韓中關係史研究』, 일조각, 1970.

117 『光海君日記』 권183 광해군 14년 11월 癸卯(11일).

118 계승범, 앞의 글 참조.

점과 요동 전역戰役에서 명군이 후금군에 비해 열세에 처해 있었다는 사실을 모르지 않았다.[119] 그럼에도 불구하고, 이들은 명의 군대를 몰아낸다는 부담감 때문인지 몰라도 모문룡을 해도로 들어가게 하라는 광해군의 지시를 신속하게 이행하지 않았다.[120] 이들은 모문룡의 광녕 귀환을 권유하는 안에 대해서도 일단 동의는 표하였으나, 주객主客의 도리상 사신을 파견하여 권유하는 것은 사체事體가 미안하니 변신邊臣인 평안 감사 박엽이 처리하는 것이 낫다고 주장하였다.[121] 비변사의 신료들은 모문룡 부대의 주둔이 후금과의 무의미한 충돌을 야기할 가능성도 우려하였지만, 명나라의 장수가 조선 경내에서 참변을 당할 경우 뒤집어쓰게 될 후세後世의 비난을 더 두려워하였다.[122]

요컨대 비변사의 신료들은 모문룡을 처리하는 문제를 놓고 광해군과 작지 않은 시각차를 드러내었다.[123] 이것은 모문룡의 청병請兵을 거

---

119 『光海君日記』 권173 광해군 14년 1월 戊戌(2일), "備邊司啓曰 毛將所爲 不思甚矣 賊衝宣川 曾不能發一隻箭 駢首就戮 有同群羊之見猛虎 其無膽勇 據此可想 爲今計 莫若藏踪秘迹 使虜不得窺覘去留 徐竢江氷漸泮 監軍出來 以圖再振可也 今乃招集敗亡殘卒 欲住平壤 不出數日 虜必知之 若以鐵騎 不意衝突 則毛將難免大禍 極可悶也, 極可慮也"; 『光海君日記』 권161 광해군 13년 2월 癸丑(11일), "備邊司因傳敎【勿令此賊飮馬漢水】回啓曰 不幸我國 與此賊疆域相連 無渤海之隔 虜騎飇忽 數日可至 此賊不蠢則已 如或一動則戰守 俱無可恃 臣等日夜焦憂未得長算 竊聞遼瀋之間 主客兵多至二十八萬 猶�惴惴焉 以不能抵敵爲憂 況我國之兵力乎 不待智者 已知其難禦矣 然而天下事 有大義焉 有大勢焉 所謂大義 綱常所係 所謂大勢 强弱之形 我國之於此賊 以義則父母之讐也 以勢則豺虎之暴也 豺虎雖暴 人子豈忍棄父母乎 此所以滿庭群議 寧以國斃 不忍負大義故頃日獻議 不謀而同辭者也" 등.

120 『光海君日記』 권170 광해군 13년 10월 丙申(29일); 『光海君日記』 권173 광해군 13년 12월 乙酉(18일).

121 『光海君日記』 권170 광해군 13년 10월 丁丑(10일).

122 『光海君日記』 권169 광해군 13년 9월 乙卯(17일), "備邊司啓曰 以李馨遠及鄭遵等狀啓見之 一則云 毛將開船二隻 還送廣寧 只留其沙船一隻 一則云坐來兵船 沒數將送于廣寧云 誠若此言 其欲過冬於我國明矣 可憂之端 不一而足 所率兵士 不滿數百 其餘皆剃頭歸附之人 岑彭之變 在所可慮 江氷成陸 賊來無礙 免莊獵至 亦不可不憂 使毛將因我國立功則幸矣 兵力如彼其單弱 計慮若是其齟齬 在我境終未免被禍 則目前之慘 已不足言 後來天下之謗 其何以暴白乎".

절한 것이 선비들에게 풍자의 대상으로 거론될 수 있는 분위기[124] 속에서 이들도 결코 자유롭지 못했기 때문이 아닐까? 광해군의 정비正妃 유씨柳氏마저 한글 상소를 올려, 대명의리와 재조지은의 차원에서 모문룡에 대한 적극적 지원을 촉구한 일화[125]는 당대의 전반적 모문룡 인식이 어떠했는지 잘 보여주는 사례이다.

당시 명은 산동~요동으로 이어지는 해상을 통제하여 산해관에서 요동반도 남단과 조선의 서북 해안으로 연결되는 연안 항로를 확보하고자 하였다. 서진하는 후금군을 해상에서 견제하고, 요동 난민이 화북華北으로 쇄도해 들어오기 전에 차단 또는 흡수하며, 후금이 조선의 수군을 흡수하여 해상으로 중국을 공격해 오는 사태를 막기 위해 조선과의 연계가 절실하였기 때문이다.[126] 명의 입장에서는 명과 후금 양국 사이에서 신중히 형세를 관망하던 조선이 후금 쪽으로 급속히 기우는 것을 감시할 필요도 있었다.[127] 명은 모문룡에게 이러한 역할을 기대하였다. 가도에 들어간 이후 모문룡은 명의 최전방 해상기지인 동강진東江鎭을 개설하고 본국

---

123 광해군 대의 조정 신료들이 후금의 침입으로부터 조선을 막아줄 방파제로서 모문룡의 성장 가능성을 보았기 때문에 광해군의 명령을 선뜻 이행하려 하지 않았다고 해석도 있지만(계승범, 앞의 글, 17~20쪽 참조), 선행 연구에서 언급된 조정 신료들의 발언은 전후의 맥락을 고려해 볼 때, 오히려 군사력이 미약했던 모문룡의 처지를 두둔하기 위해 나온 것으로 보인다.

124 『光海君日記』권169 광해군 13년 9월 丙寅(28일), "領議政朴承宗上箚曰 (……中略……) 大提學 所出題馬融請代西虜 好則好矣 目今毛都司請兵 勢不克從 正論之人 皆歸咎君相 今若以此爲題 使多士製述 則其必曰 朝臣則皆欲發兵 特上意不從 而此題是諷諫之意也 轉相告語 流聞於天將 則畢竟歸咎何地".

125 田川孝三, 앞의 책, p.47; 趙慶南, 『續雜錄』권2 「壬戌年(1622)」 1월. 유 씨는 전 한성부 판윤 유자신(柳自新)의 딸로서, 광해군 대 소북의 지도자 중 하나였던 유희분(柳希奮)의 누이동생이었다.

126 정병철, 앞의 글, 148~149쪽 참조.

127 田川孝三, 앞의 책, pp.53~54 참조.

으로부터 매년 20만 냥의 탕은帑銀을 포함하여 막대한 군수 지원을 받았다.[128] 아울러, 요민 수만 명을 초치招致하여 성세盛勢를 이루었다.[129]

동강진의 군사력은 기록에 따라 그리고 시점에 따라 적지 않은 편차가 있어,[130] 대략적 규모만 짐작할 수 있다. 명 조정에 군량을 청하는 모문룡의 주문奏文에 의하면, 인조 1년(1623)경 동강진의 전체 병력 규모는 47,000명 정도였다.[131] 여기에는 절강浙江・직예直隸 등지의 남병南兵 8,000명, 도선요병挑選遼兵 37,000명, 초련요병招練遼兵 2,000명도 포함되어 있었다.[132] 주문의 작성 의도를 고려해 본다면, 상당한 허수虛數가 포함되었을 가능성을 염두에 두어야 한다. 인조 6년(1628) 12월 모문룡의 접반사接伴使였던 조희일趙希逸의 장계에 따르면, 동강진의 본진本鎭인 가도에는 병사 28,000명과 전마戰馬 3,000여 필匹이 있었다.[133] 가도의 서북 해안에는 3~4개의 대포가 거치되어 있었으며, 화약을 보관하는

---

128 『光海君日記』권167 광해군 13년 7월 乙丑(26일), "義州府尹狀啓 (…中略…)【毛文龍 南方人 遼陽城陷時 逸出 自旅順口浮海東來 寄居龍義間 以爲牽制之計 始甚單微 其後入據椵島 聲勢日盛 奴賊不能無東顧之虞 旣而欺訖中朝 托以接濟遼民二三十萬 歲發帑銀二十萬】".

129 『備邊司謄錄』3책 인조 2년 1월 己未(4일), "啓曰 (…中略…) 島中遼民男女老少 必不下十數";『承政院日記』6책 인조 3년 6월 己丑(13일), "引見體察使張晩于資政殿 (…中略…) 晩曰 毛之擧措 甚爲善處 招集遼東近處將佐 如曖鬪人逃來 則屬於其參將 而丁壯者爲兵 老弱者歸農 初還 常給十五日糧 過後 任其行止矣".

130 趙慶男, 『續雜錄』권2 乙丑年(1625) 9월, "毛文龍鎭居椵島 軍摠五六萬";『承政院日記』21책 인조 6년 5월 戊寅(18일), "副元帥鄭忠信引見時 (…中略…) 上曰 我國近於毛營 而至今不知其兵之多寡 未知幾何人也 忠信曰 或云二萬 或云三千矣";『仁祖實錄』권20 인조 7년 2월 乙未(9일), "上特召前平安監司金起宗 引見于興政堂 (…中略…) 上曰 軍兵幾何 氣色亦如何 對曰 軍兵則萬餘 而皆鍊習矣".

131 『明季北略』권2「毛文龍請餉」.

132 도선 요병과 초련 요병의 실체는 확실하지 않다. 요동 일대에서 선발하여 훈련시킨 병력으로 보인다.

133 모영의 군세(軍勢)에 대하여는 田川孝三, 앞의 책, p.70; 趙慶男, 『續雜錄』권3「戊辰年(1628) 下」12월 1일.

10여 칸 규모의 무고武庫도 있었다. 가도 근처의 신미도身彌島에는 병사 1천여 명, 가차도加次島에는 600여 명, 계도鷄島에는 200여 명, 장자도獐子島에는 30여 명의 병사가 홍이포紅夷砲 2좌坐를 설치하고 주둔하면서 본진인 가도를 호위하고 있었다. 천계天啓(1620~1627) 초기 5년간 모문룡이 명으로부터 지원받은 염초와 유황은 286,000여 근에 달했으며, 명의 고원高原·연수延綏·영하寧夏의 3진鎭은 모문룡에게 매년 38,000여 근의 염초와 유황 12,000근을 공급하였다.[134] 조련용 화약의 부족에 시달리던 조선이 가도에 주둔하고 있던 모문룡에게 염초와 유황의 구매를 요청한 적도 있었다.[135]

한편 모문룡은 군사 활동을 통한 영토의 수복이라는 직접적 방식보다 요동에 복속된 한인의 탈주를 유도함으로써 후금의 배후를 교란하였다. 당시 후금에서는 요동의 농업 경영을 위해 대다수의 한인 부로俘虜와 민호民戶를 최하층에 두고 착취의 대상으로 삼았는데, 이들 한인이 과중한 세납稅納과 민족적 차별 대우를 견디지 못하고 도망가거나 반란을 일으키는 사태가 꼬리를 물고 일어나 중대한 사회 문제가 되고 있었다. 이러한 한인의 반란과 도망은 광해군 13년(1621) 3월 요양 함락 이래 끊임없이 계속되었는데, 그것의 상당수는 모문룡의 사주 또는 밀통으로 인한 것이었다.[136] 이와 같은 점을 고려해 볼 때, 적어도 정묘호란 이전 또는 모문룡의 주살誅殺 이전까지 동강진의 전력은 후금의 세력을

---

134 沈演, 『止止齋集』日本尊經閣藏 崇禎 6年刊本 20권 8쪽 참조(黃一農, 「동아시아 과학기술사 발전을 위한 나의 의견」, 『技術과 歷史』 1-1, 2000, 16쪽에서 재인용).
135 『備邊司謄錄』 3책 인조 2년 2월 丁未(23일)·庚戌(26일).
136 김종원, 『근세 동아시아관계사 연구—朝淸交涉과 東亞三國交易을 중심으로』, 혜안, 1999, 79~81쪽.

배후에서 충분히 교란할 수 있는 정도의 수준이었다고 판단된다.[137]

그러나 동강진의 병력과 장비가 상당한 규모로 갖추어져 있음에도 불구하고, 모문룡이 조선과 연합하여 후금을 전면 공격하기란 불가능하였다. 이것은 무엇보다도 모문룡이 수만 명의 병력과 요민을 거느리고 있었지만, 이들에 대한 명의 식량 지원이 원활하지 않아 정상적 전력을 일관되게 유지하기 힘들었기 때문이다.[138] 요동이나 산동으로부터의 군량 보급은 당시 명의 식량 사정 악화와 해운의 불안정으로 인하여 거의 은량銀兩으로 지급되었는데, 조선에서는 은으로 식량 등을 구입하기가 쉽지 않았으며 그나마 공급되는 은량조차 간헐적이고 충분하지 않았다.[139]

좁은 섬에 과밀한 인구가 집중되자 극심한 식량난이 불가피하였다.[140] 모문룡은 식량을 자급하기 위하여 창성昌城, 철산鐵山, 의주義州 등 조선의 서북방 일대에 둔전을 개간하려고 하였다. 그러나 이것은 후금군의 월경을 야기할 수 있었기 때문에, 조선 측에서 가급적 허가하려고 하지 않았다.[141] 모문룡이 명의 금법禁法을 어기고 가도를 중심으로 한 해상 상

---

137 모문룡이 거둔 전과(戰果)와 동강진의 전략적 기여에 대해서는 孫文良 · 李治亭, 『明淸戰爭史略』, 江蘇敎育出版社, 1986, pp.281~284 참조.

138 당시 명 조정 내부에서는 동강진 지원을 둘러싼 논란과 대립이 있었다. 지원을 반대하는 쪽은 전비를 아껴 산해관 방어에 더 주력해야 한다는 입장이었다. 姜曰廣, 『輶軒紀事』, "毛帥曰 近觀朝廷意旨 專倚關門 此地置之度外矣 夫呼吸不相應 而欲責人展布 不亦難乎".

139 정병철, 앞의 글, 154쪽.

140 동강진의 식량 사정에 대해서는 田川孝三, 앞의 책, 1932, pp.80~87 참조; 金榮祖, 『忘窩集』 권5 雜著 「西征錄」, "島中乏食人之相食 路之人多有菜色 路傍空家有兒 年可十歲者 仆地悲啼 間之 則其父母 欲就食內地 潛爲逃去 慘不忍見".

141 『仁祖實錄』 권18 인조 6년 1월 丙辰(4일), "金起宗馳啓曰 (…中略…) 又接張大秋諺書告曰 則都督欲大設屯田於昌城鐵山義州等地 爲貿種糧 出送差官云 設屯之擧 如不得止之 則前頭之事 亦極可慮"; 『仁祖實錄』 권20 인조 7년 2월 癸卯(17일) 등.

업 활동에 주력한 데에는 물자와 식량을 자급하지 못하는 동강진의 사정
도 일정 정도 영향을 미쳤다.[142] 따라서 조선을 통한 식량의 조달은 동강
진의 사활이 걸린 중대한 문제였다.

반정이란 비정상적 수단으로 집권한 인조 정권은 광해군과 달리 모
문룡에 대한 적극적 지원을 표방하였는데, 이것은 명의 책봉冊封을 얻
어 내기 위함이었다고 흔히 설명된다.[143] 광해군 대와 다름없이 명나라
사신의 접대에 소모된 막대한 은 역시 국가 재정을 더욱 악화시켰다.[144]
인조 대 빈번히 발생하는 가뭄과 기근 속에서,[145] 모문룡의 진영鎭營(이
하 모영毛營으로 약칭)과 요민에 대한 식량과 물자—전마, 조총, 인삼 등
—의 공급은 조선의 국가 재정에 상당한 부담을 주었다. 아울러, 굶주
린 모영의 군민軍民이 조선의 거점에 비축된 군량을 약탈하는 일도 서
슴지 않아서 서북 지방의 민생과 군정에 큰 폐해를 끼치고 있었다.[146]

조선이 모영에 지원한 식량은 해마다 7~8만 석을 상회하였다.[147] 인
조 4년(1626)에는 한 해 동안 15만 석에 달했는데, 산동으로부터 군량
공급이 중단되자 모영의 군·민은 대부분의 식량을 조선에 의지하려고

---

142 모문룡의 상업 활동과 식량 조달의 연관성에 대해서는 정병철, 앞의 글, 159~165쪽 참조.
143 한명기, 『임진왜란과 한중관계』, 역사비평사, 1999, 326~352쪽. 인조의 책봉 과정에서
　　 모문룡의 기여는 분명 작지 않았다. 그러나 앞에서 살펴본 광해군 대의 분위기를 고려해
　　 볼 때, 이같은 기여가 없었더라도 모문룡에 대한 지원은 인조 정권하에서 필연적으로
　　 늘어났을 것이다.
144 인조 대 명 사신의 은 징색에 대해서는 위의 책, 353~357쪽 참조.
145 김문기, 「17세기 중국과 조선의 기근과 국제적 곡물유통」, 『역사와 경계』 85, 부산경남
　　 사학회, 2012, 334~338쪽 참조. 정묘호란 이듬해인 인조 6년(1628)의 가뭄은 특히 혹
　　 독하였다(張維, 『谿谷集』 권22 咨文 「登州軍門移咨」 戊辰年; 趙慶男, 『續雜錄』 권2 戊辰年
　　 (1628) 上 6월 6일 "民間飢餓 有同癸甲 兩西溝壑 殍屍相枕 至於三南 死者亦多" 등).
146 한명기, 앞의 책, 378~384쪽; 정병철, 앞의 글, 153~163쪽; 권내현, 「17세기 전반 平安
　　 道의 軍糧 운영」, 『朝鮮時代史學報』 20, 조선시대사학회, 2002, 188~194쪽 참조.
147 위의 글, 190쪽.

하는 실정이었다.[148] 인조 5년(1627)에 이르면 모영에 보내는 양곡이 1년 국용國用(호조 재정)의 3분의 1에 달한다는 보고가 나올 정도였다.[149] 인조 7년(1629) 10월 관향사 성준구成俊耈의 보고에 의하면 모영에 공급한 미곡의 총량은 26만 8천 7백여 석에 달했다.[150]

모영에 공급하는 식량을 충당하기 위하여 조선은 광해군 대부터 임시적 성격의 부가세인 서량西糧을 수취하였다. 서량은 모량毛糧·당량唐糧이라고도 하였는데, 평안도와 황해도에서는 결당 7두斗를 충청·전라·경상도에서는 결당 1두 5승升의 서량을 거두었다.[151] 모문룡은 조선에 터무니없는 가격의 물화物貨를 강매함으로써 폭리를 취하기도 하였다.[152] 명 사신이 징색徵索하는 은을 다름 아닌 모영에서 변통해야만 하는 상황은 인조 대 초반 조선이 처한 재정적 위기상황을 여실히 보여주는 사례였다.[153] 조선은 요민의 본국 송환을 모문룡에게 거듭 요청하는 한편,[154] 내심 명 조정에서 논의되었던 모영의 이진移鎭을 고대하였

---

148 『仁祖實錄』 권14 인조 4년 8월 乙巳(6일), "備邊司啓曰 (…中略…) 且近緣山東糧餉不來 毛營數十萬衆 專恃仰哺於本國 今年支給之數 已過十五萬石 決無可支之勢 須另議繼餉之策 以紓本國物力之意 並及於回揭中似當".

149 『仁祖實錄』 권16 인조 5년 4월 乙卯(19일), "上曰 頒祿散料之外 無他浮費 而公私之竭 至於此極 未知其故也 毛兵糧 一結二斗 豈非大段徭役 而毛兵未撤之前 亦難罷之矣 金藎國曰 毛營所送之米 卽國用三分之一也".

150 『仁祖實錄』 권21 인조 7년 10월 甲辰(23일).

151 권내현, 앞의 글, 180~182쪽 참조.

152 『仁祖實錄』 권10 인조 3년 9월 癸丑(8일), "戶曹啓曰 毛營貸銀未償之數 尙有五千餘兩 長爲負債之人 誠有所未安 都督前後發賣雜貨之價 未准還償者甚多 此則彼所勒定出給之物也 縱未趁卽充納 猶有可諉 而今此貸銀 則自我取來 若不速償 彼不無執言恐嚇之弊".

153 『備邊司謄錄』 4책 인조 12년 3월 丙午(20일), "啓曰, 伏見奏請使狀啓 (…中略…) 以其謄錄中文字現出者 觀之 則乙丑年 王詔勅使時 京中所用銀子十萬七千餘兩 (…中略…) 以所費之數 准當初外方分定之物리 則大半不足 必臨時急迫 自該曹貿用繼充 其時免收田量軍時三結布 又收四結布 通共三千四百餘同 而猶迫不足 貸出毛營銀三萬兩 僅僅支過".

154 『備邊司謄錄』 3책 인조 2년 1월 壬戌(7일)·6월 戊子(6일).

으나 끝내 실현되지 않았다.[155]

재정적 부담에 비해, 모문룡이 보유한 군사력에 대한 조선의 평가는 박했다. 모영을 포함한 명군 전체의 전력에 대해서 인조와 조정의 신료들은 반정 초기부터 상당히 비관적인 전망을 갖고 있었다. '숭명배금'을 표방하며 집권한 인조는 명의 추관推官 맹양지孟養志를 접견한 자리에서 광해군과 달리 출병에 기꺼이 협력하겠다는 호언장담을 하였지만,[156] 이 발언을 군사적 행동으로 실천하는 것은 별개의 문제였다.

> 상(上)이 명광전(明光殿)에서 도원수 장만을 불러 보았다. 상이 "이번에 중국 장수를 보고 앞으로 협력해서 적을 토벌하겠다고 말했는데, 병사(兵事)가 형편없으니 어떻게 해야 하겠는가?"라고 물었다. (…중략…) 상이 "지금 중원의 형세로 볼 때 장차 군대를 출동시켜 적을 토벌하는 것이 가능하겠는가?"라고 물었다. 장만이 "중원은 형세가 외롭고 약할 뿐만 아니라 혼이 빠진 상태로, 우리나라가 임진년에 왜적을 두려워했던 것과 비슷한 듯싶습니다"라고 아뢰었다. 상이 "만약 중원과 협력해서 적을 토벌할 경우 군사는 얼마나 필요하다고 생각하는가?"라고 물었다. 장만이 "신의 생각으로는 10만 명이 아니고서는 불가능합니다"라고 아뢰었다. 상이 "우리나라에서 10만 명을 마련해 낸다는 것은 형세상 무척 어려운 일이다"라고 말하였다. 장만이 "10만 명은 비록 쉽게 얻을 수 없다고 하더라도, 5만 명이 아니면 불가능합니다"라고 아뢰었다.[157]

---

155 한명기, 앞의 책, 390~391쪽;『仁祖實錄』권13 인조 4년 윤6월 戊申(8일).
156 『仁祖實錄』권1 인조 1년 4월 丁卯(8일), "上曰 爲天朝 何敢一毫解弛 若聞師期 則當協力同事耳".
157 『仁祖實錄』권1 인조 1년 4월 辛未(12일).

당시 도원수 장만은 명군의 전력이 부실하여 후금과의 교전 시 승산이 희박하며,[158] 명군과의 연합작전도 조선이 최대 10만에서 최소 5만 이상의 병력을 동원해야 후금에 승산이 있다고 인조에게 보고하였다. 조선시대에 5만 이상의 병력이 단일 작전에 동원된 적이 거의 없었다는 점을 감안해 볼 때, 장만의 말은 사실상 명과 연합하여 후금을 선제공격한다는 방안이 불가능하다는 의견을 인조에게 완곡히 밝힌 것이나 다름 없었다. 장만은 이어진 대화에서, '(후금이) 장차 조선을 침범할 형세가 있는가'라는 인조의 질문에 산해관 돌파를 우선으로 하는 후금의 전략상 조선을 먼저 침범할 가능성은 희박하다는 취지로 답변하였다. 그러나, 모문룡에게 귀속한 체한(刺漢:假㺄)을 빌려 후금의 진영을 정탐하자고 건의할 정도로 후금에 대한 경계는 늦추려 하지 않았다.

인조는 모영의 전력에 대해서도 가도를 왕래하는 신료들로부터 끊임없는 보고를 받았다. 군량 부족 때문인지 몰라도, 가도를 오간 조선인들이 남긴 기록에 의하면 모문룡의 군대는 힘없고 잔약하거나, 피곤하고 훈련되지 않은 상태였다.[159] 인조 1년(1623) 이정귀는 인조에게 유사시 모문룡이 조선을 지원할 가능성이 전혀 없음을 단호하게 보고

---

158 천계(天啓) 연간(1621~1627)은 명의 요동 방어선이 거의 붕괴된 시기라고 할 수 있는데, 이 시기를 전후하여 요서 지역을 거쳐 산해관, 산동 반도, 조선 등지로 도망간 명의 군사와 백성은 도합 25만 명으로 추산된다. 남의현, 『明代遼東支配政策研究』, 강원대 출판부, 2008, 349쪽.

159 『仁祖實錄』 권1 인조 1년 6월 辛未(12일), "公亮對曰 (…中略…) 以其兵力觀之 似無勦胡之勢 張晩去時 結陣以見之 而軍皆疲劣 雖或見小利而動 恐難擧大事耳 (…中略…) 上曰 軍兵器械比我國何如 公亮曰 兵器只於杖頭揷鐵 不比我國之精利矣 蓋都督爲人 只是一懦怯人 自知與彼賊不相敵 萬無出戰之理 不過挾我國之勢 爲山海關之殿後耳"; 『仁祖實錄』 권9 인조 3년 6월 庚子(24일), "詔使還到蛇浦 毛都督盛張軍容 皆以錦繡爲衣服 旌旗眩耀人目 使詔使巡見 而其實疲軍不鍊者也 其欺罔天朝 類如此"; 『仁祖實錄』 권20 인조 7년 3월 癸未(27일) 등.

하고, 모영의 군사들이 오합지졸에 불과하다는 점과 오랑캐를 토벌한다는 모문룡의 말이 허언에 불과하다는 점을 강조하였다.[160] 인조는 군사 조련에 힘쓰지 않는 모문룡을 의심하였을 뿐만 아니라, 나아가 명 조정의 요동 수복 의지조차 실체가 없는 것으로 판단하였다.[161]

인조 2년(1624) 12월 모영의 군·민이 조선을 침탈하는 정도가 점점 심해지는 와중에 열린 조의朝議에서, 체찰사體察使 장만은 모문룡의 토벌이 어렵지 않다는 점을 언급하였다.[162] 이 발언은 대명의리를 의식한 인조와 평안 병사 남이흥에 의해 즉시 반박되었지만, 이 때 무장인 장만과 남이흥 모두 모문룡의 토벌 자체는 낙관하였다는 점이 주목된다. 인조 4년(1626)부터 모영에 대한 명의 식량 지원이 감소하자 서북 지역민이 받는 피해는 더욱 커져만 갔는데,[163] 같은 해 윤6월에 발생한 예여청倪汝廳의 밀게密揭 사건은 모영에 대한 조선의 반감을 결정적으로 고조시켰다.[164] 모영에 있던 사인士人 예여청이 조선에 사신으로 온 정사正使 강왈

---

160 『仁祖實錄』 권3 인조 1년 윤10월 辛亥(25일).
161 『承政院日記』 6책 인조 3년 6월 己丑(13일), "引見體察使張晚于資政殿 (…中略…) 上曰 毛之爲人 不無其才 而大槪多譎詐 不忠信者也 且鍊兵一事 專不爲務云 其意 誠未可知矣 晚曰 不務鍊兵一事 臣亦未曉其意也 鳥銃刀槍等物 造之不難 柳柄小刀 決無所用 而全不措置兵器 甚可怪矣 (…中略…) 上曰 觀其所爲之事 必非大擧一戰之意 而朝廷 亦不以討賊爲計者 可知已 今次詔使 雖極誇張 無大擧殲討之說 至於廣寧 亦未有堅守之狀矣".
162 『仁祖實錄』 권7 인조 2년 12월 壬寅(22일), "上曰 都督之侵害我國 日以益甚 何以支堪耶 晚曰 毛兵之害滋甚, 早晚必作亂於内地 作亂之後 擊之不難 上曰 是何言耶 非以勝負爲慮也 以興曰 擊之雖不難 旣勝之後 將置國家於何地乎".
163 『仁祖實錄』 권12 인조 4년 3월 己巳(26일), "備邊司啓曰 近日續見尹暄 李莞狀啓 毛將所爲漸與前日不同 刦奪糧餉 則倒盡邊儲 侵擾居民 則已過淸川 難支之狀 日甚一日 臣等日夜煎憂 計無所出 蓋毛將領率數十萬男婦 就食我邊 頃年尙有山東繼運之路 到今天朝之力 有所不給 則開口望哺 專在我國".
164 『仁祖實錄』 권12 인조 4년 윤6월 辛亥(11일), "伴送使金璧馳啓曰 (…中略…) 今初九日早朝 龜城府使趙時俊等 自蛇浦 達夜馳來 報說毛將事情 兼呈遼東儒學倪汝廳兩使前密揭 臣與尹暄等同議以爲 兩使將與都督相會 必須先見此揭 然後有所方便 且倪汝廳將面告兩使 自裹實中 已到本府

광姜曰廣과 부사副使 왕몽윤王夢尹에게 고변告變한 내용은 모문룡이 사신을 인질로 삼아 후금에게 투항할 것이며,[165] 조선의 도성을 점령하여 항복을 받은 후 산동으로 쳐들어가 큰 일을 도모하려 한다는 것이었다.[166] 조선의 군신君臣은 이 사건을 계기로 명의 장수를 명분 없이 토벌한다는 부담을 덜어 내고, 모영에 대한 공격을 진지하게 논의하기 시작하였다. 이 토벌 논의는 같은 해 10월 여전히 모문룡을 신임하고 우대한다는 명 조정의 의사가 전달됨으로써 중단되었다.[167] 김시양金時讓은 나중에 이 사건을 자신의 비행을 덮기 위한 모문룡의 자작극으로 규정하였다.[168]

여하튼, 이때의 논의 내용을 잠시 살펴보면 우선 영의정 이원익은 서로西路의 백성들이 모영의 침탈에 분개하여 모두 두려움 없이 일전을 학수고대하지만 모반의 정황이 명확히 드러나지 않는 시점인지라 대처하기 어렵다는 점을 지적하였다.[169] 같은 날짜의 『승정원일기』에는 이원익의 축약되지 않은 발언이 실려 있는데, "신이 서로에서 돌아온 자의 말을 듣건대, 모장毛將이 반란을 일으키지 않는다면, 우리가 그를 대우하는 방도가 매우 어려울 것이니 차라리 속히 반란을 일으키는 것이 나을 것이라고 하였습니다"[170]라는 구절이 있어 흥미를 끈다. 당시 평

潛伏伺候 故卽呈兩帖于兩使前 則兩使看過 頗動其色 還卽出給曰 此書十分秘密 愼勿宣洩 云云".
165 『承政院日記』14책 인조 4년 윤6월 壬子(12일).
166 『仁祖實錄』 권13 인조 4년 윤6월 辛亥(11일).
167 『仁祖實錄』 권14 인조 4년 10월 甲子(25일).
168 金時讓, 『荷潭破寂錄』, "丙寅詔使姜曰廣王夢尹到我國 文龍恐我國言其詐弄天朝之狀 密遣汝聽 言于龜城府使趙時俊曰 文龍將執詔使降于奴胡 時俊籠莊汝聽 言于遠接使金塗監司尹暄 時天使在鐵山 將還到椵島 塗等將汝聽入言于詔使 使召汝聽詳問之 兩使辟左右聚首相議曰 乃渡海至椵島 文龍出迎 兩使不形辭色 翌日入歸 其使汝聽在文龍管下 親密無小異 然後我國始知其詐也".
169 『仁祖實錄』 권13 인조 4년 윤6월 壬子(12일).
170 『承政院日記』14책 인조 4년 윤6월 壬子(12일).

안도 지역민은 차라리 모문룡의 반란을 기대할 정도로 그에 대한 반감이 컸던 것이다.

김상용金尙容은 모문룡의 투항 여부를 의심하는 인조에게 그의 모반 의지와 상관없이 식량난에 굶주린 그의 부하들이 조선을 상대로 난을 일으킬 가능성은 매우 높으며, 따라서 민간의 의논도 모영과의 결전을 불가피한 것으로 생각한다고 인조에게 보고하였다.[171] 이에 대하여 인조는 부득이 모영의 토벌이 불가피하다면 명의 장수 한 사람을 앞세워 추진해야만 한다고 주장하였다. 천조天朝의 장수를 황제의 재가 없이 함부로 공격한다는 비난을 피하고 싶었기 때문이다. 반면 정경세鄭經世는 '모문룡이 이미 천자의 반신反臣이 된 이상 아무나 그를 죽일 수 있다'고 주장하였다.[172] 장만은 모문룡이 거느린 군대의 질이 정예롭지 않아 후금이 모문룡의 투항은 받아들여도 우대하지 않을 것이라고 전망하면서,[173] '서쪽의 장사壯士들이 오랑캐는 두려워하지만 모문룡은 전혀 두려워하지 않는다'라고 보고하였다.[174] 장만의 발언은 모영의 전력에 대한 조선 무장, 특히 평안도·황해도 지역 변신邊臣들의 인식을 대변하는 것이었다.

이상의 논의 내용에서도 알 수 있듯이 조선은 모영의 전력을 결코 후금에 대항할 만한 정도의 것으로 판단하지 않았다. 정충신의 경우 정묘호란 이후 피폐해진 평안도의 군정을 아뢰는 자리에서 모문룡이 변란

---

171 『仁祖實錄』 권14 인조 4년 8월 壬子(13일), "備局又啓曰 臣等竊念 南漢卽溫祚數百年定都之地 地形之險 誠一夫當關 萬夫莫開之勢 而今此所築之城 極其堅緻 有糧則爲必守之地 無糧則金湯之 險 亦無所用 今之所當講者 只在此一款而已 但本國物力 已盡於接濟毛糧 雖欲拮据湊合 無他善策".
172 『承政院日記』 15책 인조 4년 8월 丙辰(17일).
173 『仁祖實錄』 권14 인조 4년 8월 戊午(19일), "晚曰 (…中略…) 如賊亦必知 文龍之軍不可用 豈汲汲於文龍乎 只慮在此 則或爲後患 故毛若投降 想必受之 而必不優待矣".
174 『仁祖實錄』 권14 인조 4년 10월 丙午(7일).

을 일으킬 경우 평안도의 군사만으로 대적하기는 어렵지만, 모영이 후금과 연합하지만 않는다면 충분히 방어할 수 있다고 인조에게 확언하였다.[175]

인조 5년(1627) 1월에 발발한 정묘호란은 인조 정권의 모문룡 인식이 극명히 드러나는 계기가 되었다. 반정 이후 물심양면의 지원을 아끼지 않았던 인조 정권이었지만, 전쟁 발발 직후 인조가 이식李植과 나눈 대화는 모문룡과 명에 대한 조선의 인식을 여과 없이 보여주는 것이었다.[176]

이식 속히 장수 한 사람을 결정하여 경병(輕兵)을 인솔하고 평양(平壤)에 가서 성을 구원하도록 하는 일은 그만둘 수가 없을 것 같습니다. 모문룡의 존몰(存沒)에 대해서는 들어서 아는 바 없으나 적들과 내통하지 않은 것만은 분명합니다.

인조 이 사정을 명나라에 알려서 임진년처럼 남군(南軍)과 화기(火器)를 요청하면 어떠한가?

이식 형세상 미치지 못할 것 같습니다. 그러나 급한 상황을 알리는 한 가지 절차만은 시행하지 않을 수 없습니다.

인조 그리 하라!

---

175 『承政院日記』21책 인조 6년 5월 戊寅(18일), "上曰 他日如有毛變 則平安道之兵 足以當之乎 忠信曰 毛兵雖不精 衆寡異勢 難敵也 且毛之形勢孤獨 則不足甚畏 而挾胡則難矣"; 『仁祖實錄』권18 인조 6년 5월 戊寅(18일), "鄭忠信自關西入見 (…中略…) 脫有毛變 則以本道兵力 足以當之 對曰 毛兵與我 衆寡不同 何患難敵".
176 『仁祖實錄』권15 인조 5년 1월 辛卯(23일).

조선은 정묘호란이 발발하자 모문룡에게 지원을 요청하기보다 그가 후금과 내통하지 않았는지 걱정하면서, 임진왜란 때와는 달리 명군의 파병도 어려울 것이라고 전망하였던 것이다. 정묘호란 당시 후금군이 가도를 습격하자, 모문룡은 인근의 신미도로 진영을 옮긴 후 별다른 움직임을 보이지 않았다.[177] 조선에 대한 군사적 지원을 회피하였던 모문룡의 부대가 공격한 것은 후금군이 아닌 조선의 피난민이었다.[178] 모문룡은 자신이 후금군을 격퇴하여 조선의 수도가 보존되었다고 명 조정에 허위 보고를 하였을 뿐만 아니라, 조선이 후금의 첩자 노릇을 하고 있다고 무고까지 하였다.[179] 나아가, 군량 지원을 빙계로 소위포少爲浦와 용골산성龍骨山城의 의병을 모영의 군대로 편입하려고 시도하거나, 용골산성과 검산성劍山城 일대를 통치하고 조선인에게 명의 관작官爵을 제수하는 등 조선의 주권을 노골적으로 침해하였다.[180]

정묘호란 이후 모문룡에 대한 조선의 반감과 의심은 더욱 고조되었고, 막대한 군사 지원만 요구하며 본국의 통제를 벗어나려는 모문룡에 대한 명 조정의 불만과 의심도 증가하였다.[181] 모문룡은 당시 명 조정에서 제기된 동강진의 이진移鎭 논의에 대해서도 '조선을 견제해야 한다'는 명분으로 거부의 뜻을 밝히는 한편,[182] 조선으로 하여금 이진에

---

177 趙慶男, 『續雜錄』 권2 丁卯年(1627) 1월 21일.
178 『仁祖實錄』 권16 인조 5년 4월 癸丑(17일), "備局啓曰 伏見金起宗狀啓 則龍骨捷書持來者 爲毛兵所殺 逃還人民數百餘口 亦竝被害云 毛兵殘害 一至於此"; 『承政院日記』 17책 인조 5년 4월 乙卯(19일).
179 한명기, 앞의 책, 385쪽 참조.
180 『仁祖實錄』 권16 인조 5년 6월 乙卯(20일); 인조 5년 7월 丁卯(3일).
181 한명기, 앞의 책, 390~395쪽 참조.
182 『承政院日記』 26책 인조 7년 윤4월 壬申(17일), "午時 上御資政殿 晝講 (…中略…) 經世曰 中朝前有移鎭之說 今之入往 無乃以此耶 上曰 萬無移鎭之理矣 贇曰 張大秋從門隙覘聽 則毛自云

반대한다는 자문咨文을 올리도록 강요하였다.[183]

인조 5년(1627) 11월 모문룡을 비호하던 환관 위충현魏忠賢이 자살하자 모문룡의 정치적 지위는 더욱 불안해졌다. 명과 조선, 어느 쪽에서도 환영받지 못하던 모문룡은 후금과의 접촉을 통해 자신의 입지를 확보하고자 하였다.[184] 그러나 모문룡은 아래 인용된 정충신의 발언[185]에서 보이듯이 자신의 거취를 확실하게 정하지 않았던 것으로 보인다.

정충신 모 장군의 마음이 모두 세 번 바뀌었으니, 위충현이 권력을 잡고 있을 때에는 스스로 위충현과 결탁하였고, 새로운 황제가 즉위하자 자신을 보전하는 계책을 만들어 오랑캐와 몰래 내통하여 곡호(曲虎 : 후금 사신, 청측 사료에는 科廓으로 표기)가 오도록 만들었으면서도 형세를 관망하고자 하는 마음에 머뭇거린 채 결정하지 않고 있다가 황 호부(黃戶部 : 이름 불명)가 나옴에 미쳐서 개주(介州)로 진(鎭)을 옮기라는 명이 없으므로 곡호를 그대로 잡아 가두어 자신의 결백을 밝혔습니다. 그러니 지금 설령 오랑캐와 화친하고자 하더라도 오랑캐가 반드시 따르지 않을 것입니다.

인조 비록 곡호를 잡아 가두었다 하더라도 형세가 급하면 투항할 이치가 없지 않다.

若令我移鎭 則朝鮮必與奴賊 從海路作賊 以我在此故 無此患也云云 文龍爲人 詐譎回測 安知反以此言 行間於中原乎".
183 『仁祖實錄』 권18 인조 6년 3월 乙亥(14일).
184 田川孝三, 앞의 책, pp.134~136; 神田信夫 「『滿文老檔』に見える 毛文龍等の書簡について」, 『朝鮮學報』 37・38, 조선학회, 1966 참조.
185 『承政院日記』 21책 인조 6년 5월 戊寅(18일).

후금은 자국과 명 사이를 오락가락하는 모문룡의 태도에 의구심을 숨기지 않았고 끝내 양측의 교섭은 결렬되었다.[186] 조선은 모문룡과 후금의 내통이 어떤 형태로 전개될지, 그리고 조선에 어떤 영향을 미칠지 주시하며 대책 마련에 부심하였다. 그 시나리오 가운데 하나가 모문룡의 출륙出陸과 할거割據였다. 궁지에 몰린 모문룡이 가도에서 나와 청천강 이북 지역을 점거할지도 모른다는 우려는 이미 이괄의 난(1624) 때부터 있었다.[187] 주권 침탈에 가까운 모영의 행패도 날이 갈수록 기승을 부렸다. 모영의 사신이 궁궐 안에서 칼을 빼어들고 난동을 부리거나, 가도 주변의 굶주린 조선 백성이 동강진의 편오編伍에 기재되는 상황까지 발생하였다.[188] 모영의 종합적 군사력 — 선척船隻, 인구, 병력, 마필馬匹 등 — 이 조정의 논의에서 면밀하게 검토되었다. 그러나 이 회의의 목적은 정경세의 발언에서 보이듯이 후금에 함께 대적하기 위함이 아니라, 바로 모문룡의 출륙과 공격에 대비하기 위한 것이었다.

적을 헤아리는 방도는 반드시 그들이 가진 장단점을 알아야만 임기응변할 수 있습니다. 모 도독의 군병이 배를 타고 나오지 말을 타고 나올 수는 없습니다. 오랑캐는 배가 없고 말 탄 군병이 장기입니다. 모장(毛將)이 보병만을 거느리고 할거하는 것은 불가능하니, 다른 사람의 경내에 들어와서 할거할 수 없습니다. 임진년에 왜적이 평양에 이르러 한 발자국도 나아가지 못하고서 패한 다음 경상도에서 7년 동안 주둔하였는데, 모장의 병력은 왜

---

186 田川孝三, 앞의 책, pp.132~134 참조.
187 張晩, 『洛西集』 권7 「西征錄」(金起宗); 한명기, 「李适의 亂이 仁祖代 초반 대내외 정책에 미친 여파」, 『全北史學』 48, 전북사학회, 2016, 120쪽 참조.
188 趙慶男, 『續雜錄』 권3 戊辰年(1628) 下 7월.

의 10분의 1에도 미치지 못하니 할거할 수 없습니다. 왜적이 말하기를, '조선은 감당하기 어려운 나라이다. 어제 비록 패했더라도 오늘 다시 병력이 모이니 가장 어렵다'고 하였는데, 그 말이 맞습니다.[189]

위의 사료에서 알 수 있듯이, 당시 모영은 후금과 함께 조선의 안보와 주권을 위협하는 2대축이자 잠재적 적대 세력에 가깝게 인식될 뿐이었다. 인조는 명 본국의 허장성세에 대해서도 크게 신뢰하지 않았다.[190]

마침내 모문룡은 인조 7년(1629) 6월 영원순무寧遠巡撫 원숭환袁崇煥에 의해 참수되었다. 처형된 명분 중의 하나는 '조선을 지나치게 토색討索하여 잔파殘破시켰다'는 것이었다.[191] 모문룡이 처형된 이후 동강진의 전력은 연이은 내분에 휩싸이며 서서히 형해화되기 시작하였다.[192] 원숭환은 모문룡을 처형한 이후 그가 거느렸던 28,000명의 군사를 넷으로 나누어 모문룡의 아들인 모승조毛承祚, 부장副長 진계성陳繼盛, 참장參將 서부주徐敷奏, 유격遊擊 유흥조劉興祚(=劉海)에게 맡기고 동강진의 전체 통솔은 진계성이 담당하게 하였다.[193] 그러나 진계성은 유흥조가 후금군의 습격으로 사망한 뒤 그 동생인 유흥치劉興治가 일으킨 반란으로 인하여 참살되었고,[194] 유흥치 역시 장도張燾·심세괴沈世魁 등에게 다시 살해되는 등 극심한 내홍이 지속되었다.[195]

---

189 『承政院日記』24책 인조 7년 2월 丁未(21일).
190 위의 사료, "上曰 中原虛僞成風 非獨毛營 山海關亦然耳".
191 한명기, 앞의 책, 393쪽.
192 모문룡 사후 동강진의 정세 변화는 田川孝三, 앞의 책, pp.137~158 참조.
193 『明史』권259 列傳147 「袁崇煥」, "當是時 文龍麾下健校悍卒數萬 (…中略…) 乃分其卒二萬八千爲四協 以文龍子承祚 副將陳繼盛 參將徐敷奏 遊擊劉興祚主之 收文龍敕印尚方劍 令繼盛代掌".
194 『仁祖實錄』권22 인조 8년 4월 戊辰(19일).
195 『仁祖實錄』권24 인조 9년 3월 乙未(21일). 스즈키 카이(鈴木 開)의 연구에 의하면, 유흥

인조 9년(1631) 3월 명은 도독都督 황룡黃龍을 가도에 파견하였다.[196] 그는 섬 안의 내분을 틈타 공격을 시도한 12,000여명의 후금군을 신미도, 사포蛇浦 등지에서 격퇴하였다.[197] 같은 해 11월 황룡 역시 군수품로 보급된 은자銀子와 양식을 횡령하고 학정을 일삼다가, 경중명耿仲明의 동생 경중유耿仲裕 및 왕응원王應元 등이 주도한 반란에 의해 실각하였다.[198] 이 사태는 가도에 대한 군량 공급을 중단하겠다는 조선의 압력으로 반란 주동자들이 참수되고 다시 황룡이 복직되는 선에서 마무리되었다.[199] 이를 통해 거듭된 내분과 군량 부족이라는 요인에 의해 동강진의 전력이 크게 약화된 상태임을 알 수 있다. 한편, 모문룡의 부하였던 공유덕孔有德과 경중명 등은 모문룡 사후 동강진을 이탈하여 떠돌다가 등래순무登萊巡撫 손원화孫元化에게 몸을 맡겼다. 손원화는 이들을 유격遊擊으로 임명하였으며, 다수의 요민을 거두어 아병牙兵(직속 병력)으로 삼았다.[200]

광해군 13년(1621) 수도를 허투알라에서 요양으로 옮긴 누르하치는 요동 지배의 영구화를 시도하였다. 명과의 전면 대결로 인하여 대명 무역이 봉쇄된 상황에서, 늘어난 인구와 영토를 지키는 길은 요동의 농업경제에 자립적 기반을 두는 수밖에 없다고 판단하였기 때문이다. 그러나

치는 『인조실록』의 기록된 바와 같이 후금에 귀순하려다가 피살된 것이 아니고, 오히려 명에 귀순을 원하지 않는 여진인을 중심으로 하는 세력에 의하여 살해당한 것이라고 한다. 스즈키 카이, 「劉興治와 朝鮮과의 관계에 대하여」, 『만주연구』19, 만주학회, 2015, 176~177쪽.

196 趙慶男, 『續雜錄』 권3 辛未年(1631) 上 4월.
197 『仁祖實錄』 권24 인조 9년 6월 庚午(28일).
198 『仁祖實錄』 권25 인조 9년 11월 癸酉(4일).
199 『仁祖實錄』 권25 인조 9년 11월 丁酉(28일).
200 田川孝三, 앞의 책, p.155.

누르하치에게 경작을 담당한 한인 농민을 안정적으로 지배하는 것은 명군을 무찌르는 일보다 훨씬 더 어려웠다. 여진족의 학대를 견디지 못한 한인들은 반란을 일으키거나 명과 조선의 변경으로 도망하기 일쑤였다.

인조 3년(1625) 누르하치는 여진인과 한인의 거주지를 분리하는 한편, 반란을 선동한 한인 지식층을 색출하여 모조리 학살해버렸고, 남은 한인은 톡소莊로 편입하여 노예화하였다. 수도 역시 명과의 전선에서 더 멀리 떨어진 심양으로 이전하였다. 요동 한인의 거듭된 이탈은 후금의 장래를 위협하는 심각한 불안 요소였다.[201] 인조 4년(1626) 1월, 누르하치는 후금의 요동 지배가 극도로 불안정한 상황 속에서 명의 장수 원숭환이 방어하는 영원성 공략에 나섰으나 생애 첫 패배의 쓴 맛을 보았다. 같은 해 7월 갑자기 병세가 악화된 누르하치는 수도 심양을 떠나 청하淸河의 온천으로 요양을 떠났다. 병세는 차도를 보이지 않았고, 귀환하던 그가 심양 동쪽 40리 근방의 애계보璦鷄堡에서 마지막 숨을 거둔 것은 인조 4년(1626) 8월 1일이었다.[202]

후금의 제2대 한汗인 홍타이지皇太極가 즉위할 무렵 명은 후금에 대한 경제 봉쇄를 단행하고, 영원성을 중심으로 산해관 외곽 지역의 요동 방어선을 견고히 구축하였다.[203] 아울러, 조선과 함께 유력한 몽골 부족이었던 차하르察哈爾를 포섭하여 후금을 사방에서 포위·고립시키려는 전략을 펼쳤다. 명은 무상은撫償銀 제공을 조건으로 차하르 부部와의 군사 동맹을 시도하였다.[204] 당시 후금은 요동 한인의 동요로 인하여

---

201 이상 요동 진출 이후 후금의 전반적 상황에 대해서는 노기식, 「明代 몽골과 만주의 交替」, 『史叢』 59, 고려대 역사연구소, 2004, 60~61쪽 참조.
202 陳捷先, 홍순도 역, 『누르하치-청 제국의 건설자』, 돌베개, 2015, 329쪽.
203 위의 책, 270~277쪽 참조.

농업 경영의 성과 또한 부진하였다. 반면 여러 몽골 부족의 귀속에 따라 인구는 계속 증가하고 있었다. 여기에 연이은 기상악화로 인한 흉작은 후금의 경제 상황을 극한으로 몰아갔다.[205]

이러한 위기 속에서 홍타이지는 한인 관료들의 도움을 받아 명과 주변국의 정세를 면밀히 분석한 후, 후금의 대내외 전략을 '대명화의對明和議'와 '요동고수遼東固守'로 결정하였다.[206] 홍타이지는 즉위 직후부터 명의 영원 순무 원숭환에게 화의和議를 제안하며 막대한 양의 예물禮物을 요구하는 한편,[207] 예봉을 조선으로 돌려 정묘호란을 일으켰다. 요동 진출을 염두에 두고 명과의 군사적 대결을 추진하였던 누르하치가 조선과의 관계를 되도록 원만하게 유지하려고 한 데에 반해, 명과의 화의를 통해 요동 지배의 안정을 모색하였던 홍타이지는 오히려 조선에 선제적 무력을 사용하였다.[208]

홍타이지는 정묘맹약丁卯盟約을 통해 조선과 공식적인 외교 관계를 수립하여 명 중심의 국제질서를 교란시켰다. 아울러 모문룡의 준동을 견제하는 한편, 자국의 경제 위기를 완화시킬 수 있는 호시互市를 설치하는 성과를 거두었다.[209] 후금의 입장에서 본다면, 정묘맹약은 1616년 건국

---

204 노기식, 「後金의 遼東進出 前後 만주와 몽골의 關係逆轉」, 『中國學論叢』 12, 고려대 중국학연구소, 1999, 117~118쪽 참조.
205 『清太宗實錄』 권3 天聰 1년 6월 戊午(23일), "時國中大饑 斗米價銀八兩 人有相食者 國中銀兩雖多 無處貿易 是以銀賤而諸物騰貴". 당시 후금의 경제 상황에 대해서는 김선민, 「人蔘과 疆域-後金-淸의 강역 인식과 대외 관계의 변화」, 『明淸史硏究』 30, 명청사학회, 2008, 241~242쪽 참조.
206 노기식, 「滿洲의 興起와 東아시아 秩序의 變動」, 『中國史硏究』 16, 중국사학회, 2001, 24쪽.
207 홍타이지와 원숭환과의 화의 교섭에 대해서는 김선민, 앞의 글, 241~243쪽 참조.
208 노기식, 「滿洲의 興起와 東아시아 秩序의 變動」, 『中國史硏究』 16, 중국사학회, 2001, 29~30쪽 참조.
209 김종원, 『근세 동아시아관계사 연구-朝淸交涉과 東亞三國交易을 중심으로』, 혜안, 1999,

이래로 줄기차게 갈망했던 조선과의 공식 국교 체결을 의미하였다.[210]

한편 후금이 요동을 점령하여 조·명 사이의 육로 교통이 단절된 이후부터는, 명이 임진왜란 때와 같이 직접 병력을 보내어 구원해주는 것은 설령 명의 파병 의지가 굳건하고 국력이 충실하여도 재현되기 어려워졌다. 게다가 산해관 이동의 몇몇 요새들만 유지하고 있던 명군의 전력으로는 요동을 돌파하여 조선의 내지로 직접 원병을 보내주기 매우 곤란한 상황이었다. 요동반도의 남단과 조선의 서북 해안을 잇는 연안 항로를 통해 명군이 조선으로 들어오는 것도 이론상 가능하지만, 이 역시 명의 강력한 의지와 함께 군사적·경제적 능력이 뒷받침되어야 가능한 일이었다. 조선 역시 이와 같은 정세의 변화를 모르지 않았다.

따라서 정묘호란 당시 북경에 머물고 있던 사은사謝恩使 김상헌金尚憲의 구원 요청도 후금의 후방을 간접적으로 교란해 달라는 것에 불과하였다.[211] 이마저도 요동순무遼東巡撫 원숭환은 "앉아서 편하게 기다리고 있는 적군에게 무슨 타격을 가할 수 있느냐?"고 반문하며 출병 반대의 뜻을 명확히 밝혔다. 그는 후금군의 출병 직후 두명충杜明忠을 보내 조선 침략을 중지하고 철수할 것을 홍타이지에게 요구하였다.[212] 아울러 수군을 보내어 동강진을 지원하려고 하였고, 조솔교趙率教와 주매朱梅 등의 휘하 장수와 정예병 9,000명을 삼차하三叉河(심양 서남쪽 요하遼河, 태자하太子河,

---

115~117쪽 참조.

210 남호현, 「朝淸關係의 초기 형성단계에서 '盟約'의 역할－丁卯胡亂期 朝鮮과 後金의 講和過程을 중심으로」, 『朝鮮時代史學報』 78, 조선시대사학회, 2016, 71쪽 참조.

211 『仁祖實錄』 권19 인조 5년 5월 辛未(5일), "三月初九日 臣等在燕京 始聞本國被搶 呈文于兵部 以爲 (…中略…) 速發偏師 乘其空虛 搗其巢穴 使賊首尾牽制 則一擧而全遼可復 屬國可全 此乃 兵家不可失之機會也".

212 정묘호란 시기 명 조정의 논의에 대해서는 한명기, 『임진왜란과 한중관계』, 역사비평사, 1999, 384쪽 참조.

혼하渾河가 합류하는 지점) 주변에 파견하였다.[213] 그러나 이러한 조치가 정묘호란의 전황에 결정적 영향을 미친 것으로 생각되지는 않는다.

요서 지역의 견고한 명나라 방어선을 돌파하는 것이 여의치 않자, 홍타이지는 방향을 전환하여 인조 7년(1629)부터는 지금의 내몽골 지역을 경유한 뒤 만리장성을 돌파하여 명의 내지를 강습하는 전략을 취하였다.[214] 이를 위해, 후금은 차하르 부 릭단 칸林丹汗의 폭압적 지배에 반발한 몽골 부족들과의 동맹을 강화하거나 그들을 아예 복속시키는 정책을 폈다.[215] 그 일환으로 후금 지배층과 몽골 귀족과의 정략결혼이 대대적으로 장려되었다. 중원 공격이 명의 숨통을 완전히 끊어버리지는 못했지만, 여기에서 확보된 인축人畜과 재화는 궁핍한 요동 경제에 큰 활력이 되었다. 이같은 후금의 파괴적 침공은 명의 화북 지역사회를 철저히 파괴하고 텅 비게 하여 국가통치를 마비시켰다. 이것은 명말 화북일대에 토적土賊 · 유적流賊 등의 반란이 횡행할 수 있는 유리한 여건을 조성하였다. 아울러, 명의 수도인 북경 주변까지 위협하는 청군의 부정기적 공세는 요동 지역에 대한 명의 군사적 위협까지 줄이는 부수적 효과를 가져왔다.[216]

그러나 여전히 후금이 명과의 전면전을 벌여 중원을 차지할 가능성은 그다지 높지 않았다.[217] 병력의 질이나 기병의 신속한 기동전에는

213　田川孝三, 앞의 책, pp.121~122 참조.

214　한명기, 『정묘 · 병자호란과 동아시아』, 푸른역사, 2009, 114쪽.

215　노기식, 「홍타이지의 反릭단 滿蒙聯盟 확대와 이용」, 『中國學論叢』 13, 고려대 중국학연구소, 2000, 183~186쪽 참조.

216　1629~1643년간 5차에 걸친 후금(청)의 대규모 화북 침공과 그 경제적 · 군사적 의미에 대해서는 다음을 참조. 정병철, 『'天崩地裂'의 時代, 明末淸初의 華北社會』, 전남대 출판부, 2008, 64~77쪽; 박민수, 「홍타이지 시기(1627~1643) 만주의 對중국 전략」, 『軍史』 107, 국방부 군사편찬연구소, 2018 참조.

217　최근 연구에 의하면, 청의 입관은 누르하치 때부터 일관적으로 추구된 목표가 아니라

청군의 강점이 있었지만, 명군은 병력의 수, 그리고 화기나 성곽 등 장비의 측면에서는 월등한 우위를 보였다. 명군의 전력이 집중된 산해관 주변은 청의 최정예 부대로 정공正攻을 가하여도 함락되지 않을 정도로 철벽의 수비 체제를 자랑하였다. 사회 전체의 생산력을 감안해 볼 때 아무리 넉넉하게 잡아도 장정壯丁 15만, 총 인구 50~60만에 불과한 청이 2억의 인구를 가진 대국인 명과 장기전을 벌이는 것은 상당히 부담스러운 일이었다.[218] 이자성李自成의 반란이라는 내부의 균열이 없었더라면 만주족의 입관入關과 중원 지배는 결코 손쉽게 실현되기 어려운 기적에 가까운 사건이었다.[219]

당시 명은 인구와 경제력, 군사력에서 후금에 비해 절대적 우위를 점하고 있었지만, 명 내부의 정치적 리더십은 이를 결집시키지 못했다. 주지하다시피 환관의 발호와 당쟁, 황제의 거듭된 오판 등이 한 요인이었다. 환관파인 엄당閹黨과 반환관파인 동림당東林黨의 고질적 대립은 정치의 안정성을 크게 해쳤으며, 대외 정책과 대응에도 많은 한계를 드러냈다. 인조 8년(1630) 8월 적과 내통했다는 죄목으로 병부상서兵部尙書 원숭환이 처형된 사건의 배후에는 엄당과 동림당의 갈등이 있었다.[220]

게다가 장거정張居正 사후 명의 재정은 만성 적자에 시달리고 있었다. 화폐경제에 휩쓸려 사치스러워진 궁정의 소비 생활과 만력 연간(1572

이자성의 북경 점령과 오삼계(吳三桂)의 투항이라는 우연적 요소에 순치제(順治帝)의 섭정 도르곤(多爾袞−누르하치의 14왕자)이 적극적으로 반응함에 따라 초과 달성된 결과물이었다고 한다. 박민수, 「1644년 山海關 전투와 淸軍의 北京 입성」, 『中國史研究』 110, 중국사학회, 2017, 141쪽.

218 寺田隆信・서인범 역, 『중국의 역사−대명제국』, 혜안, 2006, 254쪽.

219 르네 그루쎄는 명・청 교체의 우발성을 명 왕조의 '자살'이라는 극단적 단어로 표현했다. 르네 그루쎄, 김호동・유원수・정재훈 역, 『유라시아 유목제국사』, 사계절, 1998, 717쪽.

220 寺田隆信, 김정희 역, 「明 崇禎帝」, 『마지막 황제』, 솔, 2002, 267~274쪽 참조.

~1620)의 3대 정벌[221]로 인한 군사비의 급증이 주요 원인이었다. 후금(청)의 군사적 위협에 대응하기 위한 명의 증세는 백성들의 생활을 더욱 궁핍하게 만들었다. 선조 21년(1588)부터 군사비遼餉의 조달을 위해 세금은 계속 올라갔다. 인조 7년(1629) 내란을 진압하기 위한 세금剿餉이 부가되었고, 인조 15년(1637)에는 군사 훈련을 위한 증세練餉가 강행되었다.[222] 이러한 상황 속에서 명의 안보 위기를 가중시킨 것은 17세기 동아시아를 엄습한 소빙기의 영향이었다.[223]

명의 멸망을 전후한 시기의 평균 기온은 과거 700년 동안 최저를 기록하였으며, 저온에 의한 흉작은 농업 생산에 큰 영향을 주었다. 숭정 연간(1628~1644) 북경의 쌀 가격은 네 배 이상으로 급등한 상태였다.[224] 이러한 기후 변화에 따른 각종 자연 재해와 흉작은 가뜩이나 증세에 시달리고 있던 백성들을 '사람이 사람을 잡아먹는 인상식人相食'의 극한 상태로 몰고 갔다. 세금을 낼 수 없거나 먹을 것을 구할 길 없는 사람들은 자연스럽게 도적이 되거나 반란의 대열에 합류하였다.[225]

이상에서 살펴본 명 내부의 종합적 사정이 명으로 하여금 조선과의

---

221 영하(寧夏) 지역 보바이(哱拜)의 반란(1592), 임진년 일본의 조선 침략(1592~1598), 묘족(苗族) 출신 토사(土司) 양응룡(楊應龍)의 반란(1599~1600)을 진압하기 위한 명 신종의 군사 정벌.
222 寺田隆信, 김정희 역, 앞의 글, 267~274쪽.
223 17세기 동아시아의 기후와 자연재해에 대한 전반적인 개관은 이태진, 「자연재해·전란의 피해와 농업의 복구」, 『한국사 30 ─ 조선 중기의 정치와 경제』, 국사편찬위원회, 2002, 330~338쪽; 하세봉, 「근세 동아시아 역사의 공명과 환류」, 『북방사논총』 9, 고구려연구재단, 2006, 54~65쪽 참조.
224 寺田隆信, 김정희 역, 앞의 글, 279~282쪽.
225 명말 자연재해와 그 영향에 대해서는 다음을 참조. 패트리샤 버클리 에브리, 이동진·윤미경 역, 『사진과 그림으로 보는 케임브리지 중국사』, 시공사, 2001, 234~235쪽; 정병철, 『'天崩地裂'의 時代, 明末淸初의 華北社會』, 전남대 출판부, 2008, 81~86쪽; 김문기, 「17세기 중국과 조선의 기근과 국제적 곡물 유통」, 『역사와 경계』 85, 부산경남사학회, 2012,

동맹 관계나 체계 있는 연합작전을 조율할 능력을 상실하게 한 것으로 보인다.[226] '형제지맹兄弟之盟'을 골자로 하는 조·청 간의 강화講和와 후금에 대한 조선의 경제적 원조 ― 세폐, 개시 등 ― 는 명으로 하여금 조선과의 동맹 관계에 한층 더 불신을 초래하였다.[227] 이에 따라 명은 우선 내륙에 근접한 조선의 해상 조공로를 변경시키고,[228] 군수물자인 염초와 유황의 매매를 엄금하는 조치를 취하였다. 조선은 외교적 경로를 통해 이 금령禁令의 해제를 요구했다. 아래 제시된 사료는 김육金堉이 작성한 외교문서의 내용을 발췌한 것인데, 비록 병자호란 직전에 작성된 것이지만 정묘호란 이후 염초 무역의 중단에 따른 조·명 간의 갈등과 쟁점을 잘 보여준다.

삼가 생각하건대, 외국의 일은 한결같이 본부(本部 : 禮部)에 매여 있으므로, 만약 원통하고 절박한 사정이 있으면 반드시 예부에 우러러 하소연합니다. 지금 노야(老爺)께서 소직(小職) 등을 보살펴주심이 이와 같이 지극하시니 소방(小邦)의 원통하고 답답한 상황을 황제께 전달할 수가 있을 것입니다. 소방에는 절박한 두 가지 일이 있는데 하나는 조공하는 길이 위험한 것이고, 또 하나는 염초와 유황의 무역을 금지당한 것입니다. (…중략…) 천조(天朝)에서 공로(貢路)를 내지로 허락하지 않고 으레 무역하던 염초와 유황을 엄금한 것은, 소방이 오랑캐와 화친한 다음부터였습니다. 소방은 조공길

---

226 유사한 시각에서 명의 군사적 몰락을 설명한 최근 연구로는 Kenneth M. Swope, *The Military Collapse of China's Ming Dynasty, 1618-44,* New York : Routledge, 2014 참조.

227 鄭經世, 『愚伏集』권3 「袁軍門 崇煥 揭帖」, "不穀輒有冤痛事情 不容含嘿 謹具一本 上聞朝廷 一面咨報訖 竊念嬌款奴兩句 實當初大人題本中語 (…中略…) 若以不能自强 失守邊封爲罪 則死無所辭 苟曰誠心乞和 有若納款之爲 則冤痛甚矣".

228 『仁祖實錄』권20 인조 7년 윤4월 丙子(21일), "中朝政定 我國朝貢 由覺華島 從經略袁崇煥議也".

이 위험해진 것과 염초와 유황의 금수(禁輸)가 너무 엄중함을 슬퍼하는 것이 아니라, 어쩔 수 없이 맺은 화친 때문에 혹 부모 같은 자애에 의심받게 됨을 스스로 슬퍼하고 탄식합니다.[229]

모문룡의 무함誣陷이 조·명 관계의 이상 기류에 일조한 측면도 있지만,[230] 정묘맹약 이후 조선과 후금 사이에 정기적으로 사신이 오가는 상황을 고려해 본다면 명의 조치가 전혀 터무니없는 것은 아니었다. 후금과 밀통했다는 의심을 받은 모문룡 역시 조선과 후금의 교섭에 의구심을 표했다.[231] 후금의 입장에서 볼 때 조선의 외교 행보는 명과 후금 사이에서 어느 쪽도 확실히 손들어주지 않은 채 대세를 관망하는 쪽에 가까웠다.[232] 최근 인조 대 외교노선을 조선의 국익 추구라는 관점에서 재조명한 연구들은 바로 이러한 측면을 강조한 것이다.[233] 다만 당시 조선의 이러한 현실주의적 외교 행보가 국내의 대명의리와 척화론에 기반한 공론公論에 의해 크게 제약받고 있었다는 점도 함께 기억해야 한다.

병자호란 때에도 명의 군사 지원은 실현되지 않았다. 북경의 명 조정은 청의 조선 침공 소식을 인조 14년(1636) 12월 10일경에 접수하였지

---

229 金堉, 『潛谷遺稿』 권8 呈文 「貢路硝黃事呈禮部」 丙子十二月初七日.
230 한명기, 『임진왜란과 한중관계』, 역사비평사, 1999, 386·392쪽.
231 『仁祖實錄』 권20 인조 7년 3월 癸未(27일), "上晝講書傳于資政殿 (…中略…) 特進官李景稷 進曰 臣新自島中來 毛之致疑我國 亦甚於我之疑毛矣".
232 『仁祖實錄』 권28 인조 11년 6월 丙子(16일), "春信使朴簹 還自瀋陽 虜使龍骨大 大所乃等 持汗書出來 爲回答也 汗書有三項事 (…中略…) 貴國既以南朝爲父母 以我爲兄弟 我國與南朝 十數年來 兵連禍結 而貴國介於其間 坐視勝敗 不爲和解 徒有父母 兄弟之名 實有幸災樂禍之意 殊不知兩國勝敗 不在國之大小 人之謀謨 皆在於上天而已".
233 鈴木開, 「朝鮮·後金間の使者往來について(1631〜1633)」, 『駿台史学』 155, 駿台史学会, 2015; 石少穎, 「'丁卯之役' 前後朝鮮對明情勢的觀望與因應」, 『한중인문학연구』 51, 한중인문학회, 2016; 조일수, 「인조의 대중국 외교에 대한 비판적 고찰」, 『역사비평』, 역사비평사, 2017, 121.

만, 적절한 타이밍에 유효한 군사적 조치를 취하지 않았다.[234] 같은 해 동지冬至 · 성절聖節 · 천추千秋의 진하사進賀使로 북경에 파견되어 11월 5일부터 옥하관玉河館에 체류하고 있던 김육 일행이 병자호란의 전말을 명의 병부兵部으로부터 공식 통보받은 시점은 다음해 4월 20일이었다.[235]

이러한 사정을 반영하듯이, 심하 전투 이후 병자호란까지 조정의 논의 과정에서 명에 대한 원병 요청이나 명과의 연합 작전이 구체적으로 논의된 사례는 발견되지 않는다. 심하 전투 이후 조 · 명 양국의 상호 군사협력이 사실상 실현되기 어려운 상황이었다는 점은 이른바 '순망치한론脣亡齒寒論'[236]이 양국 군사협력의 상수常數가 아니었음을 분명하게 보여준다. 나아가 이 시기 조 · 명 동맹의 성격이 군사적인 측면에서 볼 때 얼마나 강고하였던 것인지에 대해서도 재고할 필요가 있다고 생각한다.

케네스 스워프는 명의 참전과 관련하여 자국 방어의 측면만을 강조하는 연구 경향을 비판하고, 조공-책봉 관계에 입각한 명 황제 신종의 의무감이 과소평가되었다고 주장하였다.[237] 저자도 그의 이러한 견해에 전반적으로 동의한다. 이러한 입장에서 본다면 명의 자국 방어를 강조하는 '순망치한'의 논리는 역으로 신종神宗의 군사 지원 의지를 정당화

---

234 구범진, 「병자호란과 천연두」, 『민족문화연구』 72, 고려대 민족문화연구원, 2016, 39~40 쪽 참조.

235 金堉, 『潛谷遺稿』 권14 「朝京日錄」 丁丑 四月 二十日.

236 '입술(脣 : 조선)이 없어지면 이(齒 : 요동)가 시리다'는 주장. 임진왜란 당시 명의 신료들이 파병을 필요성을 강조하기 위해 동원한 논거였다. 그러나 명은 임진왜란 당시 조선이 '순망치한'에 입각한 논리로 명의 파병을 이해하는 처사에는 강하게 반발하였다(한명기, 앞의 책, 39~42쪽). 반면 심하 전투의 패전 이후 명은 조선에 재파병을 요구하면서 재조지은과 함께 자신들이 부정했던 순망치한의 논리를 강조하였다(『光海君日記』 권143 광해군 11년 8월 己未(9일)).

237 케네스 M.스워프, 「순망치한(脣亡齒寒) - 명나라가 참전할 수밖에 없었던 이유」, 정두희 · 이경순 편, 『임진왜란 동아시아 삼국전쟁』, 휴머니스트, 2007, 340쪽.

하기 위해 명의 신료들에 의해 동원된 논리로도 해석된다. 당시 명의 선택지는 크게 보아 ① 조선에 원군을 보내어 일본군을 국경 밖에서 방어하는 전략, ② 조·명 국경을 엄히 방비하며 북경 주변의 요충지를 지키는 전략 두 가지 정도였다.[238] 자력 방위가 불가능했던 당시 상황을 고려해본다면 명의 파병은 조선 외교가 달성할 수 있었던 최선의 결과물이었다. 즉 중원 왕조의 전통적인 '이이제이以夷制夷' 정책을 조선이 역으로 이용한 '이화제이以華制夷' 정책의 산물이라고도 평가할 수 있다.[239]

요컨대 파병의 규모와 군사적 개입의 정도는 '순망치한론'에 따라 자동적으로 이루어지거나 무조건적으로 지속되는 것이 아니라 명의 군사력과 경제력이 이를 감당할 수 있는 정도 내에서만 가능하였다. 중요한 점은 이러한 사실을 조선 또한 명확히 인지하였음에도 불구하고, 조선 내에서는 대명의리와 척화의 담론이 반정의 명분으로 거론될 정도로 강력한 지지를 받고 있었다는 사실이다.[240]

---

238 한명기, 앞의 책, 36쪽 참조.
239 허남린, 「임진왜란과 외교와 군사력 증강의 유교정치」, 『임진란과 국가위기의 문화정치학』(서울대 규장각한국학연구원 국제워크숍 발표문), 2008, 6쪽.
240 허태구, 「昭顯世子의 瀋陽 억류와 人質 체험」, 『韓國思想史學』 40, 한국사상사학회, 2012, 163쪽.

3. 청야입보淸野入保 전술의 추진과 한계

선조 대부터 건주여진의 성장에 따른 군사적 불안은 공공연하게 거론되고 있었으며,[241] 따라서 이에 대한 대비책도 다각도로 검토되었다. 조선은 임진왜란 때와 마찬가지로 명의 영향력을 이용하여 누르하치의 세력을 억제하려고 시도하는 한편,[242] 일본과의 전면전에서 약점이 여지없이 노출된 국방력을 강화하는 데 많은 노력을 기울였다.[243] 선조 28년 (1595) 10월 선조는 건주여진에 대한 방어책을 논하는 자리에서 조정 신료들에게 다음과 같이 지시하였다.

이들은 보통 오랑캐가 아니어서 갑사(甲士)가 10만이라도 결코 지탱하기 어려운데 관서(關西)의 사졸(士卒)이 얼마인가? 이러니 어찌 한심스럽지 아니한가? 저 오랑캐는 활을 잘 쏘고 싸움에 익숙하며 달리어 돌격하는 것이 장기인데, 우리 군사는 외롭고 약하고 겁이 많아 들판에서 교전하면 그 형세가 반드시 패할 것이요, 평지의 성도 또한 지키기 어려울까 두렵다. 모름지기 산성을 가리어 들어가 의지하도록 하라. 사소한 진보(鎭堡)의 토병(土兵)은 10여 명에 지나지 않아 있든 없든 상관이 없으며, 곧 오랑캐들을 도와주는 바가 될 것이니, 모두 견고한 성이나 대진(大鎭)에 들어가도록 해야 할

241 민덕기, 「임진왜란기 조선의 북방 여진족에 대한 위기의식과 대응책 – '南倭北虜'란 측면에서」, 『韓日關係史硏究』 34, 한일관계사학회, 2009, 190~201쪽.
242 한명기, 『임진왜란과 한중관계』, 역사비평사, 1999, 228쪽.
243 노영구, 「17세기 조선의 전술 변화와 전개 양상」, 『조선후기의 전술－『兵學通』을 중심으로』, 그물, 2016 참조.

것이다. 청야(淸野)하고 기다리되 반드시 험준한 곳에 의지하여 중도에서 막아야 하는데 화기(火器)가 아니면 불가하다. 내지의 몇몇 곳에도 반드시 군사를 주둔시켜 굳게 지킨 뒤에야 강변(江邊)이 믿는 데가 있어서 유지될 것이다. 관서는 군사를 훈련시켰다고 하나 포수는 생소하여 경중(京中)의 포수보다 못하니, 수효를 헤아려 뽑아 보내라. 그리고 오랑캐는 반드시 얼음이 언 뒤에 왜적은 반드시 봄물[春汛]이 일 때 침입하니, 2월 이전에는 왜적이 감히 움직이지 않을 것이다.[244]

위의 사료에서 보이듯이 선조는 건주여진을 상대할 때 '들판을 비운 뒤 야전을 피해 (산)성에 웅거하면서, 화기(=화약병기)를 사용하여 적들을 방어'하도록 지시하였다. 이러한 청야입보의 전술은 개별 전투력이나 방어 병력의 질과 양에서 우위를 차지하지 못했던 조선이 선택했던 자구책이었다. 한 가지 흥미로운 것은 '여러 진보에 분산된 토병의 방어가 소용없다'고 한 선조의 언급이다. 이 발언은 질적, 양적으로 크게 성장한 건주여진의 군사력이 기존의 소규모 도발에 대비한 압록강변의 방어체계를 무력화시킬 수 있다는 우려가 표출된 것으로, 조정 신료들의 판단도 선조와 다르지 않았다.[245] 조선 전기만 하더라도 요동에 배치된 명의 군사력과 압록강·두만강변의 진보에 배치된 조선 토병의 전력이 건실하였다.[246] 아울러 명의 이이제이 정책으로 여진 부족은 수

---

244 『宣祖實錄』 권68 선조 28년 10월 丙午(7일).
245 『宣祖實錄』 권67 선조 28년 9월 乙亥(6일), "上講周易 (…中略…) 弘老曰 西方近有聲息 而備禦無長策 極可慮也 昨聞宣傳官之言 江邊上下鎭堡 相距或二三息 或三四息 而大堡土兵 僅有十五六許云 雖聯絡排營 多設兵甲 亦不可恃 相去絶遠 萬無相援之理 尤極寒心".
246 조선 전기 토병에 대해서는 이장희, 「朝鮮前期 邊界守禦와 土兵」, 『軍史』 2, 국방부 군사편찬연구소, 1981 참조.

백여 개의 위소衛所로 분열되었으며, 조선에 협조적인 여진 번호藩胡도 건재한 상황이었다. 이러한 조건에서 수립된 조선의 국경 방어 체제는 군제 문란으로 인한 토병 전력의 와해, 건주여진의 흥기로 인한 번호의 소멸이라는 조건 속에서 변화하지 않을 수 없었던 것이다.[247]

청야입보의 전술은 새로이 고안된 것이라기보다는, 동서고금의 어느 지역에서나 전투 능력이 월등한 적을 만났을 때 사용하는 보편적인 방어책이었다.[248] 다만 임진왜란 이전과 달라진 점은 수성군의 주무기로 궁시류弓矢類보다는 화기를 강조하였다는 점이다. 이러한 전환은 임진왜란의 전투 경험에서 기인하였다. 임진왜란 당시 일본군은 조총의 일제 사격으로 수성守城 또는 공성攻城 작전 중인 조선군과 명군을 무력화시켰다. 활보다 관통력과 사정거리가 월등한 조총의 집중 사격을 받으면, 적군의 견고한 진지를 공격하기도 아군의 허술한 성곽을 방어하기도 용이하지 않았다.[249]

조총과 더불어 평양성 수복 과정에서 입증된 명군 화포의 위력도 국왕 선조와 전쟁을 지휘하는 신료들에게 강렬한 인상을 남겼다.[250] 명군은 각종 화포를 발사하여 조총의 사정거리 밖에서 적의 기선을 제압한 뒤, 방패防牌·장창長槍·낭선狼筅·당파钂鈀 등을 이용하여 일본군의 장기인 근접전을 무력화하는 전술을 구사했다.[251] 조선 전기에도 화기와

---

247 장정수, 「병자호란 이전 조선의 對後金(淸) 방어전략의 수립 과정과 그 실상」, 『朝鮮時代史學報』 81, 조선시대사학회, 2017, 55~73쪽 참조.

248 이장희, 「山城修築과 堅壁淸野」, 『壬辰倭亂史研究』, 아세아문화사, 1999 참조.

249 일본군의 집중 사격과 공성 전술에 대해서는 정연식, 「화성의 방어시설과 총포」, 『震檀學報』 91, 진단학회, 134~135쪽 참조.

250 『宣祖實錄』 권34 선조 26년 1월 丙寅(11일); 『宣祖實錄』 권35 선조 26년 2월 乙巳(20일).

251 노영구, 「宣祖代『紀效新書』의 보급과 陣法 논의」, 『軍史』 34, 국방부 군사편찬연구소, 1997, 127~129쪽 참조.

편전片箭이 여진족에게 가장 위협적인 병기로 인식되었지만, 전체 무기 체계 내에서 화기보다는 편전을 포함한 궁시류가 더 큰 비중을 차지하고 있었다.[252] 임진왜란을 계기로 조총이란 신무기가 본격적으로 도입되기 시작하자 활의 비중은 점점 축소되었고, 이와 아울러 조총을 비롯한 화기의 보급과 운용이 이전과 비교할 수 없을 정도로 확대되었다.[253]

한편, 조선은 임진왜란을 겪으면서 조선의 성곽이 일본군의 공성 전술을 견디기에 턱없이 허술하다는 것을 깨달았다. 이와 반대로 조선군은 일본군이 점령하여 구축한 진지와 개축한 성곽을 공격하는 데 커다란 어려움을 겪었다.[254] 이러한 문제는 근본적으로 조선 성곽의 부적절한 입지와 구조, 방어 시설의 미비, 병사들의 전술 수행 능력 부족에서 기인하였다. 한 일본인은 조선 성곽의 입지가 일본 성곽에 비해 낮기 때문에 공략하기가 어렵지 않다고 했으며,[255] 명나라 사람 방원선方元善도 조선 성곽의 입지와 규모, 방어 시설, 병사들의 전투력에 문제가 있음을 지적하였다.[256] 이와 같은 인식은 전쟁을 경험한 조선의 군신君臣도 공유하는 바였다.

---

252 강성문, 「朝鮮時代의 片箭과 筒兒」, 『韓民族의 軍事的 傳統』, 鳳鳴, 1997, 300~308쪽 참조.
253 박재광, 「壬辰倭亂期 火藥兵器의 導入과 戰術의 變化」, 『學藝志』 4, 육군사관학교박물관, 1995, 385~399쪽; 노영구, 『조선후기의 전술—『兵學通』을 중심으로』, 그물, 2016, 25~60쪽 참조.
254 太田秀春, 「전쟁과 교류—17세기 조선의 일본 성제 도입과 그 전개」, 『문화로 보는 한국사 (이태진 교수 정년기념논총)—세계 속의 한국사』 5, 태학사, 2009, 185~186쪽 참조.
255 『宣祖實錄』 권50 선조 27년 4월 乙丑(17일), "成龍曰 我國人知倭語者聞之則 倭奴以爲爾國之人愚矣 築城於卑處 敵人登高俯射 莫能當之 我輩之久留於爾國 以此故也 若於高處築之 則誰敢犯之云矣 上曰 此意予已言之矣 城中俯瞰則 雖金城亦何能防".
256 『宣祖實錄』 권40 선조 26년 7월 丙寅(14일), "遼東 鐵嶺衛儒學生方元善 上久安長治策要 其文曰 (…中略…) 今之計 急擇陽明平實之地 勿近高山 深河之區 築以高城 鑿以深池 更于治邊 外藉江漢 實爲天塹之險 內列堡臺 尤爲保障之固 將領常于操練 土卒習爾干戈 易寬袍以鐵甲 更大帽以明盔".

옛사람들은 우리나라가 성을 잘 지킨다고 한다. 예컨대, 안시성(安市城)에서 당나라 병사를 물리치고, 원주성(原州城)에서 거란 군사를 막아 내고, 귀주성(龜州城), 자주성(慈州城)에서 몽골 군사를 막아 낸 것은 모두 두드러지게 일컫는 일들이다. 그러나 임진년 이후부터 한결같이 왜적을 만나 움직이기만 하면 패하여 무너지는 것은 무엇 때문인가? 그 까닭은 알 만하다. 대개 우리나라는 활과 화살만을 잘 사용하였고, 또 산을 이용하여 성을 만들었다. 때문에 적군이 단지 활과 화살만을 사용해서 공격해 오면 아군과 적군의 높고 낮은 지세는 크게 현격한 차가 있으니, 성을 굳게 지키는 데 어려움이 없었다.

지금 왜적은 오로지 조총을 사용해서 성을 공격하는데, 능히 수백 보 밖까지 도달한다. 우리나라의 활과 화살은 이미 여기에 미치지 못한다. 게다가 성면(城面)이 조금이라도 평평한 곳만 있으면 적들은 반드시 토루(土壘)를 만들고 높은 다락[飛樓]을 만들어서 성 안쪽을 내려다보고 총을 쏘기 때문에 성안의 사람들은 몸을 숨길 수가 없어서 마침내 패하여 함몰되니, 그 형세는 족히 괴이할 게 없다. 대개 우리나라 사람들은 군사를 잘 훈련시키지 못하였고, 성을 쌓는 한 가지 일에도 전혀 생각이 없었다. 다만 산세가 구부러진 것만 따라 성의 형체를 만들고 성안을 넓게 만드는 것에만 주력하니, 넓을수록 더욱 지키기 불가능하다는 것은 알지 못한다.[257]

위의 사료에서 보이듯이 유성룡은 수성 실패의 원인으로 조총이라는 신무기와 결합된 일본군의 뛰어난 공성 전술, 성곽의 낮은 입지와 쓸모 없이 넓은 크기 등을 지적하였다. 그리고 이어진 글에서 성곽의 방어 시

---

257 柳成龍, 『西厓集』 권14 雜著 「戰守機宜十條」 甲午(선조 27, 1594).

설인 여장女墻, 옹성甕城, 현안懸眼, 양마장羊馬墻, 포루砲樓 등이 정비되거나 신설되어야 한다고 주장하였다. 선조 역시 일본군이 구축한 견고한 진지를 조선의 진지와 비교하면서,[258] 조선의 성곽이 너무나 허술하여 여진이 쉽게 공략할 수 있을 것이라고 예상하였다.[259] 선조는 명의 축성법을 도입하기 위해 북경에 화공畵工을 파견하여 요동·광녕·산해관 등지에 세워진 진鎭과 성지城池의 모양을 그림으로 그려 오라는 지시를 내렸다가,[260] 신료들의 만류로 이를 포기한 적이 있을 정도로 조선 성곽의 방어력 강화에 관심이 많았다.

이러한 분위기 속에서 임진왜란의 종전 이후 명과 일본의 축성 기술을 도입하여 성곽의 방어 시설을 강화하려는 방안이 적극적으로 추진되었다.[261] 이미 임진왜란의 소용돌이 속에서도 주요 전장이었던 충청·전라·경상도와 경기 지역의 산성을 중심으로 수축이 이루어진 바 있었다.[262] 상대적으로 북쪽 경계나 내지에 위치한 관방關防 시설의 정비에는 많은 관심이 기울여지지 않았다. 평안도와 함경도 지역에 대한 관방 시설의 정비는 건주여진의 흥기가 두드러진 광해군 대부터 본격화되기 시작하였다.[263] 압록강변은 위원渭源·벽동碧潼·창성·의주 등을 중심으

---

258 『宣祖實錄』 권46 선조 26년 12월 戊辰(19일), "上曰 彼此之不相敵 有易知者 自順安見我國之所設營壘 與戝之營壘何如 賊壘則重複堅固 而我國所設 則以枯枝圍之 如雉籬狀 令人見之 未滿一笑".
259 『宣祖實錄』 권165 선조 36년 8월 癸丑(30일).
260 『宣祖實錄』 권39 선조 26년 6월 庚寅(7일).
261 『宣祖實錄』 권160 선조 36년 3월 甲申(28일), "平安道雲頭里權管朴乃成上疏曰 各鎭堡城子依華制番磚修築";『宣祖實錄』 권127 선조 33년 7월 乙丑(24일), "兵曹啓曰 北道城制 一依倭城改築事 承傳矣".
262 차용걸, 「朝鮮後期 關防施設의 變化過程－壬辰倭亂 前後의 關防施設에 대한 몇 가지 問題」, 『韓國史論』 9, 국사편찬위원회, 1981, 53~59쪽 참조.
263 광해군 대 관방 정책과 관방 시설의 정비 과정은 장성진, 「광해군 시대 국방 정책 연구」, 국방대 석사논문, 2008, 21~26쪽 참조.

로, 두만강변은 묘파보廟坡堡·가을파지보茄乙坡知堡·별해보別害堡 등을 중심으로 정비되었다. 아울러 평안도 내지는 정주定州·안주安州·평양平壤·성천成川·영변寧邊·구성龜城이, 함경도 내지는 길주吉州·정평定平·함흥咸興이 방어처로 강조되거나 성지의 개축이 이루어졌다.

광해군 대는 누르하치의 본격적인 요동 진출로 명과의 군사적 충돌이 가시화되는 한편 조선과의 군사적 긴장도 점점 높아져가는 시기였다. 광해군은 누르하치의 주도하에 성장한 건주여진을 세조 13년(1467) 조·명 연합군에 의해 토벌되었던 건주위도독建州衛都督 이만주李滿住의 여진 세력과는 질적으로 다른 강력한 존재로서 인식하였다.[264] 이러한 생각은 조정의 신료들도 마찬가지였다.[265] 당시 흔히 '철기鐵騎'로 지칭되었던 여진 기마병의 장기는 신속한 기동력과 더불어 돌격시 엄청난 속도에 의해 얻어지는 충격력으로 적을 와해시키는 것이었다. 윤근수尹根壽는 이들을 방어하기 위해서는 야전을 피해 축성한 뒤 접근하는 적을 화기로 공격해야 한다고 주장하였고,[266] 평안 병사 이시언李時言도 노적老賊(누르하치)이 매우 강하므로 적과의 교전을 피하고 성지城池를 굳게 지켜야 한다고 하였다.[267] 광해군 자신도 험한 곳에 웅거하여 청야 작전을 펼칠 것을 강조하였다.[268] 이와 같은 인식하에 기존의 조총청鳥銃廳을 화기도감火器都監으로 개편하여 광해군 6년(1614)부터 대량의 화기를 주조하여 주요 거점에 배치하기 시작하였다.[269] 화약의 증산 및 화약 원료인 염초焰硝와 유황硫黃의

---

264 『光海君日記』권128 광해군 10년 5월 戊子(1일).
265 『光海君日記』권128 광해군 10년 윤4월 甲戌(16일).
266 『光海君日記』권7 광해군 즉위년 8월 丁卯(13일).
267 『光海君日記』권79 광해군 6년 6월 丙午(25일), "王曰 賊若來寇我境 何以禦之 時言曰 老賊若來 則我可固守城池 以待之矣 彼以逸騎馳突 決難制勝".
268 『光海君日記』권50 光海君 4年 2月 甲申(19일).

확보에도 많은 노력을 기울였다.[270]

아울러 임진왜란의 경우처럼 도성이 점령되는 최악의 경우를 대비하여 국왕이 안전하게 피난할 수 있는 보장처保障處로서 여러 후보지가 본격적으로 검토되었다. 도성을 고수하는 방안이 이미 선조 대부터 제기되었지만 도성 성곽의 비현실적인 크기(약 18km)로 인한 방어 병력 부족 및 방어 시설의 미비로 여론의 전폭적 지지를 받지 못하는 상태였다.[271] 결국 여러 후보지 가운데, 유목 민족인 몽골의 대군을 오랫동안 피했던 전사前史 때문에 강화도江華島가 주목받았다. 안동과 전주 등과 같은 내륙의 보장처를 지지하는 의견도 있었지만, 강화도가 해로로 양호兩湖(충청도·전라도) 및 중국과 연결될 수 있다는 장점이 크게 부각되었다.[272] 여기에는 임진왜란의 청병請兵 경험이 중요하게 고려되었다. 광해군 대부터 강화도에는 유사시를 대비하여 군량이 비치되기 시작하였다.[273] 광해군 13년(1621) 9월에는 누르하치가 자신을 방문한 만포첨사滿浦僉使 정충신에게 강화도의 축성 여부를 확인하기도 하였다.[274] 이로 미루어 볼 때, 후금 역시 보장처로서 강화도의 존재를 이미 이 시점부터는 어느

---

269 『火器都監儀軌』(奎14596) 甲寅(1614) 7月 14日, "兵曹牒呈內 節該特設都監 多造大砲 爲今日防胡第一策".

270 허태구, 「17세기 朝鮮의 焰硝貿易과 火藥製造法 發達」, 『韓國史論』 47, 서울대 국사학과, 2002, 219~228쪽 참조.

271 『宣祖實錄』 권88 선조 30년 5월 丁巳(27일), "上曰 予意以爲都城不可守也 若必欲守之 則當小築 然後可也 此城周回四十里 以何軍守之乎 雖童子之見". 도성이 가진 통치 상징으로서의 기능에 대해서는 제임스 팔레, 김범 역, 『유교적 경세론과 조선의 제도들─유형원과 조선후기』 1, 산처럼, 2008, 725~726쪽 참조.

272 『光海君日記』 권129 광해군 10년 6월 甲子(7일).

273 『光海君日記』 권166 광해군 13년 6월 戊寅(8일).

274 『光海君日記』 권169 광해군 13년 9월 戊申(10일), "忠信卽上疏曰 (…中略…) 老酋招通事朴景龍問之曰 (…中略…) 大島中 又爲築城造闕云 然乎 答曰 去京城三日程 有江華府 四面環海 其地甚廣 壬辰之變 京城避亂之士 多歸焉 修築城池云者 是矣".

정도 인지하고 있었던 것으로 보인다.

이상에서 선조~광해군 대에 대여진對女眞 방어의 기본 전술로서 청야입보가 강조되었음을 살펴보았다. 그러나 동시에 이러한 수성 전술의 한계도 인식되었다. 조선이 채택한 청야입보 전술은 후금군이 수준급의 공성 능력을 보유하였다면 무력화될 가능성이 높았다. 광해군은 1619년 심하 전투 이후 요동 일대에 대한 후금군의 공세와 성과를 목도하면서, 청야입보의 방어 전술에 대하여 이전과 달리 상당한 우려와 회의를 표하기 시작하였다. 광해군은 우선 월등한 방어 시설과 병력을 갖춘 요동의 거진巨鎭들이 후금군의 공세에 추풍낙엽처럼 함락될 위험에 처했다는 사실에 주목하였다.[275] 십만 단위를 헤아리는 요양 지역의 수비 병력과 비교하여 볼 때 서북 지역에 배치된 조선군의 병력이 훨씬 적다는 사실은 광해군을 비롯한 조정 신료들도 잘 알고 있었다.[276] 광해군 11년(1619) 함경 감사에 부임한 심열沈悅은 후금의 공성 능력을 폄하하는 세간의 여론에 대해 적들이 야전뿐만 아니라 공성도 잘 하기 때문에 방비를 좀 더 강화해야 한다고 주장하였다.[277]

이와 같은 상황이라면 백성들의 입장에서는 교전 상황이 벌어졌을 때 성에 들어가지 않는 것이 오히려 생존 확률을 높이는 선택이 될 수도 있었다.[278] 설령 농성 의지가 있더라도 백성들이 멀리 떨어진 입보

---

275 『光海君日記』 권161 광해군 13년 2월 丙午(4일), "傳曰 賊勢日熾 而我國人心 有若以此賊爲不足深慮者矣 予意每以此賊之勢 百倍於倭賊 中原城堡 無異於拉朽 長驅遼藩 必不難也 更加詳議善處 勿令此賊 飲馬於漢水幸甚".

276 『光海君日記』 권161 광해군 13년 2월 癸丑(11일).

277 沈悅, 『南坡相公集』 권5 「咸鏡監司時書狀」, "人之恒言曰 奴賊長於野戰 短於攻城 而近觀用賊 攻碎堅城 無異摧枯拉朽"; 노영구, 『조선후기의 전술-『兵學通』을 중심으로』, 그물, 2016, 55쪽.

278 李恒福, 『白沙集』 권2 「全羅道山城圖後敍」, 甲午(선조 27, 1594) 四月, "臣久在道內 詢問父老 論以利害 兼察民情 晉州未陷 民情皆欲入保山城 及聞其陷 民咸曰 以晉州地勢之險 兵力之寡 且

처入保處까지 무거운 가재도구와 식량을 운반하여 들어가 농성하는 것은 쉬운 일이 아니었다.[279] 게다가 후금의 기마병은 보병이 주력인 일본군보다 훨씬 더 진군 속도가 빨랐다. 따라서 절대적 전력의 열세 속에서 농성전이 시행되는 경우라면, 성 내외의 백성들이 농성 대신 도산 逃散을 택할 가능성도 적지 않았다. 정묘호란 당시 백성들이 흩어지자 관찰사 윤훤尹暄이 평양성 방어를 포기한 사례는 이러한 점을 잘 보여준다.[280] 한편 건주여진의 지도자인 누르하치와 홍타이지는 다른 유목 부족의 수장首長과 달리 축성의 전술상 가치를 완벽히 이해하고 있었다. 따라서 자신과 동맹을 맺은 몽골 부족장에게 축성을 강력히 권유하였다.[281] 요컨대 요동의 진보를 각개 격파한 후금군의 공성 능력은, 청야입보의 방어 전술을 근간으로 한 조선이 '과연 후금군의 집중적 공격을 받았을 때 얼마나 효과적으로 지탱할 수 있는가?'라는 우려를 불러일으키기에 충분한 것이었다.

다음으로 광해군이 걱정한 것은 후금의 직공直攻 가능성이었다. 그는 후금의 요동 진출 이전만 하더라도 후금군이 조선의 방어 거점을 그대로 지나쳐 도성인 한양까지 도달하는 것은 무리라고 인식하였다.[282] 이러한 판단 아래 청야입보의 방어책이 시행되었다. 그러나 심하 전투 이

不能保 於是視山城爲必死之穽".

279 『宣祖實錄』 권84 선조 30년 1월 庚子(9일).

280 『仁祖實錄』 권15 인조 5년 1월 壬辰(24일), "尹暄馳啓曰 賊兵已至肅川 本城軍兵 魚駭鳥散 獨坐空城 計無所出 只領軍官四十餘人 退住中和云".

281 Nicola Di Cosmo, "Military Aspects of the Manchu Wars against the Čaqars", *The Warfare in inner Asian History*, Leiden · Boston · Köln : BRILL, 2002, pp.351~354.

282 『光海君日記』 권129 광해군 10년 6월 癸酉(16일), "傳曰 兩南兵入守江都 公洪之兵入守南漢山城 京畿江原之兵入守三角山城坡州山城 則虜兵豈可捨此各邑據險城守 穿過其中乎 極擇堂上武臣 分界堅守各處山城 事令備邊司議處(강조는 인용자)".

후 후금군의 탁월한 기동력을 실감한 광해군은, 후금군이 조선군의 수성처를 그대로 지나쳐 곧바로 도성을 공격할 가능성에 대해서도 심각하게 우려하기 시작하였다.

이 적들은 일본과 같지 않다. 어찌 반드시 한 성을 함락시킨 뒤에야 쳐들어오겠는가? 만약 의주 등의 수성처를 지나쳐 곧바로 서울로 올라온다면 어떤 사람과 어떤 병사로 방어할 수 있겠는가? 생각만 해도 기가 막히고 간담이 서늘해진다. 중도에서 적을 막아낼 계책을 급히 마련하도록 비변사에 말하도록 하라![283]

이후 광해군은 도원수 한준겸韓浚謙에게 후금의 직공에 대비할 것을 다시 한번 당부하였고,[284] 대로에 위치한 평양을 버리고 30여 리나 떨어진 자모산성慈母山城에만 주력하는 방어 전술의 문제점을 지적하였다.[285] 아울러 후금군이 만에 하나 직공하여 도성에 도달할 경우 방어는커녕 피난할 시간조차 없을 것이라고 예상하면서 직로상에 위치한 정주와 평양의 방어 강화를 비변사에 지시하였다.

이 적이 먼 길을 진군할 생각이 없다면 모르지만 그렇지 않으면 반드시 서울까지 곧바로 쳐들어 올 것이다. 그렇게 되면 방어는 고사하고 적병을 피할 시간조차 없을 것이니 생각하면 모골이 송연하고 기가 막힌다. 내 말을

283 『光海君日記』 권166 광해군 13년 6월 辛巳(11일).
284 『光海君日記』 권172 광해군 13년 12월 癸巳(26일), "村時 王御宣政殿 引見都元帥韓浚謙 (…中略…) 王曰此賊兇狡有餘 若棄城守處而直擣京城 則將何以爲之 必須中路遮截 俾無橫突之患".
285 『光海君日記』 권173 광해군 14년 1월 辛丑(5일).

어리석다 하지 말고 속히 의논하여 처리하도록 하라. 정주와 평양의 직로(直路)에 대해 다가오는 겨울의 방어 준비를 착실히 거행하도록 하라![286]

광해군이 이러한 판단을 내린 것은 후금의 기동력이 일본군보다도 월등하면서도, 일본에 비해 훨씬 가깝고 침입이 용이한 지리적 접근성을 가지고 있다는 사실에 주목하였기 때문이다.[287] 임진왜란 당시 일본군은 해상 보급이 원활하지 못한 상태에서 각지에서 봉기한 의병의 공격을 받았기 때문에 부득이 병력을 분산하여 배치하지 않을 수 없었다.[288] 따라서 부대의 이동 속도 역시 개전 초기에 비해 현저히 느려졌다. 일본군보다 월등한 기동력과 접근성을 가진 후금군은 이러한 면에서 훨씬 유리한 조건하에 있었다. 심하 전투에서 포로로 잡혔다가 귀환한 이민환도 후금군이 산성을 그대로 통과하여 내지로 진군한다면 심각한 사태가 초래될 것임을 예견하였다.[289]

한편 광해군 11년(1619) 심하 전투의 패전은 조총에 편중된 부대 편제만으로는 후금군의 기마 돌격을 야전에서 막아내기 어렵다는 교훈을 남겼다. 당시 조선군은 연속 발사에 시간이 걸리고, 비가 오거나 바람이 불 때 화약의 점화가 불가능한 화승식火繩式 소총의 단점을 극복하지

---

286 『光海君日記』 권173 광해군 14년 1월 庚申(24일).
287 『光海君日記』 권147 광해군 11년 12월 辛未(22일), "傳曰 (…中略…) 此賊接壤 道里亦近 不如倭寇之限隔滄海也 固邊自守之策 著實講定 盡心料理".
288 루이스 프로이스, 정선화·양윤선 역, 「어떻게 하여 노관백이 조선으로 건너가지 않았고, 어떻게 일본 측 전황이 악화하고 불리해졌는지에 대해」, 『임진난의 기록―루이스 프로이스가 본 임진왜란』, 살림, 2008 참조.
289 李民寏, 『紫巖集』 권2 「丙子春擬陳時弊所」, "今之言曰 我國之馬 不如賊騎 難與野戰 惟山城可 以備守云者 是知其一 未知其二 山城固可以禦敵矣 然山城所設 例在僻處 賊若不顧 衝犯內地 條 忽往來 惟意所向 則山城步卒 將奈之何哉".

못했다. 이후 조선은 기병의 확보에도 많은 노력을 기울였지만, 전마 확보의 어려움 때문에 큰 성과를 거두지 못했다.[290]

광해군 13년(1621) 3월 심양과 요양이 잇달아 함락되었고, 다음 해 1월에는 광녕마저 함락됨으로써 산해관 외곽의 대다수 영역이 후금의 세력권 안에 놓이게 되었다. 후금이 요동을 본격적으로 경영하게 됨으로써 조선은 명과의 육로 교통이 완전히 단절되었다. 아울러 후금군은 일본군과는 비교할 수 없을 정도로 유리한 병참·보급상의 위치를 확보하게 되었다. 여기에 후금군의 신속한 기동력까지 고려한다면, 후금의 요동 장악은 조선의 안보에 심각한 균열을 초래한 사태라 아니할 수 없다. 정묘·병자호란의 전황과 결과는 불행히도 앞서 살펴본 광해군의 때 이른 우려를 모두 적중시켰다.

'숭명배금' 노선을 표방한 인조는 반정 직후부터 후금의 침공 가능성과 그 전력에 대하여 많은 관심을 기울였다. 당시 후금의 출병이 강이 얼어붙는 동절기에 시행된다는 것은 하나의 상식이었으며,[291] 동절기가 되면 후금의 침입을 더욱 경계하곤 하였다. 따라서 인조 대 역시 '어느 지역을 우선적으로 방어할 것인가?'에 대한 논란은 있었지만,[292] '견고한 성에 웅거하여 공격하는 적을 화기로써 방어한다'는 청야입보 책의 큰 줄기에는 변함이 없었다.[293]

---

290 심하 전투 이후 대기병(對騎兵) 전술의 모색에 대해서는 노영구,『조선후기의 전술─『兵學通』을 중심으로』, 그물, 2016, 53~91쪽 참조.

291 『仁祖實錄』권3 인조 1년 윤10월 辛亥(25일), "廷龜曰 目今江氷將合 西事萬分可憂 而自前我國不能偵探 未知敵情 與賊對壘 朝夕待變之日 豈宜若此".

292 병자호란 이전 김류와 김자점 등은 안주를 중심으로 한 방어책을, 이귀와 이서는 남한산성과 강화도를 중심으로 한 방어책을 주장하였다. 이태진,『朝鮮後期의 政治와 軍營制 變遷』, 韓國研究院, 1985, 131~133쪽.

293 『仁祖實錄』권5 인조 2년 3월 戊辰(14일), "上曰 卿等必能知虜情矣 虜若長驅 則何以禦之乎

이상과 같이 조선은 청야입보의 방어 전술을 일찍부터 구상하고 준비했음에도 불구하고 두 차례의 호란에 효과적인 대응을 하지 못했다. 과연 그 원인은 무엇인가? 물론 결과만 놓고 보면 청야입보책을 제대로 시행하지 못한 당국자의 책임 때문이라고 쉽게 단정할 수도 있지만, 저자가 보기에 이 문제는 당대의 사회경제적 제약 요인과 함께 고찰되어야만 한다.

인조 대의 축성 사업은 제한된 재정 속에서 유사시 국왕이 피난할 수 있는 보장처인 강화도와 남한산성에 우선적으로 시행되었다.[294] 그러나 위의 2대 보장처를 제외한 성곽의 수축과 개축은 성공적으로 추진되지 않았던 것으로 보인다. 임진왜란 이후 가중되는 재정난 속에서 많은 비용과 인력이 소모되는 축성 사업은, 그 당위성에도 불구하고 가시적 성과를 거두기 어려웠다. 성곽 수축에 동원되는 백성들은 당장의 고통을 호소하기 일쑤였고,[295] 포루砲樓를 포함한 각종 방어 시설의 증·개축과 벽돌을 구워 축조하는 새로운 축성법에는 더 많은 비용과 노동력이 소모되었다.[296] 광해군 4년(1612) 건주여진에 대한 방어책을 논의하는 과정에서 나온 우의정 이항복李恒福의 다음 언급은 이와 같은 문제점을 잘 보여준다.

지난번에 유형(柳珩)이 신(臣)과 의논하여 저의 의도를 자세히 알고 갔습

鄭忠信曰 臣出入虜穴 備知賊情 非但彼我衆寡不敵 鐵騎衝突 難以野戰爭衡 惟守城庶可防遏矣".
294 이민웅, 「18세기 강화도 수비체제의 강화」, 서울대 석사논문, 1995, 6~8쪽; 권내현, 「17세기 전반 對淸 긴장 고조와 平安道 방비」, 『韓國史學報』 13, 고려사학회, 2002, 285쪽; 민덕식, 「仁祖初의 南漢山城 修築」, 『歷史와 實學』 32, 역사와실학회, 2007 참조.
295 『光海君日記』 권50 광해군 4년 2월 辛未(6일).
296 『宣祖實錄』 권186 선조 38년 4월 丁巳(13일).

니다. 온 도내의 물자와 노력을 다 기울였지만 겨우 창성·삭주 두 성의 축성도 완료하지 못했으니 이것이 그 어려움입니다. 대개 우리나라 사람들은 공사를 할 때 반드시 쌀로 계산하여 지급하는데 쌀 수천 석의 비용을 들이면 구할 수 없는 병기가 없습니다. 그런데 축성의 일은 쌀 수만 석을 들여도 완료하기가 어렵습니다. 지난번 의주 부윤이 그 힘을 다 쏟아 축성을 하였고 감사 최관(崔瓘)은 법도 있게 백성을 다스렸습니다. 두 사람이 협심하여 함께 성을 쌓았는데, 여러 논의가 마구 일어났지만 전혀 개의치 않았습니다. 그렇게 했는데도 공사는 절반도 이루지 못하고 물자와 인력은 고갈되어 바야흐로 우려스러운 바가 되었습니다. 아울러 본도의 민생이 원망하고 고통스러워하지 않음이 없었습니다. (…중략…) 만약 민심이 극도로 원망하여 나라의 근본인 백성들이 먼저 동요하게 된다면 실로 백성과 화합하여 우선 그 공사를 정지하는 것이 마땅합니다.[297]

광해군 대부터 평안도 방어를 위해 군사력 증강과 성지 수축이 꾸준히 이루어졌지만, 궁핍한 재정으로 인해 만족스러운 성과를 거두지 못하였다.[298] 인조반정 직후 장만은 광해군 대 수축된 변경의 수성처 중에 창성昌城과 벽동碧潼 외에는 지킬 만한 곳이 없다고 평가하였다.[299] 인조 대 추진된 방어 거점의 수축 역시 재정의 부족과 민생고를 이유로 불가피하게 중단되거나 어려움을 겪는 일이 적지 않았다.[300] 또 어렵사

---

297 『光海君日記』권50 광해군 4년 2월 辛未(6일).
298 권내현, 「17세기 전반 對淸 긴장 고조와 平安道 방비」, 『韓國史學報』 13, 2002, 283쪽 참조.
299 『仁祖實錄』권1 인조 1년 4월 辛巳(22일).
300 『仁祖實錄』권1 인조 1년 4월 甲子(5일); 『仁祖實錄』권6 인조 2년 6월 己酉(27일); 『仁祖實錄』권17 인조 5년 9월 丁亥(24일) 등.

리 개축을 완료하더라도 제2장 1절에서 보았듯이, 성을 지킬 병사가 부족하거나 이들에게 지급할 군량이 없는 것이 문제였다. 요컨대 청야입보의 방어 전술은 군사적 측면에만 국한되는 것이 아니라 국가 재정의 다소와 밀접하게 연동되는 문제였다.[301]

한편 임진왜란을 통해 화기의 중요성을 절감한 조선은 선조 대부터 조총을 포함한 화기 제조 기술의 확보와 화기 생산에 비상한 노력을 기울였다.[302] 청야입보 전술의 성공을 위해서는 양질의 화기가 대량으로 보급되어야 했기 때문에, 인조 대에도 병기별조도감兵器別造都監이 설치되어 화기를 생산하였다.[303] 그러나 불랑기佛朗機를 비롯한 중대형 화포의 재료가 되는 동銅이 국내에서 자급되지 않아 일본과의 무역에 의존하고 있었으므로,[304] 충분한 양의 중대형 화포가 변경과 내지의 수성처에 공급되었으리라고 장담하기 어렵다. 인조 5년경(1627) 평안도와 황해도를 제외한 조총의 총수가 17,180개에 달할 정도였지만,[305] 국내산 조총의 품질이 조악한 경우가 많았기 때문에 일본으로부터 조총을 수입하곤 하였다.[306]

---

301 15세기 이후 서양에서도 공성포의 위력이 증가함에 따라 이에 대응하여 5각형의 능보(稜堡)가 새로운 방어 시설로 축조되기 시작하였다. 이러한 축성술의 발전은 군사 요새의 건축 비용을 기하급수적으로 증가시켰다. 박상섭, 『근대국가와 전쟁-근대국가의 군사적 기초, 1500~1900』, 나남출판, 1996, 82~86쪽 참조.

302 임진왜란 이후 조선의 화기 제조에 대해서는 유승주, 「朝鮮後期 '都監'制下의 官營手工業에 대한 一研究-17세기 초 '火器都監儀軌'의 분석을 중심으로」, 『震檀學報』 69, 진단학회, 1990; 유승주, 「朝鮮前期 軍需工業에 관한 一研究-壬亂 中의 武器製造實態를 중심으로」, 『사학연구』 32, 한국사학회, 1990 참조.

303 『仁祖實錄』 권7 인조 2년 11월 庚辰(30일).

304 『萬機要覽』 財用編四 「銅」, "我東 亦自産銅 而不知吹鍊之法 公私所需 全用倭銅".

305 『仁祖實錄』 권16 인조 5년 5월 丙寅(1일), "金瑬啓曰 (…中略…) 且查兩西外六道會計 則時存之數 一萬七千一百八十柄 雖日不中於用 而其中亦豈無可用者乎".

306 米谷均, 「十七世紀前期日朝關係における武器輸出」, 『十七世紀の日本と東アジア』, 山川出

제작된 화포와 조총을 사용하기 위해서는 화약의 안정적 공급도 매우 중요하였다.[307] 조선은 임진왜란 발발 이후 자국 내 화약의 증산을 위해 노력하는 한편, 주 원료인 염초와 유황의 상당량을 명을 통해 공식·비공식적으로 그리고 유상·무상으로 조달하였다. 당시 명 염초의 생산 비용은 조선보다 훨씬 저렴했고, 유황은 주요 공급원이었던 일본과의 거래가 거의 단절된 상태였다. 국초에는 거래가 엄금되었던 염초와 유황이 명으로부터 수입될 수 있었던 것은 후금의 대두를 고려한 명의 전략적 고려가 있었기 때문이다. 그러나 명으로부터의 염초·유황·화약 수입은 후금이 광해군 13년(1621) 심양과 요양을 차례로 점령하자 큰 타격을 받았다. 염초 밀수의 중요한 루트인 요동이 점령되면서 조선의 염초 가격도 큰 폭으로 올랐다.[308] 인조 대에도 여전히 해상을 경유하는 조공 사행을 통해 염초와 유황의 공무역이 활발히 시행되었고 국내산 화약의 증산도 시도되었지만, 조련용 화약은 여전히 부족한 상태였다.[309]

정묘호란은 1619년 심하 전투 이후 조선과 후금이 본격적으로 충돌한 최초의 전쟁이었다. 심하 전투에 지원군으로 참전한 조선군은 명군의 지휘 통제를 받았고, 장거리 원정을 거쳐 조선 땅이 아닌 곳에서 후금군과 교전하였다. 반면 정묘호란은 모든 전투가 조선의 경내에서 벌

版社, 2000; 윤유숙, 「17세기 朝日間 日本制 武器類의 교역과 밀매」, 『史叢』 67, 고려대 역사연구소, 2008 참조.

307 17세기 조선의 화약 생산과 조달에 대해서는 허태구, 「17세기 朝鮮의 焰硝貿易과 火藥製造法 發達」, 『韓國史論』 47, 서울대 국사학과, 2002, 219~228쪽 참조.

308 『光海君日記』 권169 광해군 13년 9월 乙卯(17일), "營建都監啓曰 靑瓦所用焰硝 專集於貿易 而遼路阻絶 雖持重價 有處絶無".

309 허태구, 「17세기 朝鮮의 焰硝貿易과 火藥製造法 發達」, 『韓國史論』 47, 서울대 국사학과, 2002, 228~233쪽 참조.

어졌고, 대후금 방어 전술의 중심이 되는 성에서 교전한 사례가 다수이기 때문에 양군의 전략 및 전술, 나아가 종합적인 전력을 고찰하기 위한 좋은 사례를 제시한다.

정묘호란과 병자호란은 모두 조선의 일방적 패배로 종결되었다는 점에서는 동일하지만, 상대의 출병 목적이 상이하였기 때문에 전쟁의 세부적 양상은 상당히 달랐다. 인조 5년(1627) 1월 후금의 제2대 한汗 홍타이지는 버일러貝勒[310] 아민阿敏을 총대장으로 하는 인원 미상의 병력을 동원하여 조선을 침공하였다. 당시 후금군의 동원 병력이 얼마나 되었는지에 대해서는『조선왕조실록』이나『청실록淸實錄』등의 관찬 연대기에 정확히 기록되어 있지 않지만,『연려실기술燃藜室記述』의 기록을 근거로 대략 3만 명 내외로 추정하는 것이 통설이었다.[311] 구범진과 이재경은 최근 관련 기록을 몇 가지 더 발굴하였는데,[312] 그 가운데 강홍립이 언급한 16,000명을 실상에 가장 근접한 수치로 보았다.[313] 당시 후금의 국세나 또 다른 기록을 참고해 볼 때,[314] 이 추정은 타당한 것으로 보인다. 다만 후금군이 자신들의 군세를 과장하기 위해 조선 군민軍民을 체발剃髮시켜 대오에 편입한 점도 감안하여 조선 측 기록을 음미해 볼 필요가 있다.[315]

---

310 후금·청의 왕족이나 (외번)귀족에게 하사한 작명(爵名). 청 황실의 봉작은 친왕(親王), 군왕(郡王), 버일러(貝勒), 버이서(貝子)의 순이었다.

311 李肯翊,『燃藜室記述』권25 仁祖朝故事本末「丁卯虜亂」, "天啓七年丁卯正月 奴騎三萬餘 潛渡鴨綠江 (…中略…) 二十一日 賊兵三萬六千騎 先到安州城下 二十二日 大陣到淸川江 其數無量".

312 『承政院日記』17책 인조 5년 1월 乙酉(17일), "平安監司尹暄馳啓 奴金三四萬 十三日夜 氷渡鴨江 潛襲義州"; 申達道,『晩悟集』권7 雜著「江都日錄」, 丁卯 2월 10일, "上問彼賊兵數幾何 弘立曰凡八營營各二千".

313 구범진·이재경,「丙子胡亂 당시 淸軍의 構成과 規模」,『韓國文化』72, 서울대 규장각한국학연구원, 2015, 463쪽.

314 趙絅,『龍洲日記』「丁卯日記」, 2월 11일, "體部軍官魚起樂 往鳳山偵探言 初六日賊兵到劍水站 兵可萬餘 馬皆有副 結陣之時 分屯三處 前鋒二百餘騎 先向龍泉 渠時上山隱身而望見云".

정묘호란은 병자호란과 같이 조선의 완전 항복을 목적으로 한 전쟁이 아니었다.[316] 제2장 2절에서 보았듯이 당시 후금은 대명 무역의 단절과 한인 경작 노예의 도망으로 인해 심각한 물자 부족 현상에 시달리고 있었다. 따라서 이러한 경제적 상황을 타개하는 것이 명에 우호적인 조선의 정치적 입장을 견제하는 것만큼이나 중요한 출병 목표였다.[317] 수군 없이 기병을 주력으로 구성된 후금군은 가도 본진에서 신미도로 도피한 모문룡에 대해 더 이상의 적극적 군사 공세를 벌이지 않았고, 도성 및 강화도 공략에 대한 의지도 보이지 않았다. 오히려 후금은 의주를 점령한 인조 5년(1627) 1월 14일 무렵 조선에 화친을 먼저 제의했던 것으로 보인다.[318]

---

315 申達道,『晩悟集』권7 雜著「江都日錄」丁卯 2월 초4일, "關西伯金起宗馳啓 賊兵號四萬 實一萬四五千 而半是我民剃頭者".

316 후금은 자신들의 개전 명분을 다음과 같은 일곱 가지로 선포하였다(『淸太宗實錄』권2 天聰 1년 3월 辛巳(14일)). ① 우리가 와르카(瓦爾喀) 부족을 공격할 때 조선군은 국경을 함부로 넘어 와 우리 군대에 저항하였음, ② 오라 부족의 버일러(貝勒) 부잔타이(布占泰)가 조선을 침공하였을 때 진군을 중지하도록 우리가 주선하였으나 조선은 한 마디 감사의 말도 전하지 않았음, ③ 우리와 원한 관계가 없는 데에도 불구하고, 조선은 기미년(己未年)의 전쟁(1619, 사르후 전투)에 명군을 도와 아군을 공격하였다. 우리는 우호의 뜻을 잊지 않고 조선군 포로를 돌려보내기까지 하였으나 한 명의 사신(使臣)도 보내어 감사의 뜻을 표하지 않았음, ④ 모문룡을 해도(海島)에 숨기고 지원하여 우리 요동 백성을 유인하여 소요를 일으켰으며, 우리가 그의 압송을 요청하였으나 거절하였음, ⑤ 신유년(辛酉年 : 1621) 우리가 모문룡을 잡아 가려고 하였을 때에도 너희와의 우호 관계를 생각하여 단 하나의 화살도 (너희에게는) 쏘지 않았으나, 단 한 마디 감사의 말로도 보답하지 않았음, ⑥ 명나라는 모문룡에게 군향(軍餉)을 지급하지 아니하였으나 너희는 그에게 토지(土地)와 전량(錢糧)을 주어 도와주었음, ⑦ 우리 선군(先君 : 누르하치)이 돌아가시고, 신군(新君 : 홍타이지)이 즉위하였을 때, 적국인 명나라조차 조문(弔問)·경하(慶賀)하였으나 조선은 사신을 보내지 않았음.

317 稻葉君山(=稻葉岩吉),『淸朝全史』上卷, 早稻田大學出版部, 1914, pp.213~214; 金鍾圓,「丁卯胡亂時 後金의 出兵動機—後金의 社會發展過程에서의 社會經濟的 諸問題와 관련하여」,『東洋史學研究』12・13합집, 동양사학회, 1978, 56쪽; 피터 C.퍼듀, 공원국 역,『중국의 서진—청의 중앙유라시아 정복사』, 도서출판 길, 2012, 163~166쪽 참조.

318 전해종,「椵島의 名稱에 관한 小考」,『韓中關係史研究』, 일조각, 1970, 114쪽;『仁祖實錄』

1월 13일 얼어붙은 압록강을 도하한 후금군은 조선의 수성처인 의주성(1월 13~14일), 창성진(1월 13일), 곽산郭山 근처의 능한산성凌漢山城(1월 17~18일), 안주성(1월 21일) 등을 차례로 점령하였다.[319] 그리고 평양과 황주黃州를 경유(1월 25일)하여 선봉 부대가 황해도 평산平山까지 진출한 2월 7일 이후에는 진공을 멈추고 화친 협상을 본격적으로 진행시켰다. 서북의 군사 거점을 순식간에 잃어버린 조선은 논란 끝에 임진강 수비보다 강화도-한강 남안-남한산성을 연결하는 방어선 구축에 전력을 집중하였다.[320]

정묘호란 초기의 전황과 결과는 기존 조선이 구상했던 청야입보의 방어 전술이 청군의 공격으로 무력화되었음을 잘 보여준다. 청야입보의 방어 전술은 앞서 누누이 말했듯이 '야전을 회피하고 청야한 뒤 견고한 요새에 의지하여 공격하는 적을 화기로 대응하면서 지구전을 전개하는 것'이 핵심 내용이었다. 국왕을 포함한 전쟁 지휘부가 강화도나 남한산성의 보장처로 대피하여 각 도에서 달려오는 지원군을 기다리는 것도 이에 포함되었다. 이 전술의 의도는 장기 주둔으로 인한 적군의 사기 저하 및 병력 손실을 유도하고, 군량의 부족으로 인한 적의 철군이나 각 도에서 올라오는 근왕병勤王兵의 역습을 기대하는 것이었다. 그러나 청야입

권15 인조 5년 1월 丙戌(18일); 趙慶男,『續雜錄』권2「丁卯年」1월 14일.

319 후금이 평안도의 강변(江邊)에서 조선의 내지로 침투하기 위해 이용할 수 있는 대로에는 의주-용천-선천-정주-안주로 연결되는 의주대로(義州大路)와 창성·벽동에서 출발해 삭주-구성-운산-영변에 이르는 내륙직로(內陸直路), 강계-희천-영변을 연결하는 강계직로(江界直路)가 있었다. 노영구,「조선 후기 평안도 지역 內地 거점방어체계」,『韓國文化』34, 서울대 규장각한국학연구원, 2004, 238쪽 참조.

320 이상 서술한 정묘호란의 경과와 전황에 대해서는 주로 유승주,「仁祖의 丁卯胡亂 對策考」,『韓國人物史硏究』3, 한국인물사연구회, 2005, 121~130쪽, 152쪽 참조.

보의 방어 전술은 고립·분산된 수성처가 너무나 빠른 시간 내에 각개 격파당함으로써 그 실효성을 잃고 말았다.[321]

서북 지역에서 가장 좋은 지리적 형세와 충실한 병력을 보유하였던 안주성이 후금군의 공격 개시 24시간 내에 점령당한 것은 청야입보 전술의 약점을 여실히 노출한 대표적 사례이다.[322] 황해도 별승군別勝軍 1,700명의 지원을 받은[323] 평안 병사 남이흥은 인원 미상의 휘하 병력과 성내의 백성들을 지휘하여 안주성 방어에 힘썼지만 후금군 주력의 대공세를 막아내기에는 역부족이었다. 후금군은 성안의 조선군이 항복 권유를 거절하자, 인조 5년(1627) 1월 21일 새벽 총공격을 개시하였다. 안주성의 군·민은 대포와 활을 쏘며 격렬하게 저항하였으나, 후금군은 낙타 등에 실린 운제雲梯(공성용 고가 사다리)를 성벽에 거는 데 마침내 성공하였다. 맹렬한 공격 끝에 안주성은 함락되었고, 성을 지키던 평안 병사 남이흥, 방어사防禦使 김준金浚 등은 화약에 불을 질러 자결하였다. 요동 진출 과정에서 명의 수많은 진보들을 공략한 바 있는 후금군은, 광해군의 예측대로 야전에 버금가는 공성 능력을 보유하고 있었다. 더구나 이 때의 후금군은 공성 작전을 수행할 때 화기를 동원하지도 않은 단계였다.

그리고 정묘호란 당시 조선군이 군량의 부족으로 인해 정상적인 작전 수행에 차질을 빚은 점도 주목되어야 한다. 적에 비해 부족한 병력

---

321 의병장 정봉수(鄭鳳壽)가 수비한 용골산성(龍骨山城)만 후금의 수차례 공격에도 끝내 함락되지 않았다.

322 안주성 전투의 전황은 趙慶男, 『續雜錄』 권2「丁卯年」 1월 21일; 李肯翊, 『燃藜室記述』 권25 仁祖朝故事本末「丁卯虜亂」 참조.

323 『仁祖實錄』 권15 인조 5년 1월 乙酉(17일), "平安監司尹暄馳啓曰 (…中略…) 安州形勢 似難支撑 故海西別勝軍一千七百名 已令金完領率往救".

도 문제였지만, 그나마 이에 대한 군량의 보급이 원활하지 못했음을 보여주는 기록이 『인조실록』의 곳곳에서 확인된다. 한강과 임진강 방어에 동원되었던 병력은 군량의 부족으로 전투 이전에 이미 붕괴의 조짐을 보이고 있었다.[324] 강화도의 경우 군량 부족 때문에 이미 집결하였던 1만의 병력 중 어영군御營軍과 충청·전라·경상도의 사냥 포수를 제외한 나머지 병력은 다시 돌려보내야만 하는 형편이었다.[325] 오히려 원정 온 후금군의 주력은 군량과 꼴이 다 떨어졌다고 스스로 말하기는 했지만,[326] 크게 굶주리는 기색 없이 한 달 이상 더 주둔하다가, 정묘맹약이 성립된 3월 3일 이후에야 철군하였다. 후금군의 장기 주둔이 가능했던 데에는 성의 점령으로 조선에서 획득한 군량이 큰 기여를 하였지만, 원정 경험이 풍부한 후금군의 병참·보급 능력도 일조를 하였을 것이다.

이상과 같이 군사적 측면에서 본다면 정묘호란은 조선군의 전력 열세가 앞서 검토한 여러 측면 ― 병력의 질과 양, 군량 공급, 공·수성전 능력 ― 에서 확연하게 드러난 전투였다고 평가할 수 있다. 인조를 비롯한 조정 신료들도 패전의 불가항력에 대하여 모두 공감하고 있었다.[327] 이 전쟁을 통하여 후금은 조선군의 종합적 방어 능력을 실전을 통해 확실히 파악하는 성과를 거두었다. 이와 같은 경험은 후금으로 하여금 향후 조선과의 군사적인 충돌 시 커다란 자신감을 갖게 했던 것으

---

324 『仁祖實錄』 권15 인조 5년 2월 己未(22일).
325 『仁祖實錄』 권15 인조 5년 3월 乙未(28일).
326 『仁祖實錄』 권15 인조 5년 2월 癸卯(6일), "大金國二王府 傳諭張尙書 爾稱講和 可差官速來 若不願講和 將我二次發去金人 速發回來 我在野外下營 一百里内糧芻撤盡 且無房屋 如此艱難辛苦, 倆可想了".
327 『仁祖實錄』 권15 인조 5년 2월 丁卯(30일);『仁祖實錄』 권17 인조 5년 9월 丁亥(24일).

로 보인다.[328]

한편 정묘호란의 패배 이후에도 조선의 군비 강화는 원활하게 추진되지 못하였다. 청천강 이북 지역은 전쟁이 재발할 경우 제일선의 전장이 될 가능성이 컸다. 그러나 모문룡 휘하 명군의 주둔으로 많은 피해를 입은 데에다가 정묘호란으로 많은 인명이 살상되거나 포로로 잡혀가버려, 이른바 '청천강 이북 포기론'이 대두될 정도로 사회경제적 기반이 붕괴되다시피 하였다.[329] 방어 거점인 성에 병력을 증강하는 문제도 군량 문제가 여전히 해결되지 않았기 때문에, 군대 없는 나라라는 자조적 한탄이 나올 정도로 부진한 상태였다.[330]

이러한 상황 속에서 조선은 정묘호란 당시 각 성들이 손쉽게 점령당한 경험에 비추어, 대로변에 위치한 성보다는 좀 더 지세가 험한 인근의 산성으로 방어 거점을 이동하려고 했던 것이다.[331] 이에 따라 서북지역의 방어 병력은 각각의 지정된 산성으로 이동하여 배치되었는데, 의주는 백마산성白馬山城, 용천龍川은 용골산성龍骨山城, 선천·곽산·정주는 능한산성凌漢山城, 평양은 자모산성慈母山城, 황주는 정방산성正方山城, 평산은 장수산성長壽山城이 입보처入保處로 지정되었다.[332] 유사시 피할 곳 없는 백성들에게 은신처를 제공하는 한편, 이 산성이 군·민의

---

328 『仁祖實錄』 권33 인조 14년 9월 甲亥(10일), "虜將馬夫大 持商賈蔘價到中江 呼我人請相見 義州府尹林慶業 使軍官崔克峴等 飯以酒饌 仍傳給所留檄書 馬胡使克峴讀而聽之曰 (…中略…) 且曰 汗與諸王子每云 朝鮮兒女之國 有何所恃而乃爾 常哂之矣".

329 한명기, 『역사평설 병자호란』 1, 푸른역사, 2013, 319~324쪽 참조.

330 『仁祖實錄』 권21 인조 7년 9월 丁亥(6일), "上晝講書傳于資政殿 侍講官趙緯韓曰 三韓之時 勿論上下 盡籍爲兵 今則前後之亂 大將無數萬之軍 可謂無軍之國 且不能養兵 分兵農然後 能用兵矣".

331 안주성은 대로에 있었지만 청천강이라는 천혜의 장벽 덕분에 여전히 서북변 방어의 핵심 거점으로서 중시되었다.

332 『仁祖實錄』 권30 인조 12년 9월 戊辰(15일);『仁祖實錄』 권31 인조 13년 9월 乙丑(18일).

방어 거점으로서 작동하기를 기대한 조치였다.[333] 이러한 배치는 김육의 소차疏箚에서 보이듯이 대로변에 위치한 주요 방어 거점의 수성 능력이 현저히 떨어지는 상황에서 어쩔 수 없이 취해진 것이었다.

삼가 신(臣)이 접반사신(接伴使臣) 이홍주(李弘冑)를 수행하여 서쪽으로 내려가 오가는 즈음에 적들이 휩쓸고 지나간 양서(兩西) 지방을 지나면서 보니 참혹함을 말로 다할 수가 없었으며, 완전한 고을이라고 하는 곳도 또한 지탱하기 어려웠습니다. (…중략…) 오늘날의 계책으로는 한 도 가운데에서 몹시 험하여 지켜낼 만한 성을 택해 가까운 곳에 있는 고을의 사민(士民)들로 하여금 온 집안을 이끌고 그곳으로 들어가 보전하게 하는 것만한 방도가 없습니다. (…중략…) 어떤 사람은 "명도(名都)와 거진(巨鎭)을 모두 버려두고 산골에 있는 작은 산성만 지켜서 적들로 하여금 직로(直路)로 곧장 진격하게 하다니, 이것이 어찌 적을 막는 방책이겠는가?"라고 묻습니다. 이 말을 들어보면 참으로 그럴 듯합니다. 그러나 사실은 사세(事勢)를 제대로 헤아리지 못한 것입니다. 명도와 거진을 어찌 버리고 싶겠습니까? 지켜서는 안 되는 것이 아니라 지킬 수가 없어서 버리는 것입니다. 명도나 거진이라는 이름이 있어서 성을 쌓는 공력을 허비하고 방어하는 병기를 낭비하였다가 한번 패했다 하면 장수와 군사가 모두 죽고 백성들이 모두 도륙당하고 맙니다. 이것은 얼마 전에 이미 경험해 본 일입니다. 그런데 어찌 다시 전철을 밟을 수가 있겠습니까? 먼저 백성들을 보호하여 그들로 하여금 각자 지키게 하고, 수시로 정예병을 내어 길가에

---

333 재배치와 관련된 자세한 전말에 대해서는 이태진, 『朝鮮後期의 政治와 軍營制 變遷』, 韓國硏究院, 1985, 131~133쪽; 장정수, 「병자호란 이전 조선의 對後金(淸) 방어전략의 수립 과정과 그 실상」, 『朝鮮時代史學報』 81, 조선시대사학회, 2017, 73~79쪽 참조.

매복하였다가 요격해서 적을 앞뒤에서 뒤흔드느니만 못합니다. 그럴 경우 적병이 와서 얻는 것은 단지 이름만 큰 빈 성뿐이고, 들판에서는 아무것도 노략할 것이 없으며, 우리나라 군사들이 뒤를 칠까 염려되어 결단코 감히 곧장 몰아쳐 내려와 깊숙이 들어오지 못할 것입니다.[334](강조는 인용자)

후금에 대한 강경책을 주장한 척화론자들과는 달리 일선 군 지휘관들의 대부분은 후금과의 전쟁을 원하지 않았다. 인조 11년(1633) 조정에서는 세폐 문제로 후금과의 갈등이 고조되어 강경한 입장의 회답사回答使를 보내려고 하였으나, 도원수 김시양과 부원수 정충신이 사신의 도강渡江을 중지시키고 온건책을 주장하다가 유배당한 사건이 발생하였다.[335] 이들이 연명하여 올린 상소의 요지는 '군량 보급이 원활하지 않기 때문에 전쟁을 하는 것도 전쟁의 준비 태세를 유지하는 것도 무리이므로 원만한 외교적 타협을 해야 한다'는 것이었다. 사헌부 집의執義 박황朴潢은 김시양을 처벌한 조치에 대해 '자강할 힘도 없으면서 경솔히 적과의 강화講和를 끊는 것이 옳은 일인지 모르겠다'고 말하며 근심어린 우려를 제기하였다.[336]

강경론을 주장한 척화론자조차도 전력의 열세를 부정한 것은 아니었기 때문에 군사력의 강화를 주장하였다. 그러나 '국왕이 개성開城에 나아가 주둔하면 병사들의 사기를 올릴 수 있을 것'이라는 정온鄭蘊의 낭만적 주장[337]이나 '권세 있는 부류를 먼저 군사로 선발한다면 십수만

334 金堉, 『潛谷遺稿』 권4 疏箚 「論西西事宜疏」 丁卯 六月.
335 『仁祖實錄』 권28 인조 11년 2월 癸酉(11일).
336 『仁祖實錄』 권28 인조 11년 3월 癸巳(2일).
337 『仁祖實錄』 권32 인조 14년 3월 庚申(15일).

명의 정예병을 쉽게 양성할 수 있다'는 윤황尹煌의 주장[338] 등은 현실을 전혀 고려하지 않은 문사文士의 공리공담空理空談에 지나지 않은 것이다. 아무런 대책 없이 국왕이 최전선 가까이 진주進駐하는 것도 무모한 일이었거니와, 제2장 1절에서 살펴보았듯이 윤황의 양병론 또한 당시의 정치·사회·경제·문화적 여건 아래에서는 시행될 가능성이 거의 없었다. 이른바 권세 있는 사람을 군역에 충정充定한다는 제안의 전제 자체가 시행되기 매우 어려운 상황이었기 때문이다.[339] 어찌 보면 그는 '양병론을 어떻게 실행할 것인가?'라는 핵심적 과제를 국왕에게 미룬 채 자신의 소임을 다하였다고 주장한 인물이었다. 양병과 같이 국방 개혁의 중요한 현안들은 당대 조선 사회의 전체적 구조와 직결되는 근본적 문제였다. 사실 양반을 군대에 편입시키기보다, 시왕時王의 나라인 명에서도 시행하고 있지 않으며 경전적 근거도 부족한 세습 노비제를 폐지하는 것이 국방 강화를 위한 가장 빠른 길이었을 것이다. 그런데, 이것은 단순한 국방만의 문제가 아니었다.

윤황의 차자箚子에 대한 비변사의 회계回啓는 양병과 민심이 충돌하는 당시의 상황을 잘 보여준다.

성지(城池), 기계(器械), 족식(足食), 족병(足兵)의 허다한 직무는 전수(戰守)를 위한 중요한 일이니 어찌 잠시인들 마음속에 잊을 수 있겠습니까? 그런데도 서둘러 하지 못하는 것은 참으로 민력이 감당하지 못하여 혹시 안

---

338 『仁祖實錄』 권33 인조 14년 8월 辛卯(20일).
339 일찍이 김용흠은 보민(保民)과 양병(養兵), 안민(安民)과 어적(禦敵)이 상호 모순된 성격의 것임을 지적하면서 척화파 변통론자의 문제점과 허구성을 지적한 바 있다(김용흠, 『朝鮮後期 政治史 硏究 I─仁祖代 政治論의 分化와 變通論』, 혜안, 2006, 126~127쪽).

에서 붕괴하는 데 이르지 않을까 두려워하기 때문입니다. 국가가 지금까지 유지할 수 있었던 것은 인심입니다. 지금 만약 종실 이하 제반(諸班)의 각종 사람들을 모두 동원하고 시민(市民)과 공사천(公私賤)에 이르기까지 병사로 만든다면, 군대의 수는 많이 얻을지라도 나라의 근본은 반드시 흔들릴 것입니다. 끝내 이 무리들로 하여금 도적을 막게 한다면 양떼를 몰아서 호랑이를 공격하는 것과 무엇이 다르겠습니까?[340]

이상의 논의를 염두에 둔다면, 국방 태세의 해이나 김자점·김경징 등 일부 군 지휘관의 무능과 비겁을 정묘·병자호란의 주요 패인으로 간주하는 것은 다소 결과론적인 해석이라고 하지 않을 수 없다. 인조대 초반을 중심으로 조선의 군사력 정비 과정을 살펴본 저자는 광해군대와 질·양적 측면의 차이를 크게 느끼지 못하였다. 오히려, 후금(청)의 침입에 효과적으로 대처하기 위한 군사력을 단 기간에 증강하는 것은 집권 세력의 의지와는 별도로 당대의 여러 조건을 고려해 볼 때 지극히 어려운 과제였다는 점만 확인할 수 있었다. 정예병의 확보와 육성, 견고한 군사 요새의 구축, 군량과 화포의 충분한 비축, 군마의 확보와 기병의 육성 등은 군사력 강화를 위해 어느 누구나 쉽게 제기할 수 있는 방안이었다. 그러나 핵심은 '당대의 정치·사회·경제·문화적 환경 속에서 이 목표를 어떻게 달성할 것인가'라는 문제였다.

부국강병富國強兵이란 사자성어에서도 보이듯이, 군비 확충은 사회의 한정적 자원을 비생산적인 군사 활동에 집중하는 것으로 달성된다. 대

---

340 『仁祖實錄』 권33 인조 14년 8월 辛卯(20일).

개의 경우, 급속한 국방력 강화에 소모되는 재원 조달은 필연적으로 증세 또는 노동력 징발과 같은 민간의 각종 부담을 초래할 수밖에 없다. 정묘호란 직후의 호패법 폐기 사례에서 볼 수 있듯이, 국가가 군비 확충을 추진하기 위한 인적·물적 자원의 조달을 민간에 부담시키려 할 때, 양자의 갈등은 피할 수 없는 상황이 되었다.[341]

서구 절대주의 왕정의 성립과 근대 국가의 형성·발전에 수많은 전쟁이 밀접한 관련을 맺고 있다는 것은 널리 알려진 사실이다. 군사혁명軍事革命 : Military Revolution은 16~17세기 무렵 유럽에서 있었던 군사 기술 및 전략·전술의 획기적 변혁을 일컫는 용어로서,[342] 이 시기 화약 병기와 전술의 발전, 그리고 이에 수반된 전쟁 수행 방식의 전환이 근대 서구 각국의 근본적이며 혁명적 변화를 초래했다는 이론이다. 중국의 춘추전국 시대春秋戰國時代와 일본 전국시대戰國時代의 혁명적 체제 변화 역시 전쟁과 내란의 지속적인 압력 아래 달성된 것이었다.[343] 이 과정에 수반된 수많은 개혁과 발전은 구체제하 여러 집단의 격렬한 반발과 희생 속에 달성된 고통스런 결과물이기도 하였다. 이러한 점을 염두에 둔다면, 17세기 조선의 군사력 강화라는 사안은 집권 세력의 의지에만 좌우되는 단기적 과제가 아니라, 사회 체제의 근본적 전환과 직결되는 구조적이고 장기적 과제였다는 결론에 조심스럽게 도달한다. 비교사적 견지에서 좀 더 과감하게 말해 보자면, 임진왜란(7년 : 실제 전투 기간은 2년 남짓), 사르후 전투(1

---

341 조선 후기의 군제개혁안을 둘러싼 오랜 논쟁에 대해서는 제임스 팔레, 김범 역, 「군제개혁」, 『유교적 경세론과 조선의 제도들―유형원과 조선 후기』 1, 산처럼, 2008 참조.

342 박상섭, 앞의 책, 73~76쪽 참조.

343 이성구, 「春秋戰國時代의 國家와 社會」, 『강좌 중국사Ⅰ―古代文明과 帝國의 成立』, 지식산업사, 1989; 구태훈, 「임진왜란 전의 일본 사회―전국시대 연구 서설」, 『사림』 29, 수선사학회, 2008 참조.

개월), 정묘·병자호란(도합 5개월 정도)이란 전쟁이 조선 사회의 지속적이
고 근본적 변화를 초래하기에 너무나 짧았던 것은 아니었을까?[344] 상황
이 이러하였기에, 앞에서 살펴본 바와 같이 호란 이전 조선 내에서는 '강
약強弱·이해利害·성패成敗를 고려하지 않는다'는 류의 척화론과 함께 후
금(청)과의 전쟁 자체가 근본적으로 무리라는 인식 또한 분명히 존재하고
있었다.

---

344 최근 국내에 번역된 두 책은 근대 이후 동·서양 군사력 격차의 발생 원인을 집권 세력의
현부(賢否)나 대응보다 역사적 경로의 상이(相異), 정치·경제·지리·사회적 환경의
차이 등 구조적 요인에 더 주목하여 설명한다. 필립 T. 호프먼, 이재만 역, 『정복의 조건―
유럽은 어떻게 세계 패권을 손에 넣었는가』, 책과함께, 2016; 아자 가트, 오숙은·이재만
역, 『문명과 전쟁』, 교유서가, 2017.

제3장

병자호란의 발발과
강화講和 협상의 추이

1. 대청체제大淸體制의 수립과 조·청 간의 의례 논쟁

조선과 후금은 정묘맹약丁卯盟約 이후에도 세폐歲幣의 수량, 포로의 쇄
환刷還, 개시開市의 운영, 명군에 대한 지원이란 문제를 놓고 사사건건 충
돌하여, 양국 사이의 긴장은 점점 고조되었다.[1] 조선이 근본적으로 명과
의 '군신지의君臣之義', 즉 사대事大 관계를 절대 포기하려 하지 않았던 반
면, 후금은 궁극적으로 동북아시아에서 명의 자리를 대체하려고 했기
때문에 양국 간의 재충돌은 불가피하였다. 그 갈등은 특히 의례의 실행
이란 사안에서 민감하게 분출되었다.

조선이 후금과 공식적 외교 관계를 맺기 시작한 정묘맹약의 체결 과

---

1   정묘호란부터 병자호란까지 양국 간의 제반 교섭과 갈등에 대해서는 김종원, 『근세 동아
    시아관계사 연구―朝淸交涉과 東亞三國交易을 중심으로』, 혜안, 1999, 86~184쪽 참조.

정에서부터 이미 예禮를 둘러싼 양국 간의 갈등은 싹트고 있었다. 후금의 화친 제안을 놓고 조정의 논의는 극소수의 주화론과 다수의 척화론으로 양분되었다.[2] 최명길과 이귀가 제기한 주화론이 전황의 불리함을 인정하고 서둘러 화친을 받아들이자는 입장인 데 반해, 언관言官 윤황 등이 주도한 척화론은 청 사신의 접견, 교섭 과정에서의 연호 사용 문제, 화맹和盟 의식의 절차 등에 대하여 명분론적 이의異議를 계속 제기하며 후금과의 강화 자체에 대하여 강력하게 반발하였다. 이귀가 "화친하지 않으면 나라가 망할지도 모르니 화친을 받아들여야 한다"고 말한 반면 장유는 "나라가 망할지라도 어찌 불의不義로 보존됨을 도모할 수 있겠는가?"라고 말할 정도로 화친을 바라보는 양 론의 시각 차이는 컸다.[3]

정묘호란 당시 강화講和 협상의 주도권은 양국의 무력 충돌에서 압도적 우위를 보인 후금이 쥐게 되었다. 인조 5년(1627) 2월 2일 강화도 갑곶 나루에 도착한 후금 사신은 명과의 사대 관계 단절과 후금과의 형제 맹약 체결을 강요하였다.[4] 이 조건에 대해 인조는 전자는 대의大義에 관계된 것이기 때문에 절대로 허락할 수 없으나 후자는 구태여 고집할 필요가 없기 때문에 받아들일 수도 있다는 반응을 보였다.[5] 대부분의 신료들은 전자는 물론 후자에 대해서도 격렬하게 반발했지만, 조선의

---

2   김용흠, 『朝鮮後期 政治史 硏究 I—仁祖代 政治論의 分化와 變通論』, 혜안, 2006, 189~228 쪽 참조.

3   『仁祖實錄』 권15 인조 5년 2월 丁未(10일) 아홉 번째 기사, "貴曰 不和則亡 何爲此言"; 2월 丁未(10일) 네 번째 기사, "維曰 國雖亡 豈以不義圖存乎".

4   『仁祖實錄』 권15 인조 5년 2월 己亥(2일), "胡書曰 大金國二王子 答書于朝鮮國王 兩國和好 共言美事 貴國實心要和 不必仍事南朝 絶其交往 而我國爲兄 貴國爲弟 若南朝嗔怒 有我隣國相近 何懼之有 果如此議 我兩國告天誓盟 永爲兄弟之國 共享太平".

5   『仁祖實錄』 권15 인조 5년 2월 己亥(2일), "上引見大臣及備邊堂上 尹昉曰 今賊又請永絶南朝 當答以義不可爲 上曰 大義所係 斷不可許 李廷龜曰 其將以兄弟之名 爭之乎 上曰 是則不須爭也".

대명사대를 후금이 수용함으로써 강화 협상은 가까스로 타결될 수 있었다.[6]

정묘맹약의 체결 과정에서 주화론을 시종일관 공개적으로 주장한 것은 이귀와 최명길뿐이었지만, 김류金瑬를 비롯한 비변사의 대신들과 인조도 정묘맹약의 체결 시점에서는 결국 주화론의 손을 들어 주었다. 종묘·사직의 보존과 백성들의 안녕을 위해서는 후금과의 강화가 불가피하다는 것이 주화론의 기본 입장이었다.[7] 최명길은 자신이 지은 이귀의 행장行狀에서 사태가 위급하므로 적의 침략을 일단 늦추기 위하여 주화론을 제기하였노라고 술회하였다.[8] 최명길은 이귀·김류 등과 더불어 후금과의 국서 교환, 인조의 후금 사신 접견, 형제맹약 체결에 적극적으로 관여하였다.[9]

전세가 극도록 불리한 상황 속에서 강화는 불가피한 선택이었지만,[10] 이러한 주장은 사실 후금 문제를 처리한 광해군의 입장과 근본적 차이가 전혀 없는 것이었다. 앞에서 보았듯이 인조는 후금과 군신君臣 관계가 아닌 형제맹약을 맺는 것은 상관없다는 취지의 발언을 했지만, 명에 적대적인 후금과의 형제 맹약과 교린交隣이 가능하다는 발언은 광해군

---

6   『仁祖實錄』권15 인조 5년 2월 辛亥(14일), "接待辛臣啓曰 前去從胡一人 卽刻回來言 不絶天
     朝一款 自是好意 不必强要 云矣".
7   『仁祖實錄』권15 인조 5년 3월 戊辰(1일), "上曰 此言似當 兩司長官 其聽予言 上有宗社 下有
     生靈 今日涖盟 非予樂爲之也".
8   崔鳴吉, 『遲川集』권18 行狀 「奮忠贊謨立紀明倫靖社功臣輔國崇祿大夫議政府左贊成延平府院
     君李公行狀」, "時奴兵到平壤 送書要和 公適在賓廳 私問鳴吉曰 事當如何 對曰事急矣 不如巽
     辭厚幣以緩之 公曰此言是也 及事下備局 大臣諸宰皆心欲許而疑未能決 時都體察使李元翼 左
     議政申欽將陪世子南下 大臣邀到賓廳同計 所見皆同和議遂決(강조는 인용자)".
9   『仁祖實錄』권15 인조 5년 2월 庚戌(13일).
10   『仁祖實錄』권16 인조 5년 4월 丁酉(1일), "上下敎曰 (…中略…) 且今此和事 予豈樂爲 包羞
     忍恥 意實在於緩敵而一麗之 亟令廟堂熟講 擇將鍊兵之策".

대의 전례前例에 비추어 본다면 용납될 수 없는 주장이었다. 광해군은 심하 전투의 패배 이후 명의 원수가 된 후금과의 접촉을 시도하려 한다는 사실 자체만으로도 신료들에게 많은 공격을 받았고,[11] 이것이 결국 광해군의 폐위를 정당화하는 명분 가운데 하나가 되었기 때문이다.

이른바 제후諸侯가 다른 제후와 비밀리에 접촉할 수 없다는 '인신무외 교人臣無外交'의 명분에 따른다면, 엄밀히 말해 명의 승인 없이는 교린 자체도 가능한 일이 아니었다.[12] 이를 방증하듯이 성종 대 편찬된 『경국대전經國大典』을 보면, 일본이나 여진에 관한 교린 내용은 「사대」와 달리 「교린」이라는 편명編名으로 독립되어 있지 않고, 「대사객待使客」에 기재 되어 있다.[13] 명은 조선이 여진이나 일본과 통교(=교린)한 것을 모른 채 눈감아 주었지만, 양국 간의 현안이 대두할 경우에는 이러한 사실은 얼마든지 명에 의해 지적되고 비판받을 소지가 있었다. 실제로 선조 31년 (1598) 9월, 명의 찬획주사贊畫主事 정응태鄭應泰가 신숙주申叔舟의 『해동 제국기海東諸國記』를 근거로 조선이 일본과의 통교 사실을 은폐하고 천조 (=명)를 우롱해 왔다고 명 신종에게 참소하여 양국 간의 긴장이 고조된 적이 있다.[14] 임진왜란 이후 일본과의 통교를 재개하면서,[15] 명에 이 사실을 미리 알려 형식상의 승인을 받아낸 것도 이러한 문제점이 있었기 때문이라고 생각한다.

---

11 광해군 대의 대후금 교섭을 둘러싼 군신(君臣) 간의 갈등은 계승범, 「광해군대 말엽(1621~ 1622) 외교노선 논쟁의 실제와 그 성격」, 『歷史學報』193, 역사학회, 2007 참조.
12 김용구, 『만국공법』, 소화, 2008, 35~36쪽.
13 『經國大典』 권3 「禮典」 「侍使客」.
14 정응태 무고 사건에 대한 전말은 허지은, 「丁應泰의 '朝鮮誣告事件'을 통해 본 조·명 관계」, 『사학연구』 76, 한국사학회, 2004 참조.
15 임진왜란 이후 일본과의 교섭에 대해서는 유재춘, 「壬亂後 韓日國交 再開와 國書改作에 關한 硏究」, 『江原史學』 2, 강원사학회, 1986 참조.

이러한 점들을 고려해 볼 때, 강화도에서 후금 사신 유해劉海와의 서약 이후[16] 정묘맹약의 타결을 화친을 가장한 항복이라고 지적한 사간원 사간司諫 윤황의 발언은 주화론의 명분상 약점을 뼈아프게 지적한 것이었다.[17] 인조는 이에 대해 '항복이란 무릎을 꿇고 신하를 칭하는 것'인데 자신을 항복했다고 비난한 것은 임금을 헤아릴 수 없는 위험한 처지에 빠뜨린 것이라며 격렬하게 반박하였다.[18] 인조는 정묘호란 종전 이후 얼마 지나지 않아 발생한 이인거李仁居의 역모 사건이 자신을 비난한 윤황의 발언에 자극받은 것이라고 주장하며 강한 불쾌감을 토론하였다.[19] 이인거의 거병擧兵 명분은 '인조 정권이 정묘맹약을 승인함으로써 대명의리를 저버렸으므로 주화파의 목을 베고 후금군을 토벌하겠다'는 것이었다.[20]

인조는 서약에 앞서 '적들이 화친을 먼저 요구했기에 응한 것'이라고 합리화하였지만,[21] 정묘맹약의 본질이 후금의 군사적 위협에 따른 타협 내지 굴복이라는 것은 자신도 인정하는 바였다.[22] 인조는 맹약을 항복이라 지칭한 윤황의 상소에 격분하여 실상을 조사하여 회계回啓하도록 명하였으나, 승정원은 이러한 조치를 만류하였다.[23] 윤황은 다시 한번 상

---

16 『仁祖實錄』 권15 인조 5년 2월 壬子(15일).
17 『仁祖實錄』 권15 인조 5년 2월 壬子(15일), "司諫尹煌上疏曰 今日之和 名爲和 而實則降也".
18 『仁鳥實錄』 권15 인조 5년 2월 癸丑(16일).
19 『仁祖實錄』 권15 인조 5년 10월 乙未(2일), "上下敎曰 頃在江都時 尹煌等搆成君上之罪 播於 遠近 故逆賊仁居等 乘人心之不平 肆意逞兇 豈不痛哉 問事郞廳兪伯曾 亦尹煌之類也 今使此輩治 獄 殊甚不當 兪伯曾改差".
20 『仁祖實錄』 권17 인조 5년 10월 甲午(1일).
21 『仁祖實錄』 권15 인조 5년 2월 辛亥(14일).
22 『仁祖實錄』 권15 인조 5년 2월 丁卯(30일), "上曰 近日羞見臣僚之面矣 然禦敵之道 戰守和三 策而已 今日之勢 旣不能戰 又不能守 奈何不和".
23 『仁祖實錄』 권15 인조 5년 2월 癸丑(16일).

소를 올려 자신의 처벌을 요구하며 뜻을 굽히지 않았다.[24] 홍문관 전한典翰 강석기姜碩期[25] 등은 차자를 올려 윤황을 처벌하려는 인조의 조치를 언자言者를 대우하는 도리에 벗어나는 것이라 하며 비난하였다.[26] 윤황을 국문鞫問하기에 앞서 관작官爵을 삭탈하고 중도부처中道付處하라는 인조의 명령도, 승정원이 시행을 거부하고 봉환封還함으로써 어쩔 수 없이 다시 체직遞職(벼슬을 다른 자리로 옮김)으로 바꾸어 명할 정도였다.[27] 이처럼 윤황의 주장을 포함한 척화론은 당시 조정 신료 및 재야 일반의 공감대를 얻고 있었다.

그러나 윤황이 전세를 역전시킬 구체적인 대안을 갖고 척화론을 주장했던 것은 아니었다. 당시 전황은 조선 측에 결코 유리하지 않았다. 정묘호란 발발 이후 후금의 기병이 조선의 서북 지역을 유린하였지만 도체찰사都體察使인 장만은 휘하에 거느린 군사가 별로 없어 실질적 대응을 하지 못하였다.[28] 강화도에 비축한 군량도 6~7천 석에 불과하여 섬 안의 군민軍民이 한 달 남짓 버틸 수 있는 양밖에 없었다.[29] 입도入島한 수원의 마병馬兵은 전투를 해보기도 전에, 꼴과 콩이 떨어지고 눈이 내리는 바람에 굶주림과 추위에 시달린 군마가 제 기능을 발휘하지 못할 정도였다.[30]

---

24 위의 사료.
25 강석기는 1627년 말 자신의 딸, 후일의 강빈(姜嬪)이 소현세자와 혼례를 치름으로써, 인조와 사돈 관계가 된다.
26 『仁祖實錄』 권15 인조 5년 2월 乙卯(18일).
27 위의 사료.
28 『仁祖實錄』 권15 인조 5년 1월 己丑(21일), "都體察使張晩馳啓曰 安州受兵 迫在目前 人心危懼 在在告急 臣手下無兵 未能馳救 坐失數百里疆域 沒於腥膻".
29 『仁祖實錄』 권15 인조 5년 2월 甲辰(7일), "戸曹啓曰 京倉萬餘石之穀 所輸來者 僅數千餘石 目今本倉見在之米 未滿六七千石 而所食軍民 如潮斯至 屈指計數 不出今朔而盡矣".
30 『仁祖實錄』 권15 인조 5년 2월 庚子(3일).

후금군의 도강을 저지할 방패선防牌船도 부족하였고, 비축한 화약도 많지 않았다.[31] 사정이 이러했기에 강화도에 들어온 사대부들은 가속을 피신시키기에 급급하였다.[32] 한양을 수비하던 유도대장留都大將 김상용도 적군이 임진강을 건넜다는 소식을 듣고 달아나 버려 선혜청과 호조가 도적에 의해 소실되는 사태도 발생하였다.[33]

척화론을 주장하던 사헌부와 사간원의 언관들은 강화도나 남한산성에 웅거할 것이 아니라 주력군을 임진강으로 이동시켜 적극적으로 방어해야 한다는 임진강 파수론把守論을 주장하였다.[34] 그러나 이러한 주장은 군사적 대안으로 제시된 것이라기보다 김류, 이귀, 이서, 신경진, 심기원, 김자점 등 군권軍權을 쥔 반정 공신 세력을 공격하기 위한 것이었다. 다음의 사료는 이와 같은 정황을 잘 보여준다.

전하께서 신임하고 총애하는 신하로는 김류(金瑬), 이귀(李貴), 이서(李曙), 신경진(申景禛), 심기원(沈器遠), 김자점(金自點) 등만한 자가 없습니다. 그런데 혹은 해도(海島)로 들어가고, 혹은 산성으로 올라갔으며, 혹은 호위(扈衛)한다고 칭하고, 혹은 검찰(檢察)에 제수되어 모두 다 편안하고 안전한 자리를 차지하였습니다. 그리고 오직 장만 한 사람만을 맨손으로 적진에 가도록 하였으니 장만의 입장에서 보면 어찌 원망이 없을 수 있겠습니까? 그래서 조정을 하직한 지 7일 만에 비로소 개성에 도착하여 잠시 머물러 있

---

31 『仁祖實錄』 권15 인조 5년 2월 乙巳(8일).
32 『仁祖實錄』 권15 인조 5년 2월 戊申(11일).
33 위의 사료.
34 임진강 파수론을 둘러싼 조정의 갈등과 논란에 대해서는 김용흠, 앞의 책, 198~204쪽 참조.

으면서 관망하는 태도를 역력히 보인 것입니다. 신 등이 생각하기에는 장만이 항복하지 않는다면 도주를 할 것으로 여겨집니다. 삼가 바라건대 전하께서는 혁연히 분발하시어 국문(國門)에 나아가 직접 정벌에 나서겠다는 뜻으로써 군민(軍民)을 효유(曉諭)하시고, 맨 먼저 도성을 떠나자고 제창한 자를 조속히 목 베어 군문(軍門)에 효시하신 뒤, 먼저 이서·신경진 등을 파견하여 경기도의 병사와 호위하는 제군(諸軍)을 나누어 혹은 변경의 성(城)을 지원하거나 혹은 임진강을 수비하도록 하소서. 그리고 전하께서는 근왕병들을 불러 모아 친히 이끌고 이어서 나가신다면 삼군(三軍)의 병사들은 싸우지 않고도 사기가 배나 치솟을 것입니다.[35]

임진강 방어에 주력하지 않았던 조정의 대책을 전세(戰勢)를 반전시키지 못한 원인으로 보기도 하지만,[36] 여기에 반대하였던 자들의 논의가 거의 검토되지 않았다는 점에서 전적으로 동의하기는 힘들다. 그리고 이 방어 논의의 대부분이 군사 문제를 다뤄본 경험이 없는 언관들에 의해 제기되었다는 점에서도 신뢰하기 힘들다. 인조의 개성(開城) 진주 역시 무모한 의견이었다. 위의 언관들의 제안에 대한 인조의 답변은 다름 아닌 "말한 것의 태반은 현실성이 없다[所論太半失實矣]"는 것이었다.[37] 후일 강화도의 허무한 함락을 고려해 본다면, 임진강이 하늘이 내린 난공불락의 방어물이라는 식의 주장은 더욱 납득하기 힘들다.

반면 임진강 파수론에 시종일관 미온적 태도를 견지한 이원익과 적

35 『仁祖實錄』권15 인조 5년 1월 辛卯(23일).
36 유승주, 「仁祖의 丁卯胡亂 對策考」, 『韓國人物史硏究』 3, 한국인물사연구회, 2005, 152쪽 참조.
37 『仁祖實錄』권15 인조 5년 1월 辛卯(23일).

극적으로 반대하였던 이귀는 언관들에 비해 군사적 업무를 처리한 경험이 훨씬 풍부한 인물이었다.[38] 윤방尹昉은 임진강에 얕은 여울이 많아 적의 도강渡江이 용이한 점을 지적하였고, 이원익은 적은 수의 군사로 방어하기에는 임진강이 너무 길다는 점을 지적하였다.[39] 이귀는 군량 보급의 어려움을 이유로 자신의 아들인 수원 방어사 이시백李時白이 거느리는 3천 병사의 임진강 파견을 반대하였다.[40] 강변과 같은 개활지에서는 공포에 질려 도주하는 병사들을 제지하기 어렵다는 사정도 임진강 파수론의 채택을 주저하게 한 이유 중의 하나였을 것으로 생각된다.[41] 논란 끝에 한강 동쪽은 이서가, 한강 서쪽은 유림柳林이 지휘하는 병사로 하여금 방어하게 하였다.[42] 그러나 두 강을 방어한 2만 5천의 조선군[43]은 추위·기근·공포로 인해 교전도 제대로 해보지 못한 채 붕괴 직전의 상황에 몰리고 있었다. 척화론자들 역시 전황의 불리함을 모르지 않았다. '나라가 망할지언정 따를 수 없다'는 주장은 그들의 말 그대로 형세의 유·불리를 계산하여 나온 것이 아니었다. 명의 천계天啓 연호를 국서國書에 사용하지 말라는 후금의 주장으로 강화 협상은 다

---

38 이원익은 임진왜란 중 우의정 겸 4도(道)체찰사로 군무를 총괄한 인물이었다. 이귀는 도체찰사 유성룡 휘하에서 모병과 군량 수송의 일을 담당한 경험이 있었다.

39 『仁祖實錄』권15 인조 5년 1월 乙酉(17일), "昉曰 臨津淺灘旣多 守之不易 然近於都城 何可棄 而不守 元翼曰 軍兵寡弱 分守似難 然豈可全棄".

40 위의 사료.

41 『仁祖實錄』권15 인조 5년 2월 丙辰(19일), "備局啓曰 馬灘防灘之軍 纔過七日 無綠逃去者 多至二十餘人 請移文本道 一一捕致 梟示陣前 又啓曰 江原道二千兵 一時逃散云 誠極痛駭 令本 道監司 開諭召集 聽體臣分付調用 皆從之".

42 『仁祖實錄』권15 인조 5년 2월 癸卯(6일), "體察副使金瑬啓曰 漢江以東則令李曙出兵防守 以西則令柳琳淺灘津渡 分兵把扼 因與此地 成聯絡之勢 正合汪立信沿江置砦之遺意 請遣宣傳官 下諭兩臣 從之".

43 『仁祖實錄』권15 인조 5년 2월 甲子(27일).

시 한번 교착 상태에 빠졌다. 윤방과 오윤겸吳允謙의 다음 발언은 이 시기 척화론의 성격을 보여주는 대표적인 것이다.[44]

인조　오랑캐의 서한이 매우 흉참(凶慘)스럽다.

윤방　대의(大義)에 관여된 바라 다시 의논할 수 없습니다.

윤방·오윤겸　한강과 임진강 두 곳에 군량이 이미 고갈되었으니, 만약 10
　　　　　　일이 지나면 반드시 스스로 무너지는 걱정이 있게 될 것입
　　　　　　니다. 정충신의 군대는 군량을 조달할 계책이 없어 더욱 우
　　　　　　려됩니다.

인조　거절하여 돌려보내야 하겠는가?

오윤겸　지금은 금백(金帛)과 토지 같은 것이 문제가 아니라 강상(綱常)
　　　　을 말살하려는 것이니, 결코 따를 수 없습니다.

인조　지금 이렇게 게첩(揭帖)의 형식에 의하여 회서(回書)를 만들어 주는 것이
　　　화친을 허락한 것보다 중요한 것인지 모르겠다. 우의정(=오윤겸)의 말이
　　　바로 정론(正論)인데, 국가가 망하더라도 게첩을 만들 수는 없는 것인가?

김류　국가의 존망(存亡)이 이 일에서 결정되는 데 신은 그것이 대의에 해로운지
　　　모르겠습니다. 임진강의 군대가 이미 무너져 흩어질 형세에 있습니다.

---

[44]　『仁祖實錄』 권15 인조 5년 2월 己未(22일).

위의 사료에 의하면 오윤겸은 한강과 임진강을 방어하는 군사들이 군량의 부족으로 궤산 직전에 있으며 정충신이 거느린 평안도의 군사도 군량이 부족하다는 사실을 잘 알고 있었다. 그럼에도 불구하고 천계 연호의 삭제와 후금 연호天聰의 기입을 절대 허용할 수 없다고 주장한 것이다. 그를 포함한 당대 조선인들에게 대명의리의 고수를 상징하는 천계 연호의 사용은 황금·비단·토지보다도 훨씬 더 중요한 강상, 곧 윤리와 직결되는 보편적이고 절대적 가치로 인식되었다. 이러한 그의 주장은 결코 명의 국력을 의식하거나 계산하여 제기된 것이 아니었다.

주목해야 할 대목은 척화론이 군사적·외교적 대안의 성격을 갖지 못했음에도 불구하고, 이 주장이 가장 올바르고 타당한 의견正論으로 인정받았다는 사실이다.[45] 반면 주화론을 공개적으로 주장한 자에 대한 반발과 비난은 격렬하였다. 최명길을 참수하거나 유배보내라는 상소가 잇달았다.[46] 윤황은 이귀를 참수하라고 세 차례나 인조에게 건의하였다.[47] 그가 또 이귀를 가리켜 남송南宋의 진회秦檜보다 못한 자라고 비난하자, 이귀는 (남송의 유명한 무장인) 악비岳飛와 종택宗澤은 적을 물리칠 수 있었지만 윤황은 그렇게 할 수 있느냐고 반문하였다.[48] 반정 공신으로서의 최명길과 이귀의 비중을 감안한다면,[49] 이들을 참수하라는 주장이 실행될 가능성은 거의 없었다. 그러나 이들에 대한 비난이 거리

---

45 『仁祖實錄』 권15 인조 5년 1월 丁酉(29일), "尹昉曰 國家危亡 在此一擧 雖欲親呈 何可不從 李棨曰 何忍親受乎 上曰 雖是正論 彼若怒去 則更無可爲矣 李貴曰 不和則已 和則不可不從"; 『仁祖實錄』 권17 인조 5년 11월 辛巳(18일), "參贊官金蓍國曰 殿下有自聖之病 厭退直截之士 曩曰尹煌之言 雖或失中 而忠慎所激 無非正論 而屢下嚴旨 大加摧折" 등.

46 『仁祖實錄』 권15 인조 5년 2월 甲辰(7일)·庚戌(13일).

47 『仁祖實錄』 권15 인조 5년 2월 戊戌(1일).

48 『仁祖實錄』 권15 인조 5년 2월 丁未(10일).

49 둘 다 정사공신(靖社功臣) 1등에 녹훈(錄勳)된 인물이다.

낌 없이 용인되는 당시의 분위기는 충분히 감지할 수 있다.[50] 인조 역시 강화를 최종적으로 승인하였지만 척화론을 근본적으로 부정하는 입장은 아니었다. 정묘맹약이 성립된 직후 인조를 면대한 양호호소사兩湖號召使 김장생은 '강화는 부득이한 것이었지만 그렇다고 해서 척화론이 제기조차 되지 않아서는 안 된다'는 점을 강조하였다. 인조는 '윤황이 자신을 항복한 자라고 매도한 것이 불만이지 어찌 감히 척화론을 그르다고 할 수 있는가?'라는 취지로 반문하였다.[51]

후일 병자호란을 회고하며 남긴 장유의 기록을 보면 일부 척화론자의 행동이 표리부동했다는 느낌도 들지만, 그 이전에 이들을 그러한 방향으로 행동하게 만든 대명의리의 당위성 내지 비타협성도 함께 감지된다.[52] 장유의 다음 언급은 이를 잘 보여준다.

당시 오랑캐 군대가 강도(江都)에서 1백여 리밖에 떨어져 있지 않은 (황해도) 평산에 주둔하고 있었는데, 행조(行朝 : 임시 조정)의 수비 태세가 워낙 빈약해서 사람들이 두려워하며 벌벌 떨고 있었다. 그리하여 척화를 주장하는 사람들이라 할지라도 겉으로는 큰소리를 쳤지만 속으로는 화의(和議)가 성립되는 것을 실로 바라고 있었는데, 다만 실속 없이 떠들어대는 주장[浮議]에 희생될까 두려워한 나머지 감히 분명하게 발언을 하지 못할 따름

---

50 남한산성 농성 당시에도 전 참봉 심광수(沈光洙)는 최명길의 참수를 인조의 면전에서 요구하였다. 『仁祖實錄』 권33 인조 14년 12월 戊子(18일).

51 『仁祖實錄』 권15 인조 5년 3월 庚辰(13일), "長生曰 今之講好 雖出於不得已 而斥和之議 亦不可無言雖過激 不可深治 上曰 斥和之論 何敢非之 至於臺臣 謂我降虜者 不亦過乎(강조는 인용자)".

52 비슷한 내용이 이귀의 생애를 정리한 『묵재일기(默齋日記)』에도 보인다. 安邦俊, 『默齋日記』 권3 「講和論辨」, "廿九日 大駕入江都 時虜兵進屯平山 而姜弘立與胡差劉海等 爲講定約和而來 當時大小臣僚 皆有約和緩兵之意 而欲避主和之名 廟堂諸臣莫敢發言".

이었다. 그런데 유독 자겸(子謙 : 최명길의 字)만이 이러한 사태에 직면하여 문득 앞장서 그 말을 꺼내면서 주저하거나 피하는 것이 없었는데, 끝내 이 일 때문에 그만 탄핵을 받고 물러나는 신세가 되고 말았다.[53]

정묘맹약의 체결 과정에서 주목해야 할 또 하나의 특징은, 양국 간의 갈등이 철병·개시·세폐 등에 관한 사안보다 천계 연호의 사용, 국왕의 후금 사신 친견親見, 화맹 의례의 형식 등을 둘러싸고 첨예하게 벌어졌다는 점이다.[54] 척화론자가 가장 강력하게 반발하였던 것이 바로 이 '예의 실천'과 연관된 현안이었다. 예를 민감하게 인식한 것은 후금 측도 마찬가지였다.[55] 이것은 후금의 사회 발전과 국가 형성 과정에 수반된 현상이었다. 따라서 강화 협상은 쉽게 타결되지 못하였다.

앞서 살펴본 오윤겸의 발언이 나오게 된 계기는 다음과 같다. 인조 5년(1627) 2월 7일 후금은 조선이 보낸 국서에 명 희종熹宗의 천계 연호가 기입된 것을 문제 삼았다.[56] 후금은 명의 속국이 아니기 때문에 자신들에게 보내는 국서에는 명의 연호를 삭제하는 것이 당연하다는 주장이었다.[57] 조선의 군신君臣들에게 명의 연호를 사용하지 않는 조치는 단순히 서식상의 변경만을 의미하는 것이 아니었으므로, 협상의 타결을

---

53 張維, 『谿谷漫筆』 권1 「崔鳴吉首發講和之議」.
54 전해종, 「椵島의 名稱에 관한 小考」, 『韓中關係史研究』, 일조각, 1970, 123쪽 참조.
55 김선민, 「접견례를 통해 본 아이신-다이칭 구룬(Aisin-Daicing Gurun)의 세계」, 『韓國史學史學報』 36, 한국사학사학회, 2017; 이선애, 「후금 시기 의례의 정치-의례를 통해 본 對蒙 관계」, 『史叢』 93, 고려대 역사연구소, 2018 참조.
56 『仁祖實錄』 권15 인조 5년 2월 甲辰(7일).
57 『仁祖實錄』 권15 인조 5년 2월 戊午(21일), "姜絪 李弘望等馳啓曰 二王子 見國書謂曰 吾非天朝屬國 何以用此天啓二字 初旣分付劉差 以斥絶天朝 去其年號然後 受質子 成約誓 今乃如此 劉副將必受重賂 不從我命令 今當罪之".

위해 함부로 양보할 수 있는 안건이 아니었다.[58] 이와 같은 사정은 천계 연호의 삭제 요구를 처음 접한 인조가 "화친하는 일이 끝장났다"라고 말하며 각도의 지원군을 재촉하는 반응에서도 엿볼 수 있다.[59] 아래 인용된 사헌부와 사간원의 합계合啓 내용에서 보이듯이 연호의 삭제는 바로 대명사대라는 절대적 가치를 부인하는 행동으로 여겨졌다. 대명사대라는 가치와 연호의 표기라는 형식은 당대인들에게 쉽게 분리되어 인식되지 않았던 것이다.

적의 차인(差人 : 사신)이 당초에 정삭(正朔)을 삭제할 것으로 말하였으나 접대하는 재신(宰臣)이 굳게 고집하여 허락하지 않자 또 계첩의 규례로 청하였으니, 그의 뜻은 실지로 천계(天啓) 두 글자를 삭제하는 데에 있는 것입니다. 그들의 요청에 따라 계첩으로 이름하고 연호를 쓰지 않는다면, 이 역시 정삭을 삭제한 것입니다. 군신(君臣)의 명분은 천경지의(天經地義)[60]로서 절대로 범할 수 없는 것인데, 차라리 나라가 망할지언정 어찌 차마 이것을 시행할 수 있겠습니까? 고쳐 쓰라는 명령을 거두어주소서![61]

연호를 둘러싼 명분상의 문제는, 후금 사신인 유해가 비밀리에 제안한 계첩揭帖, 즉 연호를 기입하지 않는 문서의 형식[62]을 조선이 수용함

---

58 연호 표기의 의미에 대해서는 제4장 1절에서 상술할 것이다.
59 『仁祖實錄』권15 인조 5년 2월 甲辰(7일), "引見金瑬 李廷龜 申景禛等 上曰 見其賊書 和事已矣 李廷龜曰 賊必進兵開城而劫盟 上曰 各道軍兵 宜星火催督".
60 천지 간의 당연한 이치로서 변할 수 없는 법도라는 뜻. 삼강오상(三綱五常)과 같은 예(禮)를 의미한다. 『춘추좌씨전(春秋左氏傳)』 소공(昭公) 25년 기사에 "대저 예라는 것은 하늘의 떳떳한 도이고, 땅의 후한 덕이며, 사람이 행하는 길이다[夫禮 天之經也 地之義也 民之行也]"에서 나온 말이다.(한국고전번역원 한국고전종합DB 각주정보 참조)
61 『仁祖實錄』권15 인조 5년 2월 己未(22일).

으로써 해결의 실마리를 찾았다. 조선은 논란 끝에 명의 연호를 기입하지 않는 대신에 국서에 '명과의 관계는 단절할 수 없다'는 내용을 첨가하는 선에서 연호 표기 문제를 타결하였다.[63]

연호 사용 다음으로 갈등을 빚은 것은 후금의 사신을 인조가 직접 만나는 문제였다. 유해는 명과 조선과의 관계를 염두에 두고 이에 준하는 후금 사신의 접대를 요구하였다.[64] 따라서 인조를 접견할 때 사배四拜를 행하려 하지 않았다.[65] 조선의 사신인 강인姜絪이 후금의 진영을 왕래할 때 사배를 두 번이나 거행한 것을 감안한다면, 유해의 의도는 후금의 우월적 지위를 요구하는 것이나 다름없었다.[66] 만약 인조가 후금의 신하인 유해를 접견할 때 그와 대등한 예禮인 읍揖을 동시에 행한다면, 이 것은 홍타이지에게 '인조가 신하의 예를 행해야만 한다'는 의미를 내포하였다.[67] 따라서 이 역시 신료들로부터 강렬한 반발을 받았다. 결국 인조는 유해가 읍례를 하려고 할 적에 바로 손을 올리지 않음으로써 대등한 예를 행하지 않았다.[68] 이를 목격한 유해는 발끈 성을 내면서 자리에

---

62 『仁祖實錄』권15 인조 5년 2월 戊午(21일).

63 『仁祖實錄』권15 인조 5년 2월 庚申(23일), "國書曰 二差來 得書深恩 和事已得停當 自今以往 惟當各守信約 無相背負 使彼此生靈 共享安樂 甚好甚好 我國臣事皇朝 二百餘年 受恩深重 義不可負 前書已盡此意 今不容他說 惟貴國諒悉 不書年號 從揭帖式也".

64 『仁祖實錄』권15 인조 5년 2월 丁未(10일), "吳允謙 崔鳴吉請對曰 臣往見劉海 爭以禮節 海曰 接見唐差 必有其規 今何不然 欲設一禮 徒亂大謀".

65 위의 사료, "李廷龜 李景稷 張維來啓曰 劉胡 酒席間騷傲 有難形言 且曰 爾國之存亡 在此一擧 今我則決不可以姜絪之四拜爲例 云 觀其氣色 似無回聽之理 無寧因此事端 不許臨見 答曰 知道".

66 『仁祖實錄』권15 인조 5년 2월 丙午(9일), "大臣備局堂上請對 乃引見 (…中略…) 維曰 拜禮一節 亦可議定 昉曰 一拜三叩頭 乃胡人之四拜也 上曰 姜絪入賊中 何以行禮 昉曰 絪何可說也 四拜之外 又四拜云矣".

67 『仁祖實錄』권15 인조 5년 2월 戊申(11일), "引見大臣 備局堂上 兩司長官 張維曰 儻接胡差之後 二王子謂以爾國王與我差人抗禮云 可以稱臣於國汗云 則猶可從乎 貴曰 不從而何 維曰 此言卽勸王稱臣也".

68 『仁祖實錄』권15 인조 5년 2월 戊申(11일), "是日劉海至 上遂接見 海欲揖 上未卽擧手 海怒甚起

서 나가 버렸다. 유해의 행동에서 볼 수 있듯이 조선뿐만 아니라 후금 측에서도 의례를 예민하게 인식하였고, 그 시행을 자신의 의도대로 관철하려고 애썼다.

마지막 사안은 삽혈歃血하고 화친을 서약하는 맹약盟約의 시행이었다.[69] 후금은 인조에게 백마白馬와 흑우黑牛의 피를 입 주변에 바른 뒤 하늘에 아뢰고 서약문을 소각하는 의례를 직접 행할 것을 요구하였다.[70] 그러나 후금의 요구는 인조의 복상服喪을 핑계로, 왕이 직접 분향焚香과 고천告天을 행하여 일차로 서약하되 희생犧牲을 잡아 맹세를 하는 절차는 조선과 후금의 대신이 하는 선에서 무마되었다.[71] 『인조실록』에는 인조와 아민 (유해가 대리)이 맹세한 서약문과 조선의 3정승 6판서와 후금의 8대신이 맹세한 서약문이 각각 남아 있다.[72] 인조는 이러한 의례 절차에 대해 본질과 무관한 자질구레한 것文具이므로 후금과 다투고 싶지 않다고 했으나,[73] 오윤겸을 비롯한 신료들은 있을 수 없는 치욕으로 규정하고 절대로 받아들여서는 안 된다고 주장하였다.[74] 반면 세폐의 수량을 정하는 문제는 다

出 是時 左右觀者 莫不駭憤 獨李貴 以手叩地曰 大事去矣 大事去矣";『淸太宗實錄』권2 天聰 1년 3월 辛巳(14일),"興祚乘舟 抵江華島 見李倧 李倧端坐 不出一言 興祚怒曰 汝何物 作此土偶狀 耶 李倧色栮 無以答 乃曰 吾因母喪未終故耳 興祚曰 爾惟好自尊大 狂悖無禮 國中百姓 致罹兵禍 不爲不甚矣".

69 정묘맹약의 체결 과정에 대해서는 전해종, 앞의 책, 127~192쪽; 鈴木開, 「朝鮮丁卯胡乱 考－朝鮮·後金関係の成立をめぐって」,『史学雑誌』123-8, 史学会, 2014, pp.13~22; 남호현, 「朝淸 關係의 초기 형성 단계에서 '盟約'의 역할－丁卯胡亂期 朝鮮과 後金의 講和過程을 중심으로」,『朝鮮時代史學報』78, 조선시대사학회, 2016, 62~72쪽 참조.
70 『仁祖實錄』권15 인조 5년 2월 丁卯(30일).
71 『仁祖實錄』권15 인조 5년 3월 己巳(2일)·庚午(3일). 인조는 당시 어머니 연주부부인(連珠府夫人, 1578~1626)의 상복을 입고 있었다.
72 『仁祖實錄』권15 인조 5년 3월 庚午(3일).
73 『仁祖實錄』권15 인조 5년 2월 丁卯(30일), "引見大臣備局堂上 兩司長官 上曰 劉差若請莅盟 何以處之 金瑬曰 旣曰講好 盟在其中 仍耳語廷龜曰 此乃文具 不欲爭也 吳允謙曰 臣則自初以爲 雖死不可從也 上曰 今之成誓 在賊尤急 宜其固請也".

소간의 논란은 있었으나, 후금이 자신들이 요구한 수량을 고집하지 않아 조선이 적절히 정하는 선에서 절충되었다.[75]

스즈키 카이鈴木開는 후금의 위와 같은 태도를 근거로 강화도에서 체결된 맹약, 즉 강도맹약江都盟約의 성격을 명에 대항하는 후금-몽골 군사동맹의 재현으로 설명하였다.[76] 이후 후금이 명과의 대결 와중에 조선에 요구한 군대, 군량, 선박 등을 이러한 시각에서 보면 매우 자연스럽다. 그의 주장에 따르면, 강도맹약에서 규정된 형제 관계는 양국의 군사적 우열을 반영한 것이기는 하지만, 정치적 지위의 상하 관계까지 명확히 규정한 것은 아니었다.[77] 강도맹약의 내용이 아래 인용된 사료에서 보이듯이 각수봉강各守封疆과 상호 우호를 강조하는 선에서 그친 매우 모호한 것이었기 때문에 이후 양국의 관계는 세력 변동에 따라 요동치는 매우 유동적인 것이 되었다. 강도맹약에서 모호하게 규정된 세폐, 개시, 속환 등의 경제적 현안은 인조 6년(1628) 이후 진행된 양국의 교섭을 통해 점진적으로 정비되어 나아갔다.

조선 국왕은 지금 정묘년 모월 모일에 금국(金國)과 더불어 맹약을 한다. 우리 두 나라가 이미 화호(和好)를 결정하였으니 이후로는 서로 맹약을 준수하여 각각 자기 나라를 지키도록 하고 사소한 일로 다투거나 도리에 어긋나

---

74 『仁祖實錄』 권15 인조 5년 3월 己巳(2일), "兩司竝引避啓曰 焚香誓天 引入犬豕 立以爲證 此天下萬古所無之羞 而一國民人無窮之至痛也 臣等連章未停 誓事將完 將何顔面 苟冒言地 請黜削臣等之職".

75 張維, 『谿谷集』 권16 「行狀」, "劉海索歲幣馬牛甚多 公又力爭不許 只許若干土物爲犒賞資". 세폐 문제를 둘러싼 갈등에 대해서는 전해종, 앞의 책, 129~130쪽 참조.

76 이하 서술한 강도맹약의 성격은 鈴木開, 앞의 글, pp.27~29 참조.

77 그 근거 중 하나로 강도맹약 이후 후금의 사신이 인조에게 행한 삼배구고두를 지적하였다.

는 일을 강요하지 않기로 한다. 만약 우리나라가 금국을 원수로 보아 화호를
져버리고 군대를 일으켜 침범한다면 또한 하늘이 재앙을 내릴 것이며, 만약
금국이 좋지 않은 마음을 품고서 화호를 위배하고 군대를 일으켜 침략한다
면 역시 하늘이 앙화를 내릴 것이다. 두 나라의 군신(君臣)은 각각 신의를
지켜 함께 태평을 누리도록 할 것이다. 천지 산천의 신령은 이 맹약을 살펴
들으소서![78]

후금이 정묘맹약을 성격 규정이 모호한 화친에서 조선의 항복으로
간주하기 시작한 것은 자국의 국력이 더욱 신장되고 홍타이지에게 권
력이 집중된 이후부터라고 한다.[79]

한편 후금의 철군 과정에서 평양맹약平壤盟約이라는 예기치 않은 사
건이 발발하였다. 인조 5년(1627) 3월 18일경 후금의 총 사령관인 2왕
자 아민이 인질인 가왕제假王弟 원창군原昌君 이구李玖와 평양에서 다시
강도맹약과 유사한 형식의 의례를 거행하였던 것이다.[80] 서약문의 핵
심 내용은 아래 인용된 것처럼 강도맹약에 비해 훨씬 가혹할 뿐만 아니
라, 조선 측의 의무를 훨씬 더 세밀하게 규정하였다.

맹약이 이루어진 뒤 조선 국왕 이종(李倧)은 마땅히 만주국의 황제에게
예물을 바쳐야 한다. 만약 이를 어기고 (예물을) 바치지 않거나, (후금의 사
신을) 명나라의 사신을 대하는 예(禮)로 대하지 않으면 우리 만주의 분노를

78 『仁祖實錄』권15 인조 5년 3월 庚午(3일).
79 鈴木 開, 앞의 글, pp.27~29.
80 『承政院日記』17책 인조 5년 3월 戊子(21일), "原昌君 護行官 李弘望啓 賊兵今十八日誓盟
于平壤後 撤兵卽去順安云云事"; 『淸太宗實錄』권2 天聰 1년 3월 18일(乙酉).

살 것이다. 성지를 수축하는 것과, 병마를 조련하는 것, 그리고 우리에게 붙
잡힌 조선인들이 조선으로 도망치는 것을 용납하여 돌려보내주지 않고 머무
르게 하는 것, 그리고 (조선)왕이 말한 바를 지키지 않는 것, 아울러 조선이
멀리 명과는 교류하면서도 가까운 만주의 안부를 묻는 말이 없을 경우에는
마땅히 천지에 고하여 (조선을) 정벌할 것이다.[81]

조선 측은 평양맹약의 내용이 담긴 아민의 서한을 받은 즉시 강도맹약
의 서약문과 다른 이유를 물었으나 그 회답을 받은 흔적은 보이지 않는
다.[82] 평양맹약의 체결은 누르하치 사후 8왕王 합의의 분권적 통치 체제[83]
속에서 아민이 자신의 공적을 과시하기 과정에서 일어난 하나의 해프닝

---

81 『淸太宗實錄』 권2 天聰 1년 3월 18일(乙酉). 국역은 남호연, 앞의 글, 69쪽을 참고하였다.
   인용문에 나오는 만주국, 만주라는 표현은 후대의 실록 개수 과정에서 수정된 것으로
   보인다.

82 鈴木 開, 앞의 글, p.22; 『仁祖實錄』 권15 인조 5년 3월 庚寅(23일).

83 홍타이지 집권 초기만 해도 팔기는 한(汗)의 독점물이 아니었다. 팔기에 속한 사람을
   기인(旗人)이라고 하였는데, 이들의 일차적인 충성 대상은 한이라기보다 자신이 속한
   기의 기주(旗主)였다. 각 구사, 즉 기(旗)는 서로 독립적이고 대등한 관계였다. 게다가,
   누르하치는 자신의 사후 국가의 중대사를 한의 독단이 아닌 8왕(八王)의 합의에 의하여
   결정하라는 유언을 남겼다. 8왕은 호쇼이 버일러(和碩貝勒)라고도 하였는데, 4대(大) 버
   일러 — 제1버일러 다이샨(代善 : 누르하치의 둘째 아들), 제2버일러 아민(阿敏 : 누르하
   치 조카), 제3버일러 망굴타이(莽古爾泰 : 누르하치의 다섯 째 아들), 제4버일러 홍타이지
   (누르하치 여덟 째 아들) — 를 포함한 누르하치의 아들과 조카로 구성된 강력한 자치권을
   갖는 팔기의 기주(旗主)였다. 이러한 구조 속에서 4대 버일러의 합의 추대로 한의 자리에
   오른 홍타이지는 누르하치와 같은 절대 권력을 보유하지 못하였다. 장유(長幼)의 서열에
   속박된 그는 즉위식 때도 3명의 대 버일러에게 오히려 '세 번 절을 올리는 예'를 행하였고,
   조하(朝賀)를 받거나 정사(政事)에 임할 때에도 대 버일러들과 동열에 앉아 남면(南面)하
   였다. 명목상의 우두머리에 불과한 한의 권력을 절대화하여 장악하고 대내외적으로 위기
   상황에 놓인 후금을 탈출시키는 것이, 홍타이지가 한(汗)의 권력과 함께 아버지 누르하치
   로부터 물려받은 유산이었다(토마스 바필드, 윤영인 역, 『위태로운 변경―기원전 221년
   에서 기원후 1757년까지의 유목제국과 중원』, 동북아역사재단, 2009, 525~536쪽; 구
   범진, 『청나라, 키메라의 제국』, 민음사, 2012, 108~112쪽; 劉小萌, 이훈·이선애·김선
   민 역, 『여진부락에서 만주 국가로』, 푸른역사, 2013, 288~310쪽 참조).

이었다.[84] 이로써 양국 간의 형제맹약을 천지天地에 고하는 의식이 마무리되었다. 이구는 퇴군하는 후금군과 함께 인조 5년(1627) 4월 중순경 심양에 들어가 홍타이지를 접견하고 궤배례跪拜禮를 행하였다.[85] 후금은 조선의 가왕제를 매우 친절하게 접대하였으며,[86] 장기간 억류하지 않고 같은해 5월 중순경에 조선으로 돌려보냈다.[87] 후금은 이후 양국이 한 집안一家과 다름없다는 표현을 종종 사용하며 조선을 압박하여 자국의 이익을 관철하고자 하였다.[88]

정묘맹약의 경우 여러 명분상의 문제점에도 불구하고 명과의 사대관계가 그대로 유지되었다. 따라서 강화를 주도하거나 승인한 자들의 입장에서 본다면 대명의리의 준수라는 명분과 관련하여 약간의 퇴로를 남겨 놓았다고 볼 수 있다. 정묘호란 당시 최명길이 '칭신稱臣'을 언급한 기록이 있지만,[89] 이것은 유해를 명의 사신처럼 접대할 것인가를 놓고 벌어진 논쟁 중에 나온 비유로 보인다. 그의 발언은 '후금 사신의 접대 의례를 격상하지 않을 수 없다'는 주장에서 파생된 것으로서, 실제 조선이 후금에게 칭신해야 한다는 의미로 이해되지는 않았던 것 같다. 이러한 사정을 반영하듯 그의 '칭신' 언급에 대한 척화론자들의 격렬한

---

84 鈴木 開, 앞의 글, p.22; 남호현, 앞의 글, 70쪽 참조.
85 『清太宗實錄』권3 天聰 1년 4월 甲寅(18일).
86 『仁祖實錄』권16 인조 5년 5월 癸巳(28일).
87 『仁祖實錄』권16 仁祖 5년 5월 丙戌(21일).
88 『仁祖實錄』권17 仁祖 5년 12월 乙卯(22일), "回答使朴蘭英馳啓曰 (…中略…) 大海能詩等 以汗意 來言曰 (…中略…) 而朝鮮則視我甚卑 不無惱恨 然前後憤怒 今盡掃除 旣已誓天 有同一家 患難相救 是人常理"; 『仁祖實錄』권25 仁祖 9년 12월 丁亥, "胡譯朴仁範 還自瀋陽 汗書曰 原約 一年春秋二次 開市於義州矣 因我國有事 逢誤秋期 今因稱暇 念兩國旣同一家 諒必交易".
89 『仁祖實錄』권15 인조 5년 2월 丁未(10일), "崔鳴吉曰 劉海欲效唐差 禮以賓主 亦無不可 上曰 其人奚冠 鳴吉曰 我國自前朝 並事金宋 欲不稱臣 其可得乎".

반발은 어떤 기록에도 남아 있지 않다. 당시 후금은 조선에게 칭신을 요구하지도 않았다. 조선은 정묘맹약 이후 정묘호란의 전말을 적은 장문의 주문奏聞을 명에 보내 '후금과의 형제맹약이 부득이한 조치였으며 군신君臣의 분의分義를 해친 것은 아니다'라고 적극 변명하였다.[90] 그러나 인조 14년(1636) 4월 후금이 황제국 체제로 전환하여 청을 건국한 이후에는 이러한 타협이나 변명의 여지가 있을 수 없는 상황이 발생하였고, 결국 병자호란이란 파국을 맞이하게 되었다.

홍타이지의 군사적 압박에 시달리던 차하르 부의 릭단 칸은 활로를 찾아 티베트 방면으로 원정을 떠났지만, 천연두에 걸려 인조 12년(1634)에 사망하였다. 칭기즈칸을 계승한 제37대 몽골 대칸大汗의 죽음은 북원北元이란 이름으로 존속된 몽골 제국의 소멸을 의미하였다. 홍타이지는 차하르 부의 유민遺民을 흡수함과 동시에 반反 릭단 칸 연맹을 매개로 긴밀히 협조하였던 제諸 몽골 부족에 대한 후금의 통치력을 확고히 정립하였다. 아울러 그는 이러한 성과를 바탕으로 후금의 분권적 정치 체제를 명실상부한 군신君臣 관계로 전환시키고자 하였다.[91]

이러한 권력 집중의 계기는 칭기즈칸의 정통성을 계승한 릭단 칸의 부인과 큰 아들 어르커 콩고르 에제이額爾克 孔果爾 額哲의 귀복이었다.

---

90 『仁祖實錄』 권16 인조 5년 4월 丁酉(1일).
91 이하 홍타이지의 차하르 부 병합과 대청 체제의 수립 과정에 대해서는 宮脇淳子, 조병학역, 『최후의 몽골유목제국』, 백산출판사, 2000, 34~37쪽; 노기식, 「만주의 몽골 차하르부 병합과 그 의미」, 『中國學論叢』 14, 고려대 중국학연구소, 2001, 85~90쪽; 송미령, 「天聰年間(1627~1636) 支配體制의 確立過程과 朝鮮政策」, 『中國史研究』 54, 중국사학회, 2008, 178~183쪽; 石橋崇雄, 홍성구 역, 『대청제국 1616~1799 - 100만의 만주족은 어떻게 1억의 한족을 지배하였을까?』, 휴머니스트, 2009, 117~124쪽; 구범진, 『청나라, 키메라의 제국』, 민음사, 2012, 66~79쪽을 참조하여 정리하였다.

에제이는 투항과 동시에 자신이 갖고 있던 역대전국옥새歷代傳國玉璽：制誥之寶를 홍타이지에게 바쳤다. 홍타이지와 그의 측근들은 대원大元의 황제가 소유하였던 것으로 전해지는 이 옥새의 획득을 몽골뿐만 아니라 대원이 지배한 전 영역에 대한 잠재적 통치권을 상징하는 징표로서 해석하였다. 홍타이지는 옥새를 받기 이틀 전인 인조 13년(1635) 10월 13일, 12세기 초 금나라의 후예임을 연상시키는 '주션女眞'이라는 민족명의 사용을 금지하고 '만주滿洲'라는 이름만을 쓰도록 명하였다.[92] 위와 같은 일련의 작업을 통해 홍타이지는 자신이 통치한 국가를 여진족 중심의 후금에서 만滿·몽蒙·한漢을 아우르는 새로운 제국으로 탈바꿈시키고자 하였다.[93] 이로써 홍타이지는 여진족의 한汗에서 황제로 격상되기에 충분한 명분을 갖게 되었다. 이후 만주족의 유력 버일러貝勒, 외번몽고外藩蒙古의 왕공王公, 귀순한 한인무장漢人武將(공유덕, 경중명, 상가희 등)의 추대까지 받은 홍타이지는 황제의 자리에 오를 것을 결심하였다.

인조 14년(1636) 4월 홍타이지는 국호를 '대청大淸'으로 연호를 '숭덕崇德'으로 고쳐 새로운 정치 질서의 탄생을 만천하에 선포하였다. 홍타이지에게는 '관온인성황제寬溫仁聖皇帝'의 존호尊號가 진상되었다. 즉위식은 만·몽·한의 모든 신료들이 모두 도열한 가운데 거행되었다. '대청국大淸國'은 만주어 '다이칭 구룬Daiqing gurun'의 한자식 표기였다. '다이칭'은 '대청', '구룬'은 나라를 의미하였다.[94] 이러한 대청체제大淸體制의

---

92 이선애, 「外國(tulergi gurun)에서 外藩(tulergi golo)으로—17세기 청·할하 관계」, 『明淸史硏究』43, 명청사학회, 2015, 134쪽.
93 홍타이지는 8왕 협의의 분권적 공치 체제를 극복하기 위해 귀순 한인 관료와 무장에 대한 우대, 6부제(六部制) 도입, 3대 버일러의 축출과 팔기의 장악, 팔기몽고의 창설, 신만문(新滿文)의 제정, 티베트 불교 장려 등의 정책도 펼쳤다.
94 후금의 정식 국호는 아이신 구룬(Aisin gurun)이었다. 한자식 표기는 금국(金國)이다.

수립은 대내적으로는 분권적 권력의 집중 및 만·몽·한을 아우르는 정치적 통합, 대외적으로는 명과 대등한 새로운 국제 질서의 창출이라는 의미를 가졌다. 이로써, 홍타이지 자신은 한汗으로서 황제를 겸한 청나라 최초의 군주가 되었다.

일본의 청사淸史 연구자인 이시바시 다카오石橋崇雄는 홍타이지 즉위 전후의 사정을 전하는 「丙子年四月 秘錄 登汗(han)大位檔」이란 문서를 분석하였다.[95] 그는 이 연구에서 홍타이지가 즉위 직후인 4월 11일 하늘과 땅에 올린 축문祝文의 내용을 제시한 후, 홍타이지가 자신의 황제 즉위를 만족시키는 조건으로 만주국과 몽골국의 지배, 대원의 전국 옥새 획득, 조선의 항복(=정묘맹약) 등을 언급했으며, 동시에 부족한 조건으로 아직도 대적하고 있는 대명국大明國의 존재를 지적했다는 사실을 밝혔다. 나아가 그는 홍타이지가 대청의 황제 자리에 즉위한 의도에는 동북아시아, 내륙아시아, 중국 내지를 지배한 대원국大元國의 황제를 계승한다는 의식이 있었다고 주장하였다. 이러한 그의 해석을 참고한다면, 청에게 조선의 복속은 군사적 견제나 경제적 이익의 추구뿐만 아니라, 대청 체제 출범의 마지막 수순이라는 의미도 있었다는 점을 미루어 알 수 있다. 따라서 후금이 형제 관계를 맺고 있던 조선에게 존호의 진상進上을 협의하자고 사신을 파견한 것은 당연한 수순이 되었다.

존호 문제를 협의하기 위해 인조 14년(1635) 2월 16일 후금의 사신 잉굴다이龍骨大와 마푸타馬夫大 등이 몽골 대장大將·王公 47인을 포함한

아이신은 황금을 의미한다.
95 「丙子年四月 秘錄 登汗(han)大位檔」의 분석 내용은 石橋崇雄, 홍성구 역, 앞의 책, 126~128쪽 참조.

대규모의 사절단을 이끌고 의주에 도착하였다.[96] 이때 홍타이지가 보낸 서한은 모두 3통이었다. 하나는 정례적 춘신문안春信問安의 국서, 다른 하나는 인조의 정비正妃인 인열왕후仁烈王后 한 씨韓氏의 국상을 조문하는 국휼치조國恤致弔의 국서, 마지막 하나는 치제致祭의 물록物目을 적은 문서였다.[97] 문제가 된 것은 금국집정팔대신金國執政八大臣[98]과 금국외번몽고金國外藩蒙古[99]가 인조를 수신인으로 하여 보낸 봉서封書 2통이었다.[100] 이 봉서는 이들이 조선 국왕에게 대등한 예禮로써 서한을 작성하여 보낸 것으로 후금 한 홍타이지에게 황제의 존호를 올리는 데에 조선이 동참할 것을 권유하는 내용을 담고 있었다. 따라서 이 봉서를 조선이 정식으로 접수하여 답장을 작성하는 것 자체가 후금의 황제 지위를 인정하는 의미로 해석될 수 있었다. 성균관 유생 김수홍金壽弘 등은 후금의 사신을 참수하고 그들의 서한을 불살라 대의大義를 밝힐 것을 주장하였다.[101]

다음에 인용된 홍익한洪翼漢의 상소는 당시 조선의 분위기를 대표적으로 보여주는 사례이다.

신(臣)이 들으니, 지금 용호(龍胡 : 후금 사신 잉굴다이)가 온 것은 바로 금한(金汗 : 홍타이지)을 황제라 칭하는 일 때문이라고 합니다. 신이 태어난

---

96 『仁祖實錄』 권32 인조 14년 2월 辛卯(16일).
97 中村榮孝, 「滿鮮關係の新史料-淸太宗朝鮮征伐に關する古文書」, 『靑丘學叢』 1, 靑丘學會, 1930, pp.144~148.
98 팔기의 기주(旗主)인 8인의 호쇼이 버일러(八和碩貝勒).
99 후금에 복속한 몽골의 왕공(王公), 즉 부족장과 귀족들.
100 『仁祖實錄』 권32 인조 14년 2월 己亥(24일).
101 『仁祖實錄』 권32 인조 14년 2월 庚子(25일).

처음부터 다만 대명(大明)의 천자(天子)가 있다고만 들었을 뿐인데, 이런 말이 어찌하여 들린단 말입니까? (…중략…) 우리나라는 본디 예의(禮義)의 나라로 소문이 나서 천하가 소중화(小中華)라 일컫고 있으며 열성(列聖 : 선대왕)이 서로 계승하면서 한마음으로 사대(事大)하기를 정성스럽고 부지런히 하였습니다. 그런데 지금은 오랑캐를 섬기며 편안함을 취해 겨우 보존하고 있습니다. 비록 세월을 연장해 가고 있으나, 조종(祖宗)들에 대해서는 어찌하겠으며, 천하 사람들에 대해서는 어찌하겠으며, 후세에 대해서는 어찌하겠습니까? (…중략…) 그렇다면 오랑캐가 황제라 일컫는 것은, 오랑캐가 스스로 황제라고 일컫는 것이 아니라 우리나라 묘당(廟堂 : 비변사)에서 황제라고 일컫게 해서 오랑캐가 할 수 없이 황제가 되게 하는 것입니다. 진실로 천자라 일컫고 대위에 오르고 싶으면 스스로 자기 나라에서 황제가 되고 자기 나라에 호령하면 되는 것입니다. 그럴 경우 누가 그것을 금지하기에 반드시 우리나라에게 물어본 뒤에 황제의 일을 행하려 한단 말입니까? 그들이 맹약을 변경하고 불화(不和)의 단서를 연 것은, 우리를 호통하고 우리를 업신여기는 것이 분명합니다. 그런데도 그들이 우리에게 신의를 지킬 것을 요구하는 것을 보면 장차 천하에 일컫기를 '조선이 우리를 높여 천자로 삼았다'고 하려는 것입니다. 그럴 경우 전하께서는 무슨 면목으로 천하에 서시렵니까?[102]

홍익한은 후금의 한汗이 스스로 황제가 되려는 것은 알 바 아니지만, 존호를 올리는 데 조선이 참여하는 것은 절대 불가하다고 주장하였다. '하늘 위에 두 태양이 뜨지 않듯이 하늘 아래 황제는 대명大明의 황제만

---

102 『仁祖實錄』 권32 인조 14년 2월 丙申(21일).

존재한다'는 것이 당시 조선 사대부들이 갖고 있었던 일반적 믿음이었다. 홍타이지를 황제로 인정하는 것은 선대 국왕들을 포함하여 천하 사람들과 후세에 부끄러움을 남기는 행위이며, 대명사대를 부정하는 것과 다름없다고 인식하였기 때문이다. 명의 군사 지원을 기대하기 어려웠던 여건 속에서 나온 그의 발언은 자신의 내재적·당위적 기준에 의해 주장된 것으로 보인다. 반면 최명길은 거부의 뜻을 담은 답장을 보냄으로써 형제맹약을 조선이 먼저 깨려하지 않는다는 뜻을 보여야 한다고 주장하였다.[103]

인조 14년(1636) 2월 26일, 조선의 맹렬한 척화 분위기만 감지한 후금의 사신단은 답서를 받지 못한 채 쫓기듯 한양을 떠났다.[104] 아래 사료에서 보이듯이, 방어 대책에 대한 이견은 있었지만 병화兵禍가 멀지 않았다는 사실을 조선의 군신君臣 모두 인지하고 있었다.

대신과 비변사 당상(堂上), 사헌부·사간원·홍문관의 장관(長官)을 인견하였다. 윤방이 "오랑캐 사신이 성을 내고 갔으니, 우리나라는 끝내 오랑캐의 침략을 당할 것입니다. 마땅히 방어할 방도를 강구해야 합니다. 도성은 결코 지키지 못할 것이니 미리 강도(江都)에 들어가서 조치하는 것이 마땅합니다"라고 아뢰었다. 도승지 김경징(金慶徵)이 "오늘날 강구할 것은 방어할 방법이지 피란에 대한 계책이 아닙니다. 강도로 들어가는 일은 바로 두 번째의 일입니다"라고 아뢰었다.[105]

---

103 『仁祖實錄』 권32 인조 14년 2월 辛丑(26일).
104 위의 사료.
105 『仁祖實錄』 권32 인조 14년 2월 甲辰(29일).

같은 해 3월 1일 인조는 척화의 뜻이 담긴 하유下諭를 내리며 "강약과 존망의 형세를 헤아리지 않고 한결같이 정의正義로써 결단하여 (존호진상을 요청하는) 그 글을 물리치고 받아들이지 않았다"고 하였다.[106] 이 글이 바로 귀환하던 후금 사신단에 의해 탈취되어 병자호란 개전의 빌미가 되었다고 알려진 유명한 척화교서斥和敎書로서,[107] 이들이 아무 성과 없이 한양을 떠난 직후에 반포되었다. 인조는 후금 사신단이 압록강을 넘어간 직후인 3월 20일에도 구언求言의 교서를 내리면서 "강약을 따지지 않고 의義에 의거하여 배척하여 끊었으므로, 전쟁의 화禍가 조만간 닥칠 것이다"라고 예고하였다.[108] 앞의 두 교서에서 인용된 부분에 주목하면, 인조 정권이 국제 정세와 자국의 군사력을 오판하여 아무런 대비 없이 전쟁을 자초하였다는 일반의 상식은 여지없이 무너진다.

---

106 『仁祖實錄』 권32 인조 14년 3월 丙午(1일), "上下諭于八道曰 我國卒致丁卯之變 不得已權許
羈縻 而縷縷無厭 恐喝日甚 此誠我國家前所未有之羞恥也 含垢忍痛 思將一有所奮 以湔此辱者
豈有極哉 今者此虜 益肆猖獗 敢以僭號之說 託以通議 遽以書來 此豈我國君臣所忍聞者乎 不量强
弱存亡之勢 一以正義斷決 詔書不受 胡差等累日要請 終不得接辭 至於發怒而去 都人士女 雖知兵
革之禍 迫在朝夕 而反以斥絶爲快(강조는 인용자) 況八路若聞朝廷有此正大之擧 危迫之機 則
亦必聞風激發 誓死同仇 豈以遠近 貴賤 而有間哉 忠義之士 各效策略 勇敢之人 自願從征 期於共
濟艱難 以報國恩"; 『仁祖實錄』 권32 仁祖 14년 3월 壬子(7일), "以絶和備禦事 下諭平安監司
禁軍齎書以去 被執於胡差伏兵 胡差使鄭命守 來言於監司曰 得貴國文書 已令燒之云 蓋佯燒他書
而潛取其書也 政院請更令頒布 從之"; 羅萬甲, 『丙子錄』 「記初頭委折」, "自上卽下敎八道 諭以
斥和之意 西路賚去諭旨 爲胡將所奪 終爲執言之地"; 『淸太宗實錄』 권33 崇德 2년 1월 壬寅(2
일), "是日 遣戶部承政英俄爾岱馬福塔齋敕往南漢城 付朝鮮君臣洪某侍郞李某 敕曰昔年我軍東
征瓦爾喀時 爾朝鮮以兵截戰 後明國來侵我爾 朝鮮又率兵助之 彼時念鄰國之好 置而不言 及獲遼
東地方 爾復招納遼東之民 獻於明國 朕始赫怒興師 於丁卯年伐爾 豈恃强凌弱 無故加兵耶 爾自是
陽爲和順陰圖報復 時令爾邊臣 聚集智謀之士 激勵勇敢之人 欲何爲也(강조는 인용자)".

107 오수창, 「병자호란에 대한 기억의 왜곡과 그 현재적 의미」, 『역사와 현실』 104, 한국역사
연구회, 2017, 58~59쪽 참조.

108 『仁祖實錄』 권32 仁祖 14년 3월 乙丑(20일), "敎書曰 (…中略…) 噫 丁卯之變 羈縻之計 蓋出
於不得已也 十年之間 恐喝日甚 今乃以不忍聞之說 託以通議而嘗我 我不計强弱 據義斥絶 兵革之
禍, 迫在朝夕".

앞서 보았듯, 인조 대 대외 정책의 배경에는 척화와 대명의리에 밑바탕을 둔 국내 여론의 엄청난 압력이 존재하였다. 이것을 부정할 경우 야기될 체제 위기의 폭발력은, 이른바 중립 외교가 초래한 광해군의 정치적 고립과 이를 틈타 거병에 성공한 인조반정이 반증한다.

마땅한 군사적 대안이 없었던 조선은, 후금 사신단의 귀환 이후에도 춘신사春信使 나덕헌羅德憲과 회답사回答使 이확李廓을 심양에 파견하여 형제맹약(=정묘맹약)을 유지하려고 필사적으로 노력하였다. 그러나 이들의 파견은 오히려 홍타이지의 조선 친정親征을 결정하는 계기가 된 것으로 보인다. 인조 14년(1636) 4월 11일, 황제가 된 홍타이지의 즉위를 선포하는 의식이 심양고궁瀋陽故宮 밖 남교南郊의 천단天壇 주변에서 열렸다. 나덕헌과 이확 역시 황제 즉위를 축하하는 신하들의 행렬에 강제로 끌려 나갔지만, 구타를 당할지언정 배례拜禮만은 끝내 행하지 않았다.[109] 이튿날에는 동교東郊에 강제로 끌려가 홍타이지의 황제 즉위를 그의 조상들에게 고하는 제례에 나갔으나, 역시 배례를 행하지 않았다.[110] 홍타이지는 나덕헌과 이확을 처형할 경우 자신이 먼저 정묘년의 맹약을 어겼다는 빌미를 줄 수 있다고 말하며, 이들을 그대로 되돌려 보냈다.

이들은 청 태종 홍타이지가 인조에게 보낸 국서를 휴대하고 있었다. 그러나 국서의 형식과 내용이 참람하였으므로 국경 근처인 통원보通遠堡에 도착했을 때 그 국서를 몰래 잡물雜物 속에 버려두고 나왔다. 그들은 국서의 내용만 베껴 가지고 귀국하였다.[111] 청 태종의 국서는 대청大

---

109 『淸太宗實錄』 권28 天聰 10년 4월 乙亥(11일); 羅萬甲, 『丙子錄』 「記初頭委折」.
110 鈴木 開, 「丙子の乱直前の朝淸交涉について(1634~1636)」, 『駿台史学』 159, 駿台史学会, 2017, pp.52~54 참조.
111 국서의 핵심 내용은 인조의 배맹(背盟) 행위를 비난하는 것이었다. 홍타이지는 조선 사신

清의 황제皇帝를 자칭하고 조선을 '이국爾國'이라 호칭하였으며, 국서 말미에 찍은 인문印文도 후금국 한汗의 것을 사용하지 않았기 때문이다.[112] 청의 국서는 전례前例, 더 구체적으로 말하면 전례前禮를 위반한 것이었다. 조선의 사신단이 굳이 진본眞本 국서를 두고 필사본을 갖고 온 행동으로부터, 황제호皇帝號를 참칭한 국서가 당대 조선인들에게 어떻게 받아들여졌는지 잠깐이나마 엿볼 수 있다.

　이러한 저항은 물론 본인의 선택과 의지에 따른 것이지만, 좀 더 나아가 대명의리와 연관된 당시 조선 사회 일반의 절대적 분위기를 고려하면서 해석될 필요가 있다. 귀국 이후, 이들은 청 태종의 참월僭越한 국서를 받은 즉시 개봉하여 수정을 요청하거나 당당하게 돌려주지 못했다는 죄목으로 탄핵까지 받고 오히려 유배 길에 올라야만 했다. 비변사마저 '배례하지 않은 것은 정상을 참작할 만하지만, 이들이 의리에 의거하여 자결하지 않은 점은 놀랍다'는 취지의 반응을 보여야 했을 정도였다.[113] 나덕헌과 이확이 살았던 시대의 분위기는 지금과 확실히 달랐던 것이다.

　여하튼, 그들은 목숨을 걸고 배례를 행하지 않음으로써 '청 태종의 황제 즉위를 인정하지 않는다'는 의사를 상징적으로 그러나 더할 나위 없이 명확하게 전달하였다. 이로써 홍타이지의 황제 즉위를 만·몽·한의 모든 신하들이 찬동하였지만, 형제국 조선만 동의하지 않은 셈이

단에게 "만약 인조가 자제(子弟)를 인질로 보내지 않으면 모월(某月) 모일(某日) 모시(某時)에 군대를 일으켜 침략하겠다"고 구두로 통보하였다. 홍타이지의 신하들은 조선이 더욱 방비를 강화할 것을 우려하였으나 그는 전혀 개의치 않았다(『淸太宗實錄』 권28 天聰 10년 4월 己丑(15일)). 그러나 조선 측 사서에는 어떤 연유에서인지 몰라도 이 국서의 구체적 내용이 기재되어 있지 않다.
112 『仁祖實錄』 권32 인조 14년 4월 庚子(26일).
113 위의 사료.

되었다. 홍타이지는 황제 즉위 과정에서 이렇게 비워진 한 조각의 퍼즐을 채우기 위하여, 자신의 친정을 결심한 것으로 보인다. 여기에서 잠시 '예禮의 실천'이라는 맥락을 고려해 본다면, 홍타이지가 병자호란에 직접 참전할 경우 그 궁극적 목표 가운데 하나가 인조의 배례, 즉 삼배구고두三拜九叩頭가 되리란 것을 조심스럽게 예측할 수 있다.[114]

인조 14년(1636) 가을부터 재개된 주화·척화 논쟁은 존호 진상 문제로 악화된 청과의 관계를 재개하기 위해 사신을 파견할 것인지, 보내야 한다면 어떤 명칭으로 보내야 하는지, 후금과의 문서 교환을 재개할 경우 이전과 달리 청淸이란 명칭을 써야 하는지를 놓고 재개되었다.[115] 최명길은 청에게 칭신할 필요는 없지만 형제 관계는 유지해야만 하므로,[116] 사신을 파견해야 하며 아울러 국서에 청국淸國이라는 명칭을 기입해야 한다고 주장하였다.[117] 비변사는 정식 사신인 신사信使가 국서를 가지고 가는 것이 아니라 만주어 통역胡譯이 격서檄書를 전달하는 것은 무방하다는 입장이었다.[118]

그러나 존주尊周의 의리義理를 입국立國의 근본으로 인식하였던 당대 조선에서,[119] 황제를 참칭하는 청과 통교하는 것 자체가 명분상으로 인

---

114 나만갑의 기록을 보면 조선 측도 이 사태의 의미를 명확히 인지하고 있었던 것으로 보인다(羅萬甲,『丙子錄』「急報以後日錄」정축년 1월 2일, "胡書入城 廟堂蒼黃 罔知所爲 而皆以早晚出城 似有喜幸之色 是廓馬胡曰 十王之外 龍胡又來 且言 幸賴天助 今得報李廓等之愼云 盖深嫉當初不參賀班矣").

115 병자호란기의 주화·척화 논쟁에 대해서는 김용흠,『朝鮮後期 政治 史硏究 I−仁祖代 政治論의 分化와 變通論』, 혜안, 2006, 245~265쪽 참조.

116 『仁祖實錄』권33 인조 14년 9월 乙巳(4일), "鳴吉曰 不必稱臣 但與之依前日稱兄弟 而不與之相絶爲當".

117 『仁祖實錄』권33 인조 14년 9월 庚申(19일).

118 『仁祖實錄』권33 인조 14년 9월 丙辰(15일).

119 『仁祖實錄』권33 인조 14년 9월 庚申(19일), "趙贇曰 和事是非 不須多辯 但自丁卯至今十年

정받기 어려운 행위였다. 그리고 청이 군신君臣의 맹약을 조선에 끝내 강요할 경우, 형제맹약의 유지로 최소한의 명분만은 버리지 않으려고 했던 최명길의 주장 역시 유효할 수 없다는 데에 주화론의 근본적인 한계가 있었다. 최명길은 홍문관 수찬修撰 오달제吳達濟, 부교리副校理 윤집尹集의 공격을 받고 한성판윤漢城判尹을 사직하면서 장문의 상소를 올려 자신의 주화론을 변명하였다.[120] 그는 이 상소문에서 명나라 칙사勅使가 후금에 대한 정탐을 조선에 권유한 바 있으므로 후금과의 통신通信에는 명분상 문제가 없다는 점,[121] 후진後晉의 주전론자인 경연광景延廣[122]을 호안국胡安國과 주희朱熹가 비판했다는 점, 서인의 영수 성혼成渾도 임진왜란 때 국가를 위해 일본과의 화의和議를 주장하였다는 점을 강조하였다. 아울러 성혼의 입을 빌어 조정朝廷의 경우 이해利害가 있는 곳이 바로 시비是非가 있는 곳이라는 점, 필부匹夫와 종묘사직(＝국가)의 존망은 다르다는 점 등을 강조하였다. 이 모든 논거가 대명사대라는 명분상 점점 궁색해지는 자신의 입지를 보완하기 위한 것이었음은 두말할 나위가 없다.

척화론 역시 자신들의 강경론을 관철시킬 군사적 대안이 전혀 없었

---

120 少無自强之策 今若更修和好 日就委靡 則終亦必亡後已 況我國以尊中國 攘夷狄爲立國之本 在昏朝 送河瑞國 往來虜中 反正之初 數罪昏朝中一款 卽此耳 今若更與僭虜通好 則人心之不服 當何如哉". 『仁祖實錄』 권33 인조 14년 11월 丙午(6일); 崔鳴吉, 『遲川集』 권11 箚 「丙子封事 第三」; 김용흠, 앞의 책, 249～250쪽 참조.

121 정묘호란 당시 신흠(申欽)도 명이 이미 후금과 화친하였으므로, 조선도 화친을 고려해 볼 수 있다는 식의 논리를 폈다. 『仁祖實錄』 권15 인조 5년 1월 庚寅(22일).

122 경연광은 오대(五代) 때 진(晉)나라 사람이다. 출제(出帝) 즉위 후 대신들은 거란에 표(表)를 올려 신하(臣下)로 자처하자고 논의하였다. 경연광 혼자만 이에 반대하고 거란을 물리칠 수 있다고 호언장담하다가, 후일 거란이 쳐들어와서 잡히기 직전에 자살하였다. (한국고전번역원 한국고전종합DB 각주정보 참조)

다는 점에서 근본적 한계가 있기는 마찬가지였다. 홍문관이 올린 다음 상소문에서 볼 수 있듯이 이 시기에 흔히 제기된 척화론은 전력의 열세를 인지하고 있었음에도 불구하고 대의大義와 명분名分이라는 차원에서 주장된 것이었다.

아! 우리나라는 명나라와 명분이 본디 정해져 있으니, 신라와 고려가 당나라와 송나라를 섬긴 것과는 같지 않습니다. 임진년의 난리에 명나라의 도움이 없었으면 나라를 회복할 수 없었으니, 군신(君臣)과 상하가 지금까지 서로 보존하여 어육(魚肉)이 되지 않은 것은 누구의 힘입니까? 지금 비록 불행하여 큰 화가 당장 닥친다고 하더라도 오히려 죽음이 있을지언정 두 마음을 가져서는 안 됩니다. 그렇지 않으면 앞으로 천하와 후세에 무슨 할 말이 있겠습니까?[123]

최명길은 이러한 척화론을 일축하고 후금과의 교섭에 좀 더 노력을 기울일 것을 주장하였다. 전쟁 준비로 인한 민력의 쇠잔, 병력 및 군량의 부족을 고려해 볼 때 청과의 전면 대결은 전혀 승산이 없었기 때문이다.[124] 이러한 갈등의 와중에 비변사의 행보는 척화론과 주화론 사이를 오락가락하였고, 이는 인조 역시 마찬가지였다. "수어守禦할 준비를 하고자 하면 형세가 이와 같고 기미羈縻할 방책을 세우고자 하면 명사名士의 무리가 모두 불가하다고 한다. 적은 오고야 말 것인데 어떻게 해야 하는가?"라는 인조의 탄식[125]은 이러한 상황을 잘 보여준다. 후금의 요

---

123 『仁祖實錄』 권33 인조 14년 10월 丁丑(6일).
124 『仁祖實錄』 권33 인조 14년 11월 乙卯(15일).

구를 거부하면서 명과의 사대 관계, 즉 '군신지의君臣之義'를 유지할 수 있는 묘책은 당시 척화론자나 주화론자나 모두 갖고 있지 않았다.

나덕헌과 이확의 귀환 이후에도 조선은 청과 교섭의 끈을 놓지 않으려 노력하였다.[126] 조선은 격론 끝에 인조 14년(1636) 6월 청국淸國이란 국호를 기입한 격문檄文을 의주에 발송하여 청과의 접촉을 시도하였다.[127] 9월에는 역관 박인범朴仁範과 권인록權仁祿에게 그 격문을 지참하고 심양에 가도록 하였다.[128] 동시에 최명길이 작성한 국서까지 발송하여 조선의 입장을 청에 이해시키려고 하였다. 그러나 청은 국서와 격문의 접수를 거부하는 한편 홍타이지의 황제 즉위를 기정사실화한 채 조선과의 교섭에 임하였다. 청은 호부승정戶部承政 잉굴다이龍骨大의 입을 빌어 향후 대명對明 공격에 동참할 것, 척화신과 왕자를 인질로 보낼 것, 1년에 한 번 예물을 보낼 것 등을 요구하였다. 만약 이 조건을 수락하지 않으면 홍타이지가 직접 출병할 것이라 협박하였다.[129] 개전을 앞둔 최후통첩이었지만, 조선은 수락의 답서를 끝내 보내지 않았다. 더욱 정확히 말하자면, 조선 내의 격렬한 척화론 때문에 보낼 수 없었다. 조선은 다만 청의 동태

---

125 『仁祖實錄』 권33 인조 14년 11월 壬子(12일).

126 鈴木 開, 「丙子の乱直前の朝淸交渉について(1634~1636)」, 『駿台史学』 159, 駿台史学会, 2017, pp.55~57 참조.

127 『仁祖實錄』 권32 인조 14년 6월 庚寅(17일), "答金汗書 送于灣上 稱以檄 其書曰 (…中略…) 凡貴國之責於我者 大略有三 一則漢人之事也 二則邊民之事也 三則讒間之說也 (…中略…) 貴國旣以好意相向 而於此三者 有所不恕 有所不察 旣約爲兄弟 而書辭稱謂 詆罵之言 非復前日相敬之體 使臣不敢齎回其書 固其宜也 彼挿漢王子 乃亡國俘裔 固非貴國王子比也 乃者無端抗禮通書 書面體式 又爲相等 其意似欲與國汗均體而交我 我國豈可安受其書 而其所傳言 則誠我國所不敢聞者…備局請於檄書頭辭 勿書淸國之號 其後竟依其所稱淸國而書送".

128 『仁祖實錄』 권33 인조 14년 9월 庚申(19일), "送胡譯朴仁範 權仁祿於瀋中 竝付灣上所留書 仍復遺汗書曰 (…下略…)".

129 趙慶男, 『續雜錄』 권4 丙子年 11월 23일.

를 살피기 위해 때 늦은 정기 사행인 추신사秋信使 박로朴簝 일행을 인조 14년(1636) 12월 4일 심양으로 출발시켰으나,[130] 이미 청군의 침략 준비는 완료된 상태였다. 병자호란은 이러한 조·청 양국 간의 정치적, 의례적 갈등이 끝없이 폭주하다가 도달한 마지막 종착역이었다.

2. 청군의 군사력과 개전 초기의 전황

조선을 압도했던 청의 군사력은 여진족의 흥기 이래 신장된 경제력이 뒷받침된 결과이다. 여진족은 원래 수렵과 채집 경제를 중심으로 하는 반농半農·반목半牧의 경제 구조를 가진 집단이었다.[131] 명 초기 여진은 거주지에 따라 크게 셋으로 구분되었다. 명은 목단강 유역과 백두산 일대(길림성 돈화현 일대)에 거주하는 여진을 건주여진建州女眞, 송화강 유역(심양시 동북부 일대)에 거주하는 여진을 해서여진海西女眞, 그리고 흑룡강·우수리강이 송화강과 합류하는 지역에 거주하는 여진을 동해여진東海女眞 또는 야인여진野人女眞으로 구별하여 인식하였다.

명은 여진 3부 — 건주여진, 해서여진, 야인여진 — 의 추장들에게 도독都督 혹은 지휘사指揮使 등 명목상의 관직, 하사품, 교역의 특전을 주어

---

130 『承政院日記』 54책 인조 14년 12월 甲戌(4일).
131 이하 명초 여진에 대한 설명은 임계순, 『淸史 — 만주족이 통치한 중국』, 신서원, 2000, 22~23쪽을 참조하여 정리하였다.

회유하고 이들을 위衛·소所로 분열시켜 서로 견제하게 하는 기미책羈縻策을 시행하였다. 그리하여 선조 20년(1587)에는 위가 384개, 소가 20개에 달하였다. 공물貢物을 가지고 북경에 입조하는 위소의 도독과 지휘사에게는 정해진 장소에서 자신들이 가지고 온 말·인삼·모피 등을 명의 철제 농기구 및 생활용품과 교역할 수 있는 특권이 부여되었다.

세종 21년(1439)부터 명은 각종 폐단이 발생한 북경의 조공 무역을 제한하고, 개원호시開原互市를 개설하여 여진 추장들의 경제적 욕구를 충족시켜 주었다.[132] 세조 10년(1464)에는 무순撫順에 마시馬市가 개설되었고, 만력 연간(1572~1620)에는 건주여진의 요청에 따라 청하淸河·애양靉陽·관전寬奠에 마시가 설치되었다. 마시를 포함한 호시 교역의 특권은 명이 발급한 칙서勅書를 통해 보장되었는데, 명의 재정적 부담 때문에 칙서의 총 수량은 정해져 있었다. 대신 명이 칙서 소유자의 진위를 엄밀히 가리지 않는 정책을 취하자, 칙서 확보를 위한 여진 각 부족 사이의 갈등이 발생하였다. 교역이나 생산 활동 같은 부의 원천을 통제하는 능력은 유목 정치조직이 권력을 집중시키고 군사적으로 팽창해 나가는 데 갖춰야 하는 필수요건이었다. 그 결과 16세기 전반에는 해서여진 4부 — 여허葉赫, 하다哈達, 호이파輝發, 울라烏拉 — 와 건주부가 출현하였다.

칙서 쟁탈전에서 승리한 누르하치는 건주여진과 명과의 교역을 완전히 독점하면서 성장의 기반을 쌓았다. 명의 요동총병관遼東總兵官 이성량李成梁의 비호도 누르하치의 흥기에 큰 기여를 하였다.[133] 선조 22

---

132 명의 대여진 무역 정책의 변경에 대해서는 민경준, 「明·淸교체와 한중 관계」, 『한중 외교관계와 조공책봉』, 고구려연구재단, 2005, 181쪽 참조.
133 이성량과 누르하치의 결탁 및 누르하치의 상업 활동에 대해서는 岸本美緒, 홍성화 역, 「동아시아·동남아시아 전통 사회의 형성」, 『역사와 세계』 45, 효원사학회, 2014, 295~

년(1589)에 이성량은 누르하치가 도독첨사都督僉事의 지위를, 그 이후에는 좌도독左都督의 지위와 용호장군龍虎將軍의 칭호를 받도록 명 조정에 주선하였다. 당시 명에는 신대륙과 일본에서 생산된 은이 비단·도자기·차 등의 구입 대금으로 엄청나게 유입되어 지배층의 사치 풍조를 야기하였다. 은으로 요동에 투입된 군비軍費는 전쟁 경기라고 할 만한 경제적 호황을 가져왔다. 이성량과 결탁한 누르하치는 명의 상인들이 선호하는 요동의 특산품인 인삼, 담비 가죽貂皮, 진주 등을 확보하여 교역 상품으로 내다 팔았다. 이렇게 확보된 은을 재원으로 하여 누르하치는 정치적 통합의 촉진, 수공업과 병기 생산의 발전, 상비군과 관료제의 창출이란 성과를 달성할 수 있었다.[134]

수공업과 광공업의 발전은 군사력의 증강과 밀접한 연관이 있다. 수공업과 광공업은 가재도구나 농기구를 제조하는 데에도 필요하였지만, 군장軍裝과 병기 제조의 바탕이 되기도 하였다. 조선 초기의 여진 부족들은 명 또는 조선과의 공公·사私·밀密 무역을 통해 솥이나 농기구를 입수하였지만, 성종 대에 이르면 이러한 교역을 통해 철제 병기의 제작 기술도 습득하였다.[135] 광해군 11년(1619) 심하 전투의 패전으로 후금의 수도인 허투알라에 끌려간 강홍립은 갑옷을 착용한 후금 기병과 활과 갑

302쪽 참조.

134 니콜라 디코스모, 「세계사적 관점에서 본 만주족의 정복」, 『세계사 속의 중앙유라시아』, 서울대 인문학연구원 중앙유라시아연구소 주최 국제학술회의논문집, 2008, 61쪽 참조.

135 『成宗實錄』권48 성종 5년 10월 庚戌(28일), "司憲府大司憲李恕長等上疏曰 (…中略…) 舊例野人賜給 不以器具 如鞍子粧飾 亦用豆錫 蓋不欲以兵器資敵 祖宗慮患之意深矣 大典內 '潛賣禁物 如鐵物 牛馬 軍器之類 犯者罪死 法非不嚴也 近者邊郡守令慢不奉法 換易毛物 必於彼人而惟鐵物是售 以衣服不緊之具 換軍國有用之器 固爲不可 況以兵刃輸敵手乎 傳聞野人舊無鐵箭 率用骨鏃 今則至有以鐵爲甲者 其爲害豈不明甚'".

주를 제작하는 전문 기술자의 가옥을 목격하였다.[136]

수많은 전쟁을 치르며 성장한 누르하치는 광공업을 중시하였다. 선조 32년(1599)부터 야철冶鐵을 시작하였고 금광金礦과 은광銀礦을 개발하였다. 특히 수공업 생산을 중시하였다. 이에 따라 조선造船, 방직, 도자기, 제염, 야철, 화약, 기타 군수품 등의 분야에도 장족의 발전을 가져와 명조차도 '이들이 제조한 것은 아주 정교하다'고 평가할 정도였다.[137] 후금은 건국 이후 요동 지역에 진출하면서 무순·청하·개원·철령·포하·의로·심양·요양·광녕 등지를 장악하였는데, 이 지역은 명의 요동 지배 거점이자 유명한 철공업 지대이기도 하였다. 누르하치는 이때 획득한 한인漢人 기술자를 특별히 우대하여 광공업 발달의 기반을 마련하였다.[138]

조선과 명이 사용하는 화약 병기의 위력을 익히 알고 있던 누르하치는 화기의 확보를 위해 명의 요동 아문衙門에 구입을 타진하는 한편,[139] 화약 제조에도 힘을 기울였다. 후금은 요양에 화약의 주 원료인 염초를 전문적으로 제조하는 초정硝丁을 고용하고 약국藥局을 설치하여 이들로 하여금 화약의 배합 제조를 책임지게 하였다. 그 수량은 제한적이었지만 여순 등지에서 노획한 대량의 염초와 유황을 보태어 자체 수요를 충당하였다.[140] 후금은 늦어도 인조 9년(1631) 전후로 화약을 자체 생산

---

136 趙慶南, 『續雜錄』 권1 「己未年」, 3월 11일, "弘立胡中日記 奴賊東路大將貴永介阿斗李永芳五六人 軍馬約可三萬餘騎 皆被鎧甲 大擊馬兵五萬 步兵三萬 內城高可五丈 外城多有頹破 可以騎馬出入 人物之盛 頗似平壤 一門外弓匠家 一門外甲冑匠家".

137 엔 총니엔, 『대청제국 12군주열전』 상, 산수야, 2004, 29~30쪽.

138 田中宏巳, 「淸朝の興隆と滿洲鑛工業─紅夷砲製造を中心として」, 『史苑』 34-1, 立敎大學史學會, 1974, p.76.

139 『宣祖實錄』 권71 선조 29년 1월 丁酉(30일), "南部主簿申忠一書啓 (…中略…) 唐通事言 奴酋 每請銃筒於遼東 而不許 云".

하는 단계에 이르렀던 것 같은데, 관련 정보는 여러 경로를 통해 조선 측에도 전달되었다.[141]

누르하치는 여진족을 통일하는 과정에서 후일 정치·사회·군사 조직의 근간이 되는 팔기제八旗制를 창시하였다.[142] 팔기의 기본 단위는 만주어로 화살이란 의미의 니루牛彔였다. 니루는 여진족의 몰이사냥 조직에서 기원한 단어인데, 초기의 1개 니루는 혈연적 성격을 지닌 장정壯丁 10인 정도로 조직되었다. 건주여진의 흥기와 더불어 니루는 지연적인 성격을 지닌 300인 내외로 구성되는 행정·군사 조직으로 변모하였다. 그리하여 5개의 니루가 1개의 잘란甲喇, 5개의 잘란이 1개의 구사固山로 조직되었다. 한자로 이 구사를 기旗라고 표기하였는데, 각각의 구사가 모양과 색깔이 다른 깃발을 사용하였기 때문이다. 니루에는 니루어전牛彔額眞, 잘란에는 잘란어전甲喇額眞, 구사에는 구사어전固山額眞을 수장으로 두었다. 선조 40년(1607) 무렵에는 정황正黃·정백正白·정홍正紅·정남正藍의 4기가 조직된 상태였다. 후금이 건국되는 광해군 8년(1616)경에는 새로이 편입되는 부족민들을 흡수하여 양황鑲黃·양백鑲白·양홍鑲紅·양남鑲藍의 4기를 추가함으로써 팔기제가 완성되었다. 이 누르하치

---

140 黃一農, 「동아시아 과학기술사 발전을 위한 나의 의견」, 『技術과 歷史』 1-1, 한국산업기술사학회, 2000, 16쪽.

141 趙慶南, 『續雜錄』 권3 「辛未年」 上 2월 14일, "蘭英在義州狀啓 (…中略…) 臣目見處處柄長四五丈鎌子 幷立於大旗竿 此乃無前之事 必是陷城器具也 近來專治火器 或煮焰焇 或合劑火藥 逐日習放 器械精鍊 而時無出兵之令"; 『仁祖實錄』 권27 인조 10년 11월 壬人(8일), "備局回啓曰 (…中略…) 且見禮部咨及兵部咨中語 有曰 虜又能于東山煎硝 恐該國不得市於我 折而市於虜 爲患 云".

142 팔기제의 성립 과정에 대해서는 임계순, 앞의 책 31~35쪽; 서정흠, 「팔기제와 만주족의 중국지배-팔기제의 興衰 滿洲政權의 消長」, 『만주연구』 3, 만주학회, 2005, 81~87쪽; 劉小萌, 이훈·이선애·김선민 역, 『여진부락에서 만주 국가로』, 푸른역사, 2013, 219~255쪽; 구범진, 『청나라, 키메라의 제국』, 민음사, 2012, 63~66쪽 참조.

이래의 원래 팔기는 후일 신설된 팔기와 구별되어 팔기만주八旗滿洲로 불리게 되었다.

평시에 니루의 구성원들은 니루어전의 감독 아래 국가에 세금와 공물을 납부하였다. 1개의 니루마다 몇 명을 징병했는지는 시기에 따라 유동적이었다. 누르하치 시기에는 니루당 최대 150명의 갑사甲士(전투병)를 동원한 기록도 있지만, 점차 니루의 병·농은 분리되었다. 니루의 장정수 역시 제도상의 표준과 달리 천차만별이었다. 홍타이지는 각 니루의 장정수를 감축하여 200정丁을 표준으로 삼았다. 인조 9년(1631) 이후에는 니루마다 60갑사, 즉 전체 200정의 대략 3분의 1정도를 전투병으로 동원하는 방식이 정착되었다. 이 경우 출전에 따르는 각종 비용 — 식량, 갑옷, 투구, 병기, 군마 — 은 각자 부담하였다.[143] 누루하치는 팔기제로 편성된 군대를 이끌고 전통적 몰이사냥 방식의 전술을 구현하여 많은 승리를 거두었다.

여진족은 목축 환경에서 성장하면서 기마술과 사격술을 배웠다. 계절에 따라 이주하고 사냥하기 위하여 스스로 군사적 성격을 띤 집단을 조직해야 했기 때문에 자연스럽게 뛰어난 전사戰士가 되었다. 그들은 말과 활을 잘 다루어 기마궁수로서 싸웠으며, 정찰·매복·위장 후퇴·기습·밀정 투입 등의 전술을 즐겨 사용했다.[144] 조선 전기 여진족의 전술 역시 기마에 바탕을 둔 충격·퇴각·매복·기습 등이었는데, 다음 사료에서 보이는 것처럼 이들의 주 무기는 궁시弓矢였다.

---

143 이상 서술한 팔기의 징병 제도는 구범진·이재경, 「丙子胡亂 당시 淸軍의 構成과 規模」, 『韓國文化』 72, 서울대 규장각한국학연구원, 2015, 439~441쪽 참조.

144 여진족의 전술과 무장에 관한 내용은 에릭 힐딩거, 채만식 역, 『초원의 전사들』, 일조각, 267~268쪽, 2008 참조.

궁시로 싸우는 것은 여진의 장기인데, 아군이 단지 궁시로써 대응하였기 때문에 대체로 여진과의 싸움에서 아직 큰 승리를 거두지 못하였습니다. 또 여진의 포진(布陣)은 새처럼 흩어지고 구름처럼 퍼져서 행오(行伍)를 이루지는 않지만, 저들이 많고 우리가 적을 때에는 포위하는 데 집중하고, 저들이 적고 우리가 많을 때에는 형편을 따라 물러나면서 나무에 의지하고 바위에 붙어서 다투어 강궁(强弓)을 발사합니다. (따라서) 아군은 벌처럼 뭉치고 개미처럼 모인 상태에서 적의 화살에 맞아 인마(人馬)가 많이 상하오니, 이것은 병법에 꺼리는 바입니다. 출군행병(出軍行兵)과 진퇴좌작(進退坐作)을 『진설(陣說)』에 따르소서![145]

위의 사료는 세종 15년(1433) 4월 이만주李滿住가 이끄는 파저강婆猪江 여진의 1차 토벌을 마친 함길도 감사와 도절제사都節制使가 세종에게 올린 장계의 일부이다. 그들은 이어진 내용에서 개별 행동을 자제하고 진법陣法에 따른 협동 전술을 펼치며 화통火筒을 사용하여 공격해야 승산이 있다고 강조하였다.

광해군 11년(1619) 3월, 사르후 전투에서 1만여 명의 후금군이 10만여 명의 조·명 연합군을 대적하여 승리할 수 있었던 것은, 후금군이 기동성과 정보력을 활용해서 열세의 병력을 한 곳에 집중한 뒤 분산된 적의 부대를 각개 격파하는 데 성공하였기 때문이었다.[146] 후금은 사르후 전투의 승리를 계기로 요동 지역의 공략을 가속화하였다. 광해군 11

---

145 『世宗實錄』 권64 세종 16년 4월 癸酉(26일).
146 사르후 전의 상세한 전황은 대한민국 육군대학 역, 「機動戰—사르흐전」(부록), 『軍事評論』 337호, 1998, 236쪽(원서는 陸戰史硏究普及會 編, 『明と淸 の決戰』, 東京 : 原書房, 1972); 서정흠, 「明末 薩爾滸戰과 그 性格」, 『安東史學』 1, 1994, 안동사학회, 195~214쪽 참조.

년(1619)에는 철령과 개원을, 광해군 12년(1620)에는 무순·의로·포하 등을 공략하였으며, 광해군 13년(1621)에는 심양·요양까지 함락시켰다. 이 과정에서 후금은 많은 공성전 경험을 축적하였다.[147]

사르후 전투는 화포와 조총으로 장비한 조·명 연합군에 대항해 활과 창 정도의 무장을 한 후금 팔기병이 대승을 거둔 전투였다. 그러나 명군이 방어 전략으로 전환한 뒤 후금군의 대명 공세는 이전과 같은 성공을 거두지 못하였다. 그 원인에는 조총 및 화포 전력의 미비도 한 몫을 하였는데, 이것을 극복하는 데에는 명 군사력의 흡수가 중요한 역할을 하였다. 이를 통해 명나라와 대등한 군사 기술을 보유하게 되었을 뿐만 아니라, 후금의 전력 증강이 바로 명 전력의 감소로 이어져 상대적 우위가 촉진되는 결과를 가져왔기 때문이다.

홍타이지는 누르하치 말년 폭압적이었던 요동 한인漢人에 대한 정책을 대폭 수정하였다.[148] 같이 살던 여진인과 한인의 거주지를 철저히 분리하여 갈등의 싹을 잘랐고, 한인을 적대와 착취의 대상이 아닌 국가의 백성으로 인정하여 경작에만 힘쓰게 하였다. 그리고 누르하치의 학살에서 가까스로 살아남았던 한인 지식층과 투항한 명의 문·무 관료를 우대하여 조정에 중용하였다. 한인 관료에 대한 전폭적인 우대는 여진인들의 불만을 살 정도였다.

한인 무장들의 본격적 투항 사태는 홍타이지 즉위 후 시행된 귀순 한인 관료에 대한 우대 정책이 결실을 맺으면서부터 시작되었다. 특히 인

---

147 김두현, 「淸朝政權의 成立과 發展」, 『講座中國史 IV—帝國秩序의 完成』, 지식산업사, 1989, 152쪽.
148 위의 글, 155~156쪽; 노기식, 「滿州의 興起와 동아시아 秩序의 變動」, 『中國史硏究』 16, 중국사학회, 2001, 23~24쪽; 劉小萌, 이훈·이선애·김선민 역, 앞의 책, 386~387쪽 참조.

조 9년(1631) 8월 대릉하大陵河 전투 이후에 다수의 한인 무장들이 투항하였다.[149] 이들은 대개 요동 출신의 노련한 무장으로 대명對明 전쟁의 선봉에 서서 뛰어난 전공을 세웠다. 즉 이들의 투항 이후 대명 전쟁은 엄밀히 말해 만주인과 한인과의 싸움이 아닌 한인漢人과 한인漢人의 싸움이 되었다. 투항한 한인 무장 세력은 홍타이지의 집권 기반을 강화하는 도구가 되었을 뿐만 아니라, 후일 조선 침략, 북경 점령, 입관 후 반청 세력 소탕 과정에서 팔기군 못지않은 기여를 하게 된다. 일례로, 현종 14년(1673) 유명한 삼번三藩의 난이 발생했을 때에도 토벌군의 주력은 팔기병이 아니라 한인의 녹영군綠營軍 40만이었다. 이러한 사태는 팔기병의 전투력 저하에서 기인한 것이다.[150]

한편 이들과는 출신이 다른 일련의 한인 무장들이 투항하였는데, 이른바 산동삼소도山東三所徒라고 불렸던 공유덕孔有德, 경중명耿仲明, 상가희尙可喜 등이다. 이들은 모문룡 휘하 출신 무장으로 해전의 경험이 풍부했으며 상호 깊은 연대도 맺고 있었다. 모문룡 사후 부대를 이탈해 등래순무登萊巡撫 손원화孫元化의 휘하로 들어간 공유덕과 경중명은 인조 9년(1631) 등주에서 반란을 일으켰다.[151] 명군에 쫓기던 이들은 인조 11년(1633) 후금에 투항하였다. 광록도廣鹿島에 주둔하던 상가희는 이듬 해 투항하였다. 이들은 후금이 절실하게 원했던 전선戰船·수군·홍이포를 갖고 귀순하였으므로 홍타이지의 큰 환영을 받았다. 그는 이들의 부대를 해체하여 팔기에 편입하지 않고 별도의 부대로 유지시키는 특전을 베

---

149 이하 한인 무장의 투항과 청조의 우대책에 대해서는 김두현, 앞의 글, 155~156쪽; 구범진·이재경, 앞의 글, 446~447쪽을 참조하여 서술하였다.
150 서정흠, 앞의 글, 92쪽.
151 이 사건을 오교병변(吳橋兵變)이라 한다.

풀었다. 공유덕·경중명의 부대에는 천우병天佑兵, 상가희의 부대에는 천조병天助兵이란 명칭이 하사되었다. 병자호란 전야의 천우병·천조병의 병력 총수는 대략 6,700~7,000명 정도로 추정된다. 건주여진 홍기 이후로 편입된 한인 병력은 우전 초하重軍라는 병종으로 편성되었는데, 병자호란 즈음 그 병력의 총수는 약 10,000명 정도였다. 이후 니루와 구사를 증편한 이 부대는 인조 20년(1642) 팔기한군八旗漢軍의 체제를 완비하게 된다.

홍이포紅夷砲는 기존의 중국 대포에 비해 사정거리, 파괴력, 정확도, 총신의 수명 등 모든 면에서 월등하였다.[152] 그러나 발사 후 포신砲身을 청소하고 다시 화약과 포탄을 장전하여 조준하는 데 오랜 시간이 걸린다는 단점이 있었다. 따라서 주로 야전보다는 공성전에서 많이 사용되었다. 홍이포는 한 몸체로 주조된 청동이나 철로 만들었으며 포신의 입구로 탄환을 집어넣어 발사하는 전장포前裝砲였다. 최대 사정거리는 9km에 달했는데, 실전에서 유효한 사정거리는 약 2.8km 이내였다. 홍이포 등장 이전 가장 큰 위력을 가졌던 불랑기의 유효 사정거리는 1km 정도에 불과하였다. 손원화 휘하에서 공유덕 등의 한군漢軍은 포르투갈 국적의 군사 고문단으로부터 홍이포의 조작 및 조준 기술을 배웠다. 당시 서양의 군사 기술은 주포鑄砲의 설계가 뛰어났을 뿐만 아니라, 수학과 물리 지식을 바탕으로 만든 실용적 측정기를 이용해 표적이 바뀔 때마다 신속히 앙각仰角[153]의 사정거리를 계산할 수 있었다. 아울러 표적의 상황에 따

---

152 『청실록』에는 '오랑캐 이(夷)'를 회피하여 홍의포(紅衣礮)로 기재. 홍이포의 위력에 대해서는 篠田慶一, 신동기 역,『무기와 방어구-중국편』, 들녘, 2001, 289~293쪽 참조.
153 앙각은 포구(砲口)가 위로 향했을 경우, 지평면과 포신이 이루는 각이다.

라 화약 성분이나 포탄 재질에 변화를 주어 포격의 정확도를 높이는 능력도 뛰어났다.[154]

인조 4년(1626) 영원성 전투는 후금에게 홍이포로 수비하는 명의 견고한 성곽을 공격하기 위해서는 강력한 화포가 반드시 필요하다는 점을 일깨워주었다. 홍타이지는 명의 화포를 노획하거나 명의 총포병들을 붙잡아 화포의 자체 제작을 시도하였다. 인조 9년(1631) 정월이 되자 후금군은 귀화한 한인 기술자의 도움을 받아 자신들이 제작한 화포를 갖게 되었다.[155] 같은 해 3월 29일 심양의 숙소에서 화답사回答使 위정철魏廷喆 일행이 들은 큰 포성의 출처는 후금이 자체 제작한 홍이포일 가능성이 높다.[156]

같은 해 7월 홍타이지는 산해관 외곽을 방어하는 명의 주력 요새인 대릉하성大凌河城 공략의 장도에 올랐다. 10월 28일 홍타이지는 85일간의 포위전 끝에 명의 장군 조대수祖大壽로부터 항복을 받아냈다. 이때 후금군은 영원성 전투의 교훈을 되살려 무모한 정면 돌격을 회피하였다. 그리고 명군의 화포 사정거리에서 멀리감치 떨어져 요새를 봉쇄함으로써 수성군을 아사餓死시키는 작전을 펼쳤다. 대릉하 외곽의 부속 요새들은 자신들이 갖고 온 홍이포와 대장군포大將軍砲를 이용하여 함

---

154 홍이포의 특징에 대해서는 黃一農, 앞의 글, 17쪽 참조.
155 크리스 피어스, 황보종우 역,『전쟁으로 보는 중국사』, 수막새, 2005, 253쪽; 楠木賢道, 「天聰5年の大凌河攻城戰とアイシソ國軍の火砲」,『自然人間文化-破壊の樣相』, 筑波大學大人文社會科學研究科, 2002, pp.29~30;『淸太宗實錄』권8 天聰 5년 1월 壬午(8일), "造紅衣大將軍礮成 鑄曰天祐助威大將軍 天聰五年孟春吉旦造 督造官總兵官額駙佟養性 監造官遊擊丁啟明 備禦祝世蔭 鑄匠 王天相 寶守位 鐵匠 劉計平 先是我國未備火器 造礮自此始".
156 鈴木開,「『瀋陽往還日記』에 나타난 仁祖9年(1631) 朝鮮-後金關係」,『韓國文化』68, 서울대 규장각한국학연구원, 193쪽, 2014; 魏廷喆,『瀋陽往還日記』3월 29일, "炮聲震動 問之則習放是如云爲白齊".

락시켰다. 후금군은 이때 홍이포의 실전 운용뿐만 아니라 견고한 성곽을 장기간의 포위를 통해 공략하는 경험을 쌓을 수 있었다.[157]

건주여진 흥기 이래 몽골인의 내속은 꾸준히 지속되었고, 이들은 후금의 군사력으로 활용되었다. 인조 13년(1635)에는 릭단 칸 몰락 전후 투항한 내몽골 부족—카라친, 투메트—의 병력 일부를 기존의 '구몽고舊蒙古' 병력과 합쳐 팔기몽고八旗蒙古가 창설하였다. 병자호란 직전 이들의 장정 수는 18,000명으로 추산되는데, 여기에서 징병 가능한 갑사甲士의 수는 4,800명 정도였다. 이 밖에 외번몽고外藩蒙古라 불린 내몽골의 각 부족도 청의 군사적 자산이었다.

홍타이지는 이처럼 투항 또는 복속한 몽골인·한인의 군사력을 활용하여 더욱 적극적 대외 공략책을 추진하였을 뿐만 아니라, 집권 초기 허약했던 자신의 권력을 강화하는 데 활용하였다. 팔기몽고, 팔기한군의 체제 완비는 각 호쇼이 버일러和碩貝勒들이 장악한 팔기만주의 자치권에 큰 타격을 주었다. 새로이 창설된 팔기몽고와 팔기한군은 제국에 직속되었고, 그들의 수장은 팔기만주와 같은 자치권을 보유하지 못한 관료적 존재에 불과하였다. 이러한 과정 속에서 홍타이지는 인조 10년(1632) 단독으로 남면南面하여 정무를 보기 시작함으로써 한汗으로서의 자신의 독보적 권위를 확립하였다.[158] 요컨대 병자호란 즈음의 청은 정

---

157 대릉하 전투의 전황과 청군의 작전에 대해서는 Nicola Di Cosmo, "Did Guns Matter? Firearms and the Qing Formation", *World Historical and East Asian times in the Ming-Qing Transition,* Cambridge and London : Harvard University Press, 2004, pp.149~151; 한명기, 『역사평설 병자호란』 1, 푸른역사, 2013, 302~317쪽; 구범진, 「병자호란과 천연두」, 『민족문화연구』 7, 고려대 민족문화연구원, 2016, 29~30쪽 참조.
158 이상 서술한 홍타이지의 집권화 과정은 토마스 바필드, 윤영인 역, 『위태로운 변경—기원전 221년에서 기원후 1757년까지의 유목제국과 중원』, 동북아역사재단, 2009, 525~

묘호란 때보다 훨씬 배가된 전력을 구비한 상태였다.

청 태종 홍타이지는 황제 지위를 인정하지 않는 조선에 대해 무력행사를 통해 자신의 의사를 관철하기로 결심하였다. 생애 두 번째 조선 침략을 결정한 청 태종은 인조 14년(1636) 11월 11일 명나라 공격을 위해 병력을 동원하라고 지시하였다.[159] 11월 19일에는 심양고궁의 독공전篤恭殿에서 중신들에게 비로소 조선 정벌을 선포하고, 다음과 같이 지시하였다.

> 너희들은 군사를 점검하라. 각 니루당 기병 15인, 보병 10인, 호군(護軍) 7인을 뽑아 모두에게 갑옷 32벌을 지급하고, 암바장긴(昂邦章京) 석정주(石廷柱)가 거느린 한군(漢軍)은 갑사 1인당 화살 50개씩을, 갑사 2인당 장창(長槍) 1개를, 두 니루마다 운제(雲梯) 한 개와 애패(挨牌) 한 개를 갖게 하고, 성벽을 뚫을 부(斧)·찬(鑽)·추(鍬)·궐(蹶) 등을 모두 구비하도록 하라. 또 마필(馬匹)은 각각 낙인(烙印)하여 계패(繫牌 : 표식을 매다는 것)하게 하고, 모든 기계(器械)에는 각기 호기(號記)를 써 붙여라. 각각 15일분의 행량(行糧)을 지참하고 29일까지 (심양에) 집결하라.[160]

이 유시諭示에서 보이듯이 원정군은 기병과 보병으로 나뉘어 편성되었고, 병사마다 소지해야 할 무기와 기계도 배분되었다. 원정군 개인의 군량은 15일분을 준비하게 하였다. 석정주 휘하의 한군이 군수품 운송

530쪽; 구범진,『청나라, 키메라의 제국』, 민음사, 2012, 70~79쪽; 劉小萌, 이훈·이선애·김선민 역, 앞의 책, 394~399쪽 참조.

159 『淸太宗實錄』 권32 崇德 1년 11월 辛亥(11일).
160 『淸太宗實錄』 권32 崇德 1년 11월 己未(19일).

수레인 치중輜重을 운반하고 있는 것으로 보아[161] 군량은 후속 부대가 합류하였을 때 어느 정도 보충되었을 것으로 짐작되지만, 조선 현지에서 조달된 수량도 적지 않았을 것이다.[162] 특히 성곽에 걸고 올라가는 사다리인 운제雲梯, 수성군의 화살이나 총탄을 피하기 위한 방어구인 애패挨牌, 굴착용 도구인 부斧·찬鑽·추鍬·궐钁이 미리 준비되었음을 볼 때, 당시 청군 지휘부는 다가오는 전쟁의 주요 격전지가 성곽 중심으로 이루어질 것임을 충분히 예상하고 있었던 것으로 보인다. 청 태종이 나덕헌·이확의 무례無禮와 조선의 배맹背盟 행위를 비난하며 보낸 국서에 기재된 "너희 나라가 의지하는 바는 배와 섬뿐이다[爾國所恃者 不過舟與島耳]"라는 구절[163]로 보아 그는 조선 측의 방어 전술과 보장처를 이미 정확하게 파악하였던 것으로 생각된다. 나만갑羅萬甲의 『병자록丙子錄』에 나오는 다음 내용은 이 무렵 청 태종이 보낸 국서를 보고 윤색한 내용으로 짐작된다.

귀국이 산성을 많이 쌓았지만, 만약 내가 큰 길을 통해 곧바로 경성(京城)으로 향한다면 산성으로 나를 막아낼 수 있겠소? 귀국이 의지하는 곳은 강도(江都)인데, 만약 내가 팔도를 다 유린한다면 장차 조그만 섬 하나로 나라를 이룰 수 있겠소? 귀국에서 척화를 주장하는 자는 유신(儒臣)인데, 장차 붓을 휘둘러 우리의 공격을 물리칠 수 있겠소?[164]

---

161 『淸太宗實錄』 권32 崇德 1년 12월 己卯(9일).
162 趙慶男, 『續雜錄』 권4 「丁丑年 上」 1월 15일, "豊儲倉廣興倉 米穀充滿 賊留兵堅守".
163 『淸太宗實錄』 권28 天聰 10년 4월 己丑(15일).
164 羅萬甲, 『丙子錄』 「記初頭委托」.

병자호란 당시 청군은 인조나 소현세자의 출성 항복을 최종적인 목표에 두고 작전을 전개하였기 때문에, 정묘호란 때와는 상당히 다른 병력의 운용과 기동을 보였다. 병자호란 당시 청군의 동원 병력이 얼마였는지는 정확한 기록이 연대기에 남아 있지 않아 확정하기 어렵다. 대개 『연려실기술燃藜室記述』의 기록 등을 근거로 대략 10만 명 내외로 추정하는 것이 통설이었다.[165] 그러나, 팔기의 징병 제도를 세밀하게 고증한 최근 연구에 의하면 당시 조선 원정군의 규모는 정규 병력 34,000명을 포함하여 최소 4만 5천에서 최대 5만 명 수준을 넘지 못했다고 한다.[166]

청은 내몽골의 병합과 한인 군병들의 귀순으로 정묘호란 때보다 훨씬 더 많은 병력을 동원할 수 있었다. 따라서 청군 선발대는 가장 먼저 한양을 목표로 쾌속 기동하였다. 한편 청 태종은 동지冬至인 11월 25일 신료들을 거느리고 원구단圜丘壇에 나아가 제천祭天 행사를 거행한 후 자신이 '조선을 정벌해야 하는 이유[征朝鮮之由]'를 하늘에 고하였다.[167] 주된 내용은 조선이 명나라만 편파적으로 지원하였으며, 정묘호란 이후 체결한 형제의 맹약도 제대로 지키지 않았다는 것이었다. 인조 14년(1636) 12월 1일에는 원정 준비를 마친 청군 병력이 심양에 전부 집결하였다.[168] 일부 병력을 수도인 심양 일대의 방어와 명군 침입을 견제하기 위해 남겨둔 홍타이지는 다음날 새벽 직접 원정길에 나섰다.[169] 청 태종이 지휘한 우익은 선발대의 뒤를 천천히 따라 갔고, 좌익은 관

165 李肯翊, 『燃藜室記述』 권25 仁祖朝故事本末「丙子虜亂丁丑南漢出城」, "淸兵自號二十萬實七萬 蒙兵三萬 孔耿兵二萬 合十二萬云".
166 구범진·이재경, 앞의 글, 462쪽 참조.
167 『淸太宗實錄』 권32 崇德 1년 11월 乙丑(25일).
168 『淸太宗實錄』 권32 崇德 1년 12월 辛未(1일).
169 『淸太宗實錄』 권32 崇德 1년 12월 壬申(2일).

표 1〉 **병자호란 당시 청군의 편제와 지휘관 명단**

구분		지휘관	구성 또는 병력 수
선발대	제1대	마푸타(馬夫大) 로사(勞薩)	300명
	제2대	도도(多鐸) 쇼토(碩託) 니칸(尼堪)	1,000명
	제3대	요토(岳託) 양구리(楊古利)	3,000명
본대	左翼	도르곤(多爾袞) 호거(豪格)	정백·양백·정람기의 만주와 몽고 외번몽고 좌익
	右翼	홍타이지(皇太極)	정황·양황·정홍·양홍·양람기의 만주와 몽고 외번몽고 우익
후발대		두두(杜度) 공유덕·경중명·상가희 석정주·마광원(馬光遠)	니루당 갑사 3명 천우병·천조병 우전 초하

*전거 : 구범진·이재경, 「丙子胡亂 당시 淸軍의 構成과 規模」, 『한국문화』 72, 서울대 규장각한국학연구원, 2015, 449~450쪽에서 전재(轉載) 후 수정.

전-창주성(=당아산성)-영변 일대를 거쳐 안주에서 합류하였다가 다시 함경도와 강원도 일대를 공략하면서 남한산성으로 진군하였다.[170] 후발대인 두두杜度가 지휘하는 만주팔기 병력과 공유덕·경중명·석정주 등의 한인 무장 휘하의 한군漢軍은 화포와 군량 등의 군수품을 운반하며 우익의 경로를 따라 남하하였다. 이러한 대 병력의 순차적 기동은 청군이 병자호란의 전황을 주도하게 한 결정적 요소 중의 하나라고 평가할 수 있다. 전쟁의 양상은 청이 의도한 대로 흘러갔다.

---

170 선발대를 포함한 청군 병력의 기동은 유승주, 「丙子胡亂의 戰況과 金化戰鬪 一考」, 『史叢』 55, 고려대 역사연구소, 2002, 396~398쪽; 장정수, 「병자호란 시 조선 勤王軍의 남한산성 집결 시도와 활동」, 『韓國史硏究』 173, 한국사연구회, 2016, 166~174쪽을 주로 참조하여 서술하였다.

대 병력을 동원한 청은 조선이 새로이 구축한 각 방어 거점의 공략에 크게 집착하지 않았다. 청군은 조선의 수성처를 그대로 지나쳐도 후속 부대가 뒤따르고 있었기 때문에 후방을 차단당할 위험 없이 깊숙이 진군할 수 있었다. 청군은 선발대와 본대를 분리하여 기동하였는데, 선발대의 주요 임무는 강화도로 피난가려는 인조를 견제하는 것이었다. 이와 같은 점은 병자호란을 일으킨 청의 궁극적 목적이 과연 어디에 있었는지 잘 보여준다.[171]

청 태종은 인조 14년(1636) 12월 3일 마푸타 등이 인솔한 300명의 병사를 상인으로 위장하여 심양을 출발하게 한 다음, 같은 날 도도 등이 인솔한 1,000명을, 12월 7일에는 버일러 요토 등이 인솔한 3,000명을 잇달아 출발시켜 마푸타의 뒤를 따르게 하였다.[172] 각자 15일치의 식량만 휴대한 이들 선발대는 조선군과의 접전을 피해 직로直路를 따라 최대한 빨리 도성에 다다르는 것이 목적이었다. 사행이나 개시를 위해 후금의 상인이 변경에 자주 출몰하였기 때문에, 선봉 마푸타 부대의 월경은 큰 저항과 의심을 받지 않았다.[173]

12월 3일에 심양을 떠난 마푸타의 선발대는 12월 14일에 이미 도성 근처의 양철평良鐵坪(서울시 은평구 녹번동 일대)까지 진출하였다.[174] 도성

---

171 청은 이 외에 자국의 경제 위기와 식량난을 조선 침공으로 타개하려는 목적도 갖고 있었다. 피터 C. 퍼듀, 공원국 역,『중국의 서진 – 청의 중앙유라시아 정복사』, 도서출판 길, 2012, 166~167쪽.

172 장사꾼으로 가장한 청군 선발대가 최초로 압록강을 건넌 날짜는 정확히 병자년의 (음력) 12월 8일이었다. 청군의 본대는 병자년 (음력) 12월 10일에 압록강을 건넜다. 두 날짜를 현재 사용하는 양력으로 환산하면 전자는 1637년 1월 3일, 후자는 1637년 1월 5일이 된다. 구범진,『청나라, 키메라의 제국』, 민음사, 2012, 17쪽 참조.

173 장정수, 앞의 글, 183~185쪽 참조.

174 『仁祖實錄』권33 인조 14년 12월 甲申(14일).

에서 강화도로 가는 길의 안전을 보장받지 못한 인조는 어쩔 수 없이 남한산성으로 발길을 옮겨 이날 밤 늦게 들어가게 되었다. 12월 16일에는 마푸타, 도도, 쇼토의 부대가 모두 남한산성 밑에 포진하여 성 안팎의 연락을 차단하는 한편 청 태종이 이끄는 본대를 기다리고 있었다. 이와 같이 소규모 병력을 적진 깊숙이 침투시키는 기동은 적의 강력한 역습이나 보급선의 추후 차단을 우려한다면 수립될 수 없는 과감한 전략이라고 판단되는데, 청군의 선발대는 직공直攻을 통해 인조가 강화도로 들어가는 길목을 차단하여 남한산성에 묶어두는 데 결국 성공하였다.

관향사管餉使의 직책으로 남한산성에서 인조를 호종했던 척화파 계열의 나만갑은 다음과 같이 병자호란의 패배가 방어 거점을 산성으로 옮긴 전략적 착오 때문이라고 비난하였다.

> 역대로 나라의 요충지에는 견고한 군사 요새를 설치하여 적을 방어하기 편하게 하였다. 근자에 김류와 도원수 김자점이 진(鎭)을 철회하자는 노의를 앞장서 주장하여, 의주의 진은 백마(산성)로 옮기고, 평양의 진은 자모(산성)로 옮기고, 황주의 진은 정방(산성)으로 옮기고, 평산의 진은 장수(산성)로 옮기게 하여, 그 거리가 큰 길에서 가까워도 30~40리, 먼 것은 하루 이틀 길이다. 평안·황해도 일대의 큰 진들은 모두 사람이 빈 성이 되어버렸다.[175]

대부분의 선행 연구도 위 나만갑의 주장에 의거하여, 병자호란의 중요한 패인으로 산성 위주 청야입보 전술의 실패를 지적하였다.[176] 그러

---

175 羅萬甲, 『丙子錄』「記初頭委折」.
176 유재성, 『丙子胡亂史』, 국방부 전사편찬위원회, 1986, 142쪽; 최효식, 「仁祖代의 國防 施

나 정묘호란 당시 조선군의 수성전 수행 능력을 고려한다면 이와 같은 분석은 적절한 것이라고 판단되지 않는다. 조선의 입장에서 볼 때 산성 중심의 방어책은 직공의 위협을 어느 정도 감수한 채 선택해야만 했던 불가피한 방안이었다.

만약 나만갑의 주장대로 의주·평양·황주·평산에 조선의 주력군이 배치되었다 하더라도 각각의 진(鎭)은 격파당하거나 임경업(林慶業)이 고수한 백마산성처럼 그대로 고립된 상태로 있었을 가능성이 높았다. 대로변의 성에 주력군을 배치했을 경우 인조가 강화도로 피신할 수 있는 약간의 시간은 벌었겠지만, 청군이 강화도마저 단 하루만에 점령한 사실을 상기해 보면 전쟁의 전체적 판세를 바꿀 정도였다고 판단되지는 않는다. 선발대와 달리 천천히 진군하면서 안주를 제외한 각 처의 거점 성들을 성공적으로 공략한 청군 좌·우익의 전과를 살펴보면 더욱 확실하다.[177] 산성 중심의 방어 전술은 종합적 전력의 열세 속에서 조선이 고육지책으로 택한 방어책이었지만 애당초 많은 한계를 갖고 있는 것이었다. 문제의 본질은 조선이 이보다 더 나은 군사적 대안을 갖고 있지 못했다는 데에 있었다.

그리고 앞서 살펴보았듯이 청군의 직공도 조선 측에서 전혀 예상치 못한 것이 아니었다. 고대로부터 성을 공격하는 방법에는 크게 두 가지가 있었다. 첫 번째는 공성 기구를 사용하여 성을 직접 공격하는 방법, 두 번째는 성을 포위한 후 성 안의 물자를 고갈시켜 천천히 고사시키는

策」,『東國史學』19·20, 동국사학회, 1986, 246쪽; 한명기,『정묘·병자호란과 동아시아』, 푸른역사, 2009, 414~415쪽 등.

177 선발대를 제외한 청군의 기동과 전과에 대해서는 유승주, 앞의 글, 398~412쪽 참조.

방법이다.[178] 후자의 경우 성을 둘러싼 전투의 승패는 두 가지 조건에
의해 좌우되었다. 첫 번째는 식량과 식수, 두 번째는 외부의 지원이었
다. 이 두 가지 조건이 충족되지 못할 경우 농성지구전이 반드시 수성
군에게 유리한 것만은 아니었다. 더구나 청과 같이 기동 전력이 뛰어난
적들은 단기간에 내지로 들어와 성을 포위할 가능성이 높았다.

이러한 문제점에 대해 앞에서 본 바와 같이 광해군은 대로에서 떨어
진 산성에 입보하는 방어 전술이 가진 한계를 비교적 정확하게 인식하
고 있었다. 인조도 반정 직후 장만을 접견한 자리에서 "이 적은 기동력
이 좋아 매우 신속하게 침입해 오는데, 원도遠道의 군사가 집결되기 전
에 깊이 들어오기라도 하면 어떻게 하겠는가?"라고 말하며, 광해군과
마찬가지로 후금군의 직공 가능성을 우려하였다.[179] 후금군의 행군 속
도에 대한 이원익의 보고를 보아도 알 수 있듯이,[180] 정묘호란 직후 조
선은 후금군의 기동력에 대하여 비교적 상세한 정보를 갖고 있었다. 인
조는 후금의 기병이 신속한 기동력을 바탕으로 여러 곳의 방어 거점을
지나쳐 그대로 (한양까지) 쳐들어 올 가능성에 대하여 다시 한번 걱정하
였지만, 그 대비책이 구체적으로 논의되지는 않았다.[181]

사실 병참 능력을 보유한 대규모 병력이 병자호란처럼 순차적으로
침입해 들어 올 경우, 수성전 능력이 떨어지는 조선이 별다른 대안을 찾

---

178 존 키건, 유병진 역, 『세계전쟁사』, 까치, 1996, 204~223쪽 참조.
179 『仁祖實錄』 권1 인조 1년 4월 辛巳(22일).
180 『仁祖實錄』 권15 인조 5년 1월 乙酉(17일), "上問於元翼曰 卿料賊勢如何 對曰 鐵騎長驅, 一日
之內 可行八九息之程 須急爲備".
181 『仁祖實錄』 권2 인조 1년 7월 丙申(8일), "上仍命全有亨入侍 下敎曰 聞爾諳鍊兵事 未知有何
謀策 有亨曰 今日虜勢 不可以野戰 必擇要害處守之 且守城須用天子銃也 上曰 賊若棄諸處城守
而直擣 則如之何 對曰 此則兵家之忌 賊必不懸軍深入矣(강조는 인용자)".

기는 어려웠다. 고려의 경우를 보면, 현종 1년(1010) 거란과의 전쟁에서 직공으로 개경까지 남하한 거란군의 후방을 수성군이 성 밖으로 출진하여 교란시키는 데 성공한 전례가 있었다. 당시 흥화진興化鎭(의주)을 사수하였던 양규楊規는 자신의 병력 7백 명과 통주通州(선천)에서 얻은 병력 1천 명을 규합하여 거란군의 후방 기지이자 회군로의 요충인 곽주성郭州城을 공격하여 함락하는 전과를 거두기도 하였다.[182]

그러나 병자호란 당시 조선군은 고려군과 같은 반격 역량을 갖추고 있지 못하였기 때문에 수성군이 출성하여 적군의 후방을 교란시키는 개념의 전술을 펼치지 못했던 것으로 생각된다. 의주의 백마산성을 지키던 임경업이 병자호란 내내 수성에만 주력하였던 이유도 아마 여기에 있었을 것이다. 병자호란 이후 명과의 국교가 단절된 뒤에 조선은 평안 감사의 명의로 명나라에 정문呈文을 보내어 항복의 부득이함을 설명한 적이 있었는데, 이 글을 보면 기병의 부족과 개별 전력의 열세로 인하여 수성군의 후방 교란이 용이하지 못했던 당시의 정황을 확인할 수 있다.[183]

한편 도성의 사수는 실현성 없는 방안으로 간주되었다. 그것은 이귀의 말대로 도성 성곽의 길이가 10만의 병력이 있어야만 지킬 수 있을 정도로 너무 긴 까닭에 방어 거점의 기능을 상실했다고 간주되었기 때문이다.[184] 대신 강화도와 함께 남한산성이 또 하나의 보장처로서 주목

---

182 정해은, 『고려시대 군사전략』, 국방부 군사편찬연구소, 2006, 122~129쪽.
183 李植, 『澤堂集』 권7 「平安監司呈文」, "爲仰陳小邦被兵情形 冀紆台諒事 (…中略…) 乃於上年十二月初九日 鐵騎數萬 氷渡鴨江 直向京路 勢如風飆 本道諸鎭 皆步卒短技 不敢出城遮截 彼輕兵迅驅 如入無人之境".
184 『仁祖實錄』 권3 인조 1년 11월 戊辰(12일).

되어 많은 노동력과 물자가 투입되었지만, 청군은 조선의 저항을 끝내 무력화시키고 말았다.

3. 남한산성 농성과 강화 협상의 쟁점

1) 농성 초반기(병자년 12월 14일~12월 30일) 강화 협상의 추이와 쟁점

인조 14년(1636) 12월 청군 선발대의 기습으로 도성에서 강화도로 가는 길을 차단당한 인조는 14일 초경初更(오후 7~9시 전후)이 지나서야 가까스로 남한산성에 도착하였다.[185] 15일 새벽 인조는 다시 한번 강화도로의 피난을 시도하였지만, 얼어붙은 산길과 청군의 매복 가능성 때문에 뜻을 이루지 못하고 돌아왔다.[186] 이로부터 인조 15년(1637) 1월 30일에 종결된 남한산성의 농성이 시작되었다.

12월 14일 청군 선발대의 진군을 지연하기 위해 적진에 파견되었던 최명길은 다음날 돌아와 강화 성립의 전제 조건이 왕제王弟 및 대신을 인질로 삼는 것이라고 조정에 보고하였다.[187] 조정은 능봉수綾峯守 이칭

---

185 『仁祖實錄』 권33 인조 14년 12월 甲申(14일).
186 『仁祖實錄』 권33 인조 14년 12월 乙酉(15일).
187 『仁祖實錄』 권33 인조 14년 12월 乙酉(15일), "崔鳴吉自賊陣還 啓陳和事以爲 賊要以王弟及 大臣爲質". 이 때 청이 왕자와 대신, 척화신의 출송을 요구하였다는 기록도 전한다(趙慶男, 『續雜錄』 권4 「丙子年」 12월 14일, "崔鳴吉又啓曰 彼謂我等之行 專主和議 而爾國人民 閭閻一空 至於主上播越 心甚不安 如欲修好 須遣王子大臣及斥和人 當自此還去矣").

李俒을 왕의 아우라고 가장하고 형조 판서 심집沈諿을 대신이라 가칭하여 적진에 파견함으로써 강화를 성사시키려고 하였다.[188] 이와 같은 시도는 정묘호란의 전례[189]에 비추어 능봉군綾峯君 이칭과 심집의 진위를 의심한 청에 의해 무산되었다. 이실직고한 심집은 무사했지만 이 사실을 부인한 조선 측 역관인 박난영朴蘭英은 살해되고 말았다.[190] 협상은 결렬되었고 청이 이때 새로이 제시한 조건은 세자가 직접 청군 진영에 들어와야 한다는 것이었다. 청 태종의 친정을 염두에 놓고 볼 때, 세자의 출송出送은 강화 협상의 타결을 위해 청이 설정한 최소한의 요구 조건이었다고 생각된다.[191] 따라서 정묘호란 때와 마찬가지로 왕제 및 대신을 인질로 요구한 청의 첫 번째 전제 조건은 협상에 임하는 조선의 태도를 떠보기 위한 기만책이었을 가능성이 높다. 이미 인조는 가짜 왕제와 대신을 청군의 진영에 보내면서도 청의 진정한 의도가 무엇인지 의심한 바 있었다.[192]

12월 17일에는 청군의 후속 부대가 국경을 넘고 있다는 유도대장留都大將 심기원沈器遠의 장계가 조정에 도착하였다.[193] 사태가 급박해지자

---

188 『仁祖實錄』 권33 인조 14년 12월 乙酉(15일).
189 정묘호란 때에는 종실인 원창부령(原昌副令) 이구(李玖)를 원창군이라 칭하여 왕제(王弟)라 속이고 청군의 진영에 파견하였다.
190 『仁祖實錄』 권33 인조 14년 12월 丙戌(16일), "虜遂問於朴蘭英 蘭英以俒爲眞王弟 諿爲眞大臣 虜大怒 遂殺蘭英 因言曰 出送世子然後 方可議和云".
191 후일 청 태종은 인조에게 보낸 국서에서 만약 인조가 일찍이 세자와 신하들을 보내 죄를 청하였다면 출성까지 요구하지는 않았을 것이라고 하였다.『清太宗實錄』 권33 崇德 2년 1월 甲子(24일), "朕進兵時 曾命大臣馬福塔等 至爾國諭王 王若引罪自責 可居城中 第令世子群臣 來謝請罪而已 大軍亦不深入 爾不聽命 逋入南漢山城 此大失也".
192 『仁祖實錄』 권33 인조 14년 12월 乙酉(15일), "胡差到城下 崔鳴吉亦自虜營來言 察其辭色 則三件事講定之外 似無他心矣 上曰 卿必見欺矣 豈爲三件事 而至此乎".
193 『承政院日記』 54책 인조 14년 12월 丁亥(17일).

최명길뿐만 아니라 영의정 김류金瑬, 좌의정 홍서봉洪瑞鳳, 비변사 당상
堂上 장유張維 등도 화친만이 해결책이라는 의견을 적극적으로 피력하
기 시작하였다. 정묘호란보다 훨씬 불리한 전황으로 인하여 강화 성립
의 전제 조건은 이전보다 훨씬 더 가혹할 것이라고 예상되었다.[194] 쟁
점은 강화가 성립되기 위한 조건으로 '조선이 청의 요구를 어느 정도
선까지 수용할 수 있는가'라는 문제였다. 인조는 강화도에 있는 대군大
君(봉림·인평대군)을 차후에 인질로 보내는 선에서 협상을 타결하고 싶
었지만, 세자의 출송도 염두에 두고 있었다. 그러나 그는 이 조건까지
수용하더라도 협상의 타결이 쉽지 않을 것이라고 보았다.[195]

결국 이때 청군의 진영에 파견된 좌의정 홍서봉과 호조 판서 김신국
金藎國은 아무런 성과 없이 되돌아 왔다.[196] 다만 이 시점부터는 청과의
관계에서 지금까지 조선이 고수하였던 의리義理 또는 명분名分상의 후
퇴를 상징하는 움직임이 정묘호란 때의 협상 과정과 마찬가지로 하나
둘씩 나타나기 시작했다. 전황이 불리해짐에 따라 교섭 과정에서 청을
상대하는 예禮의 등급도 올라갈 수밖에 없었는데, 조선의 군신君臣들은
이러한 명분상의 후퇴에 대해 눈물을 흘리며 애통해 하였다. 좌의정 홍
서봉이 교섭 상대인 청군 장수를 만났을 때 재배再拜한 것은 명과 동
등한 예를 청에게 시행한다는 것을 의미하였다. 아울러, '숭명배청'의
반정 명분을 스스로 부정하는 행위이기도 하였다.

---

194 『仁祖實錄』 권33 인조 14년 12월 丁亥(17일), "上引見大臣 備局堂上 (…中略…) 瑬 瑞鳳曰
事已急矣 不可不請和 伊賊已得勝勢 而援兵之來 亦不可必 在我之勢 比丁卯 必加數層壓屈然後
可以見許 未知計將安出".
195 위의 사료.
196 위의 사료, "於是 遂遣洪瑞鳳金藎國往虜營 瑞鳳見虜將再拜".

(신료들이) 모두 "상(上)의 하교가 지당하십니다. 이런 처지에 이르렀으니 어찌 명분을 다툴 겨를이 있겠습니까. 마땅히 높여 섬기는 예를 극진히 해야 하고, 사신이 가서 호인(胡人)을 만날 때에도 고두(叩頭)하고 재배하기를 중국을 섬기는 예와 다름이 없게 해야 합니다"라고 아뢰었다. 상이 "형세상 마땅히 이렇게 할 수밖에 없지만, 300년 간 지성으로 사대하면서 매우 중하게 은혜를 받았는데 폐조(廢朝 : 광해군) 때에도 없었던 일을 하루아침에 당하고 말았으니, 경들이여 어찌해야 하는가? 윤기(倫紀)가 무너진 시절을 만났지만 다행히 당시 절개를 지키던 제현(諸賢)들과 난국을 바로잡는 사업(事業)을 거행하여 임금의 자리에 앉아서 임금의 일을 행한 지 지금 14년째이다. 어찌 견양(犬羊)과 금수(禽獸) 같은 처지가 될 줄이야 예상했겠는가? 그렇지만 경들에게 무슨 잘못이 있겠는가? 내가 용렬하고 무능해서 이렇게 망극한 변란을 초래하게 되었으니, 경들이여 어찌해야 하는가?"라고 울면서 말하였다. 신료들이 모두 "신들이 못나서 이런 상황에 이르게 된 것이지 전하께서 하늘에 무슨 죄를 지으셨겠습니까?"라고 울면서 아뢰었다.[197]

홍서봉 등이 적진에 다녀온 뒤 열린 회의에서는 강화 협상의 타결 문제가 다시 논의되었다. 세자를 인질로 보내라는 청의 협상 조건이 제시되자, 남한산성의 방어를 자신할 수 없었던 조정의 중신들은 청의 요구를 받아들일 수밖에 없다고 건의하였다. 인조도 이 주장에 동감을 표했다.[198] 그러나 이러한 주장은 사간원, 사헌부, 세자시강원을 중심으로 한 신료들의 격렬한 반발을 불러 일으켰다. 조선의 군신君臣이 볼 때 대

---

197 『承政院日記』 54책 인조 14년 12월 丁亥(17일).
198 『仁祖實錄』 권33 인조 14년 12월 丁亥(17일); 南礏, 『南漢日記』 병자년 12월 17일.

군이 아닌 세자가 청 황제를 배알하는 것은 세자의 안위와도 연관되었지만 무엇보다도 명분에 관련된 사안이기도 하였다.[199] 고려-몽골 강화 교섭의 실마리가 고려 고종의 태자인 왕전王倎(후일의 고려 원종)이 원에 들어감으로써 풀린 전례를 감안해 볼 때, 세자의 입조 또는 친견도 청을 황제국으로 인정하는 행위의 하나로 조선의 군신들에게 인식되었을 가능성이 높다. 조정은 결단을 내리지 못한 채 고민하다가, 결국 세자 출송의 논의를 철회하였다.[200] 아직 완전히 기울지 않은 전황이 조정의 판단에 영향을 미쳤을 것이다. 12월 18일에는 인조가 농성 중인 신료들에게 협상의 결렬을 알리며 결전을 독려하였다.[201]

12월 20일과 21일에는 연이어 청의 사신이 남한산성 아래로 와서 청 태종이 개성에 도착한 것을 알리며 화친의 성사를 압박하였으나,[202] 조선의 거부로 더 이상 협상의 진전은 없었다. 나만갑의 『병자록』에는 병자년 12월 22일에 청이 세자 대신 왕자와 대신을 보내라는 제안을 했는데 인조가 거절했다는 기록이 있지만, 같은 날짜의 『인조실록』・『승정원일기』・『청태종실록』에서는 이와 같은 사실이 확인되지 않는다.[203] 남급의

199 石之珩, 『南漢日記』 병자년 12월 18일, "蓋國曰 名分上 則渠不計之矣 其言曰 以國王之子 見皇帝之弟 有何不可乎". 최근 석지형의 『남한일기』가 당시 승정원 가주서(假注書)가 작성한 일기로서 원본 『승정원일기』의 초고에 해당되는 것이라는 주목할 만한 연구가 학계에 제출되었다(김남일 「병자호란 시기 『승정원일기』의 전거 자료 『남한일기』 연구 – 개수본 『승정원일기』와 『남한일기』・이도장의 『승정원일기』의 비교」, 『韓國史學史學報』 32, 한국사학사학회, 2015).

200 南礏, 『南漢日記』 병자년 12월 17일.

201 『仁祖實錄』 권33 인조 14년 12월 戊子(18일).

202 『仁祖實錄』 권33 인조 14년 12월 庚寅(20일), "金盡國李景稷入來啓曰 胡差以爲 頃者大臣還入之後 了無消息 汗今已到松京矣 此後則俺等爲兩國生靈之計 無所施矣 云 上命却其差人"; 『仁祖實錄』 권33 인조 14년 12월 辛卯(21일).

203 羅萬甲, 『丙子錄』 「急報以後日錄」 병자년 12월 22일, "馬胡又送胡譯言 自今以後 不請東宮 若送王子大臣 定當媾和 上猶不許".

『남한일기』에는 청 사신이 와서 화친을 제안했다는 내용만 남아 있다.[204] 청의 제안은 후속 부대가 남한산성에 도착할 때까지 시간을 벌기 위한 기만전술의 일환으로도 보이지만 사실 여부를 알 수 없다. 조선은 12월 17일 협상이 결렬된 이후 납서蠟書(밀랍으로 봉한 밀서)를 보내어 각 도 근왕병勤王兵의 조속한 집결을 독촉하는 한편,[205] 선제 공격을 시도함으로써 청과의 협상에서 유리한 고지를 점하는 쪽으로 대응의 기조를 정하였다.

조선군은 성 밖으로 나아가 여러 차례의 공격을 시도하였지만 다음 〈표 2〉에 보이는 것처럼 청군에게 결정적 타격을 주지 못한 채 병력만 소모하였다.

한편 청군 선발대는 교전을 최대한 회피하고 역습을 노리는 전술을 취하였다. 후속 부대와 공성 장비가 미처 도착하지 않은 상태에서 구태여 조선과의 전면 대결을 시도할 필요가 없었기 때문이다. 그들은 남한산성 주변에 목책木柵을 둘러 외부와의 소통을 차단하고,[206] 수시로 소규모의 공격을 시도하거나 공격해 오는 조선군을 요격하는 것 외에는 달리 적극적 공세를 펼치지 않았다. 청군은 남한산성을 포위한 군사의 수를 과장하기 위해서 자기 진영에 허수아비를 세워 놓거나, 굶주림을 이기지 못하고 부역附逆한 조선인을 군사로 편입하기도 하였다.[207]

외부 지원군이 전혀 없는 상황에서, 위와 같은 소모전은 오히려 농성

204　南礏, 『南漢日記』 병자년 12월 22일, "胡使來請和".

205　『仁祖實錄』 권33 인조 14년 12월 庚寅(20일).

206　李肯翊, 『燃藜室記述』 권25 仁祖朝故事本末 「丙子虜亂丁丑南漢出城」 병자년 12월 25일, "極寒 賊積松枝及雜木於城外 六七日環圍 成一外城 周百餘里高數丈".

207　『承政院日記』 54책 인조 14년 12월 辛卯(21일), "壑日 渠言見獲於伏兵 則所謂伏兵皆是我國人 問其所以 則答以避難隱伏 不勝飢餓 出爲賊役, 渠喩令速爲逃去云矣 大槪伊賊 自城內出去者 則不禁 自外入來者則阻之 而還路見之 則賊兵皆宿 我國人獨坐 烹肉而食之且賊多造弱人佩筒箇 騎之於牛 而本兵則甚少".

교전 상황 및 전과	전거
북문 대장 원두표 휘하의 군사가 적 6명을 죽임.	나만갑, 『병자록』, 병자년 12월 18일
남성(南城)에 육박한 적군을 아군이 화포로 격퇴함.	『인조실록』 인조 14년 12월 19일
어영별장(御營別將) 이기축(李起築)이 군사를 거느리고 서성 밖으로 나아가 적 10여 명을 죽임. 동성을 지키는 신경진 휘하의 군사가 적 약간 명을 죽임.	나만갑, 『병자록』, 병자년 12월 21일
북문을 지키는 어영군이 적 10여 명을 죽임. 신경진 휘하의 군사가 적 30여 명을 죽임.	나만갑, 『병자록』, 병자년 12월 22일
자모군(自募軍) 등이 출전하여 적 50여 명을 죽임.	『인조실록』 인조 14년 12월 23일
아군 4백여 명이 출전하여 적 100여 명을 죽였다고 주장하였으나, 어영청에서는 믿지 않음. 호전(胡箭)과 호궁(胡弓) 등의 전리품을 획득.	『인조실록』 인조 14년 12월 24일
북문 밖에서 아군이 적의 기습을 받아 별장(別將) 신성립(申誠立)을 포함한 상당수가 죽거나 다침.	『인조실록』 인조 14년 12월 29일

중인 군사들의 사기를 점점 떨어뜨렸다.[208] 더구나 조선군이 장기 농성 전을 성공적으로 수행하는 데에는 여러 가지 제약이 있었다. 농성의 지 속 여부를 결정하는 가장 중요한 요건 가운데 하나는 군량이었다. 남한 산성에 농성 중이던 군사는 13,800여 명에 달했는데, 초기 남한산성에 저장된 식량은 미米와 태두太豆가 10,800석, 피곡이 5,800여 석, 감장甘 醬이 200석, 소금이 90여 석 정도였다.[209] 이 정도 비축량은 수성군과 농성 중인 신료들이 50~60일 정도 지탱할 수 있는 양에 불과하였으므 로, 12월 29일부터는 모든 관료들의 식료를 7홉合으로 감량하였다.[210]

---

208 羅萬甲, 『丙子錄』 「急報以後日錄」 병자년 12월 18일, "雖未知賊兵多少 而纔有大雪 日寒未消 大軍漫山蔽野 地上無一點白處 其多可知也 賊來日衆 援兵不至我勢日蹙 士無鬪志".

209 『承政院日記』 54책 인조 14년 12월 丁亥(17일); 『承政院日記』 54책 인조 14년 12월 庚寅 (20일).

210 李肯翊, 『燃藜室記述』 권25 仁祖朝故事本末 「丙子虜亂丁丑南漢出城」 병자년 12월 25일, "百 官料 始以七合減給". 조선 후기 성인 남자의 한 끼 식사량은 일반적으로 5~7홉 사이였다. 정연식, 『일상으로 본 조선시대 이야기』 2, 청년사, 2001, 89쪽.

농성 막바지인 인조 15년(1637) 1월 14일에는 관향사 나만갑이 1일 지급 양을 병사는 3홉, 관료는 5홉으로 줄여야 다음달 24일까지 버틸 수 있다고 보고할 정도로 성 안의 식량 사정은 양호하지 않았다.[211]

식량 부족과 더불어 농성 중인 병사를 괴롭힌 것은 병자·정축년의 매서운 겨울 추위였다. 밤새 성첩城堞에서 적을 감시하는 병사들의 몸과 손발은 추위와 습기에 젖는 일이 흔하였고 이것은 고스란히 수성군의 전투력 손실을 가져왔다. 그럼에도 불구하고 병사들이 입을 만한 변변한 방한복이 없어서 성안에 피난 온 사대부들에게 여벌의 옷을 걷거나 임시로 가마니를 모아 지급할 정도로 상황은 열악하였다.[212] 겨울에 내린 진눈깨비는 수성군의 고통을 가중시켰기 때문에 인조는 행궁 후원後苑에서 날이 개이기를 기원하는 제사를 지내기도 하였다.[213] 밥 짓는 땔감이 부족해 개원사開元寺의 행랑채와 광주부廣州府의 감옥을 허물 정도였으므로, 일반 백성들의 방한 사정도 좋지 않았음을 짐작할 수 있다.[214]

말 먹이로 쓰이는 마초馬草의 부족도 심각한 고민거리였다. 성 밖의 청군 기병을 상대하기 위해서는 보병뿐만 아니라 기병의 지원도 필수적이었는데, 굶주린 말들은 전투상의 기능을 상실하였기 때문에 오히려 식량으로 도살되어 병사들에게 지급되었다.[215] 화약도 넉넉하지 않았으며 성 안에 비치된 화통火筒·화전火箭의 상태도 불량했다.[216] 이러

---

211 羅萬甲, 『丙子錄』 「急報以後日錄」 정축년 1월 14일.
212 『承政院日記』 54책 인조 14년 12월 庚寅(20일), "敬興曰 最悶者軍兵凍餒事也 蓋國曰 伊賊或十五爲群 或二十爲群 頻到城下 必欲使城內人 疲於防備 不得休息敬興曰 朝士中或有身外所着缺 送于軍士處 如何 基廣曰 此則昨日已爲擧行矣"; 위의 사료, 인조 14년 12월 乙未(25일).
213 『仁祖實錄』 권33 인조 14년 12월 甲午(24일).
214 李肯翊, 『燃藜室記述』 권25 仁祖朝故事本末 「丙子虜亂丁丑南漢出城」 1월 2일.
215 『仁祖實錄』 권33 인조 14년 12월 乙未(25일), "宰城中瘦馬 以饋將士 從體府之請也".
216 『承政院日記』 54책 인조 14년 12월 辛卯(21일), "壂曰 火藥亦有一萬八千斤 而八千斤 則無石

한 사정을 종합하여 볼 때, 『연려실기술』의 다음 기사는 진위 여부를 떠나 당시 추위와 굶주림에 고통받던 농성의 실상이 반영된 것으로 보아도 무방하다.

성 안의 모든 물건이 결핍되고 말과 소가 모두 죽었으며 살아 있는 것들은 굶주림이 심하여 서로 그 꼬리를 뜯어 먹었다. 이때 상(上)이 이부자리가 없어 옷을 벗지 못하고 자며, 밥상에도 겨우 닭다리 하나를 놓았다. 상이 "처음 입성하였을 때에는 새벽에 뭇 닭의 우는 소리를 들었는데 지금은 그 소리가 완전히 끊어져 어쩌다 겨우 있으니 이것은 반드시 나에게만 바치기 때문이다. 앞으로 닭고기를 올리지 말라"고 지시하였다.[217]

농성 초반기 호쇼이 어르커친왕和碩豫親王 도도가 청 태종에게 올린 보고에 의하면, 청군은 당시 남한산성 내의 식량·식수·땔감·병사·군기軍器 등의 비축 상황에 대해 놀랄 만큼 정확한 정보를 갖고 있었다.

그 성 안에는 현재 식량과, 땔감, 식수가 매우 부족하여 병사 2인에게 1인 지급량을 주고 있습니다. 다만 4곳에 식수가 있는데, 사람들에게 지키게 하고 물을 길어 옵니다. 수성군의 숫자는 아직 정확히 파악하지 못하였습니다만 타구(垜口)가 평평한 곳은 3인이, 조금 험한 곳은 2인이, 아주 험한 곳은 다만 1인이 지킬 뿐입니다. 군기 역시 완전히 갖추지 못한 채 입성한 상태입니다.[218]

硫黃 方使士夫奴子搗之 而似不精矣 上曰 弓子亦別爲點火 破弓亦令弓匠修 可也 蟄曰 有火箭 而年久蠹傷 火筒亦有之 而陳久不可用 稜鐵最好 而無鐵不可造 可悶".
217 李肯翊, 『燃藜室記述』 권25 仁祖朝故事本末 「丙子虜亂丁丑南漢出城」 병자년 12월 30일.
218 『淸太宗實錄』 권32 崇德 1년 12월 乙未(25일).

청은 이와 같은 정보를 바탕으로 장기적 공성 전략을 수립한 것으로 보인다.[219] 교착 상황을 타개하거나 활로를 열기 위한 결전을 독려하는 인조의 지시가 있었으며,[220] 선제 공격을 주장하는 이식李植, 홍주일洪柱一, 이시매李時楳 등의 건의도 잇달았다.[221] 아직 산성을 포위 중인 청군 선발대의 병력 — 4,300명 이내 — 이 적으니 후속 부대가 증원되기 전에 활로를 뚫어야 한다는 것이 그 이유였다.[222] 그러나 정작 병권을 담당한 신경진申景禛(동문 수비군 대장), 구굉具宏(남문 수비군 대장), 원두표元斗杓(북문 수비군 대장), 이시백李時白(서문 수비군 대장) 등의 군 지휘관 대부분은 회의적 반응을 보였다.[223] 이들은 대규모 선제 공격을 하기에 조선군의 전투력이 현저하게 떨어진다고 판단하였다.

13,800여 명에 달하는 수성군의 숫자가 청군 선발대를 훨씬 상회하였기 때문에 근왕병이 좀 더 빨리 출동하였더라면 승산이 있었다고 평가할 수도 있겠지만,[224] 병사들의 개인 전투력과 부대 단위의 전술 수행 능력을 종합적으로 감안한다면 조선군의 승리를 장담하기 쉽지 않았다

---

219 청 태종은 대릉하성의 공성 경험을 참작하여 남한산성 포위전을 70~80일 정도 걸릴 것이라고 전망하였다. 구범진, 「병자호란과 천연두」, 『민족문화연구』 7, 고려대 민족문화연구원, 2016, 31쪽.

220 『仁祖實錄』 권33 인조 14년 12월 壬辰(22일).

221 『承政院日記』 54책 인조 14년 12월 己丑(19일).

222 『仁祖實錄』 권33 인조 14년 12월 甲午(24일), "大司諫金槃曰 坐此圍城 留時引月 彼之持久者 必待其援兵也 我援不來 彼援卒至 則尤無可奈何 請出兵於一門 一邊斬退督戰 一邊移入江都 猶可 有爲 而體府諸將 如醉如癡 李廓亦欲出擊 而大將持難云 臣不勝悶鬱"; 李肯翊, 『燃藜室記述』 권25 仁祖朝故事本末 「丙子虜亂丁丑南漢城」, 병자년 12월 29일, "金薑國每見 上 輒請戰 上厭之".

223 『仁祖實錄』 권33 인조 14년 12월 乙未(25일), "時白曰 此賊善用兵 神出鬼沒 平野交鋒 未易得 利 但當休養士卒 待賊仰攻而勦擊 不然 待外援 挾攻爲當矣 上曰 持久至此 將若之何 擇形便之地 而出兵一戰可也".

224 장정수, 「병자호란 시 조선 勤王軍의 남한산성 집결 시도와 활동」, 『韓國史硏究』 173, 한국사연구회, 2016, 182·197쪽.

고 생각한다. 청군 선발대는 팔기병 중에서도 전투력이 뛰어난 자들로 선발되었을 가능성이 높다. 이흥업李興業이 이끄는 훈련도감의 기병 80여 기가 창릉昌陵 일대[225]에서 청군 선발대를 요격하다가 몰살당한 사건은 이러한 사정을 반영한 것으로 보인다.[226] 사르후 전투 당시 후금군의 총 병력이 1만 명 내외였던 것을 감안한다면, 청군 선발대의 규모 자체 역시 소수라고 볼 수 있는지 의문이다. 식량을 비롯한 성 내부의 사정이 좋지 못하였고, 고립된 상태에서 외부 지원이 전혀 없었기 때문에 기약 없는 농성을 지속하는 것도 결코 쉽지 않은 상황이었다.

이러한 상황 속에서 12월 25과 26일에 세시歲時가 임박했다는 핑계로 소와 술을 적진에 보내어 막혔던 협상의 물꼬를 트자는 이서李曙, 홍서봉, 김류, 장유, 최명길의 건의가 잇달았다.[227] 결국 12월 27일 이항복李恒福의 서자庶子 이기남李箕男이 재신宰臣(2품 이상 고위 관료)을 대신하여 예조 판서라 가칭하고 소 두 마리, 돼지 세 마리, 술 열 병을 가지고 적진에 들어갔다. 그러나 청군 장수는 청 태종의 친정과 근왕병의 격퇴를 통보하며 예물을 받지 않은 채 돌려보냈다.[228] 12월 28일에는 이조 판서 최명길이 다시 사자를 파견해야 한다고 주장하였고,[229] 출성한 조선군이 대패한 다음날인 12월 30일에는 김신국과 이경직李景稷을 정축년 1월 1일 청군 진영에 파견하기로 결정하였다.[230]

---

225 경기도 고양시 덕양구 용두동 산30-1 소재. 예종과 계비 안순왕후 한 씨의 릉.

226 羅萬甲, 『丙子錄』「急報以後日錄」병자년 12월 14일, "先送都監將官李興業 領馬隊八十餘騎 禦賊 拜辭之際 過飮賜酒 及親舊錢杯 將官以下 無不心醉 行到昌陵越邊 爲賊盡沒 只餘數騎".

227 『仁祖實錄』권33 인조 14년 12월 乙未(25일)・丙申(26일).

228 『仁祖實錄』권33 인조 14년 12월 丁酉(27일).

229 『仁祖實錄』권33 인조 14년 12월 戊戌(28일).

230 『仁祖實錄』권33 인조 14년 12월 庚子(30일).

한편, 청 태종은 병자년 12월 10일 무렵 휘하 병력을 이끌고 압록강을 건너 의주성에 주둔하였다.[231] 다음날 진군을 시작한 홍타이지는, 12월 12일 곽산의 능한산성을 지키던 군민軍民으로부터,[232] 12월 13일에는 정주의 군·민으로부터 항복을 받았다.[233] 12월 15일에는 서북 지역에서 가장 견고함을 자랑하였던 조선의 군사 요새인 안주성 남문 밖에 도달하였다.[234] 그러나 평안 병사 유림柳琳이 지키는 안주성의 방어 태세가 매우 치밀한 데에다가 자신의 회유책도 먹히지 않자, 홍타이지는 약간의 매복 병력만을 남긴 채 남쪽으로 내려가 버렸다. 대군을 이끌고 남하를 계속한 홍타이지는 텅 빈 평양성을 지나, 12월 27일에는 얼어붙은 임진강을 건넜다.[235]

12월 29일에는 청 태종이 이끄는 병력이 한양 근교에 도착하였다. 모래재 고개沙嶺(서울시 서대문구 홍제동 소재)부터 한강변을 거쳐 동대문 밖에 이르는 지역까지 수를 헤아릴 수 없는 청군의 숙영지가 길게 늘어섰다.[236] 한양을 경유한 청 태종은 한강을 건너 남한산성 서쪽에 주둔하였다.[237] 이후 그는 삼전도·뚝섬 일대와 한양의 동관왕묘東關王廟를 오가며 거처하였다.[238] 12월 30일에는 광나루廣津, 마전나루麻田渡 : 三田

---

231 『淸太宗實錄』권32 崇德 1년 12월 庚辰(10일). 병자년 12월 10일은 정확히 환산하면 서력으로 1637년 1월 5일에 해당한다(구범진, 「역법 문제와 한국사 서술—날짜 표기의 혼란과 오류」, 『歷史敎育』 94, 역사교육연구회, 2005, 273쪽).

232 『淸太宗實錄』권32 崇德 1년 12월 壬午(12일).

233 『淸太宗實錄』권32 崇德 1년 12월 癸未(13일).

234 『淸太宗實錄』권32 崇德 1년 12월 乙酉(15일).

235 『淸太宗實錄』권32 崇德 1년 12월 丁酉(27일).

236 趙慶南, 『續雜錄』권4 병자년 12월 29일.

237 『淸太宗實錄』권32 崇德 1년 12월 己亥(29일), "上自率大軍由城外徑渡漢江 直抵南漢城西駐營 圍困之".

238 趙慶南, 『續雜錄』권4 병자년 12월 30일, "三十日大雪 體府以夜氣陰霾 令將士合番守堞 賊之

渡(마전=삼밭), 헌릉獻陵[239]의 세 길을 통하여 남한산성으로 향하는 청군의 대大병력이 목격되었다.[240]

2) 농성 중반기(정축년 1월 1일~1월 15일) 강화 협상의 추이와 쟁점

청군 본대가 진영을 재정비한 후 정축년 새해가 밝자 조선 측에서도 확연히 늘어난 청군의 군세를 눈으로 확인할 정도였다.[241] 더욱 불리해진 전황 속에서 조선은 다시 강화를 추진해야만 하였고, 협상의 주도권은 여전히 청 측에 있었다. 1월 1일 청군의 진영을 방문한 김신국과 이경직은 남한상성을 순찰하느라 진영을 비운 황제의 부재不在를 통보받고 되돌아와야만 하였다.[242] 1월 2일에 다시 청군 진영에 파견된 홍서봉, 김신국, 이경직은 개전 이후 최초로 청 태종이 인조에게 보내온 국서를 받아 가지고 왔다.[243]

국서의 대략적 내용은 명과의 협력, 병자년 3월 척화교서의 작성, 공유덕·경중명 귀순 시 조선의 방해, 병자년 2월 존호 관련 봉서封書의 접수 거절 등을 비난하면서 정묘맹약의 위반 및 전쟁 도발의 주체가 청

初到 造精舍于所破昆箭串兩處 築三層臺 至是汗居東關廟 往來于兩處 僧侈之具 不可盡言".
239 서울시 서초구 내곡동 산 13-1, 태종과 원경왕후 민씨의 릉.
240 李肯翊, 『燃藜室記述』 권25 仁祖朝故事本末「丙子虜亂丁丑南漢出城」 병자년 12월 30일.
241 『仁祖實錄』 권34 인조 15년 1월 辛丑(1일), "虜汗合諸軍 結陣于炭川 號三十萬 張黃傘登城 東望月峯 俯瞰城中".
242 『仁祖實錄』 권34 인조 15년 1월 辛丑(1일), "上竟從鳴吉之言 遂遣金藎國李景稷 往虜陣請和 虜將馬夫達曰 皇帝方巡城 徐當稟定 明早不可不遣人 藎國等還";『清太宗實錄』 권33 崇德 2년 1월 辛丑(1일), "上出營 環視朝鮮國王李倧所居南漢山城形勢 申刻環營".
243 『仁祖實錄』 권34 인조 15년 1월 壬寅(2일).

이 아닌 조선이라는 점을 강조하는 것이었다.[244] 아울러 조선(고려)이 요遼·금金·원元에 칭신사대稱臣事大한 역사적 사실을 적시하면서, 홍타이지의 황제 즉위를 인정하지 않은 조선의 태도를 비난하였다. 다만, 인조의 칭신이나 출성 항복을 명시적으로 요구하지는 않았다.

　문제가 된 것은 그 내용보다 "大淸寬溫仁聖皇帝詔諭朝鮮國王"으로 시작하는 청이 보내 온 국서의 형식이었다. 조선 군신의 입장에서 보면, '황제조유皇帝詔諭'는 대명大明의 황제만이 번국藩國의 조선 국왕에게 쓸 수 있는 표현이었는데, 청이 조선에 보낸 국서에 이 표현을 똑같이 사용했던

---

244 『詔勅謄錄』(奎12904의 2) 崇德 2년 1월 壬寅(2일). "大淸寬溫仁聖皇帝詔諭朝鮮國王 我兵先年東征兀良哈時 爾國起兵邀擊後 又協助明朝荼毒我國"; 『承政院日記』 55책 인조 15년 1월 壬寅(2일), "汗書曰 大淸國寬溫仁聖皇帝招諭朝鮮國王 我國先年率[東]征兀良哈時 爾國起兵邀擊 後又協助明朝 荼毒我國"; 『淸太宗實錄』 권33 崇德 2년 1월 壬寅(2일), "敕曰 昔年我軍東征瓦爾喀略時 爾朝鮮以兵截戰 後明國來侵我 爾朝鮮又率兵助之". 정작 『인조실록』의 같은 날 기사에는 자료가 착간(錯簡)되어, 이 국서가 아닌 병자년 12월 2일 조선 출병을 위해 심양을 떠나며 반포한 "大淸國寬溫仁聖皇帝誥諭朝鮮官民人等 朕此番來征 原不爲嗜殺貪得 本欲常相和好 爾國君臣 先惹釁端故耳"로 시작하는 고유(誥諭)의 내용이 실려 있으므로 이용에 주의를 요한다. 이 고유는 『조칙등록』과 『동문휘고 별편』 권3에 실려 있다. 저자의 경우 기 발표한 논문에서는 『인조실록』에 이 국서가 착간된 사실을 미처 인지하지 못하였다 (허태구, 「병자호란 講和 협상의 추이와 조선의 대응」, 『朝鮮時代史學報』 52, 조선시대사학회, 2010, 63~64쪽).

당시 청과 조선이 작성한 국서는 실록을 비롯한 양국의 각종 사서에 실려 있는데, 위에서 보는 바와 같이 요약·편집·중수(重修)되는 과정에서 국서 원본의 내용이 약간씩 누락되거나 변형되었다. 가장 원본에 가까운 것은 서울대 규장각한국학연구에서 소장중인 필사본 『조칙등록(詔勅謄錄)』(奎12904의 2)과 『동문휘고(同文彙考)』 그리고 청 측 자료인 『만문노당(滿文老檔)』에 포함된 『조선국래서부(朝鮮國來書簿)』이다. 후자의 자료는 인조 5년 (天聰 1년, 1627)부터 인조 18년(崇德 5년, 1640)까지 조선과 후금(청) 사이에 오간 국서를 한문으로 필사하여 모은 것이다(허태구, 「이나바 이와키치(稻葉岩吉)의 丁卯·丙子胡亂 관련 주요 연구 검토」, 『朝鮮時代史學報』 81, 조선시대사학회, 2017, 17쪽). 장춘우(張存武)와 예첸훙(葉泉宏)이 2000년에 펴낸 『청입관전여조선왕래국서휘편(淸入關前與朝鮮往來國書彙編) 1619~1643』은 『조선국래서부』와 『동문휘고』 등에 실린 양국의 국서를 담고 있어 매우 유용하다. 본 절에서는 『인조실록』, 『승정원일기』, 『청태종실록』을 대조·검토한 뒤, 큰 차이가 있을 경우에만 앞에서 언급한 세 개의 자료를 활용하여 국서의 내용을 확인하였다.

것이다. 이러한 현실은 당대인에게 감당하기 어려운 충격을 주었다.[245]

명의 황제를 대신하려는 청 태종의 의지와 대청 체제의 수립이란 현실은 다름 아닌 청이 작성한 국서의 형식에 철저하게 관철되고 있었다. 당시 청과의 협상 과정에서 오고 가는 국서의 자구字句와 형식은 대명 의리의 명분과 관련된 사안으로 중대하게 논의되어야 할 문제였다.[246] 선조의 사위인 신익성申翊聖의 상소문에서 보이듯이 명분에 어긋난 형식의 국서 왕래 자체가 조야朝野의 격렬한 반발을 불러 일으켰다.

삼가 들건대 홍서봉 등이 서계(書契)를 가지고 왔는데, 거기에 조유(詔諭)라고 일컬었는데도 조정에서 장차 회답을 하려 한다고 하였습니다. 그러나 신의 어리석은 생각에는 화친하는 일을 끝내 이룰 수 없을 뿐더러 교활한 오랑캐의 계략에 말려들어 천하 후세에 비난만 받게 되리라고 생각됩니다. 저 오랑캐가 이미 방자하여 황제로 자처하고 또 친히 대군을 통솔하였다는 등의 말로 멋대로 공갈을 치니, 그 뜻이 정묘년의 경우처럼 사신과 약조로 종결되는 데에 있지는 않을 것입니다. 아! 피폐(皮幣)와 금백(金帛)을 더 줄 수도 있고 왕자와 대신을 인질로 삼을 수도 있지만, 한 등급이라도 더 올리는 일은 따를 수 없습니다. 큰 명분이 있는 곳은 천경지위(天經地緯)와 같은 것이니, 어지럽힐 수 없습니다. 저들이 진실로 따를 수 없는 일과 어지럽힐 수 없는 명분을 요구하고 있는데, 조정에서는 장차 어떻게 대처할 것입니까? 지금 공손한 말로 동정을 구한다 하더라도 이 한 조목을 잘못 처리하면 끝내 성패

---

245 羅萬甲, 『丙子錄』 「急報以後日錄」, 정축년 1월 2일, "洪瑞鳳 金蓋國 李景稷 往胡中 胡以黃紙所書 詔諭爲名 凶慘至此 不忍聞 不忍見 寧欲溘然而無知也".

246 『仁祖實錄』 권34 인조 15년 1월 癸卯(3일), "引見大臣備局諸臣 洪瑞鳳曰 自今日 始用他式【他式謂稱臣也】事極重大 請二品以上會議 但恐事幾延緩也".

(成敗)의 수(數)에 도움이 되지 못할 것입니다. 지난번 오랑캐의 글이 아무리 도리에 어긋나고 방자했어도 아직 조유라는 두 글자는 없었고, 사명(使命)을 받든 신하(=나덕헌, 이확)가 중도에서 (국서를) 내버렸는데도 오히려 처벌을 받았는데, 이번에는 거짓 조서[僞詔]가 어찌하여 군부(君父) 앞에 이르렀단 말입니까?[247] (강조는 인용자)

신익성에게 국서의 형식을 고치는 것은 세폐나 인질보다 훨씬 더 중요한 본질적 문제였다. 청 태종의 국서에 답서를 보내지 말아야 한다는 의견이 앙등했지만, 1월 3일 다시 홍서봉·김신국·이경직이 인조의 답서를 가지고 청군 진영으로 들어갔다. 이때 이들이 지참한 "朝鮮國王姓某謹上書于大淸寬溫仁聖皇帝 小邦獲戾大國"으로 시작되는 답서의 형식은 병자호란 이전 홍타이지를 '금한金汗' 또는 '청국한淸國汗'이라 지칭하며 보냈던 조선 측 문서의 형식을 파격적으로 높인 것이었다.[248] 다만 이때까지는 국서에 청나라의 연호를 표기하지 않았고, '신臣'이나 '폐하陛下' 등의 칭신稱臣을 의미하는 표현도 덧붙이지 않은 상태였다. 이 국서의 요지는 청 태종이 1월 2일에 보낸 국서에서 열거한 조선의 잘못을 정중히 사과하는 것이었지만 은연중에 양국의 형제 관계를 강조하였다.[249] 답서를 받은 청은 아직 남한산성에 도착하지 않은 만주의

---

247 『仁祖實錄』 권34 인조 15년 1월 癸卯(3일).
248 『仁祖實錄』 권32 인조 14년 6월 庚寅(17일);『仁祖實錄』 권34 인조 15년 1월 癸卯(3일).
249 『仁祖實錄』 권34 인조 15년 1월 癸卯(3일), "其書曰(…中略…) 朝鮮國王姓某 謹上書于大淸寬溫仁聖皇帝 小邦獲戾大國 自速兵禍(…中略…) 皇明是我父子之國 而前後大國兵馬之入關也 小邦未嘗以一鏃相向 無非以兄弟盟好爲重也";『淸太宗實錄』 권33 崇德 2년 1월 癸卯(3일), "書曰 小邦獲戾於大國 自速兵禍(…中略…) 明國與我誠如父子 大國之常入關征彼也 未常以一鏃加小邦 無非以兄弟和好爲重".

여러 버일러貝勒 및 (외번)몽고병이 온 뒤에 상의하여 결정하겠다고 통보하며 즉답을 회피하였다.[250]

한편 명분상의 후퇴가 불가피한 현실로 인정되는 분위기였기 때문에, 척화론자들은 이 후퇴가 결국 실리實利의 문제, 곧 국왕의 안위安危와 직결될 것이라는 논리로 인조를 설득하려고 애썼다. 그리고 화친 논의 때문에 수성군의 사기가 떨어진다는 주장을 반복하였다. 다음 협수사協守使 유백증兪伯曾의 상소는 이러한 정황을 잘 보여준다.

지금 추악한 오랑캐가 지구전에 뜻을 두고 있어 아직 화친을 허락하지 않으면서 구원병의 진로를 차단하여 전진할 수 없게 하고 오래도록 포위하고 풀지 않아 안과 밖을 막아 단절시켰으니, 존망의 기틀이 숨 한번 쉬는 사이에 결판나게 생겼습니다. 지금 만약 신(臣)이라고 일컫기만 하고 포위가 풀린다면 그래도 오히려 후일의 여지가 있으니, 신이 반드시 힘껏 다투지는 않을 것입니다. 그러나 청성(靑城)의 행차[251]는 반드시 면하지 못할 것입니다. 따라서 결사전을 벌여야 한다는 뜻을 구원병에게 알리어 당부하고 머뭇거리며 진격하지 않을 경우 즉시 목을 벤다면 사기는 저절로 갑절이 될 것입니다. 싸우지 않으면 반드시 망할 형세이고 결전을 벌이면 이길 수 있는 이치가 있으니 지금 해야 할 계책은 오직 큰 위엄을 세우고 대의를 밝히며 군율을 시행하는 데에 있을 뿐입니다.[252]

---

250 『承政院日記』55책 인조 15년 1월 癸卯(3일), "洪瑞鳳金藎國李景稷出往虜陣 傳國書而回 有引見 瑞鳳啓曰 臣傳給國書 渠問書中大旨 臣暫言之 則卽爲捧去 而出來後別不言書式等事 只言自中有左衛右衛 左衛先來而右衛未及來 且諸王子及蒙古皆議同出來 方到昌城 當待其來定奪云".

251 송 휘종·흠종 부자의 북행.

252 『仁祖實錄』권34 인조 15년 1월 甲辰(4일).

그러나 이러한 주장을 하는 척화론자에게도 현 상황을 타개할 구체적 대안은 없었다. 청의 회답이 없자 다시 사신을 파견하는 문제로 고민하던 인조는 조정 신료들을 모아 놓고 시행 여부를 물었다. 이 때 대사간大司諫 김반金槃은 사신을 보내는 대신 성 밖에서 전투를 태만히 한 장수를 처벌하여 군율을 밝히자는 대안을 제시했지만, 인조의 지적대로 이것은 당장 실행이 불가능하거나 효과도 없는 탁상공론에 불과하였다.[253]

따라서 1월 11일에 최명길이 1월 9일에 이미 작성된 국서를 인조 앞에서 수정하였으며,[254] 1월 12일에는 홍서봉·최명길·윤휘尹暉 등이 수정된 국서를 가지고 청군 진영에 들어갔다. 그러나 청은 자국의 사정을 언급하며 접수를 거부하고 다음날 다시 오라고 통보하였다.[255] 1월 13일에야 개전 이후 인조가 청 태종에게 보내는 두 번째 국서를 전달하는 데 성공하였다.[256]

이 국서에서도 조선은 이전의 잘못을 사과하고 '관온인성寬溫仁聖'이란 청 태종의 존호를 찬미하기도 하였지만, 명의 '재조지은再造之恩'을 강조하면서 칭신을 표기하지 않은 채 여전히 양국의 형제 관계만 여러 차례 강조하였다.[257] 사실상 조선은 국서의 내용과 형식을 통해 청이 요구하는

---

253 『仁祖實錄』 권34 인조 15년 1월 己酉(9일).
254 『仁祖實錄』 권34 인조 15년 1월 己酉(9일)·辛亥(11일).
255 羅萬甲, 『丙子錄』 「急報以後日錄」 정축년 1월 12일, "遣左相洪瑞鳳崔鳴吉 及尹暉許偘虜營 則不受國書 以明日更來西門爲言 且言 新將又到云 而頗有 忽忽之色"; 南礏, 『南漢日記』 정축년 1월 12일, "胡使來請和".
256 『仁祖實錄』 권34 인조 15년 1월 癸丑(13일).
257 『仁祖實錄』 권34 인조 15년 1월 己酉(9일)·辛亥(11일), "其書曰 屬者小邦宰臣 奉書軍門 有所稟請 (…中略…) 但念兄之於弟 見有罪過 怒而責之 固其宜也 責之太嚴 反有乖於兄弟之義 (…中略…) 徒以世受皇明厚恩 名分素定 曾在壬辰之難 小邦朝夕且亡 神宗皇帝動天下之兵 拯濟生靈於水火之中 小邦之人 至今銘鏤心骨 寧獲過於大國 不忍負皇明 此無他 其樹恩厚 而感人深也 (…中略…) 務窮兵力 傷兄弟之恩 閉自新之路 以絶諸國之望 (…中略…) 而新建大號 首揭寬

군신 관계를 수용할 수 없다는 뜻을 완곡하게 전달한 것으로 보인다. 그러나 이번에도 청이 답서를 보내지 않자 최명길과 윤휘 등은 1월 16일 아침에 다시 사신을 보내야 한다고 주장하여 인조의 재가를 받았다.[258]

한편 남한산성에 고립된 인조를 구하기 위하여 도원수, 부원수, 각 도의 감사와 병사 등이 이끄는 근왕병이 뒤늦게나마 남한산성 주변으로 집결하였다. 그러나 전라 병사 김준룡金俊龍과 평안 병사 유림의 부대를 제외하고는 대부분 청군에 의해 각개 격파당한 뒤 후퇴하거나 아예 교전을 회피하여 안전지대에서 청군의 동태를 관망만 하는 형편이었다.[259] 근왕병의 구원 실패를 군 지휘관의 무능과 비겁 때문이라고 볼 수도 있겠지만, 이들이 청군과의 교전을 회피한 배경에는 양국 간 전력의 심각한 불균형이 자리 잡고 있었다. 근왕병 가운데 거의 유일하게 접전을 벌였다고 평가받는 유림 부대의 사례를 살펴보자.[260]

개전 이후 청군의 대부대가 안주성과 평양성을 그대로 통과하여 도성을 압박하자 평안도를 방어하던 군 지휘관들은 근왕병을 이끌고 남하하였다. 평양성 북쪽 70리 지점에 위치한 자모산성을 방어하던 평안

溫仁聖四字 蓋將以體天地之道";『淸太宗實錄』 권33 崇德 2년 1월 癸丑(13일), "書曰 異者小邦宰臣 奉書軍門 有所陳請 (…中略…) 但念兄之於弟 見有過則怒而責之 理也 然責之太嚴 反乖兄弟之義 (…中略…) 祇以受明國厚恩 名分素定 曾値壬辰之難 小邦旦夕且亡 神宗皇帝動天下之兵 拯濟生民於水火之中 小邦之人 至今銘鏤心骨 (…中略…) 務窮兵力 傷兄弟之義 閉自新之路 以絶諸國之望 (…中略…) 而新建大號 首揭寬溫仁聖四字 將以體天地之道".

258 『仁祖實錄』 권34 인조 15년 1월 乙卯(15일), "崔鳴吉尹暉請對曰 彼將回報云 而迄無消息 明朝欲送人問之 大臣之意亦然矣 上然則遣之".

259 유재성,『丙子胡亂史』, 국방부 전사편찬위원회, 1986, 188~218쪽. 반면 장정수는 근왕병의 동원이 신속히 이루어져 청군 선발대에 타격을 주었고, 미원 집결 이전에는 전투를 회피하지 않았다는 점에서 부정적으로만 볼 수 없다고 주장하였다(장정수, 앞의 글, 194쪽 참조).

260 김화 전투의 전황에 대해서는 李肯翊,『燃藜室記述』 권26 仁祖朝故事本末「諸將事蹟」; 유승주,「丙子胡亂의 戰況과 金化戰鬪 一考」,『史叢』 55, 고려대 역사연구소, 2002, 425~433쪽 참조.

감사 홍명구洪命耈는 휘하 병력 3,000명[261]을 이끌고 안주성을 지키던 평양 병사 유림의 병력 5,000명과 강동江東에서 합류하였다. 이들은 강원도 양근군陽根郡 미원迷原에 퇴각해 있던 도원수 김자점 등의 병력과 합류하여 남한산성으로의 진격을 시도하려고 했던 것 같다. 인조 15년 (1637) 1월 26일 강원도 김화金化에 도착한 조선군은 청군의 한 부대를 조우하였다. 함경도에 흩어져 살던 여진족의 한 갈래인 와르카瓦爾喀를 소탕하기 위해 출정한 부대였다.

1월 28일 조선군은 홍명구와 유림의 대립으로 인하여, 두 개의 진영으로 나뉜 채 청군과 교전하게 되었다. 김화 읍치邑治의 배후에 있는 성재산城齋山의 고성古城에 포진하자는 유림의 의견을 무시한 홍명구는 읍치의 관아들을 등진 서남쪽 얕은 구릉에 방어진지를 구축하였다. 유림은 어쩔 수 없이 그 왼쪽 편인 동남쪽의 야산인 백수봉栢樹峯에 포진하였다. 청군은 1월 28일 새벽 홍명구의 진영을 일시에 유린하였다. 오후에는 상대적으로 고지에 포진한 유림의 진영을 수차례에 걸쳐 공략하였으나 승리를 거두지 못하고 후퇴하였다.

유림의 승리는 매우 예외적인 것으로 대부분의 근왕병 부대는 화살과 탄약의 부족으로 하루 이틀을 버티지 못하고 패배하였다. 이러한 패배는 보급량의 부족에서 기인된 것으로도 볼 수 있지만, 잘 훈련되지 않은 병사들이 교전 중에 미리 겁을 먹고 조총과 화살을 남발하는 데서 일어났을 가능성이 높다. 접전을 벌인 유림 부대의 경우, 지휘관 유림이 겁을 먹은 휘하 병사들의 사기를 진작시킨 후, 적병이 전방 수십 보 이내에 접

---

261 1,000명이라는 기록도 보인다.

근할 때까지 발포하지 말도록 철저하게 부대의 사격을 통제하였다.[262]

경상 감사 심연沈演의 경우처럼 군량 조달의 문제가 부대의 기동에 제약을 가하기도 하였다.[263] 따라서 근왕병의 이동 속도 역시 기병 전력이 중심이었던 청군과는 비교가 되지 않을 정도로 느렸을 것이다. 요컨대, 당시 각도의 근왕병은 병사 개인의 전투력을 포함한 종합 전력에서 청군에게 열세를 면하지 못하였던 것으로 보인다. 김화 전투에서 승리한 유림의 부대마저도 화살과 탄약의 소진 때문에 청군의 재공격을 피해 서둘러 후퇴해야 했던 정황은 이러한 판단을 뒷받침한다.[264] 남한산성이 포위된 상황에서 전황을 종합적으로 취합하여 전쟁을 총지휘하는 기능이 마비되다시피 하였던 것도 조선의 효과적 대응을 가로막은 원인 가운데 하나였다.[265]

3) 농성 종반기(정축년 1월 16일~1월 30일) 강화 협상의 추이와 쟁점

조선의 각도 근왕병을 거의 다 격파한 상태에서, 1월 10일에는 호쇼이 머르겐친왕和碩睿親王 도르곤多爾袞과 도로이 버일러多羅貝勒 호거豪格 등이 이끄는 좌익군이 청 태종의 본영에 도착하였고,[266] 1월 4일에는 화포火礮와

---

262 李肯翊, 『燃藜室記述』 권26 仁祖朝故事本末 「諸將事蹟」, "琳令軍中曰 矢丸無多 不可浪費 賊到陣前數十步之近 我當麾旗 觀我旗齊發 違者斬".

263 위의 사료, "初沈演 以前庶尹都慶兪 爲從事官 軍中之事 一委慶兪 慶兪斬右兵使軍官朴忠謙示威 督進太急 遠邑之軍 太半未到 糧餉在後 而不得已進兵 軍卒盡棄衣裝 所着短衣 剪以爲短 幷日而行 無不凍餒".

264 위의 사료, "琳曰 今日之戰 幸而得勝 矢丸已盡 不可復戰 不若乘勝移陣".

265 김종원, 『근세 동아시아관계사 연구－朝淸交涉과 東亞三國交易을 중심으로』, 혜안, 1999, 176쪽 참조.

군량을 수송한 경중명의 부대가 1월 10일에는 홍이포·장군포·화약을 수송한 버일러貝勒 두두杜度의 부대가 속속 합류하자 청군의 전력은 이전보다 훨씬 더 배가되었다.[267] 청 태종은 인조 15년(1637) 1월 16일이 되자 강화도 공략을 준비하라고 지시하였다.[268] 조선의 항복을 압박하기 위해 강화도에 있는 왕실 가족을 포로로 사로잡아야 했기 때문이다. 이러한 상황 속에서 청의 새로운 강화 조건이 제시되었다. 청은 1월 16일에 '초항招降'이라는 두 글자를 깃발에 크게 써서 남한산성의 성중城中에 보였다.[269] '초항'이 담고 있는 청의 구체적 요구사항은 무엇이었을까?

홍서봉·윤휘·최명길을 오랑캐 진영에 가게 하였다. 잉굴다이가 "새로운 이야기가 없으면 다시 오지 말라!"고 하였다. 최명길이 면대하기를 청하여 "신이 이신검(李信儉)에게 물었더니 여량(汝亮)과 명수(命守)의 뜻을 전해주었습니다. 이른바 새로운 말이란 '제일층지설(第一層之說)'이었습니다. 인군(人君)과 필부(匹夫)는 같지 않으니 만약 보존을 도모할 수만 있다면 최후의 방법이라도 쓰지 않을 수가 없습니다. 새로운 이야기 운운한 것은 우리가 먼저 발설하기를 바란 것입니다. 신의 생각으로는 마땅히 적당한 때에 이르러 우리가 먼저 발설하여 화친하는 일을 마무리해야 합니다. 청컨대, 영의정을 불러 의논하여 결정하십시오"라고 아뢰었다. 상(上)이 "어떻게 갑작스레 의논

---

266 『淸太宗實錄』 권33 崇德 2년 1월 庚戌(10일).
267 『淸太宗實錄』 권33 崇德 2년 1월 甲辰(4일), "是日 恭順王孔有德 懷順王耿仲明 智順王尙可喜 及漢軍甲喇章京金玉和 携火礮至"; 『淸太宗實錄』 권33 崇德 2년 1월 庚戌(10일), "是日 多羅 安平貝勒杜度等 護送紅衣礮將軍礮火藥重器等車至".
268 『淸太宗實錄』 권33 崇德 2년 1월 甲辰(16일), "又得人問之 有云國王與長子及羣臣 俱在南漢 其餘妻子 在江華島 又有云王與妻子 俱在一處 朕意欲造船 先攻此島 若得其妻子 則城內之人 自然歸順 若猶不順 然後攻城 計亦未晩 觀此島亦似易取".
269 『仁祖實錄』 권34 인조 15년 1월 丙辰(16일).

하여 정할 수 있겠는가?"라고 물었다. 최명길이 "이런 이야기를 사책(史冊)에 쓰는 것은 적절치 않습니다"라고 아뢰니, 상이 쓰지 말라고 명하였다.[270]

청은 1월 16일을 기점으로 '제일층지설'이란 새로운 강화 타결의 전제 조건을 제시하면서, 이 조건을 조선이 수락하지 않는 한 다시 사신을 보낼 필요가 없다고 통보하였다. '제일층지설'이란 최종 제안 또는 최후의 양보안 정도로 해석될 수 있는데, 눈여겨보아야 할 점은 이 조건을 수용해야 한다는 논의 자체가 사책에 기록되어서는 안 될 정도의 부당한 것으로 인조와 최명길에게 인식되고 있었다는 사실이다. '제일층지설'은 바로 인조의 '칭신'을 의미하는 것으로 보인다.[271] 제후국이 사대 관계를 맺은 황제국에게 행하는 의례는 여러 가지로 구성되었는데, 핵심적인 것이 이른바 '봉표칭신奉表稱臣'이었다. 청은 강압에 의한 것이 아니라 인조의 자발적 신속臣屬이란 모양을 갖추기 위해 위와 같은 방식으로 칭신을 강요하였던 것으로 보인다. 1월 17일이 되자, 청은 느긋하게 조선을 압박하던 태도를 갑자기 바꾸어 먼저 남한산성으로 사람을 보내어 조선 측에 사신 파견을 요구하였다.[272] 아래 사료에서는

---

270 『仁祖實錄』권34 인조 15년 1월 丙辰(16일).
271 저자는 기 발표한 논문에서 '제일층지설'의 의미를 인조의 출성 항복이라고 보았으나, 이 책에서는 구범진의 해석을 참고하여 수정하였다. 허태구, 「병자호란 講和 협상의 추이와 조선의 대응」, 『朝鮮時代史學報』52, 조선시대사학회, 2010, 70~71쪽; 구범진, 「병자호란과 천연두」, 『민족문화연구』7, 고려대 민족문화연구원, 2016, 35쪽.
272 이와 같은 협상 분위기의 급변은 청군 진영에서 발생한 천연두가 청 태종의 귀환을 강요했기 때문이라고 한다(구범진, 「병자호란과 천연두」, 『민족문화연구』7, 고려대 민족문화연구원, 2016, 50~53쪽 참조). 이 경우 청군의 선택지는 두 가지 정도였을 것이다. 하나는 청 태종과 함께 청군 전원이 철수하는 것, 다른 하나는 천연두에 면역된 숙신(熟身) 버일러가 조선 정벌의 임무를 완수하는 것이다. 저자는 후자의 가능성이 더 높았다고 생각한다.

다시 한번 '제일층지설'의 의미가 구체적으로 무엇인지 엿볼 수 있다.

상(上)이 "사신을 불러보겠다"라고 전교(傳敎)하였다. (사신을) 보자 상이 "호인(胡人)이 와 불렀다고 하는데, 무슨 의도인지 모르겠다"라고 물었다. 홍서봉이 "어제는 몹시 느긋한 마음을 보이더니, 하루도 지나지 않아 갑자기 와서 사신을 청하는 것은 분명히 그들에게 급한 일이 있기 때문인 것 같습니다"라고 아뢰었다. 상이 "내 생각은 (우리가) 어제 이신검에게 했던 말을 (그들이) 의논하고자 하는 것이다. 마땅히 신검으로 하여금 '성을 나가 잡히든 성을 지키다 죽든 마찬가지일 뿐이니 절대 따를 수 없다라고 (조선 사신들이) 운운하였습니다'라고 전하게 해야 한다. 경들이 나가 만났을 때에도 이렇게 다투어야 한다"라고 하였다. 최명길이 "마땅히 그렇게 해야 합니다. '제일자설화(第一字說話)'는 어떻게 대처해야 합니까?"라고 여쭈었다. 왕이 "회계설화(會稽說話) 말인가?"라고 물었다. 최명길이 "그렇습니다"라고 대답하였다. 왕이 "그렇다면 '일이 매우 중대하니 돌아가 조정에 말해야 한다'라고 운운하면 될 것이다"라고 말하였다.[273]

위의 긴 인용문을 보면 몇 가지 중요한 사실을 확인할 수 있다. 일단 조선 측은 청이 갑자기 협상에 속도를 올리는 것에 대해 의문을 품었다. 그리고 전날 청은 '제일층지설'과 함께 인조의 출성을 언급했던 것으로 짐작된다. 여기에 대해 출성 항복은 절대 받아들일 수 없다는 것이 조선 측의 입장이었다. 그런데 '제일자설화第一字說話'라고 모호하게 표현된

---

273 『承政院日記』 55책 인조 15년 1월 丁巳(17일).

요구의 실체는 무엇인가? '회계설화會稽說話[274]'라는 답변만 놓고 보면 인조의 출성이라고 판단할 수 있지만, 위 사료의 문맥상 출성과 '제일자설화'는 분명하게 구별되는 내용으로 조정에 돌아가 논의해 결정해야만 하는 중대한 사안이었다. 1월 17일 전후의 상황을 고려해 볼 때, 이 정도의 비중을 가진 현안은 인조의 칭신밖에 없었다.[275] 1월 16일 인조와 최명길의 대화에서 "此等說話 書之史册不當"이라고 한 구절을 떠올린다면, 왜 인조의 칭신이 '제일자설화第一字說話' 또는 '회계설화會稽說話'라는 모호한 표현으로『승정원일기』라는 사책에 기입될 수밖에 없었는지 쉽게 짐작할 수 있다.

여하튼 청 태종은 1월 17일 청군 진영을 방문한 홍서봉, 최명길, 윤휘 등에게 국서를 발송하여 조선을 한층 더 압박하였다.[276] 이 국서 역시 조선 사신이 정축년 1월 2일 청이 발송한 국서와 동일하게 "大淸國寬溫仁聖皇帝詔諭朝鮮國王"이란 구절로 시작하였다. 이 국서는 조선이 1월 13일에 발송한 국서의 내용을 한 조목씩 반박하면서 인조의 출성 항복을 촉구하는 내용으로 마무리되었다.[277] 청은 개전 이후 최초로 이

---

274 회계산에서 월나라 왕 구천(句踐)이 오나라 왕 부차(夫差)에게 목숨을 구걸하며 항복한 일.
275 구범진 역시 '제일자설화'는 '제일칭지설'이며 칭신을 가리키는 것이라 지적한 바 있다(구범진, 「병자호란과 천연두」, 『민족문화연구』 7, 고려대 민족문화연구원, 2016, 35쪽). 단 저자와 같은 방식으로 논증하지는 않았다.
276 『仁祖實錄』 권34 인조 15년 1월 丁巳(17일), "虜人來到西門外招使臣 於是遣洪瑞鳳崔鳴吉尹暉等如虜營 瑞鳳等跪受汗書而還 其書曰 大淸國寬溫仁聖皇帝詔諭朝鮮國王 略曰 (…下略…)". 이날 『인조실록』에는 국서의 요약본이 실려 있다.
277 『承政院日記』 55책 인조 15년 1월 丁巳(17일), "瑞鳳等受汗書回 其書曰 大淸國寬溫仁聖皇帝詔諭朝鮮國王 來書云 責之太嚴 反有乖於兄弟之義 豈不爲上天之所怪乎 (…中略…) 今爾與朕爲敵 我故興兵至此 若爾國盡入版圖 朕豈有不生養安全 字之若赤子乎 (…中略…) 今爾欲生耶 亟宜出城歸命 欲戰也 亦宜亟出一戰 兩兵相接 上天自有處分矣"; 『淸太宗實錄』 권33 崇德 2년 1월 丁巳(17일), "勅諭朝鮮國王李倧曰 爾來書云 責之太嚴 反有兄弟之義 豈不爲上天之所惟 (…中略…) 今爾與朕爲敵 朕故興兵討爾 若爾國盡入版圖 朕有不生養安全 字若赤子者乎 (…中

국서를 통하여 인조의 출성 항복이란 강화 성립의 전제 조건 또 하나를
제시하였다.[278] 강화 협상의 추이를 고려해 볼 때, 이 국서에는 칭신의
국서와 함께 인조의 출성 항복을 통해 군신君臣 관계를 확인받고자 하
는 청의 의도가 담겨 있다고 볼 수 있다. 이로써 개전 이후 청이 강화
성립의 전제 조건으로 요구한 세 가지 사안─① 칭신의 국서를 발송하
는 것, ② 척화신과 왕자를 압송하는 것(구두로 통보), ③ 인조가 성에서
나와 직접 항복하는 것─이 전부 조선 측에 전달되었다. 당대인들의
관점에서 보았을 때, 명분상 가장 들어주기 어려운 조건은 바로 '칭신
의 국서를 발송하는 것'이었다.

　1월 18일에 수정되어 다음날 청 태종에게 전달된 조선 측의 국서 역
시 내용뿐만 아니라 형식을 놓고 많은 논란이 벌어졌다.[279] 이 국서는 앞
으로 '조선이 번국藩國으로서 문서와 예절을 이에 걸맞게 행하겠다'는
다짐과 함께 인조의 출성 조건을 완화하여 성 위의 망배望拜로 조정해 달
라는 내용을 담고 있었다.[280] 조선은 이 국서에서 청이 요구한 '군신 관

略…) 今爾有衆欲生耶 亟宜出城歸命 欲戰耶 亦宜亟出一戰 兩兵相接 上天自有分辨也").

278　羅萬甲, 『丙子錄』「急報以後日錄」 정축년 1월 17일, "龍馬兩胡 要我使 洪瑞鳳崔鳴吉尹暉 出去
　　受吝書而來 書辭不測 蓋出城一款也".

279　1월 18일에 발송된 국서는 잉굴다이와 마푸타가 자리를 비워 반송되었으며, 1월 19일에
　　야 청이 접수하였다(『承政院日記』 55책 인조 15년 1월 戊午(18일), "洪瑞鳳等 爲虜所却
　　不得傳國書 而自上招見 鳴吉啓曰 今又不捧國書矣 上曰 何以爲之耶 曰臣等先通則龍胡出來 蓋
　　先爲來待 而托稱將帥招之而去矣 俄而金宬屎出來言 馬夫大不來 日且已暮 還爲入去云矣";
　　『淸太宗實錄』 권33 崇德 2년 1월 己未(19일), "朝鮮國王倧 遣其閣臣洪某尙書某侍郞尤某
　　齎書至營請成 書曰 伏奉明旨 (…中略…) 今之所願 但有改心易慮 一洗舊過 擧國承命 得比諸藩
　　而已 誠蒙曲察危悃 許以自新 則奏書禮儀 自有常式 講而行之 其在今日 至於出城之命 實仁覆至
　　意 然重圍未解 帝怒方盛 恐嬰城水死 出城亦死 是以瞻望龍旌 引分自決 情亦慼矣 古人有城上拜
　　天子 蓋以禮不可廢 而堅城不出 實以兵威大可懼也".

280　『仁祖實錄』 권34 인조 15년 1월 戊午(18일), "其書曰 朝鮮國王謹上書于大淸國寬溫仁聖皇帝
　　【此下有陛下二字 爲諸臣所爭 而抹去】伏奉明旨 (…中略…) 今之所願 只在改心易慮 一洗舊習
　　擧國承命 得比諸藩而已 誠蒙曲察危悃 許以自新 則文書禮節 自有應行儀式 講而行之 其在今日

198　병자호란과 예(禮), 그리고 중화(中華)

계를 국서의 형식을 통해 수용하겠다'는 의사, 즉 칭신의 의사를 최초로 밝혔지만, '폐하'라는 표현은 신하들의 반대로 끝내 삭제되었다. 한편, 이 글에는 개전 이후 최초로 청의 숭덕 연호도 기입되었다.[281]

국서에 칭신을 표기하는 문제의 중대성은 이조 참판 정온鄭蘊이 올린 차자箚子를 보면 더욱 확실하게 짐작할 수 있다.

전후의 국서는 모두 최명길의 손에서 나왔는데, 말이 매우 비루하고 아첨하는 것이어서, 이것은 곧 하나의 항서(降書)였습니다. 그러나 아직까지는 신(臣)이라는 한 글자를 쓰지 않아 명분이 아직 결정되지 않은 상태였습니다. 그런데 지금 만약 칭신한다면 군신(君臣)의 명분은 이미 정해진 것입니다. 군신의 명분이 이미 정해졌으면 앞으로 그 명령만을 따라야 할 것인데 저들이 만약 나와서 항복하라고 명한다면 전하께서는 장차 나가서 항복하시겠습니까? 북쪽으로 가도록 명한다면 전하께서는 장차 북쪽으로 가시겠습니까? 옷을 갈아입고 술을 따르도록 명한다면 전하께서 장차 술을 따르겠습니까? 따르지 않으면 저들이 반드시 군신의 의리를 가지고 그 죄를 따지며 토벌할 것이고, 따른다면 나라는 이미 망한 것이니[從之則國已亡矣], 이러한 지경에 이르면 전하께서는 앞으로 어떻게 대처하실 것입니까?[282]

至於出城之命 實出仁覆之意 然念重圍未解 帝怒方盛 在此亦死 出城亦死 是以瞻望龍旌 分死自決 情亦戚矣 古人有城上拜天子者 蓋以禮有不可廢 而兵威亦可怕也";『承政院日記』55책 인조 15년 1월 戊午(18일), "國書 朝鮮國王謹上書于大淸國寬溫仁聖皇帝 伏奉明旨 (…中略…) 崇禎(→德)二年正月十七日".

281 위의 각주에서 보이는 바와 같이,『인조실록』에는 연호가 생략되어 있지만 같은 날짜의 『승정원일기』 등에는 연호가 기입되어 있다(鈴木 開,「丙子の乱と朝淸關係の成立」,『朝鮮史硏究會論文集』55, 朝鮮史硏究會, 2017, p.59).『청태종실록』에 실린 청 태종의 국서에는 연호가 기재되어 있지 않지만, 생략된 것으로 보는 것이 마땅하다.

282 『仁祖實錄』 권34 인조 15년 1월 己未(19일).

정온은 청의 칭신 요구를 따를 경우 '나라가 망한다'라고 주장하였다. 그 기준은 국왕이 출성 항복하는 것, 인질로 오랑캐 땅에 끌려가는 것, 옷을 갈아입고 술을 따르는 것이었다. 두 번째를 제외하면 모두 의례와 밀접하게 연관되는 몸짓임을 알 수 있다. 정온에게는 황제가 아닌 자를 황제의 예禮로써 대접을 하는 것, 바로 이러한 행위가 명분을 문란케 하는 것이자 국망國亡의 기준이었던 것이다. 도승지 이경직이 칭신은 곧 조선의 강토를 금수禽獸의 고을로 만드는 일이라는 취지의 발언을 하자 인조는 이 말을 듣고 눈물을 흘리며 애통해 하였다.[283] 만약 이 태도가 인조의 진심이라면 두말할 나위가 없고, 분식되어 사료에 기재된 것이라 해도 이렇게 할 수밖에 없는 당대의 분위기를 탐지하는 데 전혀 부족함이 없다.

정온이 제시한 국망의 기준은 김상헌과 인조도 공유하는 것이었다. 이와 같은 공감대를 고려해야만 병자호란 전후의 척화론을 당대의 맥락에서 이해하게 될 것이다. 이러한 분위기는 칭신 국서의 발송 문제를 놓고 나눈 인조와 김상헌의 대화에서도 잘 드러난다.

예조 판서 김상헌이 국서를 찢고 통곡하면서 청대(請對)하여 "신이 병으로 물러나 밖에 있다가 지금 비변사에 도착하여 저들에게 답하는 국서를 보고서 저도 모르게 통곡하였습니다. 명분은 문란하게 해서는 안 되는 것인데 어찌 성상(聖上)께서 차마 이런 일을 하시리라고 생각이나 했겠습니까? 군신 상하가 함께 성을 지키다가 만약 하늘의 보살핌을 입는다면 혹 뭔가 도모

---

283 『承政院日記』55책 인조 15년 1월 辛酉(21일), "景稷曰 何可以爲虛事也 東方數千里封疆 豈終爲禽獸之鄕也 上泣曰 不能早死 竟見此事 罔極罔極 奈何奈何".

해 볼 수 있겠지만, 하루아침에 이렇게 하고 나면 더는 할 수 있는 일이 아무 것도 없습니다. 그런데 오늘날 군신(君臣)이 이 점은 생각하지 않고 지레 (칭신 의) 문서를 작성하여 스스로 명분을 문란하게 하니, 저들이 만약 군신의 의리로써 요구하면 끝내 성을 나가지 않을 수 없을 것입니다. 그러나 이것은 오히려 염려할 바가 못 됩니다. 국가가 패망하게 되는 길은 한 가지만 있는 것이 아니니, 가령 이 렇게 해서 겹겹의 포위를 벗어날 수 있다 하더라도 앞으로 명분에 관해 어찌 할 말이 있겠습니까? 신이 울분을 이기지 못하고서 문서를 찢어버렸으니 신의 죄는 만 번 죽어도 마땅합니다. 70의 나이에 무슨 더 바랄 것이 있어 구차히 살기를 도모하겠습니까. 속히 죽여주소서!"라고 아뢰었다. 상(上)이 한참을 탄식하다가 "경의 말한 바가 옳기는 옳다"라고 하였다. 김상헌이 "이렇게 해 서 성상과 세자께서 위난에서 벗어날 수 있다면 그래도 해볼 만하겠지만, 결단코 벗어나기 어렵다는 것을 신은 알고 있습니다.[284](강조는 인용자)

김상헌은 최명길이 작성한 칭신을 표기한 국서의 초본草本을 보고 찢 어버렸다. 그는 자신을 죽여 달라고 왕에게 청했지만, 이러한 행위는 오히려 그에게 고상한 이름을 얻게 해주는 것이었다.[285] 인조 역시 터 무니없다고 배척하거나 화를 낸 것이 아니라, 김상헌의 발언을 '옳기는

---

284 『承政院日記』 55책 인조 15년 1월 戊午(18일).

285 南礏, 『南漢日記』 정축년 1월 18일, "金尙憲取其書 破裂之 痛哭曰 公等何爲此等事耶 體府黙然 無以應 鳴吉曰 豈以台鑑爲不可也 盖出於不得已也 李聖求大言曰 台鑑雖得後世重名 柰吾君宗 祀何(강조는 인용자) 又曰 台鑑何不出與賊抗義耶 金判書曰 我有一死而已 台鑑何不縛我出給 耶 鳴吉微哂曰 台鑑裂之 吾輩給(→收)之 乃收拾補綴". 좌의정 홍서봉은 이 국서를 전달하지 않기 위해 병을 칭탁하였으므로, 논란 끝에 우의정 이홍주가 홍서봉을 대신하여 국서를 지참하고 최명길·윤휘와 함께 청군의 진영으로 갔다(『仁祖實錄』 권34 인조 15년 1월 己未(19일)).

옳다[正則正矣]'라고 인정하였다. 김상헌에 따르면 칭신은 명분을 문란하게 하는 것이며 국가를 패망으로 이끄는 길 중의 하나였다. 그는 이 칭신이 곧 인조의 출성으로 직결될 것임을 강조하면서, 국서의 발송을 되돌리려고 애썼던 것이다. 그들의 이어진 대화는 김상헌의 입장을 더욱 명료하게 보여준다.[286]

> **김상헌** 비록 무익(無益)할 줄 알면서도 할 만한 일이 있고 해서는 안 되는 일이 있으니, 이 일(=칭신하여 국서를 보내는 일)은 결단코 해서는 안 됩니다.
>
> **인조** 무익하지만 할 만한 일은 어떤 일인가?
>
> **김상헌** 저들이 만약 왕자와 대신을 인질로 청하면 이것은 용납할 만하고, 세폐를 올리고 땅을 떼어 달라고 하면 그 또한 허락할 만합니다. 지금 그들이 출성을 요구하는데, 한 번 굴복한 뒤에 만약 군신의 의리를 고집하며 멋대로 명령을 내리면 장차 어찌하겠습니까?
>
> **인조** 혹시 그러하더라도 천심(天心)이 화를 내린 것을 후회한다면 그래도 벗어날 수 있다. 회계(會稽)의 재액(災厄)도 이와 같은 방법으로 벗어났으니, 일률적으로 논할 수 없다. (…후략…)
>
> **김상헌** (…상략…) 온 성의 신민(臣民)들이 화친을 바란다고 말하는 것은 (칭신하지 않은) 강화(講和)를 이르는 것이니, 만약 강화보다 굴

---

286 『承政院日記』 55책 인조 15년 1월 戊午(18일).

욕적인 항복이라면 민심이 분개하지 않을 수 없을 것입니다. 비록 이 일이 성사된다고 하더라도 온 성의 신민들은 혹 살 수 있을지 몰라도 지존께서는 결코 보전하실 수 없습니다[至尊決不可保也].

인조 경(卿)은 출성을 염려하는 것인가? 결단코 출성은 하지 않을 것이다.
(…후략…)

김상헌 신도 이미 알고 있으나 문서 중에 '머리털을 뽑아 세어가며 죄를 뉘우친다'고 쓴 것, 이것이 대체 무슨 말입니까? 신이 끝까지 다 읽지 못하고서 찢어버렸습니다. 무익하다는 것을 알면서 이러한 명분을 허락한단 말입니까?

인조 혹시라도 이렇게 해서 벗어날 수 있기를 바라는 것이니, 출성한다면 그날이 나라가 망하는 날일 것인데 어찌 따를 수 있겠는가?

김상헌 이것(＝칭신의 국서 발송)은 출성으로 가는 순서입니다. 안으로는 인심이 분열되고 밖으로는 적이 거세게 몰아붙이면 출성하지 않고 어쩌겠습니까? 목전에 바로 이런 일을 보게 될 것입니다.

인조 죽음을 택할 뿐이니, 결단코 이것(＝출성)만은 하지 않을 것이다.

김상헌은 인조에게 인질, 세폐, 할지割地보다도 더 중요한 가치는 군신 간의 의리君臣之義라는 점을 강조하였다. 이 의리와 앞서 언급된 명분이 곧 대명의리와 대명사대를 뜻하는 것임은 짐작하기 어렵지 않다. 중요한 사실은 이러한 가치가 지금까지 검토한 바와 같이 명의 국력을 헤아리거나 명의 사후 문책을 염두에 두고 고수되었던 것은 결코 아니라는 점이다. 나아가 김상헌은 명분이 아닌 현실 정치의 측면에서 보아도 인조가 칭신을 한다면 당장의 생존은 도모할 수 있지만 궁극적으로 이러한 행위는 민심의 분노를 초래할 것이며 인심의 분열, 즉 사기의 저하를 가져와 출성 또한 면하지 못하게 될 것이라고 경고하였다. 광해군의 '배명친후금背明親後金' 외교를 명분으로 거병에 성공한 인조는 이 발언의 또 다른 의미가 무엇인지 누구보다 잘 알고 있었을 것이다. 이처럼 척화파는 명분의 측면이 아니라, 이해의 측면에서도 칭신이 불리한 행위임을 끊임없이 인조에게 간언하였다.[287]

이상에서 살펴 본 바와 같이 조·청 양국 전력의 심각한 불균형으로 인하여 전쟁의 승패는 거의 결판난 상태였는데, 강화 협상의 쟁점은 항복과 연관된 국서의 형식과 항복을 확인받는 절차에 집중되어 있었다. 이것은 조선의 군신君臣이 이것을 무엇보다도 중요한 가치로 인식하였기 때문이고, 청도 이 점에서는 조선과 마찬가지였다. 청의 입장에서는 인조의 출성만 면제해 준다면 협상 과정에서 얼마든지 더 큰 실리實利를 얻어낼 수도 있는 상황이었지만 그렇게 하지 않았다. 홍이포를 보유한 청군의 공성 능력을 감안해 볼 때 남한산성의 공략은 희생이 따르는 일이기는 하지만, 불가능한 일은 아니었다고 판단된다. 오히려 청은 충분한 능력을 보유하였음에도 전면적인 공성 시도를 하지 않았는데, 이러한 자제가 단지 불필요한 병력의 소모를 최소화기 위한 데서 비롯되

---

287 『承政院日記』55책 인조 15년 1월 庚申(20일), "裕後曰 我國之書 漸爲卑屈 故渠亦每加一層 雖以利害論之 亦不當如是矣".

었다고 생각되지는 않는다.[288]

청이 인조의 자진 출성을 유도해야 했던 중요한 이유는 1월 20일에 발송한 국서를 통해서 확인할 수 있다. 이 국서도 우의정 이홍주, 최명길, 윤휘가 청군의 진영에 가서 받아 온 것이었다.[289] 청은 이 국서에서 인조가 출성해야만 하는 이유를 설명하고, 2~3명의 척화신을 색출하여 압송하라고 요구하였다.[290] 이 국서는 개전 전후 구두로만 요구하였던 척화신의 압송을 최초로 명기하였다. 아래 사료는 국서의 내용 일부를 발췌한 것이다.

> 성을 나와 짐과 대면하기를 너에게 명하는 이유는, 첫 번째는 네가 진심으로 기꺼이 복종하는지를 보려 함이며, 두 번째는 너에게 은혜를 베풀어 전국(全國)을 회복시켜 줌으로써 천하에 인자함과 신의를 보이려 함이다. 만약 계책으로 너를 유인하고자 한다면, 짐은 바야흐로 하늘의 도움을 받아 사방을 평정(平定)하고 있으니, 너의 지난날 잘못을 용서하여 줌으로써 남조(南朝：명나라)에 본보기로 삼고자 할 것이다. 만약 속이는 계책으로 너를 취하자고 한다면 천하는 큰데 어떻게 모두 간사하게 속여서 취할 수 있겠는가?

---

288 홍타이지는 전력의 불필요한 소모를 자제하면서 최대의 전과를 추구하는 노련한 지휘관이었다. 박민수, 「홍타이지 시기(1627~1643) 만주의 對 중국 전략」, 『軍史』 107, 국방부 군사편찬연구소, 2018, 216쪽 참조.

289 羅萬甲, 『丙子錄』 「急報以後日錄」 정축년 1월 20일, "右相及崔尹 平明出虜陣受汗書以來 其書曰 (…下略…)".

290 『仁祖實錄』 권34 인조 15년 1월 庚申(20일), "遣李弘冑等 持前書如虜營 受其答書而還 其書曰 爾違天背盟 朕赫斯怒 統兵來征 志在不赦 (…中略…) 爾首謀敗盟之臣 朕初意欲盡戮之而後已 今爾果能出城歸命 可先縛送首謀二三臣 朕當梟示 以警後人"；『淸太宗實錄』 권33 崇德 2년 1월 庚申(20일), "遣英俄爾岱馬福塔齎敕往諭朝鮮國王李倧曰 爾違天背盟 自取罪戾 是以朕統師來征 意在不赦 (…中略…) 爾首謀敗盟之臣 朕原欲盡誅 方已今爾果出城歸命 可先縛送首謀三四臣 當正國法 以儆後人".

이것은 귀순하려는 길을 스스로 끊어 버리는 것이니, 진실로 지혜로운 자나 어리석은 자를 막론하고 다 아는 바이다.[291]

위의 인용문에서 보이듯이, 대청 체제로의 전환을 시도한 청은 여기에 걸맞은 유덕하고 관대한 모습을 연출하면서 조선의 항복을 받아낼 필요가 있었다. 전쟁 이후의 상황을 놓고 보면, 명과의 대결을 염두에 두고 있던 청은 조선에 대한 직접 지배를 고려하지는 않았던 것으로 보인다. 청의 입장에서 본다면, 조선의 지도부가 존속하는 것이 필요한 물자를 징발하기에도 용이하였다. 청 태종은 몽골의 여러 부족을 복속시킬 때에도 최대한 관용의 모습을 보였는데,[292] 이와 같은 포용력은 일개 부족에서 기원한 청이 대 제국을 형성할 수 있었던 중요한 정치적 자산이었다.

청의 궁극적 개전 목표는 홍타이지의 황제 즉위를 인정받으려는 것이었고, 이것을 상징적으로 확인하는 절차 가운데 하나가 인조의 출성 항복이었다.[293] 아울러 청은 병자호란이 정묘호란과 같이 어정쩡한 상태로 마무리되는 것을 용납할 수 없었다. 정묘맹약의 경우 조선은 시종일관 대등한 화친, 후금은 시간이 흐를수록 항복으로 간주하였는데,[294] 이것

291 『仁祖實錄』 권34 인조 15년 1월 庚申(20일).
292 Nicola Di Cosmo, "Military Aspects of the Manchu Wars against the Čaqars", *The Warfare in inner Asian History*, Leiden · Boston · Kőln : BRILL, 2002, pp.356~361.
293 출성 항복이 생산하는 제국 통합의 상징적 의미에 대해서는 이미 지적된 바 있다. 한명기, 『정묘 · 병자호란과 동아시아』, 푸른역사, 2009, 228~234쪽 참조.
294 한명기는 이를 '형제 관계' 해석을 둘러싼 동상이몽이라고 요약하였다(위의 책, 90~96쪽 참조). 흥미로운 점은 고려와 몽골의 형제 맹약에서도 유사한 현상이 벌어졌다는 사실이다(김인호, 「元의 高麗認識과 高麗人의 對應」, 『韓國思想史學』 21, 한국사상사학회, 2003, 119~122쪽).

은 회맹會盟이라는 화약和約의 형식이 확실한 군신 관계를 표상하지 않았기 때문에 비롯된 사태로 생각된다. 예禮에 대한 해석의 자의성은 평화시에는 긴장을 해소하는 반면, 긴장이 고조될 때에는 이의 해석을 놓고 사단이 생길 수도 있었다.[295] 인조의 요구대로 출성이 이루어지지 않고 망배望拜를 하는 형식[296]으로 전쟁이 종결된다면, 이것은 조선에게는 자의적 해석의 빌미를 주는 것이고 청에게는 미진함을 남기게 되는 것이다.

청 태종의 공덕功德을 조선이 찬양하는 내용의 삼전도비三田渡碑[297]가 종전 이후 삼전도 수항단受降壇 근처에 조선에 의해 세워진 것은, 청이 이 비의 건립을 통해 남한산성에서 확인된 군신 관계와 황제국으로서의 자신의 위치를 영원히 기념하고자 했기 때문이다.[298] 병자호란 때 청 태종이 머물렀다는 동관왕묘와 삼전도비는 이후 청의 사신이 조선에 오면 반드시 찾아보는 곳이 되었다.[299] 청 사신이 이 비를 관람하는 것은 남한

295 예제가 가진 형식적인 성격은 국권적(國權的)인 행위와 관계의 실질을 쌍방이 스스로의 척도와 가치에 의거해서 자유롭게 해석할 여지를 남겨둔 것이다. 의례는 지위의 상하와 권력 관계의 표징으로서 행해진 것이었는데, 그것은 어디까지나 의례의 장(場)에 있어서의 형식상의 행위이다. 따라서 그 행위에 대한 쌍방의 주관적인 이해가 다른 것도 허용되었다. 항상 행위를 규정하는 실질적인 지배와는 위상을 달리한 것이다. 또 그 장(場)을 달리하면 행위에 대해 전혀 역전된 해석을 내리는 일도 있었다. 岩井茂樹, 「明代中國の禮制覇權主義と東アジア秩序」, 『東洋文化』 85, 東洋文化學會, 2005, 147~148쪽).

296 이것은 안시성의 성주가 당 태종에게 했다고 전해진 의례에서 아이디어를 얻은 것이다. 『承政院日記』 55책 인조 15년 1월 庚申(20일), "上曰 城上拜送事 前已言之 不必更言也 暉曰 城上拜天子者 唐太宗攻城不克 而城主從城上拜送者也 此文字不必用也 鳴吉曰 渠必不知其義矣 暉曰 雖然 不必再用矣 鍙曰 若或曉之 則甚不可矣".

297 정식 명칭은 청태종공덕비(淸太宗功德碑)이다.

298 청은 자신들이 승전한 지역에 입비(立碑)를 비롯한 다양한 기념물을 건립하고 이를 기념하는 의례를 시행하였다. 특히 건륭제(乾隆帝 : 재위 1735~1796)의 통치 연간에 이러한 양상이 두드러졌다고 한다. 이에 대한 연구는 Joanna Waley-Cohen, ***The Culture of War in China : Empire and the Military under the Qing Dynasty***, London · New-York : I.B TAURIS, 2006 참조.

299 심승구, 「조선 후기 武廟의 창건과 享祀의 정치적 의미-關王廟를 중심으로」, 『조선시대

산성의 수축 여부를 확인하는 작업의 일환이기도 하였다.[300]

1월 21일 인조는 개전 이후 네 번째로 청 태종에게 국서를 보내 출성 항복과 척화신 압송의 조건을 면제해 달라고 요구하였다.[301] 전자는 청 신과 마찬가지로 조선 국왕의 명 황제에 대한 의리, 후자는 조선 국왕의 자국 신하에 대한 의리와 관련이 있는 사안이었다. 척화의 동기가 대명 의리의 고수에 있다는 점을 감안한다면, 이것 역시 명에 대한 의리와 연 관되는 조건이었다. 따라서 두 가지 조건 모두 당시의 사회 분위기 속에 서는 아무리 전시 상황이라 해도 인조가 선뜻 수용하기 어려운 것이었 다.[302] 이러한 점을 반증하듯, 인조는 이 국서에서 만약 자신이 출성 항 복을 하게 된다면 향후 조선에서 임금 노릇을 하기 힘들 것이라고 청 태 종에게 간절히 호소하였다.

신에게 딱하고 절박한 사정이 있어서 폐하에게 아뢰려고 합니다. 우리나 라의 풍속은 박절하고 까다로워 예절이 가혹할 정도로 꼼꼼합니다. **국왕의 행동이 조금이라도 상도(常度)와 다르면 놀란 눈으로 서로 쳐다보며 괴이한 일로 여깁니다. 만약 이런 풍속대로 다스리지 않으면 마침내 나라를 유지할 수 없게 됩 니다.** 정묘년 이후로 조정의 신하들 사이에 사실 다른 논의(=척화론)가 많 았으나, 그것을 힘써 진정시키려고 하면서 대뜸 질책하지 못했던 것은 대체

의 정치와 제도』, 2003, 집문당, 431쪽.

300 『仁祖實錄』 권39 인조 17년 12월 戊子(6일), "淸使往觀三田渡碑 托以遊獵 入南漢 遍觀城堞 至暮乃還".

301 『仁祖實錄』 권34 인조 15년 1월 辛酉(21일).

302 『承政院日記』 55책 인조 15년 1월 壬戌(22일), "鳴吉曰 (…中略…) 今日斥和之人 原非濁亂 朝廷也 不過激一時之義氣 與其事 果不同矣 然渠若自首請往 則好矣 而尙無一人自現者 方外論者 或以(爲)如此則大失人心 將何以立國乎 或以爲事有輕重 苟可以免禍 則何必不爲之乎 二者之中 未知何者爲得耶".

로 이러한 점을 염려하였기 때문입니다. 오늘날에 이르러 성 안에 가득찬 모든 관원과 사서(士庶)가 위태롭고 급박한 사세(事勢)를 목격하여, 귀순하자는 의논에 대해서는 모두가 똑같은 말로 동의하고 있습니다. 그러나 오직 성에서 나가는 한 조목에 대해서만은 모두들 "고려조 이래로 없었던 일이다. 죽는 것을 자신의 분수로 여기고 나가지 않겠다. 만약 대국의 독촉이 그치지 않는다면, 후일 얻게 되는 것은 쌓인 시체와 텅 빈 성에 불과할 것이다"라고 말합니다. 지금 이 성 안의 사람들이 모두 조만간 죽을 것을 알면서도 오히려 발언한 바가 이와 같은데, 더구나 다른 곳에 있는 사람들이야 더 말할 나위가 있겠습니까? 예로부터 나라가 망한 이유가 오로지 적병 때문만은 아니었습니다. 설사 폐하의 은덕을 입어 다시 나라를 세울 수 있다고 하더라도, 오늘날 인정을 살펴보건대 반드시 신을 임금으로 기꺼이 받들려고 하지 않을 것입니다. 이것이 바로 신이 크게 두려워하는 것입니다.[303](강조는 인용자)

인조가 출성 항복을 끝까지 회피하고자 했던 동기를 한 마디로 정리하기는 쉽지 않다. 우선 한 나라의 국왕으로서의 위엄이 손상된다는 수치심을 거론할 수 있다. '예禮의 실천'이라는 맥락을 고려한다면, 국시國是와 다름없이 광범위하게 지지받았던 대명의리를 명백히 부정하는 삼배구고두의 배례를 만백성의 모범이 되어야 하는 국왕 자신이 직접 행해야만 한다는 고뇌 또한 빠뜨릴 수 없다. 의례의 형식과 행위자의 내면을 지금의 우리처럼 상황에 따라 분리해서 사고하기 쉽지 않았던 당대인들

---

303 『仁祖實錄』 권34 인조 15년 1월 辛酉(21일), "其書曰 朝鮮國王臣諱 謹上書于大淸國寬溫仁聖皇帝陛下 臣獲罪于天 坐困孤城 (…中略…) 自古國家之亡 不專在於敵兵 雖使蒙陛下恩德 復得立國 而以今日人情觀之 必不肯戴以爲君 此臣之所大懼者也 (…中略…) 崇德某年月日(강조는 인용자)".

에게, 인조의 출성 항복은 잠시의 위기를 벗어나기 위한 일회성의 부득이한 행위로 용납되기 어려웠다. 여기에 더하여 인조는 자신이 청에 인질로 끌려갈지도 모른다는 두려움에 사로잡혀 있었다. 당연히 그는 대명의리라는 명분과 함께 자신의 안위도 중요하게 고려하였을 것이다. 북송北宋의 고사를 인용한 척화론자들의 끊임없는 간언도 인조의 판단에 영향을 주었을 것이다. 인조는 결국 자신의 출성이 협상 타결의 조건이라면 더 이상 협상을 진행시키지 말라는 명을 내리게 된다.[304]

한편 1월 21일에 발송된 위의 국서는 이전과 달리 "朝鮮國王臣姓諱 謹上書于大淸國寬溫仁聖皇帝陛下(강조는 인용자)"로 시작되었으며, 청의 숭덕崇德 연호도 기입되어 표문表文의 형식을 거의 완벽히 갖추고 있었다.[305] 청의 입장에서 보면, 개전 이후 세 차례나 보낸 조유詔諭, 곧 조서詔書에 대한 완벽한 조선의 답서答書를 드디어 받게 된 것이다.[306] 『청태종실록』은 이 국서의 전문全文을 기록하면서 서두에 "是日 朝鮮國王李倧稱臣以奏書至 書曰 (…下略…)"이라 특기特記하였다.[307] 이것은 당대인에

---

304 『仁祖實錄』권34 인조 15년 1월 辛酉(21일), "夕時 龍胡來到西門外 急請使臣 上命大臣以下 引見 敎曰 出城一款 不復酬答可也".

305 엄밀히 말해 여기에는 청 태종이 하사한 조선 국왕의 인신(印信)까지 찍혀야 완벽한 표문이라 할 수 있으나 당시 상황에서는 불가능하였다. 당시 조선이 발송한 국서에 어떤 도장이 찍혀 있었는지 매우 중요한 문제이지만, 미처 확인하지 못하였다.

306 조서는 중국 황제가 발급하는 대표적인 외교문서의 하나이다. 고사(故事)를 폭넓게 인용하면서 현란한 문학적 표현을 많이 사용하고, 엄격한 격식이 정해져 있는 매우 의례적인 문서이다. 이에 대응하여 제후국의 국왕이 올리는 외교문서가 표문(表文)이다. 반면, 칙서(勅書)는 조서와 달리, 외교 현안을 주제로 행정적인 문체와 용어를 사용하는 실무적 성격의 외교문서이다. 이에 대응하여 번국의 국왕이 올리는 외교문서가 주문(奏文)이다. 정동훈, 「高麗-明 外交文書 書式과 왕래방식의 성립과 배경」, 서울대 석사논문, 2009, 31쪽.

307 『淸太宗實錄』권33 崇德 2년 1월 庚申(20일), "是日 朝鮮國王李倧 稱臣以奏書至 書曰 朝鮮國王臣李倧 謹上書于大淸國寬溫仁聖皇帝陛下 臣獲罪于天 坐困孤城 (…中略…) 自古亡國之禍 不專在於敵兵 雖使蒙 陛下恩德 復得主國 而以今日人情觀之 身一出城 必不欲戴以爲君 此臣之所 爲大懼也". 이 국서는 『청태종실록』에는 1월 20일 기사에 실려 있지만, 이것은 후일 실록

게 칭신의 의미가 어떠하였는지, 또 칭신이 어떤 형식을 통해서 확인될 수 있었는지 보여주는 좋은 사례라고 생각된다.

1월 22일부터는 인조의 출성을 제외한 모든 조건이 강화 협상의 진척을 위해 제시되기 시작하였다. 화친을 배척한 사람에게 자수하라는 명령이 내려지는가 하면 소현세자昭顯世子도 출성의 뜻을 비변사에 알렸다.[308] 1월 23일 인조는 청 태종에게 다섯 번째 국서를 보내어 사대의 예를 지속할 것을 다짐하면서 출성 항복의 조건을 망배로 대체해 달라고 재차 청원하고, 평양서윤平壤庶尹 홍익한을 척화신으로 지목하고 나머지 자들은 조사가 끝나는 대로 처리하겠다고 하였다.[309] 이로써 조선은 강화 성립의 세 가지 조건 중 두 가지—칭신 국서 발송, 척화신 압송—를 이미 수락한 셈이 되었다. 나머지 한 가지 조건은 인조의 출성이었다. 그러나 청은 청 태종의 부재를 이유로 이 국서를 반송하였고, 다음날에야 접수하였다.[310]

청은 1월 24일 인조의 출성을 촉구하며 강화도 함락을 통보하는 내용의 국서를 작성하였는데,[311] 이 국서가 조선 측에 전달되었는지의 여

편찬 과정에서 발생한 착오 때문이라고 생각된다. 다만 『청태종실록』에는 숭덕 연호가 생략되어 있다.

308 『仁祖實錄』 권34 인조 15년 1월 壬戌(22일).

309 『仁祖實錄』 권34 인조 15년 1월 癸亥(23일), "右相以下 齎國書 往虜營 龍馬兩胡 託以皇帝遠在陣所 不受 其書曰 朝鮮國王臣某 謹上書于大淸國寬溫仁聖皇帝陛下 (…中略…) 故臣之所望 欲待天兵退舍之日 新拜恩勅於城中 而設壇望拜 以送乘輿 而卽差大臣 充謝恩使 以表小邦誠心感悅之情 自玆以往 事大之禮 悉照常式 永世不絶 (…中略…) 但上年春初 首倡臺諫洪翼漢 當大兵到境時 斥拜平壤庶尹 令渠自當兵鋒 若不爲兵前俘獲 則必在本土班師之路 不難綁致 其他被斥在外者 亦可於路通之後 尋問去處而處之也".

310 『仁祖實錄』 권34 인조 15년 1월 甲子(24일);『淸太宗實錄』 권33 崇德 2년 1월 甲子(24일) "是日 朝鮮國王李倧以書來奏曰 朝鮮國王臣李倧 謹上書於大淸國寬溫仁聖皇帝陛下 (…中略…) 故臣之所望 欲待天兵退舍之日 親拜恩敕於城中 而設壇望拜以送乘輿 卽遣大臣 充謝恩使 以表小邦誠心感悅之情 自玆以往 事大之禮 悉照常式 永世不絶 (…中略…) 但上年春間 首倡臺諫洪翼漢 當大軍到境時 斥爲平壤庶尹 令渠自當兵鋒 若不爲軍前俘獲 則必在本土班師之路 不難縛致 其他被斥在外者 道路不通 未易尋其處所 此則理勢然也".

부는 확인하기 어렵다. 이 국서가 『청태종실록』에만 실려 있고, 『인조
실록』에는 실려 있지 않기 때문이다. 『인조실록』을 비롯한 조선 측 사
료를 검토해 보면 이 시점에서 강화도 함락을 통보받은 정황이 전혀 나
타나지 않는다.[312]

청은 1월 25일에 황제가 내일 돌아가니 인조가 출성하지 않는다면
사신이 절대 다시 와서는 안 된다고 통보하며, 그동안 조선이 보낸 국
서를 모두 돌려주었다.[313] 이것은 청의 최후 통첩이나 다름없었다.

청은 이미 1월 19일부터 홍이포를 발사하여 출성 항복을 압박하는 무력
시위를 시작하였다.[314] 1월 24일에는 남격대南格臺 망월봉望月峯 아래에서
행궁行宮(국왕의 임시 거소)을 겨냥하여 대포를 발사하였고 남성南城에도 군
사를 투입하였다.[315] 1월 25일에는 성첩城堞을 향해 포격이 집중되어 막대
한 피해가 발생하였고,[316] 급기야 1월 23일에는 수원 고을의 장관將官들이
26일에는 훈련도감과 어영청의 병사들이 성첩을 비우고 행궁 밖까지 몰려
들어 척화신의 압송을 요구하는 미증유의 사태가 발생하였다.[317] 이처럼

---

311 『淸太宗實錄』 권33 崇德 2년 1월 甲子(24일).

312 구범진은 이 국서가 『청태종실록』에 모종의 필요 때문에 후일 찬입(竄入)된 것이라 추정하
였다(구범진, 「병자호란과 천연두」, 『민족문화연구』 7, 고려대 민족문화연구원, 2016,
49~50쪽). 저자도 이 의견에 동의한다.

313 『仁祖實錄』 권34 인조 15년 1월 乙丑(25일); 南礏, 『南漢日記』 정축년 1월 25일.

314 『仁祖實錄』 권34 인조 15년 1월 己未(19일), "虜放大砲於城中 砲丸大如鵝卵 或有中死者 人皆疑懼".

315 『仁祖實錄』 권34 인조 15년 1월 甲子(24일), "賊放大砲於南格臺 望月峯下 砲丸飛落行宮 人
皆辟易 賊兵進逼南城 我軍擊却之".

316 『仁祖實錄』 권34 인조 15년 1월 乙丑(25일), "砲聲終日不止 城堞遇丸盡頹 軍情益洶懼".

317 『仁祖實錄』 권34 인조 15년 1월 癸亥(23일), "水原將官等 會于政院門外 請出送斥和之臣";
『仁祖實錄』 권34 인조 15년 1월 丙寅(26일), "訓鍊都監將卒及御營軍兵 自城上相率而來 會于
闕門外 請送斥和臣於虜營 時 申景禛領訓鍊軍兵守東城 其宏守南城 其仁垕以水原府使守南門 與
洪振道密謀 敎誘軍卒 有此迫脅之變 人皆危懼"; 羅萬甲, 『丙子錄』 「急報以後日錄」 정축년 1월
23일, "水原竹山等邑 將官及訓鍊哨官數百餘人 詣闕下 請出給斥和臣 (…中略…) 盖水原府使
其仁垕 方在其宏陣中 竹山府使 卽其仁基也 其邑束伍 亦屬於宏 而申景禛方爲訓鍊大將 今日此舉

212   병자호란과 예(禮), 그리고 중화(中華)

농성을 지속하기에는 군심軍心의 이반이 상당히 진전된 상태였다.[318]

소현세자의 출성을 조건으로 놓고 다시 한번 강화 타결이 시도되었으나 청 측에 의해 거부되었고, 오히려 강화도가 함락되었다는 소식만이 1월 26일 조선 측에 최초로 통보되었다.[319] 도체찰사都體察使 김류도 적과의 싸움에 전혀 승산이 없으며, 군심軍心도 이미 청군의 포격으로 인하여 완전히 저항 의지를 상실하였다고 인조에게 보고하는 형편이었다.[320]

강화도 함락의 비보가 전해지자 조정의 분위기는 인조의 출성을 지지하는 것으로 급변하였다.[321] 강화도에서 생포된 왕실 및 재상의 가솔들이 보호받고 있다는 소식은 출성 항복에 대한 두려움을 조금이나마 완화시켰는데, 이것을 빌미로 최명길을 비롯한 (비변사의) 대신들은 아직 결단을

皆非軍卒之意也"; 위의 사료, 정축년 1월 26일, "申景禛具弓陣下軍卒 又來闕下 請出斥和臣 盖指金尙憲鄭蘊尹煌等諸人也 (…中略…) 人言同是一城守埤之卒 而只是申具兩將管下 詣闕之外 其他將官 不爲來請 可知所以云".

318 위의 각주에서 보이는 바와 같이, 『병자록』의 찬자인 나만갑과 『인조실록』의 사관은 이 사건이 인조의 인척(姻戚)이자 측근인 신경진과 구굉이 휘하의 병사들을 사주하여 일어난 것이라 기록하였다. 이 주장은 척화신 압송에 불만을 품은 척화론자의 시각이 반영된 것으로 보이는데, 진위를 가리기는 어렵다. 『승정원일기』에도 난동을 부린 병사들의 행적은 상세히 기록되어 있지만, 신경진 등이 사주했다는 내용은 실려 있지 않다. 『남한일기』의 저자 남급 역시 유사한 루머를 실어 놓기는 하였으나, 인조 측근의 사주설은 부인하였다. 『承政院日記』55책 인조 15년 1월 丙寅(26일); 南礏, 『南漢日記』정축년 1월 23일, "盖武人等 自分必死 發憤於斥和人 有此擧也 似非申洪등 始建此議 陰囑壯士也".

319 『仁祖實錄』권34 인조 15년 1월 丙寅(26일), "洪瑞鳳崔鳴吉金藎國出往虜營 諭以世子出來之意 龍將曰 今則非國王親出 決不可聽 仍傳尹昉韓興一狀啓 大君手書 始聞工都失守之報 城中莫不痛哭".

320 『承政院日記』55책 인조 15년 1월 丙午(26일), "瑬曰 此奴兵力 萬無可當之理 小臣則方爲主兵之官 不可爲此言 而因其大砲 城堞無完 軍情已變矣 上曰 勿言也不言可想".

321 **강화도 함락으로 조정의 분위기가 급변한 것은 분명한 사실이다. 그러나 지금까지의 농성 추이와 조정의 논의 과정을 볼 때 '강화도 방어에 성공했으면 인조의 출성은 없었을 것이다'라고 예상되지는 않는다. 따라서 강화도의 함락은 궁지에 몰린 인조 정권에게 명분상 퇴로를 열어준 계기라고도 볼 수 있다. 흔히 얘기하는 것처럼 강화도 함락 때문에 '인조가 출성을 결심했다'라기보다, 강화도 함락이 '인조의 출성을 결심할 수 있게 해주었다'고 보는 쪽이 더 실상에 가깝다고 생각한다.**

3〈표 3〉 **남한산성 농성 중 조선과 청의 국서 교환**

발신·수신	대표 전거	주요 내용과 특징
청→조선(1차)	『詔勅謄錄』(奎12904의 2) 숭덕 2년 1월 2일 『청태종실록』 숭덕 2년 1월 2일	조선의 배맹(背盟) 행위를 비난. 조유(詔諭)라는 표현 삽입. 개전 이후 최초의 국서 교환.
조선→청(2차)	『인조실록』 인조 15년 1월 3일 『청태종실록』 숭덕 2년 1월 3일	양국의 형제 관계를 강조하며 사죄. 대청황제(大淸皇帝)라는 표현 삽입.
조선→청(3차)	『인조실록』 인조 15년 1월 11일 『청태종실록』 숭덕 2년 1월 13일	조선의 재차 사죄. 칭신 표현 미 기재.
청→조선(4차)	『인조실록』 인조 15년 1월 17일 『청태종실록』 숭덕 2년 1월 17일	1월 13일 조선의 국서 내용을 반박. 인조의 출성 항복 조건 최초 제시.
조선→청(5차)	『인조실록』 인조 15년 1월 18일 『청태종실록』 숭덕 2년 1월 19일	칭신의 의사를 청 측에 최초로 전달. 인조의 출성을 망배로 대신하도록 요청. 청 연호 기입, 폐하라는 표현은 미 기재.
청→조선(6차)	『인조실록』 인조 15년 1월 20일 『청태종실록』 숭덕 2년 1월 20일	척화신 압송 요구(이전에는 구두로 함). 인조의 출성을 재차 요구.
조선→청(7차)	『인조실록』 인조 15년 1월 21일 『청태종실록』 숭덕 2년 1월 20일	출성만은 면제해 달라고 요구. 칭신 표현 최초 삽입. 청의 연호 기입. 표문의 형식을 갖춘 최초의 국서.
조선→청(8차)	『인조실록』 인조 15년 1월 23일 『청태종실록』 숭덕 2년 1월 24일(두 번째 기사)	인조의 망배(望拜)를 청원. 척화신 압송을 수락.
청→조선(9차)	『청태종실록』 숭덕 2년 1월 24일(첫 번째 기사)	인조의 출성을 촉구. 강화도 함락을 통보. **후대 찬입 사료로 추정.**
조선→청(10차)	『인조실록』 인조 15년 1월 27일 『청태종실록』 숭덕 2년 1월 27일	출성 항복을 수락.
청→조선(11차)	『인조실록』 인조 15년 1월 28일 『청태종실록』 숭덕 2년 1월 28일	출성시 인조의 안전을 보장. 강화 조건 명시.
조선→청(12차)	『인조실록』 인조 15년 1월 29일 『청태종실록』 숭덕 2년 1월 29일	척화시 압송의 전말을 보고.

내리지 못하는 인조에게 출성을 강하게 압박하였다. 나갈 수도 안 나갈 수도 없는 상황이었지만, 나가야만 조금이라도 생존할 희망이 있다는 것이 그들의 판단이었다.[322] 1월 27일 인조의 출성 항복을 수락하는 조선 측의 국서가 발송되었고,[323] 1월 28일에는 출성할 경우 인조의 안전을 보장한다는 내용이 담긴 청 태종의 국서가 도착하였다.[324] 이 국서에는 종전 이후 조선이 이행해야만 하는 의무 사항 또한 조목조목 열거되어 있었다. 1월 29일에 척화신으로 지목된 윤집尹集과 오달제吳達濟가 최명길의 인솔 아래 청군 진영으로 압송됨으로써 강화 성립의 전제 조건 세 가지가 모두 시행되었다.[325] 이때 척화신 압송의 전말을 보고하는 내용의 국서도 함께 청에 전달되었다.[326] 1월 30일 남색藍色으로 물들인 융복戎服을 입은 인조가 삼전도에서 항복 절차를 수행하기 위해 남한산성의 서문을 나감으로써 길고도 고통스러웠던 47일 간의 농성이 막을 내리게 되었다.[327]

---

322 『仁祖實錄』 권34 인조 15년 1월 丙寅(26일), "僉曰 渠之文書言語 皆非虛誣 出城則半存半危 不出則十分十亡 上意若定則安知由此 而爲恢復之基耶".

323 『仁祖實錄』 권34 인조 15년 1월 丁卯(27일), "遣李弘冑 金藎國 崔鳴吉 奉書如虜營 其書曰 朝鮮國王臣姓諱 謹上書于大淸國寬溫仁聖皇帝陛下 (…中略…) 伏願聖慈 俯鑑血忱 明降詔旨 以開臣安心歸命之路"; 『淸太宗實錄』 권33 崇德 2년 1월 丁卯(27일), "朝鮮國王李倧又以書來 奏曰 (…中略…) 伏願聖慈 俯鑒血忱 明降詔旨 以開臣安心歸命之路 謹冒死以聞".

324 『仁祖實錄』 권34 인조 15년 1월 戊辰(28일), "龍骨大持汗書來 其書曰 寬溫仁聖皇帝詔諭朝鮮國王來奏 具述二十日之詔旨 憂計宗社生靈 有明降詔旨 開安心歸命之請者 疑朕食言耶 (…中略…) 故玆敎(→詔)示 崇德二年正月二十八日 歲幣以黃金一百兩 白銀一千兩 (…中略…) 米一萬包爲定式"; 『淸太宗實錄』 권33 崇德 2년 1월 戊辰(28일), "是日 勅諭朝鮮國王李倧曰 朕覽來奏 知爾欲保全宗社 束身來歸且述二十日之詔旨 欲求信實 朕詔已出 寧肯食言 (…中略…) 故降玆詔諭 每年進貢一次其方物數目 黃金百兩 白銀千兩 (…中略…) 米萬包".

325 『仁祖實錄』 권34 인조 15년 1월 己巳(29일).

326 위의 사료, "國書曰 小邦曾有一種浮議 壞誤國事 故上年秋 臣摘其中尤甚者若干人 竝斥黜 (…下略…)"; 『淸太宗實錄』 권33 崇德 2년 1월 戊辰(28일), "朝鮮國王李倧又以書來奏曰 小邦昔年曾有一等浮議壞事 臣摘其中尤甚者若干人 並加斥黜 (…下略…)". 『청태종실록』에는 하루 빠른 1월 28일 기사에 실려 있다.

327 『仁祖實錄』 권34 인조 15년 1월 庚午(30일); 羅萬甲, 『丙子錄』 「急報以後日錄」 정축년 1월 30일.

제4장

전후처리와 척화론斥和論의 함의

1. 삼전도 항례降禮의 이행과 대청對淸 관계의 재설정

제3장 3절에서 살펴본 바와 같이 전세가 이미 기운 뒤에도 조선에서는 칭신稱臣 국서의 발송과 인조의 출성만은 끝까지 회피하려고 애썼다. 칭신은 당대 조선인에게 대명사대의 단절, 대명의리의 포기를 상징하는 너무나 명백한 의례였다. 그들의 표현에 의하면 칭신은 200년 동안 지켜온 예의禮義를 한순간에 사라지게 하는 행위였다.[1] 칭신만큼은 아니지만 인조의 출성 역시 조선으로서는 받아들이기 힘든 요구였다. 인조 자신이 북송의 휘종이나 흠종처럼 인질로 끌려가는 것을 두려워했기 때문이기도 하지만,[2] 이것 못지않게 청 태종 앞에서 조선 국왕이 항례를 올려야

---

[1] 『承政院日記』55책 인조 15년 1월 己未(19일), "敬輿啓曰 (…中略…) 今者一爲奉表 則二百年禮義 掃地盡矣 殿下將何面目 更對臣民乎".

[2] 『仁祖實錄』권34 인조 15년 1월 辛酉(21일), "弘冑等傳國書, 入來後引見 (…中略…) 上曰 彼之必欲誘以出城者 欲執而北歸之計也 卿等無乃依違答之耶 對曰 峻辭絶之矣".

하는 치욕적 모습을 역사에 남기기 싫어했던 당시 조야朝野의 분위기와도 밀접한 관련이 있었다.[3] 명에 대한 사대가 무엇보다 '예禮의 실천'을 통해 확인되고 인정받았던 당시의 분위기 속에서,[4] 게다가 '숭명배청'이 반정의 중요한 명분이었던 인조 정권으로서는 조선의 군신君臣이 절대적으로 수호하고자 하였던 대명의리를 만인이 보는 자리에서 부정하기 싫었을 것이다. 반면, 청 태종은 병자년 4월 자신의 즉위를 축하하는 순간에 조선의 사신이었던 나덕헌과 이확으로부터 받지 못했던 삼배구고두三拜九叩頭를 인조로부터 받아야만 조선 출정을 완결할 수 있었다.

출성 이전 청은 사신으로 온 김신국에게 삼전도 항례의 세세한 절목節目(절차와 항목)을 통보하였다. 양국 간에 논란이 되었던 것은 인조의 복식服飾과 인조의 출성 통로였다.

김신국이 "나가서 만날 때의 절차에 대해 저들의 말을 들어보니, 복색은 미복(微服) 차림을 원하였습니다. 그래서 신이 '국왕이 황제를 뵙는 것은 그야말로 대사(大事)인데 어찌 미복(微服) 차림으로 이처럼 위의(威儀)를 형편없게 한단 말인가? 산개(傘蓋)도 없어서는 안 될 것이다. (…중략…)'라고 말하였습니다. 그들이 '안 된다. 황제의 앞에서 어찌 산개를 펼 수 있단 말인가? 시위(侍衛)는 해도 무방하다. 옛 사람들 중에는 혹 손을 뒤로 묶어 얼굴을 보이거나 향(香)을 든 경우가 있으며, 혹은 해진 옷을 입고 나와서 항복한 경우도 있었다. 이것은 바로 죄가 있어서 사과를 하기 위한 것인데 어찌 정복

---

3   李肯翊, 『燃藜室記述』 권26 仁祖朝故事本末 「丙子虜亂丁丑南漢出城」, "有一朝紳【失姓名】上疏曰 萬古天下 無長生不死之人 萬古天下 無長存不亡之國 殿下 愼勿降虜 爲天下後世之羞 小臣先死 以報 先王之靈".

4   조선시대 외교의례 전반에 대해서는 김문식, 『조선왕실의 외교의례』, 세창출판사, 2017 참조.

(正服) 차림으로 나올 수 있단 말인가?'라고 말하였습니다. 그리고 신이 입고 입는 옷을 가리키며 말하기를 '이런 색깔의 옷차림으로 나오는 것이 마땅할 것이다. (…중략…)'라고 말하였습니다. 또 '황제의 분부를 따르지 않는다면 마땅히 황제의 명령을 기다려 처리할 것인데, 그때 가서의 예절은 여기에 근거해서 지시할 것이다.…'라고 말하였습니다. 이것은 필시 중원 사람들이 시킨 것입니다. (…중략…) '출행(出幸)하는 도로는 서문으로 나오라. (…중략…)'고 말하였습니다.[5]

청이 강요한 이러한 절목은 '이는 필시 중원 사람들이 시킨 것입니다'라는 김신국의 추측대로 군신 관계의 수립과 신하의 사죄를 상징하는 중국 고대의 예禮 규범을 그대로 재현하는 것이었다. 이것은 다음 〈표 4〉에 보이는 바와 같이 삼전도 항례의 전반을 관통하는 메시지이기도 하였다.[6]

중국 고대 항례降禮의 상징적 절차에는 손을 뒤로 묶어 얼굴만 보이는

---

5   『承政院日記』 55책 인조 15년 1월 戊辰(28일).

6   〈표 4〉는 주로 조선 측 기록인 『승정원일기』를 참고하여 작성하였다. 『인조실록』의 인조 15년 1월 30일 기사를 보면 삼전도 항례 이행 당시 인조를 측근에서 끝까지 동행한 인물로 3정승, 5판서, 5승지, 그리고 예문관 한림(翰林)과 승정원 주서(注書)가 언급되었기 때문이다. 양국을 통틀어 관련 기록 중 『승정원일기』의 내용이 가장 상세한 점도 고려하였다. 조선 측 기록에 모호하거나 누락된 부분은 『청태종실록』(한문), 『내국사원당』(만문)의 청 측 기록을 활용하여 보완하였다. 만문 기록이 좀 더 상세한데, 김선민의 최근 번역을 참고하였다. 김선민, 「접견례를 통해 본 아이신-다이칭 구룬(Aisin-Daicing Gurun)의 세계」, 『韓國史學史學報』 36, 한국사학사학회, 2017, 97~102쪽 참조.

7   판서 1인의 결석을 『승정원일기』에는 예조 판서 김상헌의 부재 때문인 것으로 설명하였으나, 그 대신 장유가 임명되었다는 기록이 『인조실록』 1월 28일 자 기사에 있다. 반면, 『인조실록』에는 형조 판서 심집(沈諿)이 대죄(待罪)하고 오지 않았기 때문인 것으로 설명하였다. 『청태종실록』에 장 상서(張 尙書)에게 초구를 하사한 기록이 나오는 것으로 보아, 『인조실록』의 기록을 일단 사실로 보아야 할 것 같다.

8   『인조실록』과 『승정원일기』 모두 승지 1인의 결석은 좌부승지 한흥일(韓興一)이 강화도에 있었기 때문이라고 기록하였다.

〈표 4〉 삼전도 항례의 과정과 절차

구분	정축년 1월 30일 인조의 동선과 항복 과정 요약
1	정축년 정월 그믐 진시(辰時 : 오전 7~9시), 남염의(藍染衣) 차림의 인조가 의장을 모두 제거한 채 산성의 서문을 통과하여 하산한 뒤 형초(荊草)를 깔고 앉음. 시종 50여 명과 왕세자가 인조를 호종.
2	잉굴다이와 마푸타가 갑주를 착용한 청군 수백 명과 함께 인조를 영접. 인조, 그들과 더불어 두 번 읍(揖)하고 동·서로 나누어 착석.
3	청군의 선도로 인조가 말을 타고 옛 광주의 읍치(邑治) 앞에 도착. 여기부터 3정승, 5판서,[7] 5승지,[8] 한림(翰林)과 주서(注書) 각 1인만 인조와 동행. 소현세자는 시강원(侍講院)·익위사(翊衛司)의 신료들과 함께 동행. 인조와 소현세자 일행 삼전도로 나아가다 비석(碑石) 앞에 도착.
4	멀리서 보니 청 태종이 삼전 나루에 황색 장막으로 장식한 단(壇) 위에 착석. 단 주변에 갑주 차림에 궁검을 찬 병사들이 방진(方陣)을 치고 호위 중. 깃발과 창검이 사방으로 빽빽하게 둘러져 있고 악기를 진열하여 연주. 이러한 단상의 장식은 중국 제도(華制)를 모방한 것임.
5	비석 앞에서 잉굴다이 등이 말에서 내리자 인조도 하마. 인조가 도보로 진(陣) 밖에 도착. 잉굴다이 등이 인조를 동쪽 작문(作門) 밖에 머무르게 함.
6	인조가 동쪽 작문 밖에서 삼배구고두례를 행함.[9] 단 위의 청 태종이 출성을 환영한다는 취지의 말을 잉굴다이에게 전함. 인조가 '천은(天恩)이 망극하다'고 답례함.
7	잉굴다이 등의 인도로 인조가 동쪽 작문을 통과. 단 아래 북쪽을 향해 자리를 마련하고 인조에게 그 곳으로 나아감. 청인의 여창(臚唱)에 따라 인조가 삼배구고두례를 행함.[10]
8	인조가 잉굴다이 등의 인도로 동쪽 작문을 나옴. 인조가 동북쪽 모퉁이를 지나 단의 동쪽에 착석.
9	강화도에서 잡혀 온 봉림대군 이하는 단 아래 서쪽에 줄지어 서 있음.
10	인조가 청 태종의 지시로 단 위에 올라 동북쪽 윗자리에 서면(西面)하여 착석. 청나라 왕자 3인과 소현세자가 인조 아래 자리에 차례로 서면하여 착석.
11	청나라 왕자 4인은 단의 서북쪽에 동면(東面)하여 착석. 그 아래에 봉림대군과 인평대군이 착석.
12	조선의 시신(侍臣)은 단 아래 동쪽 모퉁이에 착석. 강화도에서 잡혀 온 신료들은 단 아래 서쪽 모퉁이에 착석.
13	착석이 완료된 뒤 청 태종이 단을 내려가 소변을 봄. 인조도 단을 내려가 방진 밖의 동쪽 모퉁이에서 휴식을 취함. 청 태종이 다시 단 위에 오르자 인조도 다시 올라옴.

9   청 태종은 이때 청과 조선의 신료들과 함께 자신의 조선 정벌이 무사히 마무리되었다는

분	정축년 1월 30일 인조의 동선과 항복 과정 요약
4	청 태종이 양국이 한 집안[兩國則爲一家]이 된 것을 기념하여, 여러 신하에게 활쏘기(射藝)를 명함. 세자익위사의 위솔(衛率) 정이중(鄭以重)이 다섯 발을 쏘았으나 모두 빗나감. 청나라 왕자와 여러 장수도 떠들썩하게 어울려 활쏘기를 하며 즐김.
5	잠시 후 상을 차린 후 술을 돌림, 인조의 술상만 황제의 술상과 동등. 이것은 존중과 우대의 의미임. 술잔을 세 차례 돌린 후 술상을 치움.
6	술상을 치우려 할 때 종호(從胡) 2인이 각각 큰 개를 이끌고 청 태종 앞에 나옴. 청 태종이 끌고 온 개에게 고기를 베어 던져주자 개들이 떨어지기 전에 받아먹는 재주를 부림. 종호가 다시 개를 끌고 내려감.
7	잠시 후 인조가 인사를 하고 단 아래로 내려갈 것을 청함. 단 뒤쪽을 경유하여 서북쪽 모퉁이를 따라 나옴. 강화도에서 붙잡힌 세자빈 이하 사대부 가족들이 한 곳에 모여 있음. 인조가 밭 한가운데 착석. 세자빈 이하 대군 부인들도 나와 청 태종에게 배례를 거행.[11] 이 장면을 보는 자들이 모두 눈물을 흘림.
8	인조가 서남쪽 모퉁이로 옮겨 앉음. 청 태종이 하사한 백마를 인조에게 전달. 인조가 직접 말고삐를 잡자 종신(從臣)이 받음. 초피구(貂皮裘)를 하사하자, 인조가 입고서 엎드려 사례함(伏謝).[12]
9	도승지 이경직(李景稷)이 국보(國寶)를 반환. 잉굴다이가 고명(誥命)과 옥책(玉冊)[13]을 함께 반납하지 않은 이유를 물음. 인조가 '옥책은 이괄의 난 때 분실하였고, 고명은 강화도에 있기 때문에 보존 여부를 확인한 다음에 바치겠다'고 대답함.
0	잠시 후 인평대군, 3정승, 5판서, 5승지에게도 초구(貂裘)를 하사. 이들이 초구를 입고 모두 뜰에 나아가 엎드려 사례함(伏謝).[14]
1	유시(酉時: 오후 5~7시)에 청 태종이 인조에게 환도(還都)를 명함. 소현세자와 봉림대군 부부는 모두 청군 진영에 억류됨. 인조가 인사하고 물러나 세자빈을 만남. 이후 인조가 송파 나루를 경유하여 강을 건넘.
2	이후 청 태종이 강을 건너 상전(桑田: 잠실 일대)에 나아가 진을 침. 청 태종이 잉굴다이로 하여금 인조의 행차를 호위하도록 함.
3	살곶이다리(箭串橋: 서울 행당동과 성수동 경계)에 도착하자 날이 이미 저묾. 초경(初更: 오후 7시~오후 9시)에 도성에 도착. 창경궁 양화당(養和堂)으로 이동.

거:『承政院日記』55책 인조 15년 1월 庚午(30일);『淸太宗實錄』권33 숭덕 2년 1월 庚午(30일)

의미의 배천례(拜天禮)를 행한 것이다. 조선 출병 전 청 태종이 심양에서『정조선지유(征

행위面縛, 구슬을 입에 무는 행위銜璧, 관을 끌고 나오는 행위輿櫬, 향을 드는 행위戴香, 해진 옷을 입는 행위衣弊衣 등이 있었는데,[15] 인조에게는 적용되지 않았다. 대신 인조에게 정복正服인 용포龍袍를 입지 못하게 함으로써 죄인임을 상징하도록 하였다. 인조가 정문인 남문이 아니라 서문으로 나온 절차도 모두 죄인이라는 의미를 드러낸 것이었다.

삼전도 항례의 핵심 절차는 군신君臣 사이의 복종을 의미하는 삼배구고두례三拜九叩頭禮의 시행이었다. 이 의례는 한 번 무릎을 꿇고 세 번 머리를 조아리는 것이 한 세트의 연속 동작으로 세 번을 행하면 완성된다. 배拜는 궤跪를 한 상태에서만 행할 수 있는 동작이었다.[16] 『청실록』에는

朝鮮之由)」를 하늘에 고한 의례를 상기해보자! 따라서 이 때의 삼배구고두례는 청 태종에게 한 것은 아니었다. 『淸太宗實錄』 권33 숭덕 2년 1월 庚午(30일), "上離座 率李倧及其諸子 文武群臣 拜天行三跪九叩頭禮畢".

10 인조의 뒤를 이어 인조를 호종한 왕세자와 신료들도 삼배구고두례를 행하였다. 이 절차에 앞서 사죄를 청하는 인조와 이를 가납(嘉納)하는 청 태종의 문답이 『청태종실록』에는 실려 있으나, 『승정원일기』에는 생략되어 있다.

11 이 때 강화도에서 사로잡힌 봉림대군 이하 왕족, 사대부와 그 가족들이 삼배구고두례를 행하였다. 『淸太宗實錄』 권33 숭덕 2년 1월 庚午(30일), "江華島所獲李倧妻子子婦及群臣妻子 俱行三跪九叩頭禮".

12 이 때는 삼배구고두례가 아닌 이배육고두례를 행하였다. 『淸太宗實錄』 권33 숭덕 2년 1월 庚午(30일), "李倧率衆謝恩 行兩跪六叩頭禮畢".

13 실상 명은 조선 국왕을 책봉할 때 고명만 주고 옥책을 하사하지는 않았다. 정동훈, 「冊과 誥命－고려시대 국왕 책봉문서」, 『사학연구』 126, 한국사학회, 2017, 193쪽.

14 위의 글.

15 『춘추좌씨전(春秋左氏傳)』 희공(僖公) 6년 기사에 '허나라 군주인 남작이 앞으로 손을 묶고 구슬을 입에 물었으며, 그의 대부는 상복(喪服)을 입고, 사는 관을 등에 졌다(許男面 縛銜璧 大夫衰絰 士輿櫬)'라는 내용이 있다. 옛날 죽은 사람을 염(斂)할 때에 입에 구슬을 머금게 했으므로, 항복하는 사람이 죽은 사람의 행색을 취하는 것이다.(한국고전번역원 한국고전종합DB 각주정보 참조)

16 '궤배례(跪拜禮)'는 무릎을 꿇은 채로 배례를 행하는 것으로서, 상대방을 향하여 숭고한 경의를 표시하는 고대 특유의 최고 예절이다. 궤(跪)·배(拜)·좌(坐)가 비록 유사한 동작이기는 하나, 대체로 양 무릎을 땅에 붙이고(꿇어앉음) 몸을 곧게 세우면서 엉덩이가 발 뒷꿈치에 닿지 않게 하는 것이 바로 '궤'이다. 그리고 꿇어앉은 채 엉덩이가 발뒷꿈치에 닿게 하는 것이 '좌'가 된다. '배'는 '궤'의 자세로 꿇어앉은 뒤 공수(拱手)를 하고,

'삼궤구고두三跪九叩頭'라는 명칭으로 빈번하게 등장한다. 상대방에게 최고의 경의를 표하는 예절로서, 청대에는 주로 군신 사이에 시행되었다. 도성이 함락된 후 조선에 거주하던 와르카瓦爾喀 부족이 청 태종에게 귀순하면서 행한 의례도 다름 아닌 삼궤구고두례였다.[17]

　병자호란 이전까지 조선의 국왕은 명의 황제와 황태자에게 사배의 예를 행하도록 각종 전례서에 규정되었다. 조선 국왕이 명 황제를 직접 만난 사례는 없다. 다만 망궐례望闕禮를 행할 때에 명 황제에게 '사배四拜 삼무도三舞蹈[18] 궤跪 삼고두三叩頭'의 의례를, 황태자에게는 '사배'의 예만 거행하였다.[19] 명 황제의 조서詔書나 칙서勅書를 맞이할 때에도 조선 국왕은 '사배 삼무도 궤 삼고두'의 예禮를 행하였다.[20] 조선의 국왕 역시 정조正朝와 동지冬至에 왕세자와 문·무 신료들로부터 사배四拜의 예를 받았다.[21] 이와 같은 사실을 고려하다면, 삼배구고두는 예교禮敎 질서 속에서 삶을 영위하였던 당대인들에게 신복臣服을 확인하는 절차였다고 보아도 무방할 것이다.[22] 조선은 자국으로부터 관직을 받는 여진인 및 대마도의

머리를 숙여 허리와 평형으로 맞추는 것이다. '배'는 반드시 먼저 무릎을 꿇은 동작(반드시 '궤'의 자세이어야만 하고, '좌'의 자세는 아니다)이 선행되어야만 하고 만약 꿇어앉지 않는다면 바로 '읍(揖)'이 되는 것이다. 공병석, 「先秦 禮容 中의 拱手·揖讓과 跪拜禮 探析」, 『東洋禮學』 6, 동양예학회, 2001, 249쪽.

17　『淸太宗實錄』 권32 崇德 1년 12월 庚午(21일), "歸降 瓦爾喀人麻福塔葉辰 率衆見上 行三跪九叩頭禮 因賜葉辰麻福塔 各緞袍 一貂帽一".

18　무도란 군주를 알현할 때 행하는 의례로서 손을 흔들고 발을 구르는 몸짓이다.

19　『國朝五禮儀』 권3 嘉禮 「正至及聖節望闕行禮儀」·「皇太子千秋節望闕行禮儀」.

20　『國朝五禮儀』 권3 嘉禮 「迎詔書儀」·「迎勅書儀」.

21　『國朝五禮儀』 권3 嘉禮 「正至王世子百官朝賀儀」.

22　『承政院日記』 55책 인조 15년 1월 己巳(29일), "崔鳴吉與體府中軍李英達 押斥和人尹集 吳達濟 縛至虜營而歸 上引見鳴吉 復命招金瑬 (…中略…) 鳴吉曰 (…中略…) 禁止入城事 言于龍將 則乃曰 旣爲一家之後 安有此理云云 仍饋以酒食 出長橫十餘 持往帝之所在處 問之 則乃衣橫也 乃出貂皮表二襲 一以與李英達 一以贈臣 使之三拜叩頭 此必臣見君之禮也".

일본인에게 경차관敬差官을 파견하여 이러한 류의 의례를 관철시키기 위해 집요하게 노력하였다.[23] 조선의 사신 일행이 열하熱河의 피서산장避暑山莊에서 청 황제와 동례同禮를 행하였던 판첸라마班禪喇嘛 어르더니額爾德尼를 접견했을 때 고두하지 않기 위해 청의 예부 상서 데부德保와 실랑이를 벌인 것도 당대인에게 고두가 어떤 의미였는지 잘 보여주는 사례이다.[24] 『인조실록』에 세자빈과 (봉림·인평)대군의 부인이 청 태종에게 배례한 사실을 묘사하는 대목에서, '다른 나인이 대신했다'라는 구절을 전언傳言의 형식으로 굳이 삽입한 사관의 심리도 이러한 맥락에서 보면 충분히 이해될 것이다.[25] 그러나 같은 날짜의 『승정원일기』를 보면 이때의 배례를 나인이 대신했다는 내용은 나오지 않는다. 더구나 일찍이 강화도에서 사로잡힌 세자빈과 대군 부인의 얼굴을 청 측에서 구별하지 못했을 가능성도 거의 없다.

삼전도 항례의 공간 역시 청의 황제와 제후왕인 조선 국왕을 구분하는 장치로 설계되었다. 청 태종은 인조가 항례를 올리는 장소에 9층의 단을 높이 쌓은 뒤 또 하나의 작은 단을 쌓고 용문석龍紋席을 깔았다. 그 위에 다시 교룡蛟龍을 자수한 자리를 편 뒤, 황금 의자를 올려놓고 그 위에 착석하여, 자신과 여타 신료들의 공간을 확실히 분별하였다. 단위와 주변도 황색 장막과 깃발로 장식하여 자신이 황제의 지위에 있음을 상징적으로 나타냈다.[26] 청 태종이 안장을 갖춘 백마를 하사하자 인

23 정다함, 「朝鮮初期 野人과 對馬島에 대한 藩籬·藩屛 認識의 형성과 敬差官의 파견」, 『東方學志』 141, 연세대 국학연구원, 2008, 231~236쪽 참조.
24 朴趾源, 『燕巖集』 권13 熱河日記 「札什倫布」.
25 『仁祖實錄』 권34 인조 15년 1월 庚午(30일), "龍胡以汗言 請嬪宮大君夫人出拜 觀者麗泣 其實代以內人云".
26 南礏, 『南漢日記』 정축년 1월 30일, "陣內築一方壇爲九層 階高末及肩一尺 壇上又築一小壇

조가 직접 말고삐를 잡은 행위나, 담비 가죽으로 만든 외투인 초피구紹皮裘를 하사하자 인조가 이 옷을 입고 엎드려 사례하는 행위는 모두 군신君臣 사이의 은혜와 심복을 상징하는 행위였다.

인평대군과 3인의 정승, 5인의 판서, 5인의 승지에게도 초구紹裘가 하사되었는데, 이들 모두는 초구를 입고 뜰에 나아가 청 태종에게 배례를 행해야만 하였다. 조선 국왕이 청 황제의 신하가 된 마당에 조선 국왕의 신하가 청 황제에게 신하로서의 의례를 행하는 것은 너무나 자연스러운 일이다. 인조의 삼배구고두는 자동적으로 조선의 모든 신료가 청 황제의 배신陪臣(제후국의 신하)이 된다는 것을 의미하였다. 예조 판서 김상헌이 출성하는 인조를 따라 가지 않고 사직[27]한 데에는 바로 이러한 심리가 밑 바탕에 깔려 있었다. 후일 조선의 조야朝野가 명의 배신으로서의 정체성을 오랜 기간 버리지 않았다는 점을 감안해 본다면,[28] 이러한 행위가 당대에 얼마나 큰 심리적 충격을 주었는지 상상하기 어렵지 않다. 이러한 장면과 행위는 모두 조선의 사대처事大處가 명에서 청으로 바뀌었다는 것을 상징적으로 드러내는 것이었다. 따라서 명에 대한 의리를 부모에 대한 의리로 비유하는,[29] 당대 조선인들의 의식 세계에서는 도저히 용납되기 어려웠다. 나만갑과 송시열은 척화신인 윤집과 오달제를 청군 진영에 호송하고 초구를 받은 최명길을 격렬한 비난의 어조로 기록한 바 있다.[30]

27　高一膝 其上鋪龍紋席 雲錦繡紋龍褥 褥上安黃金床 覆以黃錦遮日 庭列黃凉傘三及黃色旗纛之屬". 『仁祖實錄』 권34 인조 15년 1월 戊辰(28일).

28　임유경, 「황경원의 「명배신전」 연구」, 『韓國古典研究』 8, 한국고전연구학회, 2002 참조.

29　『仁祖實錄』 권10 인조 3년 10월 庚寅(15일), "上下教曰 昨日筵中 兵判徐渻以爲 我國之於天朝 有君臣 父子之恩義 若非皇恩 壬辰之恢復 未可期也 今奴賊猾夏 若或迫近皇城 則未知國家 何以報答云 旨哉斯言 正矣斯言".

삼전도 항례의 실상을 상세하게 묘사한 『승정원일기』, 『인조실록』, 『청태종실록』은 흥미롭게도 인조의 좌차座次를 주목하여 특기特記해 놓았다. 단 위에 올라간 인조의 자리는 남면한 청 태종의 왼쪽 아래였다. 이것은 청이 조선을 무력으로 압박하는 한편, 덕德으로 회유하려는 중국 왕조의 전통적 방식도 채택하였음을 보여준다. 청 태종은 비록 전세가 불리하여 귀순하였지만 인조 역시 일국의 왕이라는 이유로 종군한 청의 호쇼이 친왕和碩親王·도로이 군왕多羅郡王·도로이 버일러多羅貝勒보다 상위의 좌차에 앉도록 배려하였던 것이다.[31] 『승정원일기』의 사관은 인조에게 하사된 술상이 청 태종의 것과 동일하다는 사실에 주목하여 청이 인조를 존경하고 우대하였다고 해석하였다.[32] 실제로 청의 이러한 대우는 명이 규정한 조선 국왕의 위상보다 높은 것이었다.[33] 청 태종은 삼전도 항례 이틀 후 회군하는 자신을 위해 전송 나온 인조를 청의 황족이나 귀족보다 윗자리에 앉힘으로써 인조의 좌차를 다시 한번 확인시켜 주었다.[34]

---

30 羅萬甲, 『丙子錄』 「急報以後日錄」 정축년 1월 29일, "吳尹兩人 朝出虜陣 朝廷別無分付領去之人 而崔鳴吉私自領去 (…中略…) 唯唯而去 及到虜陣不遠之地 鳴吉各解其帶 反縛兩人 親自獻之 鳴吉之鼠奸 不忍掛齒 汗至賜鳴吉貂裘及酒 嘉獎歸順之意"; 宋時烈, 『宋子大全』 권213 「三學士傳」, "二十九日 鳴吉【一本 鳴吉作李英達】押出西門 (…中略…) 因饋酒食 賞以貂裘 鳴吉歸言曰 吳 尹若如我指導則可保無事 而及至陣前 所答相左 必是畏怯而然 聞者唾噱焉【一本 自鳴吉歸言至聞者唾噱焉三十七字】".

31 『淸太宗實錄』 권32 崇德 2년 1월 庚午(30일), "禮部官引至儀仗下立 奏請李倧班次 上諭曰 以威懼之 不如以德懷之 朝鮮王雖迫於兵勢來歸 亦一國之王也 命近前坐於左側 禮部官從儀仗外 引王由北向入 至壇下 東坐西向 其次左側 則和碩親王 多羅郡王 多羅貝勒等".

32 『承政院日記』 55책 인조 15년 1월 庚午(30일), "俄而進饌行酒 盃盤以次降殺 而上前盃盤 與皇帝盃盤一樣 蓋尊敬而優異之也".

33 명은 조선의 국왕을 관료제적 질서에서는 1~2품관, 작제적 질서에는 친왕(親王)과 동급으로 규정하였다. 정동훈, 「명대의 예제 질서에서 조선 국왕의 위상」, 『역사와 현실』 84, 한국역사연구회, 2012, 284쪽 참조.

34 『仁祖實錄』 권34 인조 15년 2월 壬申(2일), "淸汗自三田渡 撤兵北歸 上出幸箭串場以送之 汗坐高阜 引上坐諸王之上 唯都承旨李景稷從焉". 인조 좌차의 의미와 영향에 대해서는 구범진,

이상의 논의를 종합해 본다면 청은 삼전도 항례에서 중국 왕조에서 행해지던 예禮의 규범을 철저하게 시행함으로써 황제가 된 청 태종의 권위를 각인시키고자 했다고 할 수 있다.[35] 이러한 점은 청의 절목을 검토한 김신국의 발언이나 수항단의 모습을 '화제華制를 모방한 것'이라고 묘사한 『인조실록』과 『승정원일기』의 사론史論을 보아도 쉽게 짐작할 수 있다. 흥미로운 점은 만·몽·한으로 구성된 대청 체제의 복합적 특징이 삼전도 항례에도 반영되어 있다는 사실이다. 청 태종이 단위에 차려진 술상을 치울 때 먹다 남은 고기를 개에게 던져주며 즐거워하는 장면은 전통적 중원 왕조의 의례나 유희와 거리가 먼 것이었다. 특히 주목해야 할 장면은 삼전도 항례의 종반 부분에 청 태종의 지시로 시행된 활쏘기이다. 이 의례는 금대金代(1115~1234)의 여진족이 샤먼교에 기초한 배천拜天 제례에서 부수적으로 거행하였던 '사류射柳'를 청이 계승한 것이었다.[36] 청 태종은 이처럼 삼전도 항례에서도 중국의 전통적 의례와 여진족 본래의 신앙인 샤먼교의 기초한 의례를 병존·양립시켰다.[37]

전쟁의 의미를 살펴볼 때, 종전 후 양국 간의 관계를 문서 형식으로 규정하는 강화 조건의 검토는 필수적인 요소이다. 강화의 제 조건을 이민족의 침략과 수탈이라는 시각에서만 주목하면 병자호란이란 전쟁의 시대적 특징을 제대로 인식하기 어렵다. 패전, 특히 참패한 전쟁의 강

「淸의 朝鮮使行 人選과 '大淸帝國體制'」, 『인문논총』 59, 서울대 인문학연구원, 2008, 20~21쪽 참조.

35 송미령, 「天聰 年間(1627~1636) 支配體制의 確立過程과 朝鮮政策」, 『中國史研究』 54, 중국사학회, 2008, 183~185쪽 참조.

36 石橋崇雄, 홍성구 역, 『대청제국 1616~1799−100만의 만주족은 어떻게 1억의 한족을 지배하였을까?』, 휴머니스트, 2009, 52~54쪽 참조.

37 청조의 샤머니즘 의례에 대해서는 이블린 S. 로스키, 구범진 역, 『최후의 황제들−청 황실의 사회사』, 까치, 2010, 298~315쪽 참조.

화 조건이 항복한 측에 너그러울 리 없음은 너무도 당연하다. 문제는 병자호란의 강화 조건이 갖는 함의와 이에 대한 조선 측의 반응을 더불어 고찰해야만 당대의 역사성을 엿볼 수 있다는 점이다. 왜냐하면, 청의 정치적·경제적·군사적 침탈의 요구 못지않게 조선을 당혹스럽게 한 것은 다름 아닌 사대처의 교체를 상징하는 의례 또는 의리와 밀접하게 연관된 강화 조건이었기 때문이다.

조선이 다른 강화 조건들은 어쩔 수 없이 수용한 반면에, 의례 또는 의리와 연관된 조건들에 대해서는 지속적으로 다양한 형태의 대응과 반발을 보였다는 점 또한 중요하다. 나아가 이러한 현상이 잘 알려진 바 대로 향후 조선의 대청對淸 관계를 규정하는 기본 방향이 되었다는 데에 주목해야 한다. 당시 조선의 외교적 노력과 반발은 청의 의례적 요구를 회피하려는 데에 상당히 집중된 모습을 보이는데, 이러한 현상은 고려와 비교해 보더라도 매우 대조적인 것이었다. 즉 고려에서도 당연히 주화론과 척화론이 대립하였지만, 사대 관계의 체결 과정에서 그들의 관심과 반발이 의례적 측면에 집중되지도 않았을 뿐더러 강화 이후에 지속되지도 않았다. 사실 고려는 사대처의 변경 자체도 몽골과 같은 특별한 경우가 아니면 조선처럼 완강하게 거부하지 않았다. 이와 같은 사실은 조선이 고려와는 다른 차원의 인식론적 자장磁場 안에서 명과 사대 관계를 맺고 있었고, 또 이것이 조·명, 조·청 간의 관계를 강하게 규정했던 점을 보여주는 것이다. 이상의 논의에 유의하면서 병자호란의 강화 조건—청 측의 일방적 요구사항—을 검토해 보고자 한다.

〈표 5〉에 제시된 강화 조건에는 청의 정치적·경제적·의례적·군사적 요구가 중첩되어 있다. 우선 정치적 요구는 모든 강화 조건에 반

구분	강화 조건의 요지	原文
1	명이 준 고명(誥命)과 책인(冊印)을 헌납한다. 명과의 관계를 단절한다. 명의 연호를 쓰지 않는다. 모든 문서에 청의 정삭(正朔)을 사용한다.	爾若悔過自新 不忘恩德 委身歸命 以爲子孫長久之計 則將明朝所與之誥命冊印獻納 絶其交好 去其年號 一應文移奉我正朔
2	인조의 장남과 다른 한 아들(再一子)을 인질로 삼는다. 대신(大臣)의 아들, 아들이 없으면 동생을 인질로 삼는다. 인조 유고(有故)시에는 인질로 왕위를 계승케 한다.	爾以長子及再一子爲質 諸大臣有子者以子 無子者以弟爲質 萬一爾有不虞 朕立質子嗣位
3	명 정벌시 보병·기병·수군을 요구하면, 수만 명을 모으거나 기한 내에 징발한다. 가도를 정벌할 때에는 배 50척·수병(水兵)·창포(槍砲)·궁전(弓箭)을 준비한다. 대군이 돌아갈 때에는 호궤(犒饋)의 예를 행한다.	朕若征明朝 降詔遣使 調爾步騎舟師 或數萬 或刻期會處 不得有悞 朕今回兵 攻取椵島 爾可發船五十隻水兵槍砲弓箭 俱宜自備 大兵將回 宜獻犒軍之禮
4	성절(聖節 : 황제의 탄일)·정조(正朝)·동지(冬至)·천추(千秋 : 황후나 황태자의 탄일) 및 경조사가 있을 때에는 예를 행하고 표문(表文)을 바친다. 문서 형식과 수수, 사신 접견은 모두 명의 구례(舊禮)와 다름없이 한다.	其聖節正朝冬至中宮千秋太子千秋及有慶弔等事 俱須獻禮 命大臣及內官 奉表以來 其所進表箋程式 及降降詔勅 有事 遣使傳諭 爾與使臣相見 或爾部臣謁見 及迎送饋使之禮 毋違明朝舊例
5	포로들이 압록강을 넘은 후 도망하여 올 경우 원래 주인에게 잡아 보내야 한다. 만약 속환(贖還)을 원하면 원래 주인의 편의에 따른다. 우리 병사가 목숨을 걸고 싸워 획득한 포로이니 차마 묶어 보낼 수 없다는 말은 하지 말라!	軍中俘係 自過鴨綠江後 若有逃回 執送本主 若欲贖還 聽從本主之便 蓋我兵死戰俘獲之人 爾後毋得以不忍縛送爲辭也
6	내외의 제신(諸臣)과 혼인을 맺어 화호(和好)를 굳게 한다.	與內外諸臣 締結婚媾 以固和好
7	신구의 성벽은 수축(修築)을 허락하지 않는다.	新舊城垣 不許繕築
8	너희 나라에 있는 올량합(兀良哈)[38] 사람들은 모두 붙잡아 (우리나라로) 보내야 한다.	爾國所有兀良哈人 俱當刷還
9	일본과의 무역은 종전처럼 허락한다. 단 그들의 사신을 인도하여 내조(來朝)케 하라! 나도 그들에게 사신을 보낼 것이다.	日本貿易 聽爾如舊 但當導其使者赴朝 朕亦將遣使至彼也
10	동변의 올량합 중에 그곳(=두만강 유역)에 숨어 사는 자들과 다시 무역해서는 안 된다. 만약 본다면 즉시 체포하여 (우리나라로) 보내야 한다.	其東邊兀良哈避居於彼者 不得復與貿易 若見之 便當執送

[38] 조선에 향화(向化)한 와르카(瓦爾喀) 부의 여진인, 『宣祖實錄』 권208 선조 40년 2월 己亥

구분	강화 조건의 요지	原文
11	매년 세폐를 바친다(품목은 원문 참조).	歲幣以黃金一百兩 白銀一千兩 水牛角弓面二百副 豹皮一百張 鹿皮一百張 茶千包 水獺皮四百張 靑皮三百張 胡椒十斗 好腰刀二十六把 蘇木二百斤 好大紙一千卷 順刀十把 好小紙一千五百卷 五爪龍席四領 各樣花席四十領 白苧布二百匹 各色綿紬二千匹 各色細麻布四百匹 各色細布一萬匹 布一千四百匹 米一萬包爲定式

*전거 : 『仁祖實錄』권34 인조 15년 1월 戊辰(28일)

영되어 있다고 볼 수 있다. 강화 조건의 모든 항목은 조선의 의사에 반하여 청의 요구를 일방적으로 제시하는 것이었다.

경제적 요구는 3·5·8·9·10·11항에 해당한다. 피로인被擄人의 쇄환刷還 및 속환贖還, 올량합 인호人戶의 쇄환, 일본과의 무역, 세폐 물목 등의 내용으로 이루어져 있다. 3항이 여기에 포함된 이유는 조병助兵이 필연적으로 많은 군량과 군비의 지출을 수반하기 때문이다. 군사적 또는 안보적 요구로 분류할 수 있는 것은 3·7·9항인데, 3항의 복합적 성격이 주목된다. 가도椵島와 명을 정벌할 때 조선이 원병을 파견하고 군량과 군기를 스스로 장만해야 한다는 요지의 이 조항은 기본적으로 청의 군사적 요구가 관철된 것이다. 이와 같은 청의 조병 요구에 응할 경우 많은 경제적 부담이 수반된다는 점에서 청의 경제적 요구 또한 반영된 것이다. 한편 이 조건은 명을 공격하는 데 조선이 직접 참여한다는 점에서 다른 강화 조건의 의례적 요구 못지않게 대명의리를 변명의 여지없이 부정하는 행위이기도 하였다. 다음 사료는 청과의 강화에 직면한 조선의 군신君臣이 가장 곤혹스러워한 사안 가운데 하나가 무엇

(6일), "北道兵使馳啓 慶源府使馳報內 老乙可赤差麿胡三名說稱 我是蒙古遺種專仰中國 兀良哈則向化于朝鮮".

인지 잘 보여준다.

　　김신국이 " (…중략…) 가장 곤란한 것은 상(上)께서 성을 나가실 때 중원
　　(中原)이 하사한 책보(冊寶 : 印信)를 가지고 오게 해서 새 것으로 바꾸어 주
　　려는 것과 이후로 병력을 동원할 때 명령이 있으면 거절하지 말라고 한 것이
　　니, 매우 난처한 일입니다"라고 아뢰었다. 홍서봉이 "부득이 해서 마침내 이
　　러한 일이 있게 되었으니, 그 와중에 어찌 우리 마음대로 할 수 있는 일이
　　있겠습니까?"라고 아뢰었다.[39]

　　홍서봉의 지적대로 힘의 강약이 명백하게 드러난 이상, 청의 조병 요
구를 수용하지 않을 수 없다는 것은 너무나 명백하였다. 그러나, 청의 조
병 요구는 명분상 다른 어떤 강화 조건보다도 이행하기 고통스러운 사안
이었으며,[40] 그에 대한 동참은 드러내놓고 싶지 않은 행적이었다. 당대
조선인들은 이 명백한 사실의 회피 또는 분식을 위해 노력하였다. 병자
호란 이후 인조 대 대청 관계와 관련된 기록을 살펴보면, 당대인들이 이
러한 점을 얼마나 예민하게 인식하였는지 발견하기 어렵지 않다. 이를
보여주는 것이 당대 인물들의 조병과 관련된 상반된 기록과 진술이다.
　　가도 정벌과 2차 징병에 파견되었던 무장 임경업의 기록은 이러한
측면을 더 잘 보여준다. 조·청 연합군의 가도 공격이 『인조실록』에는
지극히 간단하게 기록된 반면,[41] 『연려실기술』에는 당시의 상황을 비

39　『承政院日記』 55책 인조 15년 1월 戊辰(28일).
40　위의 사료, "上曰 只用正朔 則或可矣 其奈於徵兵何哉 壅曰 目前切急之事 無過於此 其他則姑徐
　　爲之 可也 (…中略…) 瑞鳳曰 彼若只欲改實 則可以與之 假島一事 甚是難處 當與朝廷相議矣".
41　『仁祖實錄』 권34 인조 15년 4월 癸未(14일), "淸將馬夫達 領舟師七十餘艘 襲破假島 都督沈

교적 상세하게 묘사해 놓았다. 이 기록은 가도의 지형이 험하고 화포가 배치되어 있으므로 청과 조선의 수군이 배를 대기에 곤란하였는데, 방비가 허술한 상륙 지점을 청군에게 가르쳐 준 것이 바로 임경업이라고 지목하였다.

가도는 배 머물기가 어려울 뿐 아니라 주위에 화포를 설치하여 두었으므로 여러 날이 지나도록 범하지 못하였다. 우리나라의 두 장수에게 그 계책을 물었으나 알지 못한다고 사양하니 적이 혹은 위협하고 혹은 달래었다. (임)경업이 "섬의 일면이 산으로 막혀 있고 산 아래에 바닷물이 통하여 있으므로 섬 사람들이 이 곳에는 방비를 하지 않았을 것이니, 만약 밤을 틈타서 배를 들고 산을 넘어 몰래 건너 들어가면 섬을 함락시킬 수 있을 것이다"라고 말하였다. 경업이 전장(戰場)에 나아가지 않는 척하면서 적병(賊兵 : 명군)을 많이 죽이기도 하였으니, 섬을 함락시킨 계책이 오로지 경업에게서 나왔다. 섬에 들어가서도 우리나라 군사가 한인(漢人)을 살육한 것이 오랑캐 병사보다 심하였으므로 섬 사람들이 겨우 5, 6척의 배로 바다에 떠서 빠져 나갔다.[42]

이러한 임경업이 송시열이 저술한 「임장군경업전林將軍慶業傳」에서는 숭명반청崇明反淸의 화신으로 등장한다. 어느 쪽 기록이 임경업의 진면목을 반영하는 것일까?

이 무렵 노추(虜酋 : 홍타이지)가 장군의 명망을 듣고 꼭 그를 쓰기 위해,

世魁 不屈而死 軍兵死者萬餘人".

42 李肯翊, 『燃藜室記述』 권26 仁祖朝故事本末 「淸人徵兵」.

무릇 가도를 공격할 때와 명나라를 침범할 때는 반드시 우리 조정으로 하여금 그를 장수로 임명해 보내도록 하였다. 그러나 장군은 계책을 써서 오랑캐를 속였지만, 그들은 장군의 계책에 빠져서 속는 줄도 전혀 몰랐다. 개주(蓋州)의 해중(海中)에 이르러 명나라 군사와 서로 만나게 되자 오랑캐가 가장 가까이 믿는 자 두어 명으로 하여금 한 배에 같이 타고서 사정을 살피도록 하였다. 그러나 장군은 또한 상황을 보아 기계(奇計)를 내어, 한창 싸울 때에 포병을 시켜 은밀히 토환(土丸 : 흙으로 만든 탄환)을 쓰게 하였고, 명나라 군사도 화살을 쏘아도 고의로 이쪽 진영에 미치지 못하게 하였기 때문에 양군이 한 명도 부상을 입지 않았다. 장군이 갑자기 수영을 잘하는 병졸 두 명을 시켜 본국의 충정(忠情)을 명나라 장수의 선박에 전하고 오랑캐의 기밀(機密)과 상황을 알려주었다.[43]

『연려실기술』과 「임장군경업전」에 묘사된 임경업의 기록은 그 편차나 서술의 어조가 너무나 차이가 나서 비교가 무의미할 정도이지만, 주목되어야 할 점은 임경업의 행적이 실은 명에 대한 의리라는 동일한 기준 아래 정반대의 방향으로 서술되었다는 사실이다. 이와 같은 현상은 청의 징병에 참여한 또 다른 조선 무장인 유림의 기록에서도 동일하게 확인된다.[44] 당시 이름난 조선 무장들이 청역淸譯으로 악명이 높았던 정

---

43 宋時烈, 『宋子大全』 권213 「林將軍慶業傳」.

44 李肯翊, 『燃藜室記述』 권26 仁祖朝故事本末 「諸將事蹟」에서는 끝까지 대명의리를 지키며 교전을 명군과의 회피하는 유림의 모습이 기록되어 있지만, 『仁祖實錄』 권42 인조 19년 10월 甲子(22일)조 기사에는 유림의 군공(軍功)을 치하하는 청의 칙서가 실려 있다. 계승범은 효종 대 나선(羅禪 : 러시아)정벌을 고찰하면서 비교적 마음의 부담 없이 청의 징병 요구에 응하는 조선의 태도를 지적한 바 있는데(계승범, 「나선정벌과 申瀏의 北征錄」, 『軍事史研究叢書』 5, 국방부 군사편찬연구소, 2008), 이는 인조 대의 이러한 흐름과도

명수鄭命壽에게 뇌물을 주고서라도 청의 징병 명단에서 빠지려고 했던 역설적 상황은 전쟁터에 나가기 싫은 그들의 생존 욕구와 함께 조병 참여를 수치스러워한 당대의 분위기를 감지하여야만 온전히 이해할 수 있을 것이다.[45]

강화 조건 중 순수하게 의례와 관련된 것은 1·4·6항이다. 이 역시 군사적 요구의 3항처럼 당대의 역사성을 반영하는 중요한 조항이라고 할 수 있다. 앞에서 살펴본 바와 같이 '예禮의 실천'에 관련된 청의 요구들을 조선 측에서는 가장 받아들이기 어려워했고, 이를 둘러싼 양국의 갈등은 결국 병자호란 발발의 도화선 — 나덕헌과 이확의 배례 거부 — 이 되었던 것이다. 그러나 역설적으로 예와 관련된 사안이었기 때문에 반발의 폭이 오랜 동안 지속되는 결과를 초래했다. 따라서 병자호란의 이후의 과제를 정신적 충격의 극복이라고 지적한 견해[46]는 매우 적절했다고 생각한다. 이러한 극복은 대보단大報壇의 설립을 비롯하여 '예의 실천'이란 차원에서 다양하게 시도되었는데, 앞으로 이와 같은 대응의 맥락과 의미에 대해 좀 더 천착할 필요가 있다. 인조가 강화 조건이 포함된 청 태종의 국서를 받았을 때 보고 싶어 하지 않거나 차마 하지 못할 일이라고 지칭한 것은 아마도 의례 또는 의리와 직접적으로 관련된 1·3·4·6항의 조건이었을 것이다.[47]

연결되는 것이라고 생각한다.
45 『仁祖實錄』 권40 인조 18년 4월 壬子(1일), "備局以爲 申景琥以六百銀賂鄭譯 得免副將之說 有耳皆聞 今者李浣復踵此轍 此輩若保首領 則六千之衆孰不欲反顧 而旋踵也 當娛發船 料斷其罪 淸將未免鄭譯之穿鼻 請遞副將 今日之勢 或遞或否 全不由我 誠極痛心". 정명수는 평안도 은산(殷山) 출신으로 광해군 11년(1619) 심하 전투에 참전했다가 포로가 되어 청의 역관이 된 자이다.
46 정옥자, 『조선후기 조선중화사상 연구』, 일지사, 1998, 13~21쪽 참조.
47 『承政院日記』 55책 인조 15년 1월 戊辰(28일), "上曰 見此文書 多有不欲見之辭矣 璧曰 徐或

강화 조건상의 정치·경제·군사적 요구가 물리적이고 현실적 차원에서 청의 권력이 침투되는 효과를 초래한 반면에, 1항과 4항의 조건은 명과의 사대 관계 단절 및 청과의 사대 관계 수립을 예제적禮制的 차원에서 확인하는 절차로 구성되었다. 이와 연관된 청의 요구를 한마디로 정리하자면 명을 대신한 자국에 조선이 명에게 행했던 동등한 의례를 시행하라는 것이었다. 조선이 황제국을 청으로 교체했다는 사실은 일상을 지배하는 예제적 질서에서 끊임없이 드러나고 확인되어야 하는 것이기 때문이다.

명으로부터 받은 고명誥命과 인신印信을 반납하는 것은 사대 관계의 변동에 반드시 수반되어야만 하는 의례이자 절차였다. 고명과 인신은 명의 황제가 조선 국왕의 책봉을 확인해주는 신표였기 때문에,[48] 이것을 청에게 반납하고 새로운 고명과 인신을 받는 절차는 조선 국왕의 정통성이 명이 아닌 청으로부터 기원한다는 것을 보여주는 상징적 선언이기도 하였다.[49] 다시 말해, (어디까지나 형식적이기는 하지만) 이제 조선 국왕에게 조선이라는 봉토封土를 내려준 것은 명의 황제가 아니라 청의 황제가 되는 셈이었다.[50] 한편 전근대의 대외 관계가 주로 문서를 통해 이루어진다는 점을 고려해 볼 때, 인신의 반납은 명과의 공식적 대외 관계가 더 이상 성립될 수 없음을 의미하였다. 왜냐하면 조선 국왕의

有弛張之道 而節節有難處事矣 上曰 多有不忍爲之事 安有如此罔極者乎".

48 『高麗史』 권42 「世家 42」 공민왕 19년 5월 甲寅(26일), "帝遣尙寶司丞俟斯來錫王命 王率百官郊迎詔曰 (…中略…) 今遣使齎印仍封爾爲高麗王".

49 공민왕은 명에 의해 고려국왕에 책봉되면서 고명과 인신을 받았으며, 이에 따라 원에서 받은 국왕의 금인(金印)을 명에 반납하였다. 『高麗史』 권42 「世家 42」 공민왕 19년 7월 甲辰(18일), "遣三司左使姜師贊如京師 謝冊命及璽書 幷納前元所降金印 仍計禳耽羅事".

50 石之珩, 『南漢解圍錄』 정축년 1월 30일, "淸帝令我上納印誥 將以改封也".

공식 의사를 담은 국서에 반드시 날인해야 하는 인신, 즉 '조선국왕지인朝鮮國王之印'이 사라졌기 때문이다. 이러한 맥락에서 보아야만, 출성 직전 '인신의 반환은 청이 아니라 명에게 해야 한다'는 취지의 상소를 올린 정온의 심리도 어느 정도 짐작할 수 있다.[51] 실제로 조선은 앞서 보았듯이 삼전도 항례 당시 국보國寶, 즉 인신만 청에 반환하고 고명은 이런 저런 핑계를 대며 끝내 청으로 보내지 않았던 것 같다.

다음으로 중요한 것은 청의 연호와 정삭正朔(정월 초하루), 즉 역법曆法을 수용하는 사안이었다. 청의 연호를 사용한다는 것은 청 황제가 주재하는 시간을 인정하고 그 질서 속으로 들어간다는 의미를 담고 있다.[52] 즉 조선의 관·공 문서에 청 태종의 숭덕崇德 연호를 쓴다는 것 역시 명을 부인하고 청을 인정한다는 강렬한 상징적 의미를 지닌 행위였다. 따라서 청의 감시가 한계를 가질 수밖에 없는 조선 경내에서는 청 연호의 사용을 이행하지 않고 명의 연호를 사용하는 일이 적지 않았다.[53] 인조 자신조차 종전 직후에 내린 애통교서哀痛敎書에 명의 연호를 그대로 사용했다가 청에 발각되어 문제가 된 적이 있었다.[54] 인조는 이 사건을 계기로 각종 문서에 숭덕 연호를 기입하라는 지시를 거듭 내렸지만, 오랜

---

51 『仁祖實錄』권34 인조 15년 1월 庚午(30일), "吏曹參判鄭蘊上箚曰 (…中略…) 彼若求納皇朝之印 則殿下當爭之曰 自祖宗受用此印 今將三百年 此印還納於明朝 不可納於淸國 云".

52 문중양, 「세종대 과학기술의 '자주성', 다시보기」, 『歷史學報』189, 역사학회, 2006, 64쪽 참조.

53 南礏, 『南漢日記』정축년 4월 3일, "傳曰 吏曹書崇德【時判書崔鳴吉 蓋自敎書書崇禎 見捉於淸人之後 自斷用崇德也】戶曹書丁丑【時判書李景稷】禮曹書崇禎【時判書姜碩期 病不仕 參判閔應男】外方亦然 其意雖善 不顧憂國之念 政院知悉擧行".

54 『仁祖實錄』권34 인조 15년 2월 戊戌(28일), "備局啓曰 卽聞哀痛敎書 被奪於淸兵 而書以崇禎年號云 生事之患 誠極可慮 自今以後 大小文書 皆用崇德年號 以此意 下諭于兩西及咸鏡監兵使 爲當 答曰 知道".

시간이 흐른 뒤에도 이 지시는 빈번히 그리고 공공연하게 거부당하였다.[55] 그러나 청의 현실적 지배가 더욱 강고해지고 청도 조선의 연호 사용을 주목하였기 때문에,[56] 인조는 각종 관·공문서뿐만 아니라 제문祭文과 축문祝文에도 청의 연호 사용을 지시하였다.[57] 그럼에도 불구하고, 조선 후기 내내 민간의 묘도문자墓道文字 등에는 여전히 명의 숭정崇禎 연호가 기입되었다.[58]

양국 간 사신의 왕래와 절차 등을 명에 준하여 시행하라는 4항의 조건은 인조 15년(1637) 1월 28일 잉굴다이가 홍서봉에게 강화 조건이 담긴 청 태종의 칙서를 전할 때부터 본격적으로 실행되었다. 잉굴다이는 명의 칙서를 어떻게 전달받았는지 홍서봉에게 물은 뒤 그대로 시행한 뒤, 자신은 상위의 자리인 즉 동쪽에 착석하고 홍서봉은 서쪽에 앉게 하였다.[59] 삼전도 항례 당일 영접차 나온 잉굴다이를 접견한 인조 역시 그와 동등하게 읍례揖禮를 두 번 행하고 동·서로 나뉘어 마주보고 앉았다.[60] 아마도 인조가 주인의 자리인 동쪽에 잉굴다이는 빈객의 자리인 서쪽에 앉았을 것이다. 이와 더불어 청에게 보내는 국서의 서식을 표문表文으로 격상하는 조항도 삽입되었다.

55　『仁祖實錄』권42 인조 19년 11월 己卯(7일), "光州牧使宋國澤 全羅兵使黃緝於誕日陳賀箋文 不書淸國年號 上命罷其職".
56　『仁祖實錄』권41 인조 18년 11월 乙酉(8일);『仁祖實錄』권43 인조 20년 12월 丙子(11일).
57　『仁祖實錄』권44 인조 21년 12월 戊寅(18일), "上密敎于政院曰 祭文及祝帖 不書淸國年號 雖出於不忍之心 似涉於欺瞞神祇 自明年 竝令直書 是時 我國猶不忍背棄大明 凡祭祝之文及公家 藏置文書 皆書崇禎年號 至是上有是敎".
58　石之珩,『南漢解圍錄』정축년 11월, "然而貴賤人心不忘父母之恩 墓道文字 公私祝辭 必用中朝 正朔 此則民情之所同 非彼之所可禁".
59　『仁祖實錄』권34 인조 15년 1월 戊辰(28일).
60　『仁祖實錄』권34 인조 15년 1월 庚午(30일).

이민족인 만주족과의 혼인을 요구하는 6항 역시 청을 멸시하는 조선의 정서상 받아들이기 힘들었다. 재신宰臣의 여자 아이는 첩녀妾女 또는 양녀養女 등에서 선발되었는데,[61] 이마저도 신료들의 반발과 꺼림이 적지 않았다.[62] 혼인할 여아의 선발을 독촉하던 인조였지만, 그 역시 중궁中宮의 궐위 여부를 묻는 청인의 발언에 대해서는 격렬한 증오심을 표출한 바 있었다.[63] 양국의 관계 및 위상 변화는 인조 15년(1637) 11월 20일 청이 책봉사冊封使 잉굴다이와 마푸타 등을 보내 인조를 조선 국왕에 책봉함으로써 최종적으로 마무리되었다.[64] 청은 이날 인조에게 새로운 인신과 고명을 하사하고 안마鞍馬・초피貂皮・호피狐皮 등의 예물도 함께 내려주었다.[65]

---

61 『仁祖實錄』 권35 인조 15년 11월 辛卯(27일).
62 『仁祖實錄』 권36 인조 16년 6월 丁未(16일), "左議政崔鳴吉啓曰 (…中略…) 婚媾一事 爲淸國所大欲 而又爲本國臣子最所難堪 有女者旣不忍於割愛 而無女者尤無可奈何 但胡俗假養最多 與己出無異 則雖知養女 或不至大段生怒 故頃日請對時 敢以此爲請 而聖上又有欲取宗室女 養育宮中之敎 爲人臣子 何以爲心 昨日之坐 臣先自書臣名 又書其宏具仁垕兩人之名 仁垕初頗不肯後乃從之 其宏終始牢拒 不得已書李時白之名 時白時不在坐 而意謂 其心與臣無異 今見李時白箚子 似若有憾於不問强書者然 時白猶不知臣心 況他人乎".
63 『仁祖實錄』 권35 인조 15년 11월 庚寅(26일), "上曰 (…中略…) 宰臣中必有妾女者 國事到此地頭 爲臣子者 豈惜一妾女乎 先以妾女送之可也"; 『仁祖實錄』 권34 인조 15년 3월 己未(20일), "上曰 (…中略…) 曾在山城時 淸人問予以中宮有無 此言甚可惡也 彼若問之 則宜以元不復娶之意言之".
64 『承政院日記』 62책 인조 15년 11월 甲申(20일).
65 『仁祖實錄』 권35 인조 15년 11월 甲申(20일).

2. 패전 책임자 처벌을 둘러싼 주화 · 척화론의 재격돌

출성 항복의 치욕으로 병자호란을 마무리한 조정은 민심의 수습과 안정을 위해 패전의 원인을 규명하고 그 책임자를 처벌하는 것이 급선 무였다. 그러나 패전의 원인과 책임 소재를 바라보는 조정 내부의 시각 은 전혀 일치하지 않았다.[66] 사간원, 사헌부를 중심으로 한 언관言官들 은 비변사를 주도하며 전쟁을 지휘한 대신과 전장에서 군대를 이끈 장 수將帥의 엄벌을 주장하였으나,[67] 인조와 비변사를 주도한 대신 세력은 무모한 척화론 때문에 청의 도발이 야기되었으므로 이들을 처벌해야 한다는 입장이었다.[68] 따라서 패전 책임자의 선정과 처벌의 수위는 결 국 패전의 책임을 해석하는 양쪽의 입장에 따라 결정되었다. 이런 구도 하에서는 어느 한 쪽의 책임을 강조하는 순간 다른 쪽의 책임은 경감될 수 있었으므로, 패전 책임을 규명하는 데에는 전쟁 발발 이전의 주화 · 척화 논쟁만큼이나 격렬한 정치적 대립이 뒤따랐다.

병자호란이 조선의 일방적 참패로 끝났기 때문에, 전후처리의 우선 과제가 된 것은 패전한 장수 및 병사들을 적발하고 처벌하는 일이었다. 도망간 병사를 찾아 처벌하는 일,[69] 남한산성에 군대를 이끌고 온 지방

---

66 종전 이후 인조 대 정국의 동향에 대해서는 다음을 참조. 오수창, 「仁祖代 政治勢力의 動向」, 『개정판 조선시대 정치사의 재조명』, 태학사, 2003, 142~145쪽; 김용흠, 『朝鮮後期 政治史 硏究 I─仁祖代 政治論의 分化와 變通論』, 혜안, 2006, 343~349쪽 참조.

67 『仁祖實錄』 권34 인조 15년 2월 辛巳(11일) · 3월 乙丑(26일);『仁祖實錄』 권35 인조 15 년 6월 甲寅(17일) · 7월 癸酉(7일) 등.

68 『仁祖實錄』 권34 인조 15년 2월 己丑(19일) · 5월 壬午(15일);『仁祖實錄』 권35 인조 15 년 10월 癸卯(9일) 등.

69 『仁祖實錄』 권34 인조 15년 3월 庚戌(11일).

관과 오지 않은 자를 구별하여 색출하는 일,[70] 남한산성을 수성한 장수 및 병사들의 전공을 조사하여 자급資級(품계)을 올려주는 일,[71] 남한산성 전사자들의 포상과 그 가족들에 대한 부역賦役 등을 면제해 주는 일 등이 논의되었지만,[72] 이 과정에서 가장 중요한 정치적 쟁점으로 대두한 것은 병자호란의 패전에 직접적 책임이 있는 장수들에 대한 처벌과 그 수위를 결정하는 문제였다.

인조는 삼전도 항례를 마치고 도성으로 돌아온 직후부터, 농성 기간 동안 외부에서 머뭇거리면서 근왕병을 보내지 않았거나 각 도에서 근왕병을 이끌고 도착했지만 구원에 실패한 장수들의 책임을 먼저 물었다. 서로도원수西路都元帥 김자점, 제도도원수諸道都元帥 심기원, 부원수 윤숙尹璛, 강원 감사 조정호趙廷虎 등과 충청·전라·경상도의 감사監司와 병사兵使를 잡아오도록 지시하였으며, 전투 중 청군에게 포로로 사로잡힌 부원수 신경원申景瑗도 결사항전하지 않은 죄목으로 잡아와 심문하였다.[73] 인조는 김자점·심기원·윤숙을 중도中道에 유배[74]하고 신경원은 관작官爵만 삭탈하도록 지시하였다. 그러나 양사兩司(사헌부·사간원)가 세 차례나 합계하여 이들의 엄벌을 주장하자, 김자점은 절도에 안치하고 신경원 등은 먼 곳으로 유배 보냈다.[75]

양사兩司는 강화도 수비에 실패한 검찰사檢察使 김경징金慶徵, 검찰부

---

70 『仁祖實錄』 권34 인조 15년 2월 庚寅(20일).
71 『仁祖實錄』 권34 인조 15년 2월 丙戌(16일).
72 『仁祖實錄』 권35 인조 15년 10월 丁酉(3일).
73 『仁祖實錄』 권34 인조 15년 2월 庚辰(10일).
74 죄인의 평소 공로나 정상 등을 참작하여, 유배지로 가는 중간 지점의 한 곳을 지정하여 머물러 있게 하는 처분으로 비교적 가벼운 유배형에 속한다.
75 『仁祖實錄』 권34 인조 15년 2월 乙酉(15일).

사檢察副使 이민구李敏求, 강화유수江華留守 장신張紳, 경기수사京畿水使 신경진申景珍, 충청수사忠淸水使 강진흔姜晉昕에 대한 처벌도 주장하기 시작하였다.[76] 인조는 김경징과 장신을 서쪽 변방에 유배 보내도록 명하였지만,[77] 양사를 중심으로 한 조정의 여론은 쉽게 진정되지 않아 이들의 처형을 거듭 요청하였다.[78] 사헌부 지평持平 김종일金宗一은 원임대신原任大臣 윤방尹昉을 탄핵하였다.[79] 그가 강화도 피난 당시 묘사제조廟社提調의 직임을 맡았음에도 불구하고 종묘의 신주神主를 훼손당하고 인조의 출성 이전 적진을 출입했다는 것이 이유였다.

홍문관 교리校理 윤강尹絳과 수찬修撰 이상형李尙馨 등은 강화도 함락 책임자의 엄벌을 주장하면서, 사헌부 대사헌 한여직韓汝稷과 사간원 대사간 김수현金壽賢이 겉으로는 김경징 등의 처벌을 주장하지만 안으로는 화복禍福을 두려워하여 권세에 빌붙고 있다고 비난하였다.[80] 발언의 요지는 함락 책임자의 배경 때문에 엄벌이 지연되고 있음을 비난한 것이었는데, 종전 이후에도 김경징의 아버지 김류는 영의정으로, 이민구의 형 이성구李聖求는 우의정으로 건재한 상태였다.[81] 남한산성에서 비변사의 당상堂上으로 인조를 호종한 장신의 형 장유만이, 어머니의 상중이라 출사하지 않은 상태였다.

이러한 논란의 외중에 인조 15년(1637) 3월 21일 장신의 자진自盡을 명하는 인조의 하교가 내려왔다.[82] 그러나 장신이 참형이 아닌 자진이라

76 『仁祖實錄』 권34 인조 15년 2월 辛巳(11일).
77 『仁祖實錄』 권34 인조 15년 2월 庚寅(20일).
78 『仁祖實錄』 권34 인조 15년 2월 辛卯(21일).
79 『仁祖實錄』 권34 인조 15년 4월 壬申(3일).
80 『仁祖實錄』 권34 인조 15년 3월 癸卯(4일).
81 『仁祖實錄』 권34 인조 15년 3월 己未(20일).

는 형식으로 처벌된 점,[83] 죽음에 임한 순간 선고문에 해당하는 결안結案에 불복한 점,[84] 형장刑場이 아닌 죽은 형의 집에서 자진한 점 때문에 그의 사후에도 많은 논란이 일어났다.[85] 심지어 그의 형 장유는 장신이 죽지 않고 살아있다는 헛소문에 대하여 인조에게 해명을 해야만 하였다.[86]

이상의 전후처리 과정에서 육전의 경우 패전 책임을 지고 사형을 당한 장수는 없었다. 병자호란의 참담한 결과만 놓고 보면 다소 가벼운 처벌이라는 느낌마저 든다. 그러나 병자호란 이전 청과의 전쟁 자체가 근본적으로 무리였다는 인식이 조선 내에 적지 않았던 것을 고려한다면, 김자점·심기원 등에 대한 가벼운 처벌이 전혀 터무니없는 조치라고 보기도 어렵다.[87]

한편, 병자호란의 참패가 청과의 화친을 거부한 척화론 때문에 초래되었다는 인식을 가진 대신들은 척화론자들에 대한 처벌을 주도하였다. 홍익한, 윤집, 오달제의 삼학사는 청으로 이미 압송된 후였으므로, 나머지 척화론자인 윤황尹煌 등의 처벌이 논의되었다. 이들의 처벌은 영의정 김류, 좌의정 홍서봉, 우의정 이성구, 병조 판서 신경진申景禛, 공조 판서 구굉, 이조 판서 최명길, 호조 판서 이경직 등의 건의를 받아 인조가 최종 결정하였다.[88] 이에 따라 윤황, 유황兪榥, 홍전洪瑑, 유계兪棨

---

82 『仁祖實錄』권34 인조 15년 3월 庚申(21일), "以張紳行刑單子下敎曰 念念前功 不忍斬殺 使之自盡". 『승정원일기』에는 장신의 자진을 명하는 내용의 기사가 3월 19일 자에 기록되어 있다.

83 『仁祖實錄』권34 인조 15년 윤4월 丁卯(29일).

84 『仁祖實錄』권34 인조 15년 4월 己未(12일).

85 『仁祖實錄』권34 인조 15년 5월 戊寅(11일).

86 『仁祖實錄』권34 인조 15년 5월 辛巳(14일).

87 『承政院日記』56책 인조 15년 2월 辛卯(21일), "又啓曰 金自點申景瑗事 沈器遠尹璛事【見上】答曰 厥罪雖重 不無可恕之道 爾等更加詳察 勿爲煩論".

88 『仁祖實錄』권34 仁祖 15년 2월 己丑(19일).

는 유배당하였고, 이일상李一相은 특히 절도絶島에 정배定配되었다. 조경趙絅, 김수익金壽翼, 신상申恦은 문외출송門外黜送되었다.[89] 이들에게는 나라를 그르친 자誤國人와 계차의 언어가 부적절한 자啓箚中言語不中者라는 두루뭉술한 죄명罪名이 부과되었지만, 이 조치는 사실상 척화론을 주장한 자들을 처벌한 것이었다.[90]

양사를 중심으로 한 조정의 여론은 이러한 조치에 격렬히 반발하였다. 언관들은 패전의 책임을 바라보는 시각이 인조나 대신들과 크게 달랐다. 이들은 패전의 책임이 척화론자에게 있는 것이 아니라, 죽음을 무릅쓰고 싸우지 않은 장수와 군율에 따라 이들을 처단하지 않은 조정에 있다고 주장하였다.[91] 단순히 전쟁의 결과만 놓고 본다면 승리하지 못하거나 전투를 회피한 무장에게 책임을 묻는 조치는 당연하다. 그러나 이미 전쟁 발발 이전 현격한 전력 차이로 인하여 승리의 가능성을 어느 누구도 장담하지 않았으며 이러한 상황을 조정의 군신君臣이 모두 알고 있었다는 점을 고려해 본다면, 척화론자의 주장에는 문제의 소지가 많다. 인조는 남한산성 농성 중에 성을 나가 싸워야 한다고 주장하는 척화론자를 아래와 같이 신랄하게 책망하였다.

병사가 언덕을 내려가지 않으면 출병하지 않는다고 질책하고 내려갔다가 패배를 당하면 병법을 잘 쓰지 못했다고 비난하니, 알지도 못하면서 억지로

89　문외출송은 죄인의 벼슬과 품계를 빼앗고 한양 밖으로 추방하는 비교적 가벼운 형벌이었다.

90　石之珩,『南漢解圍錄』정축년 2월 11일, "命査初斥和者 大司諫尹煌 正言尹文擧 持平兪㰍 注書兪棨等 以妄議斥絶 終致踏國 爲其罪案 並命流竄".

91　『仁祖實錄』권35 인조 15년 6월 甲寅(17일), "諫院啓曰 (…中略…) 今日國家之一敗塗地 皆由於將帥之逗遛 軍法之不行而然也 孤城被圍之日 諸受脈者 無一赴難 而尚保首領 晏然在職 日後警急 誰能爲國家 忘身奮義 以赴君父之急乎".

제4장_전후처리와 척화론(斥和論)의 함의　243

시비(是非)를 만들어 일을 그르친다면 말도 안 되는 일이다.[92]

출성 항복의 결정적 계기가 된 강화도의 함락 원인도 김경징, 장신, 이민구를 비롯한 지휘관들의 잘못만으로 판단하기에는 당시의 전황을 종합적으로 고려해본다면 큰 무리가 따른다. 강화도 함락의 상세한 전말을 전하는 대표적 사료로는 나만갑羅萬甲이 쓴『병자록丙子錄』의「기강도사記江都事」와 이것을 토대로 작성된『연려실기술』의「강도패몰江都敗沒」조를 들 수 있다.[93] 이들 기록에 전적으로 의거한다면, 강화도 함락의 원인은 자연스레 강도검찰사江都檢察使 김경징과 강화유수겸주사대장江華留守兼舟師大將 장신의 반목·불화를 비롯한 이들의 전략적 판단착오, 무사안일, 비겁 등으로 정리된다. 선행 연구도 예외 없이 이러한 관점에서 강화도 함락의 전말을 재구성하였다.[94]

그러나「기강도사」와「강도패몰」조를 좀 더 비판적 관점에서 살펴보면 위와 같은 결론에 동의하기 힘들다.『병자록』은 병자호란 당시 관향사로 남한산성에서 인조를 호종한 나만갑이 병자호란의 발발과 전개, 전후처리 과정을 자신의 체험과 견문에 기반하여 작성한 것이다.[95]

---

92 『承政院日記』55책 인조 15년 1월 甲辰(4일).
93 李肯翊,『燃藜室記述』권26「江都敗沒」【亂離雜記 江都錄 丙子錄 合錄】. 좌측에 보이는 것처럼,「강도패몰」조의 세주(細註)에 전거로 인용된 서적을 밝혀 놓았다.『난리잡기』는 남급의『남한일기』,『병자록』은 나마갑의『병자록』을 가리킨다. 다만『강도록』의 실체는 특정하기 어렵다. 하버드대 옌칭도서관에『남한일기』와 합철된 것 등이 있다. 세 기록 모두 강화도 함락 관련 내용은 대동소이하다.
94 이장희,「강화실함과 남한산성」,『한국사 29 - 조선 중기의 외침과 그 대응』, 국사편찬위원회, 1995, 289~291쪽; 한명기,『정묘·병자호란과 동아시아』, 푸른역사, 2009, 415~419쪽.
95 『병자록』의 완성 연대는 대략 인조 19년(1641) 6월부터 인조 20년(1642) 11월 사이로 추정된다. 정규복·고헌식,「『山城日記』의 文獻學的 硏究」,『敎育論叢』12, 고려대 교육대

나만갑은 「기강도사」에서 김경징의 방자한 인품, 안일한 태도, 판단력 부족, 비겁한 도주 행위 등을 신랄한 어조로 비판하였다.

(경징은) 강도가 금성탕지(金城湯池)이기 때문에 적이 날아서도 건너지 못할 것이라 여겨, 조석(朝夕)으로 잔치를 벌이며 날마다 술잔 기울이는 것으로 일을 삼았다. 산성이 포위된 지 이미 월여(月餘)가 지나도록 소식이 통하지 않았지만 임금과 아버지를 걱정하지 않았다. 대신이 혹 무슨 말이라도 하면 그는 "피란 온 대신이 어찌 감히 지휘하려고 하시오?"라고 말하였다. 대군이 혹 뭐라고 말씀하시면, "이 위급한 때에 대군이 어찌 감히 참견하려 하시오?"라고 말하니, 대군이나 대신 이하 어느 누구도 감히 입을 열지 못하였다.[96]

정축년 정월 21일에 통진(通津) 가수(假守) 김적(金廸)이 검찰사에게 "적이 바야흐로 동거(童車)에 조그마한 배를 실어 가지고 강화로 향하고 있습니다"라고 첩보(牒報)를 올려 아뢰었다. 경징은 "강의 얼음이 아직 단단한데 어찌 배를 운행할 수 있다는 말이냐?"라고 말하였다. (김적이) 군정(軍情)을 어지럽힌다고 말하며 막 목을 베어 죽이려고 하는데, 갑곶 파수장(把守長)의 보고가 또한 김적의 말과 같았다.[97]

(충청 수사 강) 진흔이 거느린 배가 매우 적었다. 장신은 적세가 매우 강함을 보고 전진할 생각이 없었다. 진흔이 북을 울리고 기를 휘둘러 장신을

학원, 1982 참조.
96   羅萬甲, 『丙子錄』「記江都事」.
97   위의 사료.

재촉하는데도 끝내 앞으로 나아가지 않았다. 진흔이 배 위에 서서, "네가 나라의 두터운 은혜를 입고 어찌 차마 이렇게 할 수가 있느냐? 내가 장차 네 목을 베고야 말겠다"라고 호통을 쳤다. 그러나 장신은 끝내 움직이지 않고 곧 조류(潮流)를 따라 아래로 내려가 버렸다.[98]

이 때 강화의 초관(哨官 : 하급 장교)은 모두 장신의 배 안에 있었는데, 주장(主將)이 퇴거하자 한 사람도 뭍에 오르는 자가 없었다. 경징은 이제 어찌할 수 없음을 알아, 포기하고 포구(浦口)로 달려가서 말을 버리고 물에 들어가 전선에 오를 수 있었다. 이 때 김경징과 장신의 노모가 다 성 안에 있었는데, (이들이) 모두 배를 타고 달아나 버려 두 집의 노모는 결국 성 안에서 죽었다.[99]

「기강도사」는 이 밖에도 김경징의 여러 부적절한 행태를 집중적으로 고발하였다.[100] 그리고 검찰부사 이민구가 충청 감사로 임명받아 안전한 강화도를 떠나야 할 상황에 몰리자 처삼촌인 윤방의 힘을 빌려 끝내 기피한 행적도 비난하였다.[101] 「기강도사」에 묘사된 김경징, 이민구, 장신 등의 비겁하고 무능한 모습은 강화도 함락 시 장렬히 순절한 것으로 묘사된 김상용 등의 사대부, 부녀자, 병사들의 행적과 강렬하게 대비되어[102] 그들에 대한 부정적 인상을 더욱 증폭시키는 효과를 내고 있다.

---

98 위의 사료.
99 위의 사료.
100 강화도 피난 시 세자빈 도해(渡海)의 지연, 국곡(國穀)의 독점, 군기 및 화약 공급의 지연, 사형 통보 후의 비겁한 태도 등.
101 羅萬甲, 『丙子錄』「記江都事」.
102 李肯翊, 『燃藜室記述』 권26「江都殉節人」·「壇享諸人」·「殉節婦人」.

「강도패몰」조 역시 「기강도사」의 기록과 상당 부분 중첩되지만, 더욱 부정적 논조로 김경징 등의 행태를 상세히 서술하였다. 아래 인용된 것처럼 「기강도사」에는 기록되지 않은 김경징과 장신 사이의 갈등을 언급한 부분도 있다.

> 경징이 혼자 섬 안의 일을 지휘하려고 하였다. 그러나 장신은 "나는 남의 명령을 받는 사람이 아니다"라고 말하니 서로 배척하고 알력이 심하였다. (김경징은) 강도가 금성탕지이기 때문에 적이 날아서도 건너지는 못할 것이라고 스스로 생각하여 아무 걱정 없이 방자한 뜻을 품고 날마다 술 마시며 주정하는 것으로 일을 삼았다. (남한)산성이 포위되어 소식이 도달하지 않음에도 불구하고 임금과 아버지를 염려하지 않았다. (…중략…) 술을 한껏 마시고 "아버지는 체찰사, 아들은 검찰사로서 국가의 중요한 일을 처리한다. 우리 집이 아니면 누가 하겠는가?"라고 큰 소리쳤다.[103]

여전히 남아 있는 다음과 같은 의문점은 위의 기록들을 강화도 함락의 원인 그 자체로 이해하기보다는 패인을 바라보는 기록자의 시각이라고 전제한 뒤 접근할 필요가 있음을 우리에게 알려 준다. 과연 병자호란 당시 강화도의 함락은 전적으로 김경징, 장신 등의 무능과 비겁에서 기인한 것이라고 볼 수 있는가? 이들 지휘관의 과실 이외에 강화도 함락을 야기한 또 다른 요인은 없었는가? 병자호란을 총지휘한 도체찰사 김류의 아들이며 강도 검찰사의 중임重任을 맡았던 김경징이 국가 위기

---

103 위의 사료 「江都敗沒」.

의 상황에서 이처럼 해이한 책임 의식하에 모든 사람이 알 정도의 방종과 안일을 행하였을까?[104] 또 하나, 「기강도사」나 「강도패몰」조에 그려진 김경징, 장신 등의 한심한 행태가 패전의 결과를 너무나 완벽하게 설명해 주기 때문에 오히려 완전히 신뢰하기 힘들다. 따라서 강화도 함락의 원인과 실상을 재구성하기 위해서는 『병자록』의 저술 배경을 먼저 살펴본 뒤 강화도 함락 관련 기사를 비판적으로 재검토할 필요가 있다.

『병자록』의 사료 비판을 위해 가장 먼저 고려해야 할 점은 저자 나만갑과 김경징의 아버지 김류와의 관계이다. 나만갑은 인조 3년(1625) 김류의 천거로 북인 출신인 남이공南以恭이 대사헌으로 등용되자 이것을 반대하다가 강동 현감으로 좌천되었다.[105] 인조 7년(1629)에는 이조낭관吏曹郎官의 후보에 오르기도 하였으나, 사람됨이 부박하고 어리석어 그 자리에 적합하지 않다는 김류의 공격을 받았다.[106] 그 뒤에는 사론士論을 주도하고 시비是非의 통색通塞을 자신의 뜻대로 하려 했다는 인조의 의심을 받아 해주에 유배당하기도 하였다.[107]

노서老西와 소서少西의 대립이라고 칭해진 이들의 갈등은 광해군 정권에 참여한 서인 이외의 인사를 조정에 진출시킬 것인가를 놓고 벌어진 문제였는데, 노서에는 신흠申欽, 오윤겸, 김상용이 속해 있었고, 청서淸西인 김상헌의 기풍을 흠모했다는 소서에는 삼사三司(사헌부·사간

104　尹宣擧, 『魯西先生遺稿』 권15 雜著·記事 「記江都事」, "余與汝南 爲探消息 往于分司 適見副察諸公以酒禦寒 退與諸友議呈書 諸友屬余草文 曰 朝紳編伍 王趾巡城 薪膽卽事 杯酒非時 語句傳播 副察不平". 일례로 김경징이 날마다 술판을 벌였다는 이야기는 좌측에 보이는 윤선거의 기록이 윤색되어 와전된 것으로 보인다.

105　『仁祖實錄』 권9 인조 3년 5월 甲寅(7일)·7월 己酉(3일).

106　『仁祖實錄』 권21 인조 7년 7월 戊子(5일).

107　『仁祖實錄』 권21 인조 7년 7월 甲午(11일)·乙未(12일)·壬子(29일).

원·홍문관)에 포진하였던 박정朴炡, 나만갑, 이기조李基祚, 강석기 등이 속해 있었다.[108] 공신 출신으로서 노서를 후원한 것은 김류였고, 소서를 후원한 것은 이귀였다. 이귀는 나만갑의 외직 보임, 즉 강동 현감江東縣監 좌천이 김경징의 살인죄를 나만갑의 장인 정엽鄭曄이 대사헌으로 있을 때 박정과 함께 논박하여, 이에 대해 김류가 원한을 품었기 때문이라고 주장하였다.[109] 역시 이귀의 발언이라 전적으로 믿기는 어렵지만, 나만갑에 대한 김류의 처우 역시 매우 야박하였다는 지적도 있다.[110]

병자호란 당시의 김류와 나만갑의 대조적인 입장과 행보도 주목해야 한다. 김류는 병자호란 당시 영의정이자 도체찰사로서 청과의 화의和議를 적극적으로 주도한 인물 가운데 하나이며, 나만갑은 척화파로서 인조를 호종하여 남한산성에 들어간 인물이었다. 남한산성의 농성 기간 중에 주화를 주장한 쪽은 최명길과 비변사에 포진한 대신·공신들이었고, 척화를 주장한 쪽은 김상헌, 정온, 윤황, 홍익한 등과 삼사의 연소한 관원들이었다. 농성 기간 중 척화론자들은 화친을 주도한 김류·최명길 등을 격렬한 어조로 비판하곤 하였는데,[111] 나만갑 역시 『병자록』에서 주화론자들의 행적은 다소 편파적이고 근거없이 비난한 반면에 척화론자들의

---

108 李建昌, 『黨議通略』「仁祖朝」. 청서는 비공신 출신 서인을 가리키는 말이다. 공신 출신 서인은 공서(功西)라 지칭하였다.

109 『仁祖實錄』 권9 仁祖 3년 7월 戊午(12일).

110 『仁祖實錄』 권21 인조 7년 7월 己亥(16일), "上謂兵判李貴曰 卿以元勳重臣 國中士習及朝著間事 卿必知之 今者羅萬甲皆以爲無罪 此何如也 貴曰 萬甲不無病痛 而氣節可尙 故小臣欲擬薦於元帥矣 頃日右相所陳 辭意過重 臣聞金慶徵問於萬甲曰 汝何頻往李二相家 而不到吾家耶 萬甲曰 李二相待我如子弟 凡有是非 無不從之 汝家則待我如賓徒 吾所以不去也".

111 『仁祖實錄』 권33 인조 14년 12월 戊子(18일), "上御行宮南門 敎諭百官 前參奉沈光洙伏地 請斬一人 以絶和議 以謝人心 上問一人爲誰 對曰崔鳴吉也"; 12월 壬辰(24일), "三司齊會 將請斬主和之人 校理尹集主其論 大司諫金槃執義蔡裕後以爲太過 力沮而止".

언행은 높이 찬양하였다.[112]

이러한 나만갑의 시선은 김류 가족에 대한 서술에도 극단적으로 반영되어 있다. 나만갑은 김류와 김경징의 처가 강화도가 함락될 때 자결하였다는 사실을 기재하면서도,[113] 이 순절殉節이 김류의 손자이자 김경징의 아들 김진표金震標의 강요에 의한 것이었다는 다소 믿기 어려운 사족蛇足을 달아 놓았다.[114] 즉 김진표가 자신의 부인에게 자결을 강압하여 죽음에 이르게 하였고, 이 광경을 본 김류의 부인과 김경징의 처도 자결하였다는 것이다. 『연려실기술』에도 이와 유사하면서도 더욱 상세한 기록이 있지만, 김진표 협박설이 김경징에 대한 인심의 분노로 인하여 김류 집안 부녀자들의 절개를 폄하하기 위해 조작되었을 가능성이 높다는 내용 또한 같이 삽입해 놓았다.[115]

아울러 병자호란 당시 예조 판서로 강화도에 뒤늦게 들어갔던 조익趙翼의 기록이 김경징의 인품과 행태를 상당히 다르게 묘사하였다는 점도 매우 흥미롭다.

(정축년 1월) 19일에서부터 21일까지 3일 동안을 계속 분비국(分備局:

---

112 羅萬甲, 『丙子錄』「急報以後日錄」12월 28일, "今日之死 不下三百餘人 而體相惡其實報 柳瑚僅以四十人啓之 人心尤不服"; 1월 27일, "如金尙憲鄭蘊 可謂之烈丈夫 能與白日爭光矣"; 1월 29일, "崔鳴吉還有嗟歎曰 吳尹若一如我所指 終必無害 故出去之時 多般敎誘 而及至汗前 所答相反 是必畏怯 而然也云 鳴吉之奸謀百出 愈往愈甚".

113 羅萬甲, 『丙子錄』「記江都事」, "婦女之自決者 金瑬李聖求金慶徵 (…中略…) 之妻".

114 위의 사료, "金震標 迫其妻 使之自盡 金瑬夫人 及金慶徵妻 見其婦死 繼以自決". 『인조실록』의 사론(史論)은 조모와 모친의 죽음도 김진표의 협박에 의한 것이라고 명기해 놓았다(『仁祖實錄』권35 인조 15년 9월 丙戌(21일), "始賜金慶徵死 斬姜晋昕 邊以惕 (…中略…) 慶徵之子震標 脅迫其祖母及其母 使之自殺").

115 李肯翊, 『燃藜室記述』권26「殉節婦人」, "或稱震標迫之使死 盖人心積怒於慶徵 竝與其母妻之節烈 欲刪沒之耳".

분비변사)에 가 보니, 김경징과 이민구가 담당하며 일 처리를 하고 있었는데, 별로 하는 일은 없고 단지 문서나 주고받을 뿐이었다. 이때 남한산성이 포위된 뒤로 시일이 많이 경과하면서, 각처의 백성들이 적병을 만나 죽거나 포로로 잡히는 경우가 무수히 발생했는데, 날마다 접하는 소문마다 모두 차마 들을 수 없는 것뿐이었다. 그래서 항상 안타깝고 측은한 마음에 홀로 살아남았다는 것이 편치 못해 죽고 싶은 심정뿐이었다.

일찍이 분비국에 가서 김경징과 이민구에게 말하기를 "임진년에 왜적이 서울까지 육박해 왔을 때에 이정암(李廷馣)이 스스로 목을 매어 죽으려고 하였으나 가인(家人)이 구해서 살린 적도 있고, 옛날에 숙손소자(叔孫昭子)가 계손(季孫)이 임금을 쫓아낸 것을 통분하게 여겨 축종(祝宗)에게 죽게 해 달라고 빌게 한 일[116]도 있는데, 지금 나도 참으로 죽고만 싶다. 만약 내가 수백 명의 병력을 얻어서 한 방면을 담당하며 육박전을 벌일 수만 있다면, 뒤로 물러나지 않고 싸우는 자로는 내가 응당 첫째가 될 것이다"라고 하자, 김경징이 나를 보고 슬피 울면서 손을 잡고 위로하기도 하였다. 이때 관군 이외에 남정(男丁)과 피난 온 사람들은 모두 의병(義兵)으로 차출되어 더 이상 남아 있는 자들이 없다 보니 병력을 얻기가 참으로 몹시 어려웠다. 그리고 이민구가 병력을 얻을 계책을 강구해 보았지만 그것도 실행하기 어려웠다.[117]

조익의 증언에 의하면, 김경징과 이민구가 강화도 방어 또는 남한산

---

116 『춘추좌씨전(春秋左氏傳)』 소공(昭公) 25년 조에 나오는 사건. 노 소공(魯昭公)이 계손씨(季孫氏)를 제거하려다가 오히려 삼환(三桓)의 공격을 받고 외국으로 망명하였는데, 숙손소자가 소공의 귀국을 위해 무진 애를 썼는데도 뜻대로 되지 않자, 목욕재계한 다음에 제사를 주관하며 기도드리는 사람인 축종(祝宗)에게 빨리 죽게 해 달라고 빌게 하더니 얼마 뒤에 죽었다고 한다.(한국고전번역원 한국고전종합DB 각주정보 참조)

117 趙翼, 『浦渚集』 권25 雜著 「丙丁記事」.

성 구원을 위해 별다른 군사적 조취를 취하지 않았던 것은 사실인 것 같다. 그러나 조익은 그 원인으로 그들의 비겁과 안일한 자세를 지목한 것이 아니라 병력 자원의 부족이라는 여건의 제약을 언급하였다. 위의 사료에 묘사된 김경징, 이민구의 언행도 앞서 살펴본 「기강도사」나 「강도패몰」조의 묘사와는 사뭇 다르다.[118]

조익은 남한산성으로 들어간 인조를 버리고 강화도에 피신했다는 죄목으로 종전 이후 처벌받은 전력이 있는 인물이다.[119] 조익은 인조를 호종하지 못한 불가피한 이유를 설명하고 의병 등을 모집하려고 한 사실 등을 드러내어 자신의 행적을 변호하려는 의도로 「병정기사丙丁記事」를 작성하였던 것 같다. 이러한 점에서 본다면 조익의 기록 역시 전적으로 신뢰하기 어려운 측면이 있는 것은 사실이다.

그러나 본인의 행적과 무관한 「병정기사」의 내용은 병자호란 당시 강화도 주변의 상황과 민심, 강화도 전투의 전황 등을 생생하게 전하고 있다. 아울러 「병정기사」의 저술 의도가 자신의 충성스러운 행적을 부각시키기 위한 것이었다는 점을 고려한다면, 조익이 굳이 사실과 다르게 김경징을 호의적으로 기록할 필요는 없었을 것이라고 생각된다. 따라서 조익과 김류와의 특별한 친소親疎 관계가 파악되지 않는 한 김경

---

118 조익이 김경징을 과실을 전혀 거론하지 않은 것은 아니었다. 그는 청군이 강화도 상륙을 시도할 때 김경징이 성 안의 모든 군사를 데리고 나가지 않은 점을 지적하였다. 아울러 검찰사 김경징의 독촉에도 불구하고 경기도의 수군을 움직이지 않아 청군의 도강을 방기한 주사대장 장신의 잘못도 서술하였다(趙翼, 『浦渚集』 권25 雜著 「丙丁記事」, "自巳時許 見板屋大船自南上來者其數甚多 人皆謂此必南方戰船來矣 皆大喜 其船未及津渡數百步許 皆留不進 乃張紳所領京圻戰船也 聞變之初 或謂宜吹角聚軍 金慶徵謂如是則人心驚 只聚城中武士而往 其數僅可七八十 令被甲下至津邊 余亦令車仲轍往與諸軍共射之 檢察等諸人皆坐於倉屋廊下 至午時許 敵船相次渡來 檢察等令於岸上揮旗促舟師 而終不動").

119 『仁祖實錄』 권37 인조 16년 7월 癸未(22일)·12월 乙巳(17일).

징에 대한 「병정기사」의 묘사는 신뢰할 만하다고 판단된다. 오히려 조익은 김류와 껄끄러운 관계에 있었던 최명길, 이시백(이귀의 아들), 장유와 절친한 사이였다.[120]

이상에서 고찰한 사실 외에, 종전 후에도 패전의 책임을 둘러싸고 주화파와 척화파가 심각한 갈등 관계에 있었다는 점과 나만갑이 병자호란 당시 강화도가 아닌 남한산성에 있었다는 사실을 고려한다면, 『병자록』과 『연려실기술』에 묘사된 김경징 등의 인품과 행적을 전적으로 신뢰하기 힘들다.

물론 『병자록』과 『연려실기술』 외에도 김경징의 행태를 극히 부정적으로 묘사한 여타의 많은 공·사문헌이 존재한다. 그러나 관찬의 『인조실록』이나 『승정원일기』의 경우 대개 김경징 등을 공격하는 상대방의 발언을 통해 그 내용이 전해지고 있다는 점에 유의해야 한다. 사찬私撰의 실기류實記類 기록 등은 대부분 나만갑의 『병자록』이 완성된 이후 편집되거나 작성된 것이며, 나만갑과 동일하게 강화도에 체류하지 않은 작자의 전문傳聞을 통해 저술된 것이다. 김창협金昌協이 『강도일기江都日記』(奎 12400)를 보고 남긴 제발題跋에는 이러한 맥락이 잘 드러나 있다.[121] 『강도일기』는 병자호란 당시 경기좌도京畿左道 수운판관水軍判官으로 재직한 어한명漁漢明이 작성한 것이다.[122]

---

120 宋時烈, 『宋子大全』 권162 「浦渚趙公神道碑銘」, "少與張公維, 崔公鳴吉 李公時白最相善 時人謂之四友 情分甚厚".

121 金昌協, 『農巖集』 권25 題跋 「書魚判官 丙子江都津頭日記後」, "右 故運判魚公所記丙子時事 公曾孫有鳳舜瑞以示余 (…中略…) 然而事定之日 反以不赴行在獲罪 而忠勞之實 沒世不白 公雖不自怨悔 亦何以勸世之爲忠者哉 (…中略…) 金慶徵事 見於野史所記多矣 然或得於傳聞 不無溢惡之疑 獨公記其所目覩 最端的可信 未論其他 只爭舟一事 亦見其不忠無狀 罪通於天矣(강조는 인용자)".

「기강도사」 등의 기록을 전적으로 신뢰한다고 해도, 강화도 함락의 원인을 김경징 등 지휘관의 과실에만 국한하여 이해하거나 또 이것이 패전의 주요 원인으로 간주하는 것은 무리라고 생각한다. 따라서 다음부터는 선행 연구에서 간과되었던 강화도 함락의 주요 원인으로 무엇을 고려해 볼 수 있는지 차례로 살펴보고자 한다.

전쟁의 승패를 가르는 가장 기본적인 요인 중의 하나는 병력이다. 병사 개인의 전투력이 청군에 압도당하는 당시 상황에서, 병력의 우위를 점하지 않고서 강화도에 상륙한 청군을 조선군이 격퇴하기는 어려웠다. 그러나 앞서 인용된 「병정기사」의 말미에는 병력을 확보하기 어려웠던 강화도의 상황이 묘사되어 있다. 당시 강화도에는 과연 몇 명이나 되는 조선군이 주둔하고 있었을까?

병자호란보다는 비교적 많은 시간을 갖고 방어를 준비할 수 있었던 정묘호란의 경우 약 11,000여 명 이상의 육군과 수군이 강화도에 주둔한 바 있었다.[123] 반면 병자호란 기간에는 대다수 경군京軍이 인조를 따라 남한산성에 들어가 버리는 바람에 김경징의 통솔하에 강화도를 수비하는 육군 병력은 1,000여 명을 넘지 않았다.[124] 후술하듯이, 강화도

---

122 척화파의 거두 김상헌의 증손인 김창협은 김경징을 부정적으로 바라본 어한명의 기록을 전적으로 신뢰하였다. 그러나 어한명 역시 조익처럼 병자호란 당시 인조를 호종하지 않은 이유로 비난을 받은 인물이었으며, 이 기록의 성격이 어한명의 변호와 밀접한 관련이 있다는 점도 『강도일기』를 접근할 때 유의해야 할 점이라고 생각한다. 어한명은 후일 좌찬성으로 증직되는데, 여기에는 그가 경종의 계비(繼妃)인 선의왕후(宣懿王后)의 고조부라는 점도 고려되었을 것이다. 『英祖實錄』 권27 영조 6년 8월 癸亥(27일).

123 『仁祖實錄』 권15 인조 5년 3월 乙未(28일), "備局啓曰 諸道軍兵在江都者 水軍五千五百餘名 陸軍五千六百餘名 合一萬有餘 留連數月 飢困已極 農節將迫 極可矜悶".

124 구범진, 「병자호란 시기 강화도 함락 당시 조선군의 배치 상황과 청군의 전력」, 『東洋史學研究』 141, 동양사학회, 2017, 325쪽.

방어 작전의 중심이 육전이 아닌 수전에 있었다는 점도 육군 병력이 부족한 하나의 원인이 되었다. 게다가 청군이 갑곶에 상륙하여 강화성을 함락하는 과정에서 드러나듯이 강화도를 방어하던 군민軍民의 상당수는 이미 도주한 상태였다.[125]

강화도 함락의 소식을 들은 직후 인조가 구굉과 나눈 대화는 이러한 심증을 더욱 굳게 한다.[126]

> 인조 (강도에) 들어간 사람이 잘 대처하지 못한 탓에 이 지경에 이르렀다.
>
> 구굉 비록 잘 대처했다 하더라도 강도(江都)의 병력이 겨우 1,600명뿐이었으니, 이로써 이 적을 당해 낼 수 있었겠습니까?
>
> 인조 그 군사 중에서도 또 600명을 덜어 내어 (육지로) 내보냈다. 그 생각이 이처럼 짧았으니 어찌 패하지 않을 수 있었겠는가?
>
> 구굉 그들의 화포를 살펴보니, 참으로 대적할 수가 없었습니다. 비록 모든 병력으로 방어하게 하고 수군을 불러 모이게 했더라도 진실로 대적할 수 없었을 것입니다.

공교롭게도 『청태종실록』은 청군이 강화도에 상륙하여 물리친 조선

---

125 羅萬甲, 『丙子錄』 「記江都事」, "金慶徵出陣鎭海樓下 自守甲串 軍卒不滿數百 (…中略…) 鳳林大君 初與慶徵出見陣處 其見兵數零星 還入城中 更欲收拾軍兵 以爲防守之計 人皆逃散 不得已始爲守城"; 李肯翊, 『燃藜室記述』 권26 「江都敗沒」, "鳳林大君 與慶徵出見陣處 見其兵數零丁 還入城中 更欲收拾軍兵 以爲防守之計 人皆逃散 不得已始爲守成".

126 『承政院日記』 55책 인조 15년 1월 己巳(29일).

군의 수를 약 1,100여 명으로 기록하고 있다.[127] 이때 강화도를 공격한 청군은 주로 보병으로 구성되어 있었는데, 병력은 약 3,200~3,330명 수준이었다.[128] 청군과 조선군과의 전투력 차이를 고려한다면, 지휘관의 역량 여부를 떠나 일단 강화도에 상륙한 청군을 방어할 확률은 그리 높지 않았다고 생각된다. 당시 조선은 강화도 방어를 위해 필요한 육군의 병력수를 최소 1만 이상으로 추정하였다.[129] 수군을 제외한 5천 6백여 명 이상의 육군 병력이 장기간 주둔한 정묘호란 당시에도 강화도의 방비 태세는 그다지 믿음직스러운 것으로 당대인에게 인식되지 않았다.[130]

김경징의 과실과 관련하여 강화도 방어 작전의 중심이 육전이 아닌 수전에 있었다는 점도 고려해야 할 사항이다. 함락 전후의 여러 가지 정황을 고려해 보면, 조선은 강화도 방어의 중점을 수전에 두고 있었다는 사실이 드러난다. 병자호란에 즈음하여 강화도에서의 전투는 조·청 양국의 수뇌부가 충분히 예상하고 대비하였던 상황임에 틀림없다.

강화도에는 광해군 대부터 유사시를 대비하여 군량이 비치되고 있었는데,[131] 광해군 13년(1621) 9월에는 누르하치가 자신을 방문한 만포

---

127 『淸太宗實錄』 권33 崇德 2년 1월 壬戌(22일), "往取江華島 (…中略…) 來奏云 黎明我軍乘船 進攻入江華島 殺島槍手百人 又擊殺伏兵千餘".

128 구범진, 「병자호란 시기 강화도 함락 당시 조선군의 배치 상황과 청군의 전력」, 『東洋史學研究』 141, 동양사학회, 2017, 337쪽.

129 『仁祖實錄』 권16 인조 5년 4월 丙辰(20일), "上曰 軍兵之入江都者 三萬有餘 而尙患不足 若不滿三萬 則何以成形乎 以江都地勢言之 賊兵卸下處極多 不可以些少之軍備禦 必得四五萬然後 乃可守也 若以四五萬守江都 則所餘之軍無幾 不得不更抄新軍也"; 『仁祖實錄』 권25 인조 9년 9월 丁丑(6일), "原府使張紳上疏 陳江都便宜 備局啓曰…陸軍信地派定事, 則宜擇三四處要害之地, 各屯數千之兵".

130 張維, 『谿谷漫筆』 권1 「崔鳴吉首發講和之議」, "子謙主其說 竟接其人於鎭海樓中 繼而劉海又至 和事遂成 時虜兵屯平山 去江都百餘里 而行朝守備寡弱 人情危懼".

131 『光海君日記』 권166 광해군 13년 6월 戊寅(8일).

첨사 정충신에게 이곳의 축성 여부를 확인하기도 하였다.[132] 이로 미루어 볼 때 후금은 보장처保障處로서 강화도의 존재를 이미 이 시점부터는 인지하고 있었던 것으로 보인다. 무엇보다 청은 정묘호란의 전례만 상기하더라도, 전력상 열세에 처해 있는 조선이 유사시 강화도로의 파천播遷(임금이 피난)을 시도하리라는 것을 어렵지 않게 예상할 수 있었다. 청 태종은 인조 9년(1631) 1월 조선에 보낸 국서에서 자신의 뜻대로 협조하지 않는 조선을 협박하면서 해도海島로 도피한다고 해도 얼마나 버틸 수 있을 것인가라고 반문한 바 있었다.[133]

조선 역시 명의 반장叛將 공유덕, 경중명이 병선을 가지고 후금에 투항한 사실을 이미 인지한 상태였으므로,[134] 청군의 강화도 상륙 시도를 충분히 예측할 수 있었다. 수군보다 육군의 전투력이 믿음직스럽지 못한 상황에서, 조선은 강화도 공략을 시도하는 청군을 우선 해상에서 저지한다는 작전 개념을 구상하였던 것으로 보인다.[135] 인조 즉위 초부터 상

---

132 『光海君日記』권169 광해군 13년 9월 戊申(10일), "忠信卽上疏曰 (…中略…) 老酋招通事朴景龍問之曰 (…中略…) 大島中 又爲築城造闕云 然乎 答曰 去京城三日程 有江華府 四面環海 其地甚廣 壬辰之變 京城避亂之士 多歸焉 修築城池云者 是矣".

133 『淸太宗實錄』권8 天聰 5년 1월 壬寅(28일), "書曰 (…中略…) 爾若欲助明而輕我 我不必遣發精兵 止遣蒙古無賴者十萬人 往襲爾地 爾惟有遁逃海島而耳 平原沃土 能餘幾何".

134 『仁祖實錄』권28 인조 11년 8월 乙亥(16일), "金差雲他時 齎汗書以來 (…中略…) 敝邦得孔元帥耿抱兵舟隻 繼又得旅順口船隻".

135 『承政院日記』24책 인조 7년 2월 丁未(21일), "上曰 賊來則江華發軍救之 水使給水軍後 可以救之 (…中略…) 維曰 四面皆水 賊下海陸則人心疑懼 若防水路則賊必不來 (…中略…) 經世曰 江華多置大砲 預備器具 脫有賊變 破賊之船 爲善 下陸 則難以防禦矣"; 『仁祖實錄』권25 인조 9년 9월 丁丑(6일), "水原府使張紳上疏 陳江都便宜 備局啓曰 (…中略…) 江都築城事 當待體臣出仕 至於花梁永宗草芝濟物四堡移定事 則自祖宗朝 沿海設鎭 專爲倭寇海賊 意非偶然 而江都禦敵 專在於舟楫 若有移蹕之擧 則諸鎭戰船兵船 當聚於江都"; 『承政院日記』60책 인조 15년 9월 壬辰(27일), "上御文政殿, 朝講 (…中略…) 弘胄曰 江都天塹 不可爲終棄之地 苟欲缺則知其功之易也 時白曰 此乃大計 何敢容易陳達 小臣前日 忝守江都 本府形勢 無不周知 每與張紳 語及把守之事, 則張紳之意 以爲水戰爲上 而不爲陸備 臣常以此爲慮 果以此見敗矣".

당한 수군 전력이 강화도 주변에 집중적으로 배치되기 시작하였다. 인조는 즉위한 다음해(1624) 강화도에 대한 수축修築을 단행하는 한편 남양南陽에 있던 경기수영京畿水營을 강화도로 옮기고, 인조 7년(1629)에 다시 교동喬桐으로 이설하였다. 이어서 인조 9년(1631)에는 화량花梁·영종永宗·초지草芝·제물濟物 등 네 곳에 보堡를 만들어 강화도 주변의 방어를 강화하였으며, 인조 11년(1633)경에는 경기 수사를 승격시켜 충청·경기·황해 3도의 수군을 통괄하는 삼도수군통어사三道水軍統禦使로 삼아 도성 및 강화도 주변의 해방海防을 강화하였다. 정묘호란 직후인 인조 5년(1627) 3월에는 강화를 유수부留守府로 승격시켰다.[136] 이를 방증하듯이, 인조는 남한산성 농성 중에 충청·전라·경상도의 수군을 속히 소집하여 강화도 방비를 강화하도록 김경징에게 명한 바 있다.[137]

한 가지 변수는 겨울 바다와 강의 결빙結氷 여부였다. 전쟁이 벌어진 병자년과 정축년의 겨울 추위는 매섭고 변화무쌍하여,[138] 한강 이북 조선의 바다와 하천은 상당수가 얼어붙었다가 녹기를 반복하면서 부분적으로만 뱃길이 열렸다.[139] 강화도 인근의 바다가 완전히 결빙되었거나 부분적으로 결빙되어 유빙流氷(성엣장)이 청군 함선의 이동을 저지할 정도였다면,[140] 청군이 수군을 보유하였더라도 강화도 공격은 불가능하

---

136 이민웅, 「18세기 江華島 守備體制의 強化」, 서울대 석사논문, 1995, 4~8쪽 참조.

137 『承政院日記』 54책 인조 14년 12월 庚寅(20일), "下諭于江都檢察使金慶徵曰 賊兵屯圍十日 城中累發精砲 四面勦滅 所獲雖多 而尙無退兵之期 本島防備 不容少忽 下三道舟師 急徵集 一邊 藏治戰船以待 且三江氷解 則事多可慮 凡事卿其與留守 相議善處 且諸道監兵使處 募死「士」事 通諭 急急赴援事 已爲下諭 其能得達耶 在此孤城 日望援兵之至 星火傳諭 以救君父之急".

138 『承政院日記』 54책 인조 14년 12월 庚寅(20일); 『仁祖實錄』 권33 인조 14년 12월 甲午(24일).

139 『淸太宗實錄』 권8 崇德 1년 12월 丁酉(27일), "先是 天氣晴暖 臨津江兩岸氷泮 徒步亦不可行 至二十四日天雨 驟寒 上至臨津江 氷結堅甚 是日大軍俱安驅而渡".

140 『仁祖實錄』 권34 인조 15년 1월 壬戌(22일), "虜人聲言 分兵犯江都 時氷澌塞江 人皆以爲虛

였을 것이다. 최명길은 남한산성 농성 당시 강화도를 공략하겠다는 청
측의 협박을 들었지만, 그들이 얼음 위로 배를 띄우기는 어려울 것이라
고 인조에게 보고한 바 있다.[141] 강화도 함락 당시 조선 수군의 주력인
장신의 함대가 갑곶진甲串津이 아닌 광성진廣城津에 주둔하였던 이유도
강화해협, 즉 염하鹽河의 결빙 여부와 상당한 관련이 있었다.[142] 즉 조선
수군의 주력과 강화도 내 대부분의 병력은 결빙의 장애가 드물어 청군의
상륙 시도가 가능한 광성진에 집중적으로 배치되어 있었던 것이다.[143]

상식적으로 생각해 볼 때, 아마 적의 도하가 예상되는 강화도 인근
연안의 크고 작은 선박은 강화도 피란이 완료된 직후 조선군에 의해 소
각되거나 파기되었을 것이다.[144] 따라서 조선에서는 강화도 인근의 바
다가 해빙되어 청군의 상륙 작전이 가능하더라도 다른 내륙 하천이나
포구가 결빙된 상태라면, 이곳으로부터 청군이 조선에서 획득하거나
제조한 배를 강화 인근의 해역까지 갖고 오기가 불가능하다고 판단하
였을 가능성이 높다. 이러한 점들이 청군의 주력이 결집된 남한산성에
비해 강화도가 상대적으로 안전하다는 공감대를 형성하게 하였다.[145]

張 而微諸路舟師 命留守張紳統之".

141　『承政院日記』55책 인조 15년 1월 丁巳(17일), "鳴吉曰 渠言修飾水上船 將向江都云 渠何敢
　　水上行舟乎".

142　趙翼, 『浦渚集』권25 雜著「丙丁記事」, "聞甲串氷塞唯廣城津可通 往者皆由此".

143　구범진, 「병자호란 시기 강화도 함락 당시 조선군의 배치 상황과 청군의 전력」, 『東洋史學
　　研究』141, 동양사학회, 2017, 330~333쪽; 李敏求, 『東州先生文集』권1 書「答鄭判書書
　　世規」, "及正月二十一日 虜從陸曳船 奄至東岸 闔島無人色 張紳方在廣城津 悉集水陸軍丁 府中
　　無一兵".

144　『仁祖實錄』권15 인조 5년 1월 丙申(28일), "自點曰 京江之船 何以處之 上曰 宜速焚之 水上船
　　亦令柳琳察之".

145　『仁祖實錄』권34 인조 15년 1월 壬戌(22일), "虜人聲言 分兵犯江都 時氷澌塞江 人皆以爲虛
　　張"; 趙翼, 『浦渚集』권25 雜著「丙丁記事」, "初五日 藁葬尹棨于島之北而懸鍾里 諸人皆以爲此
　　後無可往處 須往江都 而適是時訛言大行 謂山城東門開 人得出入 余獨以爲江華是安地 不必往

그러나 청군은 한강 일대에서 조선 선박을 징발하는 한편, 목재를 끌어 모아 미리 확보한 선장船匠으로 하여금 소형 선박을 건조하게 하였다. 그리고 이것을 동거童車라는 수레에 싣고 갑곶 맞은편 해안의 나루까지 운반함으로써 조선군의 의표를 찔렀다.[146] 청군은 강화도 공략을 위해 작은 거룻배인 삼판선三板船을 선택하였다.[147] 원정이라는 제약 조건 때문에 큰 배를 조달하기 곤란한 점도 있었겠지만,[148] 결빙으로 인한 수로 운항의 장애를 극복하기 위해 육로를 통해 운송이 가능한 삼판선을 택하였던 것으로 보인다. 게다가 강화도는 물살이 세기 때문에 조선 수군의 주력선인 판옥선板屋船과 같은 큰 배의 기동 자체가 쉽지 않은 곳이었다.[149] 김경징이 육지로 배를 끌고 온 청군이 강화도를 공격하려 한다는 보고를 받고도 "강의 얼음이 아직 단단한데 어찌 배를 운반할 수 있단 말이냐?"라고 반문하며 선뜻 믿지 못하였다는 『병자록』 등의 기록은 이러한 정황을 반영하는 것이다.[150]

宜下陸於水原水邊之地 從間路出至東路入山城 而人無應之者 勢不可獨往 不得已亦爲入江都之計 而船隻難得 遲留數日".

146 한명기, 『정묘·병자호란과 동아시아』, 푸른역사, 2009, 417쪽 참조.

147 『仁祖實錄』 권34 인조 15년 1월 壬戌(22일), "虜將九王 抄諸營兵號三萬 車載三板船數十 進屯甲串津". 청 태종은 인조에게 보낸 국서에서 청군이 작은 배 80척을 수레에 싣고 왔다고 전했다(『淸太宗實錄』 권33 崇德 2년 1월 甲子(24일), "勅諭朝鮮國王李倧曰 (…中略…) 本月十九日 我軍用車輪駕所造小船八十 陸地曳行 二十一日 至江華渡口"). 조익은 자신이 목격한 청군의 배를 우반(隅盤)과 같이 작다고 묘사하였다(趙翼, 『浦渚集』 권25 雜著 「丙丁記事」, "至甲串岸上望之 則津東邊敵衆屯聚不甚多 嶺上有屯兵似多 小船如隅盤狀 其大亦僅過於隅盤").

148 통설과 달리 공유덕, 경중명이 거느린 수군은 강화도 공략전에 참가하지 않았다(구범진, 「병자호란 시기 강화도 함락 당시 조선군의 배치 상황과 청군의 전력」, 『東洋史學硏究』 141, 동양사학회, 2017, 335~337쪽).

149 『光海君日記』 권142 광해군 11년 7월 甲申(3일), "右議政趙挺啓曰 (…中略…) 頃承嚴命 往來江都 保障一事 晝而思夜而度 未嘗寢食忘于懷也 夫保障之先務 莫切於舟師 舟師料理之策 已有頭緖 其在外方 則體臣自當奉行 以備緩急之用矣 第以臣問諸武臣之熟諳舟師者 皆以爲板屋戰用於大洋 而如江華之急流 決難運動 若體小兵舡, 則可用禦賊也".(강조는 인용자)

결정적으로 청군은 상륙 지점인 갑곶진의 대안對岸에서 최신 병기인 홍이포를 동원하여 선제 포격을 가함으로써 조선 수군과 육군의 전의를 완전히 상실케 하였던 것으로 보인다.[151] 청군이 동원한 홍이포는 비록 2~3문에 불과했지만 그 심리적 효과는 작지 않았고,[152] 연미정燕尾亭에서 남하하는 충청 수사 강진흔의 조선 함대를 효과적으로 저지하는 데 성공하였다.[153] 한편 광성진에서 주력 함대를 이끌고 갑곶진으로 서둘러 북상하던 장신은 인조 15년(1637) 1월 22일 오전 조류가 순조順潮에서 역조逆潮로 바뀜에 따라 교전조차 하지 못한 채 퇴각할 수밖에 없었다.[154] 전투를 포기하고 도주한 장신의 행위는 비난받아 마땅하지만, 청군이 상륙 지점을 갑곶진으로 선택한 순간부터 조선 수군의 해상 저지 작전은 무력화될 가능성이 높았다.[155] 청군은 수군 전력의 열세를 갑곶진 상륙이라는 기발한 작전을 통하여 극복하였다.[156] 요컨대 강화

150 羅萬甲, 『丙子錄』 「記江都事」, "丁丑 正月二十一日 通津假守金䢔 牒報于檢察使曰 敵方以童車 載小船 向江都云 慶徵曰 江尚堅氷 何能運船 謂之亂軍情 方欲斬之 甲串把守長所報 亦如金䢔 慶 徵始爲驚動".

151 『淸太宗實錄』 권33 崇德 2년 1월 壬戌(22일), "往取江華島 (…中略…) 我軍至島 朝鮮有兵船 四十餘 於渡口迎戰 我軍用紅衣砲攻擊 敵不能當 東西逃散";『仁祖實錄』 권34 인조 15년 1월 壬戌(22일), "虜將九王 抄諸營兵號三萬 車載三板船數十 進屯甲串津 連放紅夷砲 水陸軍勘勅不 敢近"; 李肯翊, 『燃藜室記述』 권26 「江都敗沒」, "賊兵屯聚津頭 方試夷大砲 砲丸越江渡陸數里 聲震天地 莫不催爛 慶徵敞求恇怯失措 內避于倉舍之底 一軍擾亂 不成行列"; 趙翼, 『浦渚集』 권 25 雜著 「丙丁記事」, "出城一二里 聞炮聲震動 比至甲串 砲丸大如拳者相續飛來人皆喪氣".

152 趙翼, 『浦渚集』 권25 雜著 「丙丁記事」, "出城一二里 聞炮聲震動 比至甲串 砲丸大如拳者相續飛 來 人皆喪氣 至甲串岸上望之 則津東邊敵衆屯聚不甚多 嶺上有屯兵似多".

153 구범진, 「병자호란 시기 강화도 함락 당시 조선군의 배치 상황과 청군의 전력」, 『東洋史學 研究』 141, 동양사학회, 2017, 346쪽.

154 『仁祖實錄』 권34 인조 15년 2월 辛卯(21일), "答曰 金慶徵 所領軍兵甚少 張紳 因潮退不能制船 云 依律處置 似或過矣"; 구범진, 「병자호란 시기 청군의 강화도 작전─목격담과 조석·조류 추산 결과를 중심으로 한 전황의 재구성」, 『韓國文化』 80, 서울대 규장각한국학연구원, 2017, 251~255쪽.

155 위의 글, 256쪽.

도의 함락은 아군 지휘관의 과실 여부와 무관하게 초래된 측면이 없지 않았다.

장신의 처형 후에도 대간臺諫을 중심으로 한 조정의 여론은 진정되지 않아, 김경징·이민구·윤방 등 강화도 함락 관련자의 처벌을 집요하게 인조에게 요구하였다.[157] 더불어 양사의 논의는 전쟁의 패인이 궁극적으로 전쟁을 총지휘한 비변사의 대신들에게 있다는 주장으로 확대되었다. 특히 병자호란 이전 정치적 실세로서 군권을 장악하고 있었던 김류는 패전한 장수들과 함께 더욱 집중적 공격을 받았다.[158]

인조는 강화도의 함락 원인에 지휘관의 과실뿐만 아니라 불가항력적인 측면도 있었다는 점을 반복하여 언급하였지만,[159] 조야朝野의 공분公憤을 가라앉히기에는 역부족이었다. 우선 강화도 실함失陷으로 인하여 원손元孫과 세자빈世子嬪, 봉림대군鳳林大君과 인평대군麟坪大君을 비롯한 많은 왕족과 사대부, 그리고 그들의 가족이 청군에게 생포되거나 죽임을 당하였고 또는 자진自盡의 길을 선택해야만 하였다.[160] 강화도에

---

156 청군은 사전 정찰과 첩보 수집을 통해 조선 수군 함대의 정박지·물길·조류 변화 등을 확인한 다음, 갑곶 나루를 도해처로 선정하였을 가능성이 높다. 만약 이때 조선 수군이 운 좋게 갑곶 방어에 성공하였더라도, 시간이 흐를수록 강화도 주변의 유빙은 점차 소멸되었을 것이고 청군이 도해 가능한 지점도 이에 따라 늘어났을 것이다. 이 경우 청군은 도해처를 여러 곳으로 분산시켜 상륙을 시도했을 것이라 예상된다.

157 『仁祖實錄』 권34 인조 15년 4월 壬申(3일); 『仁祖實錄』 권35 인조 15년 6월 辛丑(4일)·壬寅(5일), 7월 庚午(4일)·癸酉(7일) 등. 이때 언관들은 서로도원수를 맡았던 김자점의 처벌도 강력히 요구하였다. 인조의 지시로 대간의 공격이 재개되었다는 기록도 남아 있어 흥미롭다(石之珩,『南漢解圍錄』 정축년 2월 11일, "其後有命 並拿沈器遠 金慶徵 張紳 李敏求 姜晉昕 邊以惕 等 怡諫請皆依律 上故不允 無何怡論劇停 上回事下教曰 比來怡評 當停而不停 不當停而停 何也 於是 類論復起 愈往愈激").

158 오수창, 「仁祖代 政治 勢力의 動向」, 『개정판 조선시대 정치사의 재조명』, 태학사, 2003, 144~146쪽.

159 『承政院日記』 55책 인조 15년 1월 己巳(29일); 『仁祖實錄』 권34 인조 15년 2월 辛卯(21일).

160 李肯翊, 『燃藜室記述』 권26 「江都敗沒」·「江都殉節人」·「殉節婦人」 참조.

보관 중이던 재물財物 역시 청군의 손에 탈취당하였다.[161]

인명의 살상이나 재산상의 손실뿐만 아니라, 상징적 또는 정신적 차원의 피해 역시 막대하였다. 청군이 개성을 통과했다는 급보가 전해지자마자 조선 조정이 강화도 파천을 결정하면서 가장 최우선적으로 고려한 것은 세자빈과 세손을 비롯한 왕실 가족의 호위와 종묘宗廟와 사직社稷의 신주神主를 운반하는 것이었다.[162] 조선시대에 종묘와 사직의 유무는 왕실과 국가의 존망에 비유될 정도로 중요한 의미를 지닌 것이었는데,[163] 강화도에 보관 중이던 종묘의 신주가 청군에 의해 훼손된 사실은 조선의 군신君臣들에게 왕실 및 사대부 가족의 생포 못지않은 충격을 주었을 것이다.[164] 태조 이성계의 영정影幀이 분실되고, 세조의 영정이 훼손된 것도 인조 개인의 입장으로 보면 망극한 사태일 뿐더러,[165] 궁극적으로는 국왕 자신의 정치적 책임으로 귀결되는 사안이었다. 강화도에 보관 중이던 『실록』과 『시정기時政記』도 일부만 남고 흩어져 버렸다.[166]

따라서 이러한 충격적인 결과를 야기한 강화도 함락의 책임자를 색출하여 처벌하는 일은 병자호란 전후처리 과정의 핵심적인 사안 중 하

---

161 『淸太宗實錄』 권33 崇德 2년 1월 己丑(25일), "和碩睿親王多爾袞 遣羅碩胡球來奏云 所獲江華島城內 緞疋小珠東珠金銀玉珊瑚貂皮猞狸孫皮等物 甚多".

162 『仁祖實錄』 권33 인조 14년 12월 甲申(4일).

163 『中宗實錄』 권76 중종 28년 9월 壬子(13일), "琦曰 罪大惡極 萬世不可赦 且所謂功臣 終始一節 與國同休戚也 子光則雖有一時之功 終亂朝廷 斲喪國脈 使宗社幾於傾覆 當置重典 而不加顯戮 已酬其功矣".

164 『仁祖實錄』 권34 인조 15년 3월 庚申(21일), "上又曰 曾在山城 予以爲宗廟子孫盡在江都 若江都保存 則山城雖陷 廟社有托 豈意人謀不臧 天塹失險 自此益無可奈何 忍爲不忍之事 尙何言哉".

165 『仁祖實錄』 권34 인조 15년 2월 乙酉(15일), "江都之陷也 失太祖影幀 而世祖影幀 則得於城外 微有裂破處 上聞之泣曰 因予失德 不能保安 祖先影幀見失 廟主猶可更造 而影幀則又何從模寫 予甚痛之".

166 『仁祖實錄』 권34 인조 15년 2월 丁酉(27일).

나가 되었다. 병자호란 당시 강화도 검찰사가 김류의 아들인 김경징이라는 점에서, 책임자 처벌의 논의는 김류에 대한 정치적 공격과 밀접하게 연동되어 진행되었다. 영의정 김류는 부적격자인 아들 김경징을 강도 검찰사라는 중책에 부임시켰다는 비난을 받았다.[167]

인조는 이러한 논의에 대하여 원훈元勳인 김류의 하나뿐인 아들인 김경징을 사형시켜 후사後嗣를 끊을 수 없다고 대답하였다.[168] 그리고 병자호란의 패전도 김류의 과실 때문이 아니며, 강화도 함락 전후 윤방의 행위도 대간이 탄핵한 것과는 실상이 다르다고 변호하였다.[169] 그러나 인조 15년(1637) 6월 21일 유백증俞伯曾의 상소 이후,[170] 김류와 김경징을 옹호하던 인조는 태도는 서서히 변하기 시작하였다. 같은 해 7월 양사가 다시 김자점, 김경징 등의 엄벌을 주장하는 합계를 올리자, 인조는 김경징만 다시 잡아다 심문하여 죄를 줄 것을 명하였다.[171] 반면 반정 공신 1등인 김자점은 김경징에 비해 정사靖社(인조반정)에 더 큰 공이 있다는 이유로, 사형을 감하도록 지시하였다. 이어서 김류를 영의정에서 파직하고, 관작을 삭탈하였다.[172] 이민구의 형인 우의정 이성구와 영돈녕부사領敦寧府事 윤방도 파직시켰다.[173] 김경징의 사사賜死는 김류가 조정에서 물러난 직후인 인조 15년(1637) 9월 21일에 시행되었다.[174] 동시에 충청 수사 강진흔과 공청우후公淸虞候 변이척邊以惕도 수전水戰 회피의 책

---

167 『仁祖實錄』 권35 인조 15년 9월 丙戌(21일).
168 『仁祖實錄』 권35 인조 15년 6월 壬寅(5일).
169 『仁祖實錄』 권35 인조 15년 7월 壬寅(8일).
170 『仁祖實錄』 권35 인조 15년 6월 戊午(21일).
171 『仁祖實錄』 권35 인조 15년 7월 庚午(4일).
172 『仁祖實錄』 권35 인조 15년 8월 己亥(4일).
173 『仁祖實錄』 권35 인조 15년 7월 癸酉(7일)·9월 戊辰(3일).
174 『仁祖實錄』 권35 인조 15년 9월 丙戌(21일).

임을 지고 참형을 당했다.

앞서 살펴 본 것처럼 강화도 함락 책임자의 처벌은 장신, 김경징, 강진흔, 변이척 등이 사형당함으로써 종결되었다. 강화도 패전의 책임이 가벼운 것은 아니었지만 김자점, 심기원 등의 다른 패장들에 비하면 이들이 매우 가혹한 처벌을 받았다는 인상을 지울 수 없다. 이와 관련해 제기되는 두 가지 질문은 다음과 같다. 첫 번째, 강화도 함락의 불가항력적 측면을 이해하고 있었으며, 반정 공신인 장신과 김경징에 대해 인간적 동정을 표했던 인조가 끝내 이들의 사형을 재가할 수밖에 없었던 이유는 무엇인가? 두 번째, 강화유수 겸 주사대장 장신과 강도 검찰사 김경징의 사형이 여섯 달의 시차를 두고 시행된 이유는 무엇인가? 질문의 역순으로 해답을 찾아보겠다.

김류와 김경징이 각각 반정 1등, 2등 공신으로서 인조반정에 혁혁한 기여를 했다는 점과 종전 후에도 영의정으로 건재하였던 김류의 영향력은 김경징의 사형이 장신보다 늦게 결정되는 데, 일정 정도 영향력을 행사하였을 가능성이 높다.[175] 그러나 김경징이 장신보다 6개월이나 늦게 사형이 집행된 것은, 그가 맡았던 검찰사라는 직책 자체가 관할 지역의 군정과 민정에 관여하지만 군사 작전에 대한 직접적 권한과 책임은 부여받지 않았던 점이 고려되었기 때문으로 생각된다.

검찰사는 『경국대전』에 기재되지 않은 임시 관직으로 구체적으로 어

---

175 『仁祖實錄』 권3 인조 1년 윤10월 甲辰(18일). 그러나 김경징에 앞서 자진의 처분을 받은 장신 역시 형인 장유와 함께 정사공신(靖社功臣) 2등에 녹훈된 인물이었다. 장유와 장신은 궁궐의 호위를 맡은 훈련대장 이흥립(李興立)을 회유하여 반정에 내응하게 한 결정적인 기여를 하였다. 이흥립은 장신의 장인으로 정사공신 1등에 녹훈되었다. 장유는 김상용의 사위였다. 후일 효종비가 되는 인선왕후(仁宣王后)는 장유의 딸이다.

떠한 임무를 담당하였는지 확실하지 않지만, 주로 관할 지역 군정·민정의 총괄, 군비 마련,[176] 민심 수습,[177] 군량 수송[178] 등의 임무를 부여받았던 것 같다. 검찰사에는 주로 문신이 임명되었는데,[179] 그 임무의 내용으로 미루어 보건대 관리 능력이 뛰어나거나 인망이 두터운 자들로 선발되었을 가능성이 높다.[180] 일선에서 병력을 지휘하여 전투를 치룰 수 있을 정도로 장재將材가 뛰어난 자가 검찰사에 임명된 경우는 김자점, 심기원의 사례를 제외하면 찾아보기 어렵다. 형조 좌랑, 홍문관 정언正言, 공조 참판, 예조 참판, 경기 감사, 대사간, 도승지, 한성부 판윤을 역임한

---

176 『備邊司謄錄』 2책 광해군 10년 6월 1일, "啓曰 備忘記 虜勢日熾 徵兵亦急 今日國事 比壬辰尤爲危急 (…中略…) 其前備局諸卿逐日齊會 多般料理邊事 至於保障之所 以江都議定 則檢察使巡檢使中一員差出下送 移粟修緒等事 速爲議處之意 言于備邊司事傳敎矣 (…中略…) 江都料理之事 豈非今日之重且大者乎 依聖敎檢察使一員 以秩高幸臣差出 而群議以爲必稱兩湖黃延京畿等四道都檢察使 凡係水路應行事宜 通行節制後 體面重而事可易集云 依此議急急差出 數日內發送宜當 敢啓".

177 『仁祖實錄』 권4 인조 2년 2월 壬辰(8일), "備邊司請 以宰臣爲檢察使 往三南 措置行幸供頓之事 仍令曉諭士民 毋致驚擾 鄭經世往嶺南 沈器遠往湖南 金尙容往湖西 李顯英亦檢察京畿".

178 『宣祖實錄』 권48 선조 27년 2월 乙亥(26일), "司諫院啓曰 當初 急於糧餉輸轉 關西設分戶曹堂上郎廳及檢察使 專掌軍糧之事 一路各邑 又置督運官".

179 선조~인조 대까지 검찰사에 임명된 이양원(李陽元), 박충간(朴忠侃), 이산보(李山甫), 유근(柳根), 심돈(沈惇), 김상용, 정경세, 이현영(李顯英), 이시발(李時發), 심기원, 김자점 등은 모두 문신이었다. 임명 기록은 『조선왕조실록』과 『비변사등록』에서 확인하였다. 이들 중 박충간(蔭補), 김자점(蔭補), 심기원(特旨)을 제외한 자들은 모두 문과 출신이었다.

180 「기강도사」 등에서는 김경징과 이민구가 각각 부친과 형의 배경으로 강도 검찰사와 검찰부사에 제수된 것처럼 묘사하였다. 그러나 이들의 전력과 배경을 고려해보면 그 조치가 불합리한 것으로만 보이지는 않는다. 우선 인조는 자신의 가족을 보호할 인물을 선정할 때 자신이 믿을 만한 인물인지의 여부를 가장 최우선적으로 고려하였을 것이다. 더구나 정묘호란 당시 김경징은 호섭대장(護涉大將)으로 추대되어 인조의 도해(渡海)를 총지휘한 경험이 있었다. 이민구 역시 이수광(李晬光)의 아들로 문명(文名)이 높았을 뿐만 아니라, 이괄란 당시 도원수 장만의 종사관(從事官)으로 재직하면서 서북 지역의 민심을 수습한 공로가 컸다. 申達道, 『晩悟集』 권7 雜著 「江都日錄」, 丁卯 1월 28일, "午後大駕 發至江上 舟楫不具 推護涉大將金慶徵"; 趙慶南, 『續雜錄』 권2 갑자년 1월 24일, "帥府從事官李敏求自江邊巡向寧邊 到嘉山聞變 馳入安州 作檄通諭 鎭定人心 送軍官鄭之罕等數人 曉喩金孝信軍中 淸川以北之背逆歸順 皆其力也".

김경징의 전력도 검찰사의 임무가 실질적 군사 작전을 수행하는 것과는 관계가 멀었음을 방증한다.[181]

병자호란 당시 강도 검찰사 김경징과 검찰부사 이민구에게 부여된 주요 임무는 다름 아닌 세자빈의 행차(원손 포함)를 호위하는 것이었다.[182] 김경징의 검찰사 부임 일자가 전쟁 발발 직후인 병자년 12월 14일이라는 사실도 눈여겨볼 필요가 있다. 김경징이 강화도 방어를 위한 군사 작전의 전권을 부여받아 행사하기에는 너무나 촉박한 준비 기간이었다.

장신이 주사대장에 임명된 시기도 전쟁 직후였지만,[183] 그는 이미 전쟁 발발 9개월 이전에 강화 유수로 부임한 상태였다.[184] 더욱이 장신은 반정 이후부터 무재武才가 있는 인물로 평가받아[185] 양주 목사, 황해 감사, 수원 부사, 평안 감사 등의 지방관을 역임하면서 황주성 수축, 병력 양성, 군량 확보 등을 비롯한 다양한 군사 업무에도 수년 간 종사하였다.[186] 정묘호란 당시에는 직접 병사를 이끌고 참전하여 삼전도에서 주둔하면서 청군의 진격에 대비한 경험도 있었다.[187] 앞서 보았듯이 강화도 방어의 중심이 육전이 아닌 수전이었다는 사실을 염두에 두고 아울러 김경징과

181　김경징의 이력은 『인조실록』에서 확인하였다.
182　『仁祖實錄』 권33 인조 14년 12월 甲申(14일), "開城留守馳啓 賊兵已過松都 於是 遂定去邪之議 命禮房承旨韓興一 奉廟社主及嬪宮 先向江都 以金慶徵爲檢察使 李敏求爲副 令陪護嬪宮之行".
183　李肯翊, 『燃藜室記述』 권26 「江都敗沒」, "十二月十四日 (…中略…) 以留守張紳 兼舟師大將 令整船以待".
184　『仁祖實錄』 권32 인조 14년 3월 甲寅(9일).
185　『仁祖實錄』 권33 인조 14년 12월 乙未(25일), "李曙入侍 (…中略…) 上曰 善 且卿每稱張紳 其才如何 對曰 雖無寬洪器度 亦是的當底人也".
186　장신의 이력은 『인조실록』을 검색하여 확인하였다.
187　『仁祖實錄』 권15 인조 5년 2월 戊午(21일), "上曰 姑宜率來 觀其辭色 上謂承旨李明漢曰 爾旣 搬妍江灘 其形勢如何 明漢曰 制此賊 莫如火砲 而柳琳手下火手甚少 李言愓所管 則比柳琳之軍頗 勝 張紳所屯三田渡 最爲要衝之地 近緣雨水 淺灘頗深".

장신의 이력을 비교해 보면, 조정이 강화도 방어를 위한 군사 작전의 궁극적인 권한과 책임을 누구에게 부여했는지 더욱 자명해질 것이다. 아래 인용된 대화[188]는 이러한 심증을 더욱 굳게 한다.

> **김상헌** 강도 유수 장신이 그의 형에게 글을 보내어 '본 (강화)부의 방비를 배가해 엄히 단속하고 있는데, 많은 일에 제지와 견제를 받습니다'라고 전했습니다. 장신은 일처리가 빈틈없고 이미 직책을 맡은 지가 오래 되었는데, 새로이 들어간 검찰사가 지휘하려 한다면, 과연 제지당하는 폐단이 있을 것입니다.

> **인조** 이게 무슨 말인가? 방어하는 일은 장신에게 전담시켰으니, 다른 사람은 지휘하지 못한다는 뜻으로 전령(傳令)하는 것이 마땅하다.

위의 기사에서 보이듯이 신임 강도 검찰사 김경징과 구임 강화 유수 장신 사이에는 강화도 방어를 놓고 모종의 알력이 있었던 듯한데, 인조는 하교를 내려 강화도 방어 작전의 최종 책임과 권한이 장신에게 있음을 확인해 주었던 것이다. 포위 중임에도 불구하고 남한산성 농성 초기에는 강화도에서 발송된 장계의 수령이 가능하였으므로,[189] 인조의 전령도 강화도에 전달되었음이 확실하다.[190]

---

188 『仁祖實錄』 권33 인조 14년 12월 庚子(30일).
189 『仁祖實錄』 권33 인조 14년 12월 庚子(30일), "江都書吏韓汝宗 持狀啓入來"; 『仁祖實錄』 권34 인조 15년 1월 甲辰(4일), "黃海道觀察使李培元 江都檢察使金慶徵等狀啓入來".
190 李敏求, 『東州先生文集』 권1 書 「答鄭判書書 世規」, "居數日 武人崔尙元自山城齎到蠟書 有旨曰 水陸防備 專委留守張紳 俾無掣肘之患"; 『顯宗實錄』 권18 현종 11년 2월 丁丑(19일), "檢察使金慶徵素與留守張紳 不相能 且恃上相之勢【慶徵父墍 時爲首相】多與紳爭主兵事 事多掣肘

종전 이후 김경징을 공격한 언관들의 발언에서 검찰사의 주요 임무가 과연 무엇이었는지 다시 한번 확인할 수 있다.

신들이 삼가 김경징 등에게 사형을 감하여 조율(照律)하라는 분부를 들었습니다. 잘 모르겠습니다만, 무슨 용서할 만한 도리가 있다고 전하께서는 그들의 사형을 용서해주시는 것입니까? 혹시 이 사람들의 죄상을 몰라서 그러시는 것입니까? 비록 죽일 만한 죄가 있는데도 죽이지 못하는 것입니까?

김경징은 비록 그의 검찰하는 임무가 적을 방어하는 일[禦敵]과 관계는 없다 하더라도, 종묘·사직의 신주와 빈궁·원손이 모두 병화(兵禍) 속에 빠져 있는데도 일찍이 털끝만큼도 돌보며 염려하는 뜻이 없이 배를 타고 도망하느라 겨를이 없었습니다. 원손이 다행스럽게 모면한 것은 하늘이 실로 도운 것입니다. 그렇다면 김경징의 죄는 여러 장수들이 군율에 저촉된 것과 비교하여 조금도 차등이 없습니다. 그리고 이민구가 도망한 것 역시 김경징과 본디 같고 다름이 없습니다.

장신의 경우는 강도 유수로서 자신이 주사(舟師)를 총괄하였음에도 천연의 험한 요새를 방어하지 못하였습니다. 적의 보병 수십 명이 두 개의 작은 배를 타고 강을 건너는데도 한 사람도 방어하는 사람이 없었고 배를 타고 도주하면서 혹시 남보다 뒤떨어질까만 염려하였습니다. 그리하여 마침내 국가로 하여금 부득이한 조처를 취하게 하였습니다. 사대부와 백성과 부녀자들이 베임을 당해 죽고 넘어져 죽고 줄지어 포로로 잡혀가게 하였으며, 10년 동안 국가가 저축한 것을 하루아침에 다 없어지게 하여 장차 나라를

自南漢再下旨止之".

어찌할 수 없게 만들었습니다. 이것이 누구의 죄입니까?[191]

위의 기사에서 보이듯이, 언관들도 강화도 방어의 군사적 책임이 김경징이 아닌 장신에게 있었음을 분명히 알고 있었다. 그리고 김경징의 죄목이 세자빈과 원손의 방기와 도주에 있으며, 이러한 과오가 강도 유수로서 강화도 방어에 실패한 장신의 죄목에 못지않다고 주장하였다. 후일 『현종실록』에 기록된 이민구의 졸기卒記를 보아도 검찰사는 전쟁하는 장수戰將가 아니었다는 점을 분명히 언급하고 있다.[192]

아래 윤선거尹宣擧의 기록은 강화도의 군정과 행정을 총괄하는 분비변사의 업무조차 처음에는 검찰사가 아닌 대신들의 책임이었음을 증언한다.

분비변사가 의논하여 결정해야 할 것들은 대신들이 책임지고 맡아서 처리하지만 나머지 일들은 감당할 사람이 없었기 때문에, 모든 사람의 의견이 '두 검찰사가 비록 애초에는 행차 호위하는 것을 임무로 삼았을지라도 지금은 달리 관장하는 것이 없으니 분비변사의 일을 담당하지 않을 수 없다'고 여겼다. 그래서 모든 계획과 일 처리는 두 검찰사가 대신들에게 아뢰고 나서 시행하였다.[193]

이 증언을 그대로 신뢰한다면, 김경징과 이민구는 중론衆論에 떠밀려

---

191 『仁祖實錄』 권34 인조 15년 2월 辛卯(21일).

192 『顯宗實錄』 권18 현종 11년 2월 丁丑(19일), "前副提學李敏求卒 (…中略…) 及江都淪陷 朝廷討其前後之罪 與紳竝賜死 檢察初非戰將 則敏求無慶徵之罪 論罪豈可同科 而臺啓積累月不已 其亦太刻矣".

193 尹宣擧, 『魯西先生遺稿』 권15 雜著·記事 「記江都事」.

분비변사의 업무에 관여하게 된 것이다. 그 업무 처리도 일일이 김상용이나 윤방과 같은 대신들의 허락을 받은 뒤에 시행하였던 것으로 보인다. 이민구 역시 자신들의 임무가 단지 세자빈 등의 행차를 주관하는 것에 불과했다고 회고하였다.[194]

이상에서 고찰한 바와 같이, 김경징이 아버지 김류의 후광에도 불구하고 사사賜死되지 않을 수 없었던 것을 강화도 방어의 실패라는 군사적인 측면의 과실 때문이라고만 보기는 어렵다. 그리고 여러 가지 주변 정황을 고려해 볼 때, 강화도 방어 실패의 직접적 책임은 장신 쪽이 훨씬 더 컸다고 결론내릴 수 있다. 따라서 장신의 사형이 김경징보다 먼저 집행된 것은 오히려 자연스러운 결과였다고 보아도 크게 무리가 없다.

그러나 장신의 사형 역시, 다른 패장들과 비교해 보면 형평성의 측면에서 볼 때 큰 차이가 있다.[195] 병자호란 종전 직후 유배되었던 김자점, 심기원 등은 수년 후 완전히 사면되었을 뿐만 아니라 다시 조정에 나와 요직을 장악하였다.[196] 앞서 고찰하였듯이, 강화도의 함락이 장수 개인의 능력으로는 극복하기 어려운 여러 가지 외부 요인에서 초래된 것이었음을 감안한다면, 장신의 사형은 더욱 납득하기 어렵다.

장신의 사형에 대하여 여전히 풀리지 않은 의문은 잠시 접어두고, 김

---

194 李敏求, 『東州先生文集』 권1 書 「答鄭判書書 世規」, "至十六日 嬪宮始由廣城津入江都 檢察之 職 只管道路舟船供頓 而旣入島 臣等實爲冗官".

195 『仁祖實錄』 권36 인조 16년 5월 丁卯(5일), "憲府上箚曰 (…中略…) 上年諸帥臣之罪 國人皆 言其可殺 而上下循私 經歲依違 終使忘君負國之輩 得保首領 或移內地 或加敍復 江都之罪死者四 人 而元帥諸臣 無一人服法者 無論輿情之共, 而金慶徵張紳之鬼 亦且竊議於泉下矣 刑者天刑 不 可以私 殿下新經大亂 不與國人同其誅罰 此又人心不服之一事也".

196 『仁祖實錄』 권39 인조 17년 9월 己未(5일); 『仁祖實錄』 권40 인조 18년 2월 癸丑(2일), "以金自點沈器遠爲扈衛大將 舊帶軍官 使之復屬".

경징의 사형과 관련된 첫 번째 질문으로 돌아가 보자. 즉 김경징의 검찰사 임무가 강화도 방어와 직접적 연관이 적었음에도 불구하고 왜 그가 끝내 사형될 수밖에 없었는가라는 의문이다. 우선, 강화도 함락으로 인해 많은 사대부와 그 가족들이 실질적 피해를 입은 정황을 고려할 필요가 있다. 김자점, 심기원을 비롯한 각도 병사와 감사의 패전은 물론 참담한 것이었지만 사론士論의 배경이 되는 사족士族 일반에게 강화도의 함락보다 현실감 있게 다가오는 사건은 아니었을 것이다. 강화도 함락으로 많은 사대부와 그 가족들이 죽거나 다치거나 생포된 사실은 사족 일반의 공분公憤을 사기에 충분하였다. 아울러 김경징의 처벌은 앞서 살펴보았듯이 병자호란의 패전 책임을 둘러싼 아버지 김류의 입지와도 연관이 깊었으므로, 첨예한 정치적 현안이 될 수밖에 없었다. 결과적으로 놓고 보면 김류의 실각은 아들 김경징에 대한 공격에서 비롯된 측면이 적지 않은데, 이러한 상황이 초래된 요인은 무엇이었나 생각해보자. 저자는 앞서 김경징 사사의 결정적 이유가 강화도 방어 작전의 실패로만 보기에는 문제가 있다는 점을 논증하였는데, 과연 그렇다면 그가 처형될 수밖에 없었던 진정한 까닭은 무엇이었을까?

그 해답도 역시 김경징의 검찰사 임무에서 구해야 한다고 생각한다. 그는 강화도 방어에 실패했기 때문에 인조로부터 사사賜死의 명을 받은 것이 아니다. 그는 검찰사로서 가장 중요한 임무인 세자빈, 원손, 대군 등의 보호를 방기하고 홀로 도망쳐 살아남았다. 더욱 치명적 사실은 그가 자신의 노모(=김류의 부인)를 비롯하여 아내, 외아들, 며느리까지 버려 둔 채 홀로 도주해 목숨을 구했다는 점이다. 남겨진 김경징의 노모와 아내, 며느리가 적진에서 자살하였기 때문에 그의 행위는 당시 사론에 더욱 용납되기 힘들었다. 요컨대, 그는 당대 조선 사회에서 가장 중요한 가치라고 할 수 있는 충忠과 효孝의 규범을 동시에 정면으로 위반하였던 것이다. 종전 후 그의 처벌을 주장한 언관들은 이러한 점을 격렬한 어조로 비판하였다.

형벌과 포상이 마땅함을 잃으면 비록 평시라도 오히려 국가를 다스릴 수 없는 것인데, 더구나 (국가가) 어지러운 위기를 맞이하여 어찌 사사로운 정을 따라 법(의 적용)을 폐지하겠습니까? 김경징은 김류의 아들이며, 장신은 장유의 아우이며, 이민구는 이성구의 아우입니다. 이러한 연유로 비록 용서해 주고 싶지만 장차 종묘·사직의 진노는 어찌할 것이며, 신민(臣民)의 분노와 원한은 어떻게 대처하실 것입니까?

아! 적병 수십 명이 작은 배로 강을 건너오는데 화살 하나 쏘아보지 않고 먼저 스스로 도망하여 2백 년 동안 지켜온 종묘·사직을 하루아침에 몰락시켰고 세자빈과 대군을 모두 싸움터에 버려두었으며, 남녀노소를 죄다 도륙당하게 하였습니다. 심지어 김경징과 장신은 그들의 노모를 적진에 버리고 달아나 일찍이 돌아보지도 않았습니다. 이민구는 가장 먼저 도망하여 처자식을 구해내려고 하였습니다. 차마 이런 짓을 하는데 무슨 짓인들 못하겠습니까? 비록 그들의 아버지(=김류)와 형(=장유, 이성구)이라도 당연히 대의(大義)에 의거하여 인연을 끊을 것입니다.[197]

세자빈, 원손, 대군, 노모를 방기한 것은 장신도 마찬가지였다. 장유는

---

197 『仁祖實錄』 권34 인조 15년 3월 癸卯(4일).

동생 장신이 버린 어머니를 삼전도 항례 도중 수소문하기도 하였는데,[198] 이후 노모의 시신만 가까스로 수습하였던 것 같다.[199] 윤선거는 섬 밖에 생존해 있는 아버지 윤황을 모시기 위해 부인과 어린 자식 윤증尹拯을 남겨 두고 강화도를 탈출하였다. 그리고 남겨진 부인은 순절하였다. 그는 자신의 행적을 수치스럽게 여겨 벼슬길을 포기하였지만 후일 그의 행적은 큰 논란이 되었다.[200] 이로 미루어 볼 때, 강화도 함락 후 김경징과 장신이 보인 비겁한 행적은 당시의 정서상 도저히 용납되기 어려운 행위였음에 틀림없다. 윤방이 종묘의 신주를 훼손하고 인조의 출성 전에 적진을 출입하였다는 대론臺論에 대해 자신의 입장을 적극적으로 변호한 반면,[201] 김경징이나 장신의 반박 또는 해명을 당시 기록에서 전혀 찾아볼 수 없는 것은 바로 이러한 점 때문이었다고 생각한다.

한편, 김류를 포함한 비변사 대신들에 대한 비난은 다음 사료에서 보이는 것처럼 윤황을 필두로 한 척화론자들에 대한 사면의 논리와 동전의 양면을 이루는 것이었다.

(정)치화가 나아가 "윤황 등이 망녕된 말을 한 잘못이 없지는 않으나 그 마음은 다른 단서가 없었는데, 이 때문에 유배를 보내어 조정에서 축출하는 데까지 이르니, 인정(人情)이 개탄을 금치 못합니다. 신이 갑작스레 정계(停

---

198 『仁祖實錄』 권34 인조 15년 1월 庚午(30일), "洪瑞鳳張維入伏於庭 請得尋見老母【其母入江都故也】金石乙屎怒叱之".

199 『仁祖實錄』 권35 인조 15년 7월 己卯(13일), "右議政張維上疏 乞終喪制曰 (…中略…) 臣積惡在身 得罪神理 使八十老母 不得終於正命 而生不得親啓手足 沒不得早收體骸 世之遭親喪者何限 其至痛窮毒 孰有如臣者哉".

200 병자호란 당시 윤선거의 행적과 이를 둘러싼 논란에 대해서는 이은순, 「尹拯의 江都受難의 해석」, 『朝鮮後期黨爭史硏究』, 일조각, 1988, 39~47쪽 참조.

201 『仁祖實錄』 권34 인조 15년 윤4월 辛亥(13일); 『仁祖實錄』 권35 인조 15년 12월 丙申(2일) 등.

啓)하는 것은 옳지 않다는 뜻으로 어떤 대간(臺諫)을 보고 말하였으나 끝내 믿음을 얻지 못하고 마침내 그 논의를 종료하였으니, 신은 삼가 한스럽게 여깁니다"라고 아뢰었다. 윤강(尹絳)이 아뢰기를, "치화의 말이 진실로 옳습니다. 오늘날 이 지경에 이른 것이 어찌 유독 이 무리의 소행 때문이라고만 하겠습니까? 모두가 묘당(廟堂 : 비변사)의 책임이 아닌 것이 없습니다"라고 아뢰었다.[202]

흥미로운 점은 이들의 논의가 척화론자들의 사면을 주장하면서도 전쟁 전의 척화론에 대해 다소 경솔하거나 과격한 점이 있었다고 인정했다는 사실이다. 즉 이들은 척화론자들이 시세時勢를 헤아리지 못한 점은 인정하나, 그 동기는 대의를 밝히고 지키기 위한 것이었기 때문에 이것을 빌미로 그들에게 엄벌을 내리는 것은 부당하다는 논리로 척화론자를 옹호하였다.[203] 척화파의 거두 김상헌을 비롯한 당대인들도 연소한 척화론자들이 과격한 논의를 제기하여 국가의 위기를 초래하였다는 사실 자체는 부인하지 않았다.[204]

종전 직후 사족士族을 제외한 일반 백성들의 분노는 오히려 척화론자들에 집중되었다.[205] 제4장 1절에서 보았듯이 남한산성 농성 말미에 하

---

202 『仁祖實錄』 권34 인조 15년 3월 乙丑(26일).
203 『仁祖實錄』 권34 인조 15년 2월 壬辰(22일), "兩司合啓曰 (…中略…) 尹煌等雖有不量時勢之失 只欲扶大義 斷無他腸 今乃勒定罪案 置諸重典 則實駭聽聞 請還收尹煌等定配黜送之命 答曰不允".
204 金尙憲, 『南漢紀略』, "姸臣之罪 不可勝誅 而年少之論 亦未免輕肆 以致激成追咎 何益"; 南礏, 『南漢日記』 「後記」, "丁卯結和之事 雖不可謂之善策 而旣與相好使命之往來 則 (…中略…) 不有自强之策 而經先絶和 自以爲得計者 不亦迂乎 (…中略…) 而若干高論之士 不自量力 徒奮義氣 先之以斬使之說 繼之以惡草之待 挑怨速禍 自取顛覆 嗟事首末 正與景延簒相類 可勝惜哉".
205 『仁祖實錄』 권34 인조 15년 2월 己卯(9일), "瑬曰 不可也 卽今黎民 皆歸罪於斥和人 今豈可通于島中 而更生閒端乎".

급 장교와 일반 병사들은 무모한 전쟁을 지속을 주장한 척화론자들의 압송을 주장하며 전쟁의 종결을 인조에게 촉구하였다. 농성 말미의 심각한 항명에도 불구하고 종전 이후 이들을 처벌하자는 의견이 전혀 논의되지 않았던 상황은, 당시가 매우 혼란스러운 정국임을 감안하더라도 매우 이례적인 것이 아닐 수 없다. 이러한 현상은 척화론에 대한 반감이 사족 외의 계층에서는 어느 정도 공감을 얻고 있었던 당시의 분위기를 반영하는 것이라고 생각된다.

척화파를 옹호하는 쪽에서는 전쟁 전의 척화론을 비변사에서 거부하였다면 전쟁의 빌미를 주지 않았을 것이며, 전쟁의 책임이 김류를 비롯한 비변사 대신에게 있다는 요지의 주장을 펼치기도 하였다. 아래 『인조실록』의 사론史論은 당시 이러한 정서를 반영한 것으로 보인다.

> 사신(史臣)은 논한다. 김류가 체찰사의 임무를 담당했을 때 만약 국가의 병력으로 그들을 감당하기에 부족하다고 생각했다면, 어찌 그 때에 기미책 (羈縻策)을 힘껏 주장하지 않고 국가가 파괴되어 망하고 난 뒤에야 '백성들이 모두 화친을 배척한 사람들에게 허물을 돌린다'라는 말을 하는가? 아! 당시에 화친을 배척한 사람이 과연 누구였던가? 신진 인사들이 국가의 대사를 경솔하게 논의한 실수가 있다 하더라도 그 주장을 취사선택한 자는 또한 누구였던가?[206]

이러한 주장은 전쟁 이전 비변사가 취한 애매모호한 태도를 지적하

---

206 『仁祖實錄』 권34 인조 15년 2월 己卯(9일).

는 것이었다. 병자년 3월의 척화교서斥和敎書는 비변사의 동의 없이 작성될 수 없는 것이었다.[207] 이 시점에서는 최명길을 제외한 어느 대신도 척화론에 대해 공개적이고 직접적 반박을 가한 사례는 찾기 힘들다. 따라서 전전戰前의 비변사를 주도했던 김류의 책임은 분명히 있다. 유백증兪伯曾은 다음 사료에서 보이는 것처럼 김류의 태도가 인조의 경고 이후에는 급변했다는 점을 강조하였다.

지난해 가을·겨울 이전에는 김류의 화친을 배척하는 논의가 매우 준엄하여 '청국(淸國)이라 쓰지 말아야 하고 신사(信使)를 보내서는 안 된다'라고 말하였지만, 전하께서 '적이 깊이 들어오면 체찰사는 그 죄를 면하기 어렵다'는 하교를 특별히 내리신 이후로는 화친하는 의논에 붙어 윤집 등을 묶어 보내고 윤황 등의 죄를 논하도록 김류가 실로 주장하였습니다. 자신이 장군과 재상의 우두머리였음에도 불구하고 끝내 임금으로 하여금 성을 나가게 하고도 일찍이 자신의 잘못을 논한 적은 한 번도 없었습니다.

당초 청인이 동궁(東宮)을 내놓으라고 요구할 때에 김류가 곧 입대하여 따라가기를 바라더니, 동궁이 북으로 떠날 때에는 감히 늙고 병들었다는 이유로 사양하였습니다. 동궁이 또한 이미 북쪽으로 떠나서는 김류가 감히 '인질 경정이 어미의 복을 입고 있다'라고 그 이름 아래에 적어 놓았습니다. 이 때문에 구굉이 큰소리로 말하기를 '동궁의 작위(爵位)가 경정에 못 미치는가? 중전의 초기(初朞 : 1주기)가 겨우 지났는데 경정이 감히 어미의 상을 핑계로 빠지려고 하는가?'라고 하니, 김류의 얼굴과 목이 붉어졌습니다. 이러한 일들이 어리

207 『仁祖實錄』 권32 인조 14년 3월 丙午(1일).

석은 데에서 나왔겠습니까, 방자한 데에서 나왔겠습니까?[208]

    이러한 태도의 불일관성에 더하여, 인용된 사료의 두 번째 문단에서 보이듯이 김경징을 인질 명단에서 누락시킨 김류의 이기적 태도 역시 크게 비난 받았다. 유백증은 생략된 기사의 말미에 병자호란 패전의 궁극적 책임이 척화론자가 아닌 비변사를 주도한 김류에게 있다는 것을 강조하면서 척화론자의 사면을 인조에게 강력히 촉구하였다.

    그러나 김류를 공박한 의견 역시 모순된 점이 없는 것은 아니었다. 일단 이러한 비난은 김류에게만 해당되는 것이 아니었으며 전세가 기울대로 기울어진 이후에야 출성 항복을 결정한 비변사 신료 모두에게 해당되는 것이었다. 더구나 김류를 비롯한 비변사에 포진한 대신들이 뚜렷한 입장을 정하지 못하고 주화론과 척화론 사이를 오고 간 이유는 다름 아닌 삼사三司를 중심으로 한 의론議論, 즉 공론公論이 정국 운영에서 차지하는 비중 때문이었다. 중기 이후 조선 정치는 공론에 기반하여 운영되고 있었다.[209] 사대부의 인심을 반영한 공론을 무시하고 정국을 운영하거나 국가의 중대 사안을 결정할 경우, 그 후폭풍은 감당할 수 없을 만큼 거셌다. 이러한 정치 현실을 반영하는 척화론자들의 주장은 『인조실록』의 곳곳에서 쉽게 찾아볼 수 있다. 삼학사 중 한 명이었던 홍문관 수찬修撰 오달제가 올린 상소문에는 공론을 무시한 최명길에 대

---

208 『仁祖實錄』 권35 인조 15년 6월 戊午(21일).
209 조선시대 공론 정치에 대해서는 최이돈, 『朝鮮中期 士林政治構造研究』, 일조각, 1994; 송웅섭, 『조선 성종대 公論政治의 형성』, 서울대 박사논문, 2011; 김경래, 「조선 공론정치론에 대한 비판적 검토와 제안―李珥의 公論개념을 중심으로」, 『사학연구』 105, 한국사학회, 2012 등 참조

한 불만이 잘 나타나 있다.

> 지난번 최명길이 사신을 보내어 서신을 통하자는 의견을 화의(和議)가 배척된 이후에 제안하였습니다. 또 삼사의 공론이 이미 제기되었는데도 오히려 상의 의중만 믿고 국가의 사체(事體)는 생각하지 않았습니다. 이에 경연 석상에서 참석한 날 감히 황당하고 어지러운 말을 올려 위로는 성상의 총명함을 현혹시키고 공의(公議)를 위협하고 억제하였으며, 심지어는 대론(臺論)이 비록 제기되었더라도 한편으로 사신을 들여보내야 한다고 말하였습니다. (…중략…) 무릇 대각(臺閣)의 논의는 체면이 몹시 중한 것입니다. 비록 대신의 지위에 있더라도 감히 서로 다투지 못하고 책임을 지고 사직하여 불안한 뜻을 보이는 것입니다. 명길은 어떤 사람이기에 홀로 공론을 두려워하지 않음이 이처럼 극도에 달했단 말입니까? 그 방자하고 거리낌 없는 죄를 바로잡지 않을 수 없습니다.[210]

언관들이 주도한 위와 같은 전쟁 책임론에 대해 누구보다 강력히 유감을 표명한 사람은 국왕 인조였다. 그는 군 지휘관들의 패전은 불가항력적인 것으로 이해하였다.[211] 반면 윤황 등의 사면을 요구하는 주장에 대해서는 '헛된 명예浮名만 추구하고 실질적 일實事에 힘쓰지 않은 사대부가 생령生靈에 해를 끼치는 사례가 많았다'고 말하며 거부의 의사를 분명히 밝혔다.[212] 인조가 말한 생령에 해를 끼치는 사대부란 다름 아

---

210 『仁祖實錄』권33 인조 14년 10월 壬申(1일).
211 『仁祖實錄』권34 인조 15년 2월 辛卯(21일).
212 『仁祖實錄』권34 인조 15년 2월 壬辰(22일), "執義蔡裕後上疏 力陳尹煌等定罪之不可 答曰 近來士大夫 徒尙浮名 不務實事 故未免自伐 貽害生靈 其利己病民之習 不可不懲矣 裕後又上疏

닌 병자년 봄에 경솔한 논의, 즉 척화론을 주장한 대각臺閣(사헌부, 사간원)의 연소한 무리들이었다.

나아가, 인조는 척화론자의 주장이 '임금의 말을 무시한 채 나라의 존망을 돌보지 않고 헛된 명예虛名만을 추구하였다'고 비난하였다.[213] 그러나 인조의 발언은 '전쟁 이전 형세와 강약을 살피지 않고 명에 대한 의리를 지키겠다'는 자신의 입장을 번복한 것이이기도 하였다. 신료들이 헛된 명예를 취해 국가를 위험에 빠뜨리고 백성들에게 해를 끼쳤다고 한 비난 역시 아래 제시된 광해군의 주장과 한 치의 어긋남도 없는 것이었다.

짐승 같은 것들을 의리로 책망할 수 있겠는가? 우리에게 믿을 만한 형세가 있다면 당연히 경들의 요청에 따라 가령 그들의 서신을 불태우고 교섭을 단절하거나 혹은 의리에 의거하여 타이르더라도 안 될 것이 없다. 돌이켜보건대, 우리에게 털끝만큼도 믿을 만한 일이 없는데 한갓 고상한 말로 천조(天朝 : 명나라)를 꾸짖는 그들의 형세를 꺾으려고 한다면 반드시 위망(危亡)이 닥치고야 말 것이다. 어찌 지혜 있는 자만이 이것을 알 일인가? 대당(大唐)의 군사력으로도 오히려 회흘(回紇 : 위구르)과 화친을 맺었는데 하물며 우리처럼 작은 나라이겠는가? 과거 임진년에 왜인의 서신에 답할 때도 꼭 오늘날의 의론과 같았기 때문에 다음해에 곧 큰 병난을 맞이하였다. 전철이 멀지 않은데 경들은 다만 대의(大義)를 내세워 흉악한 오랑캐의 노여움을

極言之 上留中不下".

213 『仁祖實錄』권35 인조 15년 10월 辛丑(7일), "上下敎曰 尹煌等狂恣誕妄 黨同伐異 惟意所欲 君上之言 則冊論愚智 皆以不從爲快 謀國之事 則不計存亡 專以虛名爲重 故主勢日降乎上 國論漸趨於僞".

촉발하려고 하니 생각이 없음이 심한 것이다.[214]

더구나 최명길의 지적처럼 병자년간의 척화론에 대해서는 국정의 최고 책임자였던 인조 자신 역시 책임에서 벗어날 수가 없었다.[215] 「인조대왕행장仁祖大王行狀」에 인조의 반정 이유를 설명하면서 「반정교서反正敎書」와 달리 광해군의 배명背明 행위를 삭제한 것은 바로 이러한 정황을 반영한 것이다.[216]

패전의 책임이 척화론을 주장한 언관들에게 있다고 한 인조의 주장 이면에는 출성 항복으로 인해 땅에 떨어진 자신의 정통성을 지키려는 의도가 담겨져 있었다. 삼전도에서 도성으로 돌아 온 인조가 당면한 현실은 사대부들이 집단적으로 사환仕宦(벼슬살이)을 거부하려는 움직임이었다.[217] 불출사不出仕 풍조의 원인에 대해서는 여러 가지 관점에서 살펴볼 수 있다. 일단 3정승·6판서 이상의 고위 관직을 거부·기피하는 풍조는 대신의 자제를 인질로 보낸다는 강화 조건의 이행과 밀접한 관련이 있었다. 호조 판서 김신국은 아들을 인질로 보내기 싫어 병을 핑계대고 사직하였으며,[218] 가짜 인질을 보낸 대신들이 발각되어 파직이나 유배를

---

214 『光海君日記』 권139 광해군 11년 4월 甲子(11일).
215 『仁祖實錄』 권34 인조 15년 5월 壬午(15일), "右議政崔鳴吉上箚曰 (…中略…) 上年龍差之來也 年少臺閣之臣 過爲輕妄之論 廟堂不能鎭遏 坐速滔天之禍 此固群臣之罪也 然而殿下之心 亦已知其非計 而不能峻拒 此則殿下之過也".
216 계승범, 「계해정변(인조반정)의 명분과 그 인식의 변화」, 『南冥學硏究』26, 경상대 경남문화연구원 남명학연구소, 2008, 454쪽 참조.
217 趙慶南, 『續雜錄』 권4 무인년(인조 16, 1638) 11월, "京中人物 盡下鄕邑 無意還去 至於朝班 從仕之道 亦皆呈辭下鄕 一不還歸 朝廷行移各道 知委列邑 使之督送 且不在京中者 凡於仕路不爲注擬事 傳敎".
218 『仁祖實錄』 권34 인조 15년 2월 乙亥(5일), "以姜碩期爲禮曹判書 李景奭爲都承旨 李景稷爲戶曹判書 時 六卿當送質子于虜中 人皆規避 戶曹判書金藎國遂稱病篤 上箚乞免 上許遞其職".

당하기도 하였다.[219] 더욱이 (실행되지는 않았지만) 양국 대신의 자녀를 혼인시키는 강화 조건도 고위직의 출사를 기피하는 원인이 되었던 듯하다.[220] 형조 판서에서 물러난 남이공의 부인 남평南平 조씨曹氏는 자신의 기쁨을 솔직히 일기에 남겨 놓았다.

오늘 정사(政事 : 인사행정)에서 대사헌(종2품)에 임명되시니 전에는 대사헌이 민망하더니 이번에는 이런 시원한 일이 없다. 비록 직위로는 형조 판서(정2품)보다 아래이나 편안함이 많은 자리이니 기쁘기 한량없다. 모두들 축하하러 오셨다. 아직은 질자(質子) 보내는 것을 면하나 어찌 되려는가 한다.[221]

이러한 이유 외에도 인조의 조정에 출사한다는 행위는 명분상 적지 않은 문제점을 내포하고 있었다. 자제를 인질로 보내야 하는 3정승·6판서의 관직에 있지 않더라도, 종전 이후 빈번히 드나드는 청 사신의 영접과 이에 수반되는 의례는 당시의 조선의 신료들을 곤혹스럽게 하였을 가능성이 높다.[222] 청 태종에게 직접 항복한 인조를 수치스럽게 여기며 출사하지 않으려는 분위기도 있었다.[223] 사대부들의 이러한 분위기를 반

---

219 『仁祖實錄』 권40 인조 18년 3월 庚寅(9일), "備局査出宰臣之送假質者以啓 上命罷 完城府院君崔鳴吉吏曹判書李景奭 下兵曹判書李時白前判書洪霶南以恭于義禁府 定配於中道".

220 趙慶南, 『續雜錄』 권4 정축년 하(인조 15, 1637) 11월, "朝議以爲 淸婚不可專責於朝仕之家 各道士夫家處子抄括 以爲應約之路 自上然之 令各道監司 道內處子 捧單子成冊 及期上送事 行移分發".

221 南平 曹氏, 『丙子日記』 경진년(인조 18, 1640) 3월 11일.

222 현종대의 일이기는 하지만, 김만균(金萬均)이 그의 조모가 병자호란 때 강화도에서 순절한 것을 이유로 청 사신을 접대하기 위해 모화관(慕華館)에 나아가는 현종의 배종(陪從)을 거부한 사례가 있다. 정만조, 「朝鮮 顯宗朝의 公義·私義 論爭과 王權」, 『東洋 三國의 王權과 官僚制』, 1998, 국학자료원 참조.

223 인조 대의 불출사 풍조에 대해서는 한명기, 『정묘·병자호란과 동아시아』, 푸른역사,

영하는 '국군사사직설國君死社稷說'은 군주가 종묘·사직을 잃으면 죽어야 마땅하다는 논리였다.[224]

이에 대해 최명길은 필부匹夫의 절개와 군왕君王의 절개를 구분하면서 병자호란의 항복을 합리화하였다.[225] 그러나 인조가 청의 황제에게 신례臣禮를 행한 이상, 인조의 조정에 출사하는 모든 조선의 신료들은 모두 청 황제의 배신陪臣이 됨을 의미하였다. 이것을 피하기 위해 극단적인 일부 사대부들은 평생 벼슬을 포기하고 아예 과거조차 보지 않는 경우가 있었다.[226] 이러한 분위기 속에서 인조는 유배되었던 측근 무장들을 다시 기용하여 자신의 신변을 강화하는 조치를 취하였다.[227] 병자호란 이후 실추된 인조의 정치적 권위와 불안한 정정政情, 점증되는 일본의 군사적 위협, 여전히 상존한 청의 압박[228] 등이 패전한 장수들의 빠른 해배解配와 복직을 초래하였던 것으로 보인다.

이와 같은 정치적 환경에 처해 있었던 인조는 당시 척화론의 상징처럼 여겨졌던 김상헌과 정온에 대해서도 매우 부정적 인식을 갖고 있었다. 특히 김상헌에 대한 인조의 반감은 대단했는데, 종전 이후 인조가 사

2009, 185~193쪽 참조.

224 '국군사사직설'에 대한 인조와 최명길의 반응은 김용흠, 『朝鮮後期 政治史 研究 I—仁祖代 政治論의 分化와 變通論』, 혜안, 2006, 319~322쪽 참조. '국군사사직설'은 남한산성에서 순절하지 않은 척화론자들의 행적을 합리화해주는 논리이기도 하였다. 아직 인조가 죽지 않았으므로, 자신들도 반드시 죽어야 할 의리는 없다는 취지이다.

225 『仁祖實錄』 권34 인조 15년 5월 壬午(15일), "右議政崔鳴吉上箚曰 (…中略…) 當此之時 智者無所用其智 勇者無所施其勇 使殿下膠守匹夫之節 則宗社必亡 生靈必盡".

226 『純祖實錄』 권23 순조 21년 3월 壬子(2일), "右議政南公轍曰 故學生申韶 卽東伯在植之祖也 自其幼少之時 常慷慨自誦曰 吾誓不爲虜庭陪臣 及長與諸士友 講磨春秋大義 遂廢擧不仕 以終其身, 其卒也".

227 『仁祖實錄』 권39 인조 17년 9월 己未(5일); 『仁祖實錄』 권40 인조 18년 2월 癸丑(2일), "以金自點沈器遠爲扈衛大將 舊帶軍官 使之復屬".

228 한명기, 앞의 책, 185~193·309~320쪽 참조.

망할 때까지 또 하나의 중요한 정국 현안이 되었던 것은 김상헌의 행적에 대한 평가였다. 인조와 최명길은 김상헌이 자진自盡을 시도했으나 아들이 지켜보는 데서 실행함으로써 (결과적으로) 군주를 버리고 목숨을 보존한 점 등을 언급하며, '군왕을 속인 것이 심하다[其欺君甚矣]'라고 대놓고 비난하였다.[229] 남한산성 출성 당시 인조의 북행 여부가 확실치 않은 상황에서 김상헌이 예조 판서를 사직하고 집으로 가버린 것은 사실 비난의 소지가 작지 않은 불충한 행동이었다.[230] 김상헌은 또 남한산성 호종신扈從臣을 포상하는 교지教旨를 받았지만 열어보지도 않은 채 돌려보냈다. 아울러 자신의 입장을 변호하며 대명의리의 고수를 강조한 상소를 올렸는데, 이것 역시 인조의 큰 분노를 유발하였다.[231] 이후 인조는 강화도에서 순절한 김상헌의 형 김상용에 대한 치제致祭도 그 진위 여부가 불확실하다고 말하며 시행을 보류시켰다.[232]

종전 이후 인조가 청의 다양한 요구를 수락한 사실을 근거로 이것을 친청적親淸的 행보라고 평가한 견해도 있으나,[233] 당시 어느 누가 왕이 되었다 하더라도 정도의 차이는 있었겠지만 청의 압력을 정면으로 거스르기는 불가능에 가까웠다고 생각된다. 여기서 주목해야 할 점은 인조도 '척화'라는 이유로 언관들을 핍박하지는 않았다는 사실이다. 인조는 이들을 경솔한 논의를 제기한 자 또는 헛된 명예를 추구하는 자들이라고

---

229 『仁祖實錄』 권35 인조 15년 9월 辛未(6일).
230 『仁祖實錄』 권34 인조 15년 5월 乙未(28일), "前判書金尙憲上疏曰 (…中略…) 方駕駐山城也 大臣執政 爭勸出城 臣敢以死守之義 妄陳楊前 臣罪一也 降書文字 所不忍見 手毀其草 痛哭廟堂 臣罪二也 兩宮親詣敵營 臣旣不能碎首馬前 病又不得隨行 臣罪三也".
231 石之珩, 『南漢解圍錄』 정축년 5월.
232 『仁祖實錄』 권35 인조 15년 10월 壬戌(28일); 『仁祖實錄』 권36 인조 16년 5월 丁卯(5일).
233 한명기, 앞의 책, 193~213쪽.

비난했을 뿐이다. 오히려 인조는 자신이 척화를 비판한 것이 아니라고 강변하였다.[234] 대명의리의 고수를 위해 제기된 척화론은 아래 사료에 제시된 것처럼 남한산성의 농성 중에서도 결코 정론正論의 지위를 잃어 버린 적이 없었다.

> 상(上)이 울면서 "봄에 연소한 사람들이 사려가 짧고 논의가 과격하여 이런 화란(禍亂)을 초래하고 말았다. 당시에 저쪽 사신들을 배척하지 않았다면 화란이 있다 해도 상황을 필시 완화시켰을 것이다"라고 말하였다. (신료들이) 모두 "생각이 짧은 연소한 사람이 일을 그르쳐서 이와 같은 상황에 이르렀습니다"라고 아뢰었다. 상이 울면서 "어찌 그 사람들만의 과실이겠는가? 이 의논은 실제로 정론(正論)이었으므로 나 역시 거절하지 못하여 이 지경에 이르렀다. 실로 시운(時運)과 관계가 있으니, 어떻게 그 사람에게만 허물을 돌리겠는가?"라고 하였다.[235]

이상의 사실은 대명의리가 병자호란의 참패에도 불구하고 당대 조선 사회에서 결코 부정될 수 없었던 가치라는 점을 다시 한번 보여준다. 종전 이후 축출된 김류를 대신하여 정국을 장악한 주화파 최명길의 행보와 인식을 살펴보면 대명의리에 대한 조선 사회의 보편적 지지와 함께 주화론과 척화론이 통설의 설명처럼 대척점에 있는 상이한 담론이 아니었다는 점을 확인할 수 있다.

---

234 『仁祖實錄』 권38 인조 17년 2월 乙未(7일), "上曰 此豈斥和 乃誤國也 若奉表稱臣 則臺諫之力 爭固宜 而其時之事 不過遣使緩禍之計 而此輩阻梗於其間 使國事終至於此 罪豈淺乎".
235 『承政院日記』 54책 인조 14년 12월 丁亥(17일).

남한산성 농성 당시 주화론을 주도한 최명길은 청이 강요한 강화 성립의 전제 조건 세 가지를 모두 수용하며 청과의 강화 협상을 종결할 수밖에 없었다.[236] 그러나, 청이 제시한 조건의 수락은 하나 같이 명과의 '군신지의君臣之義'를 포기하는 행위로 당대인들에게 명백하게 해석되는 것이라는 점에서 최명길은 자신의 입장을 변호하는 논거를 다시 만들어 낼 수밖에 없는 처지에 있었다. 청과의 강화 협상 과정에서 최명길은 인군人君과 필부匹夫는 다르기 때문에 진실로 보존될 수만 있다면 극한의 방법이라도 쓰지 않을 수 없다고 주장하였다.[237] 도체찰사로서 전쟁을 총지휘한 김류도 "옛날부터 외복外服의 제후로서 상국上國을 위하여 절의節義를 지키다 죽은 경우가 어디에 있었는가?"[238]라는 논리로 자신의 행동을 합리화하였다. 이러한 김류의 생각은 아래 사료에서 보이듯이 당시 최명길도 공유하였던 것으로 생각된다.[239]

이번 화의(和議)의 문제에 대하여 선대감(＝수신인 이시백의 아버지 이귀)이 별세하신 후에 갑자기 당하였으므로 말씀드리지 못하였으나, 대체로 우리나라가 명나라에 대하여 삼백 년 동안 보호를 받은 큰 덕택이 있고, 또한 신종황제(神宗皇帝)가 재조(再造)하여 주신 큰 은공(恩功)이 있기에, 이것은 우리나라로서는 영원토록 잊지 못할 것입니다.

---

236 물론 이러한 조치는 비변사 대신들과의 협의와 인조의 추인하에 결정된 것이었다.
237 『仁祖實錄』권34 인조 15년 1월 丙辰(16일), "鳴吉請對曰 臣問諸李信儉 信儉傳汝亮命守之意 所謂新語 乃第一層之說也 人君與匹夫不同 苟可以圖存 無所不用其極".
238 『仁祖實錄』권34 인조 15년 1월 庚申(20일), "塋曰 (…中略…) 自古外服諸侯 安有爲上國 伏節死義者哉".
239 김만중도 후일 비슷한 논지로 병자호란 당시 조선의 항복을 정당화하였다. 金萬重, 『西浦漫筆』上, "或者謂當夷七廟湛九族 爲大明死節 此恐或過矣 周之立國 地近戎夷 故朱文公猶以爲 非殷純臣 況我國在九服之外者乎".

그러나 나라의 정세로 헤아려 볼지라도, 우리나라는 해동(海東)의 한 모퉁이니 청구(靑邱)에 처하여 적현(赤縣 : 중국)에서 멀리 떨어져 있으므로 이미 명나라 황성(皇城)의 경기(京畿)나 내복(內服) 지역에 영토를 받은 신하가 아니요, 본래부터 태조 대왕(이성계)이 귀부(歸附)하였던 외번(外藩)인 데에다가, 또 백성과 종묘사직을 지켜야 하는 책임도 있습니다. 따라서 우리 천승(千乘 : 제후국)의 나라를 지켜서 보전할 것을 생각하지 않고 임금으로 하여금 한갓 선택의 여지가 없는 마음을 품게 하여 명나라를 위해 충절(忠節)을 세워야 한다는 것은, 필부(匹夫)가 작은 개울이나 도랑에 빠져 죽는 것과 같은 도량(度量)에 불과하며, 결코 『춘추(春秋)』에서 말한 바, '각각 그 임금을 위한다'라는 대의(大義)가 아닙니다. 또한 우리 동국(東國)의 신하로서 차마 발설할 말이 아닙니다. 하물며 국왕이 사직(社稷)을 위하여 죽는 명분은 대개 나라가 반드시 망하지 않을 수 없게 되었을 때 국한되는 일인 즉 '만일 나라가 망하지 아니할 방법이 있으면 국왕도 반드시 죽을 필요가 없다'라는 것이 본래 『춘추』의 정신에 맞습니다. 이것이 제가 강화(講和)를 힘써 주장하여 우리나라를 보전하려 했던 까닭입니다.[240]

최명길은 조선이 애초부터 명으로부터 토지를 분봉받은 내복內服 제후諸侯가 아니고 독자의 영토와 인구를 가진 외번外藩이기 때문에 (대명의리의 준수를 위해) 국망國亡까지 해야 할 의리는 없다고 주장하였다. 나아가 『춘추』를 인용하여 제후국의 신하가 자신의 임금에게 황제국을 위해 끝까지 충절을 세워야 한다고 권하는 것은 옳지 않으며, 나라가 아직 망

---

240 崔鳴吉, 『遲川續集』 권1 「答李延陽敎詩時白書」.

하지도 않았는데 임금이 죽어야 하는 의리도 없다고 주장하였다.[241] 이러한 발언은 주화·척화를 막론한 조선의 군신君臣들이 죽거나 나라가 망하더라도 대명의리를 고수해야 한다고 말하던 것에서는 크게 후퇴한 것임에 틀림없다.[242]

그럼에도 불구하고 최명길이 대명의리를 부정하는 입장에 있었다고 보기는 어렵다. 그는 다만 독자의 영토와 백성을 통치하는 외복 제후국인 조선이 황제국에 대한 의리義理를 어느 선까지 희생하며 지켜야 하는가라는 사안에서 척화론자들과 견해를 달리하였을 뿐이었다. 정온과 같은 척화론자의 입장에서 볼 때 칭신이 표기된 국서까지 바치며 달성된 국가의 보존은 어떠한 경우에도 정당화될 수 없었다.[243]

---

241 주화·척화 논쟁에서 자국 군주에 대한 최명길의 이러한 입장은, 인조의 생부(生父)인 정원군(定遠君)을 원종(元宗)으로 추숭하는 과정에서 종통(宗統)보다 혈통(血統)을 택한 그의 선택과도 연관이 있을 수 있다. 정묘호란 당시 주화론을 앞장 서 주장하고 또 격렬한 비난을 받았던 이귀와 최명길이 원종 추숭 과정에서 종통을 중시하는 서인 일반 사류(士類)와 다른 입장에 서 있었다는 점도 매우 흥미롭다. 결과적으로 이러한 최명길의 선택은 그가 원하든 원하지 않았든 간에 병자호란 종전 후 그의 집권에 도움을 주었을 가능성이 있다. 최명길은 원종 추숭의 논의 과정에서 보인 친왕적(親王的) 입장 때문에 인조에 영합했다는 공격을 많이 받았다. 『仁祖實錄』 권48 인조 25년 5월 丁巳(17일), "完城府院君崔鳴吉卒 鳴吉爲人機警多權數 自負其才 嘗有擔當世務之志 而光海時擯不用 及反正 協贊大計 鳴吉之功居多 遂錄靖社元勳 不數年超至卿相 而力主追崇乞和之論 爲淸議所棄".
242 김태영은 (외복제후론을 자신의 연구에서 언급하지는 않았지만) 자국을 중시한 최명길의 강화론이 조선 사림의 주류 의리론과는 판이하게 다르며, 이것을 17세기 조선 성리학 풍토에서 전개되기 시작하는 주체적 사유의 한 갈래로 보았다(김태영, 「遲川 崔鳴吉의 現實 變通論」, 『도산학보』 9, 도산학연구, 2003, 82쪽). 손애리는 최명길의 외복제후론을 언급하며 그가 화이(華夷)의 변동가능성을 인정하였다고 주장하였다(손애리, 「문명과 제국 사이─병자호란 전후시기 주화·척화 논쟁을 통해 본 조선 지식관료층의 國 표상」, 『동양정치사상사』 10-2, 한국동양정치사상사학회, 2011, 62~64쪽). 저자는 이러한 입장을 지지하지 않는다.
243 鄭蘊, 『桐溪集』 권3 疏·箚·啓 「山城箚子(再箚)」, "伏以臣竊聞外間喧傳之說 昨日使臣之行 有以稱臣陳乞者云 此語誠然乎哉 若果有之 必是崔鳴吉之言也 (……中略……) 鳴吉之意以爲一稱臣 則城圍可解也 君父可全也 設或如是 猶爲婦寺小人之忠 況萬無此理乎 自古及今 天下國家安有長存而不亡者乎 與其屈膝而亡 曷若守正而死社稷乎".

종전 후 최명길은 정축화약을 주도한 자신의 행위를 권도權道(임시 조치)라고 자평하였지만,[244] 아래 사료에서 보이듯이 그것을 전혀 자랑스러워하지 않았다.[245]

국운이 불행하여 전에 없던 병란을 겪어 군부(君父)께서 하성(下城 : 항복)하시고 종묘사직은 겨우 보전되었으니, 정백(鄭伯)이 양을 끌고 감과 같은 욕됨[246]을 하루아침에 당하였고 월나라 왕이 회계(會稽)에서 당한 것과 같은 치욕[247]을 겪었으니, 이것은 백세(百世) 지나도록 씻기 어렵다. 우리는 동방 예의의 나라에서 나고 자랐으나, 왕을 보좌함에 불충(不忠)하여 군부(君父)의 치욕이 여기까지 이른 것을 차마 보고 있었으니, 신하된 도리로서 사는 것이 죽는 것만 못하다 하겠다. 그러나 스스로를 낮추고 권도(權道)를 행하여 위태로운 상황을 변화시켜 평안해지기를 도모한 것은, 성인(聖人)이 갑자기 사망할 지경에 이르게 되면 그때의 시세와 일의 경중을 헤아려서 망할 길을 버리고 살아남을 길을 취하여 도(道)와 더불어 나아가는 것과 또한

---

244 이귀도 자신의 주화론을 '임시제권(臨時制權)' 또는 '모국(某國)의 권도(權道)'로 자임한 바 있었다. 김용흠, 『朝鮮後期 政治史 硏究 I—仁祖代 政治論의 分化와 變通論』, 혜안, 2006, 203~204쪽.

245 김류 또한 칭신의 국서를 보내야 한다는 주장을 펼치며 자신이 죄인의 우두머리가 되는 혐의를 피하지 않겠다는 취지로 말한 바 있다(『仁祖實錄』 권34 인조 15년 1월 庚申(20일), "瑬曰 臣當爲罪首 何敢嫌避乎 今若不稱臣字 徒以前樣文書往復 則彼必生怒 更無可爲矣").

246 정백은 춘추시대의 정(鄭)나라 장공(莊公)으로, 이름은 오생(寤生)이다. 초(楚)나라가 정나라를 쳐서 항복을 받았는데, 이때 정백은 죄인의 옷을 입고 천민(賤民)이 하듯이 양을 몰고 초왕을 맞이하였다.(한국고전번역원 한국고전종합DB 각주정보 참조)

247 춘추시대 월나라의 제2대 왕 구천(句踐)이 오(吳)나라 왕 부차(夫差)와 싸우다 크게 패하여 회계산에서 굴욕적인 화의(和議)를 체결한 일. 그 뒤 구천은 20년 동안 섶나무 위에 눕고 쓸개를 맛보는 '와신상담(臥薪嘗膽)'한 끝에 부차를 죽이고 오나라를 멸망시켜 회계의 치욕을 씻었다.(한국고전번역원 한국고전종합DB 각주정보 참조)

같은 것이다.[248]

국망 직전의 극한 상황에서 어쩔 수 없이 청에 항복하고만 최명길과 조선의 군신君臣 어느 누구도 대명의리 자체를 비난하거나 부정하지 않았다. 최명길과 함께 청과의 강화를 적극적으로 추진한 도체찰사 김류 역시 자신이 '천하에 죄인이 되는 것을 피하지 않겠다'거나 '이 죄는 신이 스스로 감당할 것'이라고 말한 바 있다.[249] 앞서 살펴보았듯이 조선 후기는 설령 대명의리를 부정하는 마음을 개인적으로 가지고 있다고 해도, 이러한 심정을 공개적으로 표출하기 어려운 정치 환경이었다. 비록 사대 관계는 부득이 청과 맺을 수밖에 없었지만, 대명의리의 준수는 기존과는 다른 출구를 통해 상징되고 실천되어야만 하는 것이 당대의 조선 사회였다.[250]

최명길은 우선 강화 조건 중의 하나였던 조병助兵의 거부를 통해 대명의리를 실천하려고 하였다. 그는 인조 15년(1637) 9월경 청의 조병 요구를 철회하기 위해 직접 사은사謝恩使로 심양에 들어갔다가 마침내 징병을 보류한다는 청 태종의 허락을 받아냈다.[251] 이러한 노력으로 청의 1차

---

248 崔鳴吉, 『遲川續集』 권4 「答仲弟參判惠吉書」 二書.
249 『承政院日記』 55책 인조 15년 1월 癸卯(3일), "塋曰 此事極重 故人有所懷 不敢顯發 當此急急 之時 他事不可 臣則只以奉聖上脫重圍爲急 蓋國家存然後 名分可議也 國亡則將何以議名分乎 今 日此事 臣請擔當 不避爲天下罪人矣"; 1월 庚申(20일), "塋曰 若曰名分至嚴 終不可爲則已 不得 已爲之 則今日直稱 未爲不可也 大槪此罪 臣自當之 不如是則不如不爲也".
250 명으로부터 받은 고명과 인신의 반납 회피, 청 연호의 사용 거부, 불출사, 북벌론의 제기, 만동묘·대보단의 건설과 제향 등등. 물론 이와 같은 실천만으로 과연 대명의리를 준수했다고 할 수 있는 것인지에 대해서는 당대에도 많은 논란과 회의가 있었다(宋時烈, 『宋子 大全』 附錄 권19 「記述雜錄·鄭澔」, "丁酉五月三日 有一士人來見 語間略傳尹宣擧之徒譏斥尊 周之義曰 我國旣已服事淸國 而假託尊周之義 爲皇明復讎云者 無異改嫁之女爲舊夫復讎也 其誰 信之云云").

조병 요구는 철회되었지만, 이후에도 청의 조병 요구는 계속되었다.[252] 이에 대해 최명길은 일단 군병은 징발하되 되도록 행군 시기를 늦추어 청의 요구를 실질적으로 거부하려고 하였던 듯하다.[253] 결국 군기軍期를 맞추지 못한 조선의 원병은 청에 의해 거부되었고,[254] 이에 대한 변명과 추가 징병을 막기 위해 최명길은 인조 16년(1638) 9월 다시 사신으로 심양에 파견되었다.[255] 인조 18년(1640) 2월과 인조 19년(1641) 2월에는 조선이 그처럼 원하지 않았던 조병이 실현되고야 말았다.[256]

이와 같이 최명길이 청의 징병 요구를 철회하는 데 목숨을 걸고 기여한 것은, 숙종 대 최명길의 손자 최석정崔錫鼎에 의해 대명의리를 상징하는 행위로 기억되었다.[257] 최석정의 의견을 청취한 숙종도 최명길을 존주尊周의 의리를 실천한 인물로 평가하였다.[258] 그러나 앞서 정축화약

---

251 『仁祖實錄』 권35 인조 15년 9월 丙子(15일); 『仁祖實錄』 권35 인조 15년 11월 癸巳(29일).
252 『仁祖實錄』 권36 인조 16년 5월 癸酉(11일), "謝恩使申景禛李行遠等回自瀋陽 上召見之問曰 彼意欲用我兵於何處 景禛曰 非必用於戰陳 蓋欲助爲聲勢 使聞於中國也 崔鳴吉請對 隨後而入曰 今遣使臣如不得請 則又當送使 往復之際 師期已迫 則不無萬一得免之望也".
253 위의 사료.
254 『仁祖實錄』 권37 인조 16년 9월 丁丑(18일).
255 위의 사료.
256 『仁祖實錄』 권40 인조 18년 2월 戊寅(27일); 『仁祖實錄』 권42 인조 19년 2월 乙卯(10일). 청의 조병 요구와 조선의 대응에 대해서는 한명기, 앞의 책, 214~227쪽; 계승범, 『조선시대 해외파병과 한중관계』, 푸른역사, 2009, 215~238쪽 참조.
257 崔錫鼎, 『明谷集』 권29 行狀 「先祖領議政完城府院君文忠公行狀」, "九月 奉使瀋陽 始城下之盟 淸人旣定金幣 仍有徵兵之請 公答以不可從 至是朝家將遣使于北 李延陽時白曰 非某莫可 公遂銜命至瀋 備將君臣分義之不忍 我國事力之不逮 反復爭論 事得寢 (…中略…) 秋 陞領相 時淸人將犯錦州界 復徵師於我 朝廷不知所以爲計 公以爲往時出城 勢窮力竭 圖存宗社 計不得已 今日助兵之擧 國可亡 義不可從 遂拒而不許 後後師期 淸人大怒 喧言日至 擧朝恟懼 禍且不測 公陳於榻前曰 我國大臣一二人 爲助兵事死 方可以有辭於天下後世 況此事臣實主之 臣請自當 於是遂馳往自首 將行 上親見慰諭 賜豹裘一襲 資送有加 至瀋 淸人列坐衙門 招公詰責曰 今此徵兵 乃大國重事 何人敢爲沮塞乎 公曰 我身爲首相 凡本國之事 無不主管 此事專出於我 惟願一死 公不少攝 以身自當 淸主義而釋之 以此終公在相府 一不助兵".
258 『肅宗實錄』 권43 숙종 32년 3월 丁卯(9일), "領議政崔錫鼎陳疏伸白其祖鳴吉事 略曰 (…中

의 강화 조건에서 보았듯이, 항복하는 그 순간부터 청의 조병 요구를 조선이 회피할 수 없었음은 너무나 명백한 사실이었다.[259] 주목해야 할 것은 아래 사료에 보이는 것처럼 조병에 대한 최명길의 언행이 화친에 대한 척화론자의 그것과 크게 다르지 않았다는 점이다. 최명길은 망국의 위기를 넘긴 순간부터 다시 척화론자로 돌아왔던 것은 아니었을까?

아! 일찍이 남한산성이 포위되어 강화하는 일이 억지로 성사되었을 때 청나라의 글에 여러 가지로 요구한 사항이 있었는데, 아우가 "그중에 명나라를 정벌할 때에 우리 기·보병을 소집한다는 등의 말은 결코 순종하기 어려운 일이다. 본국이 명나라를 섬긴 지가 이제 거의 삼백 년이나 되었는데 하루아침에 의리를 저버리는 것도 차마 하지 못할 일인데, 하물며 군사를 이끌고 명나라를 침범하는 일임에랴! 지난날의 명나라는 곧 오늘날의 청국이니 불행히 또 강성한 이웃나라가 있어 협조를 요청하면 또한 장차 청국을 범하여도 되겠는가? 진실로 행할 만한 명령도 아니고 따를 만한 가르침도 아니다. 이제 우리로서는 옛 사람의 두 나라를 함께 섬긴다는 의리를 본받고자 한다. 비록 이를 감히 청하지는 못하겠지만, 우리 병사를 이끌고 명나라를 침범하라면 나라가 망하고 몸이 죽더라도 절대로 따를 수는 없을 것이다"라고 답변하였습니다. (…중략…)

略…) 仍臚列前後屢拒徵兵 其咨送僧 被繫北獄之事 且引詩章之寓意於尊周者 及先輩長者 稱述其事業者 縷縷萬餘言 答曰 故相臣和議 豈出於爲宗社 尊周之義 不忘乎心 踏必死之地而靡悔 則予亦稔知 此豈幺麼婺源輩所敢恣意託毀者哉".

259 남구만(南九萬)은 병자호란 당시 최명길의 주화론이 불가항력적인 선택이었다는 입장을 갖고 있었다. 하지만, 최석정이 월왕 구천의 고사에 빗대면서 최명길의 입장을 의리의 측면에서도 합리화하려는 서간을 자신에게 보내자, 조병의 문제만큼은 항복을 결정한 순간 이미 충분히 예상되었던 것으로서 이러한 지점이 바로 주화론의 명분상 약점이었다고 반박하는 답장을 보냈다. 南九萬,『藥泉集』권32 書「答崔汝和」.

이제 다행히 화친을 하게 되어 나라를 보존하게 된 후에 아우가 우선 정승(政丞)에 임명되었으니 이에 앞서 강화(講和)하던 발자취로 이제 명나라를 토벌하는 징병을 거절하기 위한 특사가 되어 장차 한 몸의 죽음으로 온 나라의 재앙을 막으려 합니다. 이렇게 하여 이 몸이 한 번 죽는다면 어찌 포위된 성 안에서 죽는 것보다 빛나지 않겠습니까?[260]

아울러 최명길은 종전 직후부터 병자호란의 시말始末을 명에 전달하여 부득이하게 청과 정축화약을 맺게 되었음을 알리려 하였고,[261] 이후 임경업과 승려 독보獨步의 힘을 빌어 금주錦州를 지키던 명군 도독都督 홍승주洪承疇와 밀통하는 데에도 성공하였다.[262] 그러나 이러한 사실은 인조 20년(1642) 송산松山 농성전에서 패한 홍승주가 청에 항복함으로써 모두 발각되고 말았다. 밀통 시도의 주모자로 지목된 최명길은 반청反淸 활동을 한 혐의로 잡혀 온 김상헌과 함께 심양 감옥에 투옥되었다가, 가까스로 감사減死되어 2년여 간의 구금 생활을 마치고 인조 23년(1645) 2월 조선으로 돌아왔다.

최명길은 징병 거부와 밀통 시도가 천조天朝(명나라)를 위해 죽고자 하는 자신의 마음이 천하와 후세에 분명히 기억되고자 하기 위함이라고 이

---

260 崔鳴吉, 『遲川續集』 권1 書札 「答李延陽敦詩時白書」.
261 『인조실록』의 사론(史論)은 최명길의 밀통 시도가 진심에서 우러나온 것이 아니라고 비난하였다(『仁祖實錄』 권34 인조 15년 2월 己卯(9일), "引見大臣及吏曹判書崔鳴吉 (…中略…) 鳴吉曰 臣昨與申景禛相議 其意亦與臣同 先作奏文 通于天朝 以爲勢窮力屈 以至於此 今後 則勢難通使云爲當 (…中略…) 史臣曰 (…中略…) 鳴吉終始主和 而到今有奏聞天朝之說 是果出於眞情乎").
262 명과 밀통하려 한 최명길의 구체적 행적에 대해서는 李肯翊, 『燃藜室記述』 권26 仁祖朝故事本末 「獨步」; 한명기, 「류성룡과 최명길의 통치론, 외교의 행적을 통해 살피다」, 『조선의 통치철학』, 푸른역사, 2010, 222~225쪽.

경여李敬興에게 토로한 바 있었다.[263] 밀통 시도를 통해 그가 궁극적으로 받고 싶었던 것은 명의 군사적·실효적 지원이라기보다는 조선의 항복을 부득이한 선택으로 이해한다는 명 측의 회답이었다고 생각한다.[264] 조선은 정묘호란 당시에도 후금과의 화친 과정을 설명하고 이해를 구하는 장문의 주문奏文을 보낸 바 있었다.[265] 대명의리에 대한 배반이 곧 짐승과 같은 행동으로 비유되었던 당대의 분위기 속에서, 아래 인용된 숭정제崇禎帝:毅宗의 비답批答은 인조와 최명길을 비롯한 조선 군신君臣의 도덕적이면서도 동시에 정치적인 부담을 크게 덜어주는 효과를 가져왔을 것이다.[266]

어진 왕이 영명(英明)한 자질과 품성으로서 양구(陽九)의 액운[267]을 만나, 문헌(文獻)으로 이름난 나라가 마침내 견양(犬羊)에게 섶히고 말았도다. 호마(胡馬)가 창궐하여 속번(屬藩)을 거듭 먹어들었으나, 내가 능히 군사를 정비하여 잘라내어 멸하지 못하니, 이는 곧 귀번(貴藩)의 겁수(劫數:액운)이다. 귀번은 대대로 충순(忠順)을 바쳤는데, 하루아침에 오랑캐와 행성(行

---

263 崔鳴吉, 『遲川續集』 권1 書札 「與李白江直夫敬興書」 四書, "通明朝而拒淸徵 顧其謀國之道 終拘南北之獄者 箋表東臣爲天朝 欲死之忱於天下後世也".

264 최명길의 의도와 달리 당시의 명은 조선과의 접촉을 매우 전략적인 사고에서 접근하고 있었던 것으로 보인다. 이러한 명의 의도에 대해서는 王剛, 「明末王緯出使朝鮮與"聯鮮圖奴"之議」, 『溫州大學學報·社會科學版』 24-5, 溫州大學, 2011 참조.

265 『仁祖實錄』 권16 인조 5년 4월 丁酉(1일).

266 『명실록』이나 조선 측 관찬 기록에서 확인되지 않는 비답의 진위는 매우 의심스럽다. 그러나 비답이 설혹 가짜라 하더라도, 대명의리에 대한 당대인의 인식 자체는 변함없이 반영한다고 생각한다.

267 음양설에 의하면 4617년을 1원(元)이라 하는데, 양(陽)의 재난은 한해(旱害)이며, 음(陰)의 재난은 수해(水害)가 되는바, 1원의 첫 번째인 106년 가운데 양의 재난인 한해가 아홉 번 있다 하여 이르는 것으로, 이 때문에 백륙(百六)이라 하기도 한다.(한국고전번역원 한국고전종합DB 각주정보 참조)

成：화친)을 하였구나. 세력이 다하고 힘이 꺾여 어찌할 수가 없어 그랬으니, 이것 역시 과인(寡人)이 깊게 슬퍼하는 바이다.[268]

한편, 병자호란이 참패로 끝나면서 삼학사가 청으로 압송된 후 처형되고 윤황 등의 척화론자들은 유배 등의 처벌을 받았지만, 척화론과 대명의리에 대한 조선 조야朝野의 광범위한 지지는 전혀 흔들리지 않았다.

> 척화의 청론(淸論)은 위로는 명나라 조정을 위하는 것이요, 아래로는 선비들의 여론을 부지(扶持)하는 것으로서, 바로 천하의 상경(常經)이요 고금의 통의(通儀)이므로, 그 정론(正論)으로 삼는 바는 비록 삼척동자라 하여도 다 아는 바이거늘 우리들이 어찌 알지 못하겠습니까? (…중략…) 너무도 고통스럽고 세상 일에 어두운 선비인 저로서는, 청론을 진정시키는 어려움이 백등(白登)의 포위망[269]을 푸는 것보다 더 심합니다. 그래서 불가불 그 예기(銳氣)를 조금 억제한 후 그 동정을 보아 서서히 그 죄를 풀고 다시 등용하는 길밖에 다른 방법이 없을 듯합니다. 형의 의향은 어떠하십니까? 형은 이미 나라를 보존하는 일에 저와 함께 동참하시고 또 한 편의 청론도 겸하였으므로 이같이 우러러 상의하는 것입니다.[270] (강조는 인용자)

위의 사료에서 보이듯이 척화론자의 처벌을 주도한 최명길조차 척

---

268 崔鳴吉, 『遲川遺集』 권1 奏文 附 「皇朝批答」.
269 한 고조 유방이 흉노의 묵특(冒頓) 선우(單于)를 친정(親征)할 때 평성(平城)에 다다랐는데, 묵특이 정병 30만을 동원하여 백등산(白登山)에서 고조를 7일 동안 포위하였다. 이때 진평(陳平)의 모계(謀計)로 간신히 풀려난 고조는 평생 그 일을 부끄럽게 여겼다.(한국고전번역원 한국고전종합DB 각주정보 참조)
270 崔鳴吉, 『遲川續集』 권1 「答張谿谷持國維書」 八書 丁丑年(1637).

화를 청론 또는 정론으로 인정하는 정도였고, 집권 후에도 척화론에 포위되어 원활한 정국 운영에 애를 먹고 있는 실정이었다. 따라서 그는 자신의 절친한 벗이자 청론의 지지를 받고 있던 장유에게 서신을 보내 조언을 구하는 한편, 상복을 벗고 조정에 나옴으로써 자신에게 힘을 보태줄 것을 권유할 수밖에 없었던 것이다. 요컨대, 최명길은 대명의리를 부정하는 입장에서 주화론을 제기한 것이 아니었다.[271] 그는 다만 독자의 영토와 백성을 통치하는 외복 제후국인 조선이 황제국에 대한 의리를 어느 선까지 희생하며 지켜야 하는가라는 문제에서 척화론자들과 견해를 달리했을 뿐이다.

3. 조선시대 중화中華 인식의 성격과 척화론

근대 이전 동아시아의 국제 질서는 형식상 수직적이고 차별적인 특징을 갖고 있었다. 각 국가의 국력 차이에도 불구하고 상대방의 주권과 독립을 인정하고 대등한 입장에서 외교 관계를 맺는 근대 이후의 국제

---

271 주화론자였던 최명길이 대명의리를 부정하지 않았다는 점은 선행 연구에서도 간략하게나마 언급된 적이 있다. 정옥자, 「병자호란시 言官의 위상과 활동—三學士에 대한 재평가」, 『韓國文化』 12, 서울대 규장각한국학연구원, 1991, 247쪽; 오항녕, 「17세기 서인산림의 사상—김장생 · 김상헌을 중심으로」, 『역사와 현실』 8, 한국역사연구회, 1992, 51~52쪽; 오수창, 「최명길과 김상헌」, 『역사비평』 42, 역사비평사, 1998, 396쪽; 김용흠, 앞의 책, 251쪽; 한명기, 「류성룡과 최명길의 통치론, 외교의 행적을 통해 살피다」, 『조선의 통치철학』, 푸른역사, 2010, 219~225쪽 등.

관계와는 상이한 모습을 보였다.[272] 근대 이전 중국이 주도한 동아시아의 국제 관계를 보편 질서로 정당화하는 이데올로기를 중화사상中華思想이라고 하는데, 그 밑바탕에는 화華와 이夷를 종족·지리·문화의 중층적 기준에 의해 구분하면서 화華의 절대적 우월성을 강조하는 화이관華夷觀이 자리 잡고 있었다. 이러한 화이관은 타의 추종을 불허하는 정치·군사·문화적 우위를 바탕으로 예율禮, 만이蠻夷 등의 타자와 구별하면서 발생한 자기 인식과 자기 우월의 관념이었다. 화족華族은 한족漢族의 모체母體가 되는 종족이었다.[273]

주대周代 봉건 질서가 붕괴된 이후, 춘추전국시대에 활동한 제자백가諸子百家는 여러 가지 사상적 대안을 내놓았는데, 유가儒家는 존비尊卑와 차등差等의 사회 규범인 예禮를 강조함으로써 하극상이 만연한 사회 혼란을 극복하고 전 중국의 통일을 달성하려고 하였다. 유가의 정치 이념은 힘이 아닌 도덕과 윤리, 패도霸道가 아닌 왕도王道에 의한 정치를 강조하였으며 왕도 정치를 행하는 군주만이 중국의 통일을 달성할 수 있다고 주장하였다. 이러한 인식은 화이관에도 영향을 미쳐 화와 이를 구별하는 기준으로 '예禮의 유무有無'가 강조되었으며, 예 관념이 결여되어 있는 주변 이민족은 인간 이하의 이적夷狄이나 금수禽獸로 간주되었다. 반면 제하諸夏의 국國도 비례非禮를 하면 이적이 되며, 이적의 국國도 예禮를 행하면 화하華夏로 인정받을 수 있는 여지가 생겼다.[274]

---

272 김용구는 19세기의 한말 외교사를 예(禮)와 공법(公法) 질서에 입각한 두 개의 세계관이 충돌하면서 전개된 것으로 파악하였다. 김용구, 『세계관 충돌과 한말 외교사 1866~1882』, 문학과지성사, 2001.

273 이하 중화질서에 대한 내용은 丸山松行, 「華夷」, 溝口雄三 외편, 김석근·김용천·박규태 역, 『中國思想文化事典』, 민족문화문고, 2003, 307~315쪽; 이성규, 「중화질서」, 『역사용어사전』, 서울대 출판문화원, 2015, 1670~1682쪽을 주로 참조하여 서술하였다.

유가 사상과 화이관은 중국 특유의 세계관이자 정치 이념인 천하관天下觀과 결합되어 중화사상을 형성하였으며, 유가일존儒家一尊이 확립된 한 대漢代에 이르러 점차 대외 정책에 반영되기에 이르렀다. 천하는 상고부터 근대에 이르기까지 일관되게 중국인의 세계관을 표상하는 핵심 개념이었다.[275] 고대 중국인들에게 천天은 질서의 근원을 상징하였는데, 서주西周 이후 중국의 군주는 자신의 지배를 하늘로부터 부여받은 천명天命에 의해 정당화하면서 천자天子라고 자칭하였다. 따라서 하늘 아래의 천하는 천명을 받은 유일자인 중국의 천자(→ 후일에는 황제)에 의해 예禮로써 교화敎化：王化, 德化되어 태평太平을 누리고 당위적으로 지배되어야만 하는 공간으로 인식되었다.

이 논리를 역으로 전환하면 수명受命의 증거는 천하 제이諸夷의 귀복歸服을 통해 입증되어야만 하였으므로, 중국의 천자에게 가능한 많은 주변 국가와 부족의 복속은 단순한 허영심의 충족이라기보다 자신의 수명을 입증함으로써 통치의 정당성을 강화할 수 있는 중요한 기제였다.[276] 여기에는 불신不臣의 사례가 또 다른 불신不臣의 사례를 조장할 수 있다는 고려도 덧붙여졌다. 한대 이후 중국의 황제가 경제적 손실에도 불구하고 형식상의 조공을 통하여 천하 제이의 복속에 집착하였던 것이나, 중국의 대외 관계가 전담 부서 없이 국내의 교화를 담당하는 예부禮部에서 관장되었다는 것도 이러한 맥락에서 본다면 충분히 이해될 수 있을 것이다.

---

274 유근호, 『조선조 대외사상의 흐름』, 성신여대 출판부, 2004, 17쪽 참조.
275 주대 이후의 천명 사상과 천하관에 대해서는 豊田久, 「天下」, 溝口雄三 외편, 김석근・김용천・박규태 역, 『中國思想文化事典』, 민족문화문고, 2003, 277~283쪽 참조.,
276 이성규, 「中華思想과 民族主義」, 『哲學』 37, 한국철학회, 1992, 49쪽 참조.

그러나 중국인들의 천하관 속에서 상정된 천하는 현실에서 인지되는 지리적 공간으로서의 천하와 일치될 수 없었다. 한漢은 진秦에 이어 중국을 통일하고 주변 지역으로의 정치·군사적 팽창을 여러 차례 시도하였지만, 그들이 중국 주변의 모든 국가와 부족을 직접 지배하여 '천하대일통天下大一統'의 이념을 달성하는 것은 현실적으로 불가능하였다. 중국의 현실과 중화 이념의 간극을 메우기 위해, 한은 주대周代 주왕周王과 봉건제후 사이에 행해진 책봉冊封과 조공朝貢의 의례를 도입하여 주변 국가와 부족을 복속시키고자 하였다.[277]

책봉은 중국의 황제가 주변 국가나 부족의 군주에게 관작官爵을 주어 지배 영역의 통치권을 승인하는 것이며, 조공은 피책봉자가 토산물 등을 바치며 신하로서의 의례를 행하는 것이었다. 제후국은 조공 외에도 봉표奉表·봉정삭奉正朔·근왕勤王 등의 의무를 원칙적으로 준수하여야 하였고, 조공을 받은 중국의 황제는 그에 상응하거나 훨씬 더 값비싼 회사回賜를 시행하는 것이 관례였다.

그러나 제후국의 군주는 중국의 내신內臣과 구별되는 외신外臣으로서, 자신의 지배 영역에서 독자의 법령法令을 갖고 통치할 수 있는 자율적 권한을 부여받았다. 황제국은 제후국이 신하로서의 명분과 예禮를 어기지 않는 한 제후국의 내정에 간섭하지 않는 것이 원칙이었다. 이로써 중화질서로의 편입 여부를 알려 주는 가장 확실한 기준은 책봉과 조공이라는 의례의 실행에 있게 되었고, 왕화王化 또는 교화敎化로 상징되는 중화문명의 보유 여부도 이것에 의하여 당대인들에게 판별되었다.

---

277 한대 조공–책봉 제도의 시행에 대해서는 이춘식, 『中華思想의 理解』, 신서원, 2004, 258
  ~265쪽 참조.

이夷로 지칭되었던 중국 주변의 국가나 부족의 군주에게 조공·책봉에 의한 의례상의 신속臣屬은 비록 형식상일지라도 분명 차등적인 것이었다. 그러나 책봉은 강대국인 중국으로부터의 군사적 위협을 감소시킬 수 있다는 점에서 그들이 섣불리 거부할 수 없는 선택이었다.[278] 조공이 중국 황제의 정치적 정당성을 강화하였듯이, 중국으로부터의 책봉은 수봉국受封國 군주의 정치적 권위를 다른 경쟁자들과 차별화시킬 수 있었다. 그리고 그들은 중국의 선진문화를 독점적으로 수용함으로써 정치적·문화적 지배력을 강화할 수 있었으며, 조공의 대가로 받는 회사를 통해 경제적 지위 또한 공고히 할 수 있었다.

이와 같이 천하 제이의 복속은 중국의 중화사상에 포섭·동화된 결과라기보다 여러 유인誘因이 복합적으로 작용한 결과였다. 그러나 중국은 이들의 복속을 오로지 천자의 교화가 실현되어 이루어진 것으로 분식粉飾함으로써 자신의 정통성을 강조하였다.[279] 이를 반영하듯 한대 이후 조공-책봉 관계의 수립은 화華의 일방적 강요에 의한 것이라기보다는 쌍방 간의 합의에 의한 것이 다수였으며, 오히려 이夷가 더 적극적으로 관계의 수립을 원한 경우도 적지 않았다.[280]

대당제국大唐帝國이 멸망한 이후 중국과 주변 국가와의 관계는 중화사상에서 이상으로 삼았던 모습과 다르게 전개되었다. 거란족의 요遼, 여진족의 금金, 탕구트족의 서하西夏는 강력한 통일 국가를 수립한 뒤,

---

278 중국의 한족 왕조는 평화적 유교 이념에 가리운 이미지와는 달리, 필요한 경우라면 이적(夷狄)에 대한 공세적 군사 행위를 시도하는 데에 조금도 주저하지 않았다. 니콜라 디코스모, 『오랑캐의 탄생』, 황금가지, 2002.
279 무역 거래를 위해 중국에 온 상인이 조공 사신으로 둔갑되어 기록되는 것은 역대 중국 사서에서 흔히 찾아볼 수 있다.
280 이성규, 「中華思想과 民族主義」, 『哲學』 37, 한국철학회, 1992, 48~49쪽 참조.

중국 왕조에게 대등한 형식의 관계 수립을 요구하였다. 심지어 오대五代의 후진後晉은 요에 대해 칭신하는 사태까지 벌어져 이른바 화이華夷의 역전 상태가 실현되기도 하였다.

당 멸망 이후 오대五代(북중국)와 십국十國(남중국)의 혼란을 수습하고 한족 중심의 통일왕조를 재건한 송宋 역시, 군사력의 열세 때문에 요·금·서하 등과 형제 관계 또는 숙질叔姪 관계 등을 맺은 뒤 막대한 양의 세폐歲幣를 지불하고 나서야 평화를 보장받을 수 있었다. 고려 인종 5년(1127)에는 금의 침입으로 수도 개봉開封이 공략되고, 휘종徽宗·흠종欽宗 부자가 금에 인질로 끌려감으로써 북송은 멸망하고 말았다. 중원을 포기하고 양쯔강 이남으로 도피하여 부활한 남송南宋도 고려 인종 19년(1141) 금과 소흥화의紹興和議를 체결하여 중국 역사상 가장 치욕적인 군신 관계를 맺게 되었다.[281] 이로써 중화의 이념은 그 현실적 근거를 거의 찾을 수 없는 지경에 이르렀다.

그러나 이같은 중화의 위기는 도리어 이데올로기 측면에서 기존의 화이관을 한층 더 강화시키는 촉매로 작용하였다. 이것은 송대 성리학이 거둔 성과 가운데 하나인 '리理'의 재해석을 통해 뒷받침되었다. 본래 개별 사물의 조리를 뜻하던 '리'는 송대 성리학의 발전에 의해 자연과 인간을 포함한 만물의 배후에 작용하는 보편 법칙의 위상을 갖게 된 것이다.[282] 주희朱熹는 인간을 포함한 자연의 세계를 경험적으로 지각할 수 있는 '형이하形而下의 기氣'와 지각할 수 없지만 그 실재를 상정할 수 있는

281 윤영인, 「10~13세기 동북아시아 多元的 國際秩序에서의 冊封과 盟約」, 『東洋史學研究』 101, 동양사학회, 2007, 136~137쪽 참조.
282 송대 성리학의 리(理) 이해에 대해서는 土田健次郎, 「理」, 溝口雄三 외편, 김석근·김용천·박규태 역, 『中國思想文化事典』, 민족문화문고, 2003, 79~83쪽 참조.

'형이상形而上의 리理'로 구분하였다. 그 다음 개별 현상으로서의 '기'를 존재하게 하는 불변의 원리가 바로 '리'이며, 만물에 존재하는 '리'가 최종적으로는 하나의 원리[理一分殊]임을 주장하였다. 그리고 '성즉리性卽理'의 도식을 통해 자연의 법칙과 인간의 윤리를 '리'로써 연결하였다.

그 결과 기존 유교에서 제시되었던 윤리와 사회 규범은 형이상학적 기반위에 합리화되었으며, 화이관에도 영향을 미치게 되었다. 따라서 화·이의 관계 역시 힘의 강약이나 상황에 따라 변동되어서는 안 되는 불변의 원칙인 리理 또는 의리義理로 이해되었다. 다음 사료에서 보이는 것처럼 주희가 객관적 전력의 열세에도 불구하고 금과의 화의和議를 강력하게 반대한 것은 자연스런 반응이었다.

> 금나라 오랑캐는 우리와 함께 하늘을 이고 살 수 없는 원수입니다. 그들과 화친할 수 없음은 의리가 명백합니다. (…중략…) 신이 가만히 생각건대, 의리상 (강화를) 하지 말아야 한다는 것을 알면서도 오히려 이것을 하자는 것은 반드시 이로움은 있어도 해로움은 없다고 생각하기 때문입니다. 그러나 신이 생각하기에 소위 강화라는 것은 온갖 해로움만 있고 하나의 이로움도 없습니다. 무엇 때문에 반드시 그것을 해야 한다는 것입니까?[283]

척화론은 주희뿐만 아니라 남송대 지식인 대부분이 견지한 것으로, 금과 남송의 국력을 객관적으로 비교하여 제기된 것이 아니라 북송대부터 발흥하였던 춘추학春秋學·대의명분론大義名分論·정통론正統論에 영향을

---

283 朱熹, 『朱子封事』(奎中 603) 「壬午應詔封事」.

받은 것이었다.[284] 요컨대 송대의 중화사상은, 예의 유무 여부를 중시하는 기존의 화이관에 성리학적 의리론義理論 등이 결합됨으로써 한층 더 보편적이고 당위적 성격을 갖게 되었던 것이다.

그런데 주지하는 바와 같이 중화사상의 이념은 현실과 일치되기 어려웠다. 그 괴리는 중국의 국력이 뒷받침되지 못할수록 두드러졌는데, 이는 조공을 바치며 사대事大를 하는 국가나 부족의 복속 동기가 정치·경제·군사·문화적 필요에 기반하고 있었기 때문이다.[285] 따라서 중국과 상대방의 국력 변동에 따라 중화사상에 기반한 중국 중심의 중화질서 또는 화이질서는 얼마든지 부정되거나 균열될 여지가 있었다. 고구려·백제·신라와 역대 중국 왕조와의 상호 관계 역시 고정적이거나 지속적이지 않았으며, 사대 관계도 주변의 정세에 따라 수시로 변동하였다.[286]

고려의 사대 논리도 '이소사대以小事大', 즉 작은 나라小國가 큰 나라大國를 섬겨야 한다는 것으로,[287] 이때의 대국은 고정된 것이 아니라 국력의

---

284 박지훈, 「南宋 高宗代 主戰派의 華夷論」, 『東洋史學研究』 85, 동양사학회, 2003, 136~137쪽 참조.

285 '사대(事大 : 큰 나라를 섬긴다)'는 전근대 동아시아 사회에서 소국이 대국에 취했던 국제 관계의 형태나 이에 관련된 업무 전반을 지칭한다(구도영, 「중종 대(中宗代) 사대 인식(事大認識)의 변화─대례의(大禮儀)에 대한 별행(別行) 파견 논의를 중심으로」, 『역사와 현실』 62, 한국역사연구회, 2006, 346쪽). 이에 대응하여 대국이 소국에 취했던 것은 '자소(字小 : 작은 나라를 보살펴준다)'라고 한다.
　　한대 이후 중국 왕조에 주변 국가나 부족이 사대를 할 경우 대개 조공과 책봉의 의례가 수반되었으므로 사대(자소) 관계는 조공─책봉 관계와 혼용되기도 한다. 원래 사대와 자소는 서주(西周)시대 강·소 제후국들 간의 관계와 예적 규범을 포함하여 지칭하는 것으로서, 춘추시대 열국간의 관계도 흔히 사대(자소) 관계라고 한다. 그러나 이들 사이에 조공과 유사한 조빙(朝聘)이나 공헌(貢獻)은 있었지만 칭신에 따른 책봉의 의례는 교환되지 않았다(김한규, 「서평─이춘식, 『事大主義』(고려대 출판부, 1997, 379쪽)」, 『歷史學報』 156, 역사학회, 1997, 402쪽 참조).

286 삼국과 중국 왕조와의 상호 관계는 임기환, 「국제 관계」, 한국사연구회 편, 『새로운 한국사 길잡이』 上, 지식산업사, 2008, 154~167쪽 참조.

강약과 형세에 따라 얼마든지 변동 가능한 대상이었다. 고려는 송·요·금이 각축한 중원의 정세에 따라 유연하고 능동적인 실리實利 외교를 펼쳤으며, 명·청 교체기의 조선처럼 사대의 대상을 한 곳에 고정하려고 하지도 않았다.[288] 고려의 유연한 대외 관계는 조선과는 상이한 지적 환경 속에서 추진되었는데,[289] 한 가지 흥미로운 점은 고려시대에 대표적 화이론자로 인식되는 김부식金富軾조차 조선 후기의 척화론자와는 상당히 다른 사대관을 갖고 있었다는 사실이다. 김부식은『고려사』「인종세가仁宗世家」의 말미에 덧붙인 사론에서 금나라에 대한 인종의 사대로 인하여 변경의 근심이 없어졌다고 칭송하였다.[290] 인종에 대한 김부식의 평가는 병자호란을 전후한 척화론자들의 인식과 비교해보면 매우 큰 차이가 있다.[291] 뿐만 아니라 이전 자신에게 칭신하였던 금에 대한 사대가 아무런 거부감 없이 군주의 업적으로 칭송되어 사책史冊에 기록되었다는 점에서도 매우 큰 격절이 있었다.

그러므로 고려의 형세론적 사대관이 변화하여 대외 정책과 국내 정치에 반영되기 시작한 시기를 밝히는 것은 고려~조선의 대외관계사 및 정치사상사를 관통하는 핵심적인 주제라고 생각한다. 여말선초의

---

287 『高麗史』권137「列傳 50」辛禑 14년 5월 30일(丙戌), "左右都統使上言 (…中略…) 以小事 大 保國之道 我國家統三以來 事大以勤".

288 고려의 대외 관계 전반에 대해서는 윤용혁,「대외 관계」, 한국사연구회 편,『새로운 한국 사 길잡이』上, 지식산업사, 2008, 279~291쪽 참조.

289 노명호,「高麗時代의 多元的 天下觀과 海東天子」,『韓國史研究』105, 한국사연구회, 1999 참조.

290 『高麗史』권17「世家 17」인종 24년, "史臣金富軾贊曰 仁宗自少 多才藝 (…中略…) 及金國暴 興 排群議 上表稱臣 禮接北使甚恭 故北人 無不愛敬 詞臣應制 或指北朝爲胡狄 則矍然曰 安有臣 事大國 而慢稱如是耶 遂能世結歡盟 邊境無虞".

291 최종석,「고려후기 '자신을 夷로 간주하는 화이의식'의 탄생과 내향화─조선적 자기 정체성의 모태를 찾아서」,『민족문화연구』74, 고려대 민족문화연구원, 2017, 174~175쪽 참조.

대외 관계를 전공한 연구자들은 대부분 대외 인식과 정책이 변동되는 시점으로 성리학이 조선 사회의 지배 이념으로 정착하는 16세기 이후를 범범하게 지적하였지만,[292] 최근에는 (후술하듯이) 좀 더 구체적으로 변화의 시기와 동인을 제시한 한명기, 계승범, 최종석 등의 연구가 학계에 제출되었다.

흔히 조선 전기의 대명 관계는 정도전의 요동 정벌 시도를 포함한 명과의 갈등과 이에 대한 조선의 주체적 대응, 제천례祭天禮의 시행 등을 근거로 자주적이고 실리적實利的인 입장에서 추진되었던 것으로 이해된다.[293] 그러나 이러한 통설을 받아들인다면 고려와 조선 전기 대외 관계의 근본적 차이점이 거의 드러나지 않는다. 과연 여말선초는 대외 인식이나 대외 관계에 근본적인 변화가 없었던 시기라고 판단해도 좋을까?

현재 학계에서 조선시대의 대외 인식 및 대외 관계의 변화를 설명하는 가장 설득력 있는 견해는 한명기에 의해 체계화된 '재조지은再造之恩' 설이다.[294] 재조지은은 명이 임진왜란 당시 망해가던 조선을 다시 세워주었다고 여기는 인식이다. 선행 연구에서 한·중 관계의 결정적 변곡점으로 간략히 언급만 되었던 재조지은은, 한명기의 저서 『임진왜란과

---

292 안정희, 「朝鮮初期의 事大論」, 『歷史敎育』 64, 역사교육연구회, 1997, 22~31쪽; 도현철, 「高麗末期 士大夫의 對外觀－華夷論을 중심으로」, 『震檀學報』 86, 진단학회, 1998, 96쪽; 윤영인, 「서구학계 조공제도 이론의 중국 중심적 문화론 비판」, 『아세아연구』 109, 고려대 아세아문제연구소, 2002, 283~284쪽; 김순자, 『韓國中世 韓中關係史』, 혜안, 2007 등. 중화 인식 전환의 계기로 성리학의 도입만을 강조하는 통설에 대한 반론은 최종석, 「조선 초기 '時王之制' 논의 구조의 특징과 중화 보편의 추구」, 『朝鮮時代史學報』 52, 조선시대사학회, 2010, 28~29쪽 참조.
293 박원호, 『明初朝鮮關係史硏究』, 일조각, 2002, 288~290쪽 참조.
294 한명기, 『임진왜란과 한중관계』, 역사비평사, 1999, 407~418쪽 참조.

한중관계』(1999)에서 본격적으로 재조명되었다.[295] 이 틀에 의하면 조선 전기의 자주적이고 실리적이었던 대명 관계는 임진왜란의 명군 파병을 계기로 형성된 재조지은에 의해 크게 변화하였다. 그리고 이것이 명에 대한 의존과 부채負債 의식을 심화시킨 결과 외교의 유연한 대응을 제약하여, 결국 정묘호란과 병자호란의 참패를 야기하게 되었다는 것이다.

그렇다면, 한명기가 호란기 척화론의 동력을 재조지은과 연관하여 어떻게 설명하고 있는지 알아보자. 조선 전기의 사대론事大論은 내정 간섭 없이 건국 초기 명과의 현실적 힘의 차이를 염두에 둔 현실적 생존 논리로서 탄력적으로 작동하였다.[296] 세종 대의 '지성사대론至誠事大論'을 거쳐 명과의 관계가 안정되고 성리학 이해가 심화되면서 16세기 이후 조선의 지식인들은 종족적 화이관에 입각한 친명親明·모화慕華의 입장을 분명히 드러냈다. 이러한 분위기 속에서 당대인들은 명을 천하의 대국이자 '문명의 표준'으로 인식하였다. 조선 역시 중화의 예의와 문물을 가장 높은 수준으로 향유하고 있는 명의 정통 제후국으로 자부하였다. 이러한 자부심은 오랑캐 일본에 대한 문화적 우월의식의 바탕이 되기도 하였다.[297] 이것이 임진왜란 직전 조선의 전반적 분위기였다.

그런데, 임진왜란과 명군의 참전은 '조선의 내정에는 간섭하지 않는다'는 기존의 '조공-책봉 체제'적 원칙을 무너뜨리고 조선에 대한 명의

---

295 한명기의 연구 이전 한국사학계의 재조지은론에 대해서는 허태구, 「丁卯·丙子胡亂 전후 主和·斥和論 관련 연구의 성과와 전망」, 『사학연구』 128, 한국사학회, 2017, 191~195쪽 참조.
296 한명기, 「조선과 명의 사대 관계」, 『역사비평』 50, 역사비평사, 2000, 304~307쪽 참조.
297 한명기, 「원명 교체, 명청 교체와 한반도」, 『서울대학교 세계정치』 12, 서울대 국제문제연구소, 2009, 78~81쪽.

지배력을 높이는 결정적 계기가 되었다.[298] 이후 명은 격화되는 후금과의 갈등 속에서 재조지은을 상기시키며 조선에 적극적인 협력을 요구하였다. 인조반정에서도 나타나듯이 재조지은에 대한 태도는 정권 교체의 명분이 될 만큼 이념화되었다. 명은 반정이라는 비정상적인 수단으로 즉위한 인조를 책봉해 주는 대가로 반후금 노선에 조선의 적극적 동참을 독려하였다.[299] 내정 수습에 여력이 없었던 신생 인조 정권은 후금에 대해서 선제적 무력 도발을 자제하였으나 가도에 머물던 모문룡은 적극 지원하였는데, 이것은 정묘호란 발발의 한 계기가 되었다.[300] 정묘맹약 이후에도 재조지은 및 이와 연관된 조선의 부채 의식은 조선의 유연한 외교적 행보를 크게 제약하여 병자호란을 초래하였다.[301] 그리고, 이러한 의식은 정축화약 이후에도 북벌론北伐論, 대명의리론 등으로 변용되어 지속되었다는 것이다.

이상 그의 설명에 따르면 호란기 척화론과 경직된 대청對淸 외교는 ① 임진왜란 이전 성리학 도입과 존명·모화 의식(=화이론)의 심화, ② 명군 참전과 재조지은의 형성, ③ 인조반정과 책봉의 대가 등이 복합적으로 작용한 결과였다. 첫 번째, 두 번째 요인이 당시 조선 군신君臣·지식인 전체와 연관된 것이라면, 세 번째 요인은 인조반정의 집권 세력과 연관된 것이었다. 한명기가 두 저서를 통해 특별히 강조한 것은 두 번째, 세 번째 요인이었다. 그가 좀 더 근본적인 요인으로 본 것은 여러 논저에서 강조했듯이 역시 재조지은이라고 생각한다.

---

298 한명기, 「조선과 명의 사대 관계」, 『역사비평』 50, 역사비평사, 2000, 307~312쪽 참조.
299 한명기, 『임진왜란과 한중관계』, 역사비평사, 1999, 326~352쪽.
300 위의 책, 353~395쪽.
301 한명기, 『정묘·병자호란과 동아시아』, 푸른역사, 2009, 20·64~70·150쪽.

그의 방대한 연구 성과는 높은 평가를 받았지만, 실증과 해석의 차원에서 몇 가지 질문 또한 제기되었다.[302] 여기에서는 사견私見을 덧붙여 재조지은 체제와 관련된 한두 가지 문제를 제기해 보고자 한다. 우선, 그가 강조한 재조지은이 '선조 대 후반 이후의 한·중 관계를 규정했던 가장 근본적인 요인이었는가?'라는 문제이다. 한명기의 연구를 종합해 보면 재조지은과 봉전封典의 은혜, 즉 인조 책봉의 대가는 그야말로 국가 간 '기브앤테이크Give&Take' 차원의 채권·채무 관계인데 비해, 임진왜란 전후 여러 연구에서 언급된 이른바 존명·숭명·모화라는 용어는 아무래도 사상적 차원의 문명 의식 또는 중화적 세계관의 공유가 그 실체로 보인다.[303]

임진왜란 이후 재조지은이 척화론과 관련하여 당대 사료에 등장하는 것은 분명한 사실이다. 그는 임진왜란 이후 조선의 대외 관계가 경직된 양상을 보이는 것이 '재조지은에 보답해야 한다'는 의식이 이념화되었기 때문이라고 주장하였다.[304] 그러나 광해군 대 이후 재조지은을 언급하며 대명의리를 주장한 자들의 발언을 면밀히 살펴보면 양자의

---

302 김종원, 「서평─전근대 외교사 연구의 새로운 모색─『임진왜란과 한중관계』(한명기, 역사비평사, 1999)」, 『역사비평』 50, 역사비평사, 2000; 손승철, 「서평─한명기, 『임진왜란과 한중관계』(역사비평사, 1999)」, 『역사와 현실』 35, 한국역사연구회, 2000; 瀧澤規起, 「批評と紹介─韓明基著 壬辰倭亂と韓中關係」, 『千葉大学大学院社会文化科学研究科研究プロジェクト報告書』 37, 千葉大学大学院社会文化科学研究科, 2003; 정해은, 「서평─정묘·병자호란 연구의 새로운 지평, 그리고 남아 있는 문제─한명기, 『정묘·병자호란과 동아시아(푸른역사, 2009)』」, 『역사와 현실』 77, 한국역사연구회, 2010; 노영구, 「서평─동아시아 차원의 정묘·병자호란 이해와 새로운 출발점─한명기의 『정묘·병자호란과 동아시아』를 읽고」, 『역사비평』 90, 역사비평사, 2010.

303 조동일, 「책봉체제와 중세문명」, 『동아시아문명론』, 지식산업사, 2010; 최종석, 「중화 보편, 딜레마, 창의의 메카니즘─조선 초기 문물제도 정비 성격의 재검토」, 『조선시대 예교담론과 예제질서』, 소명출판, 2016 등 참조.

304 한명기, 『임진왜란과 한중관계』, 역사비평사, 1999, 417쪽.

선후 또는 주종 관계에 대하여 기존과 다른 해석도 가능하다.[305]

> 한 집안 사람이 싸움을 벌이면 머리를 풀어헤친 채라도 구원해야 할 의리
> (義理)가 있는 법인데, 더구나 부모가 어려움에 빠져 있는데도 어떻게 차마
> 앉아서 구경만 하고 구원하지 않을 수 있겠습니까? 삼가 생각하건대 황조
> (皇朝)는 우리나라에게 실로 부모의 나라[父母之邦]가 될 뿐만 아니라 나라
> 를 재건해 준 은혜[再造之恩]가 있습니다.[306]

위의 사료는 인조 8년(1630) 3월, 후금의 침입으로 명의 수도 북경이
위협받자 이의 구원을 주장하며 부호군副護軍 신성립申誠立이 올린 상소
문의 일부이다. 신성립은 명을 구원해야 하는 이유로 '부모지방父母之邦'
과 '재조지은再造之恩'을 차례로 언급하고 있다. 문맥상 '부모지방'은 명
과 조선과의 관계가 부모 자식 간의 천륜天倫처럼 상황에 따라 바꿀 수
없는 것임을 비유하는 단어이다. 신성립의 의견을 다시 정리해보면, 명
은 부모와 같은 존재이므로 형세를 따지지 않고 마땅히 구원해야 하는
위치에 있는데, 게다가 임진왜란 때 조선을 도와주기까지 하였으므로
더욱 도와주어야 한다는 논리이다. 여기서 재조지은은 마땅히 지켜야
만 하는 대명의리를 한층 더 확인시켜 주는 논거이다.

이원익 역시 반정 직후 인조를 접견한 자리에서 새로운 조정이 민심
의 피폐함을 감안하여 선정을 베푼다면 백성들이 군신君臣의 대의大義는
몰라도 임진년에 재조再造한 은혜에는 모두 감격하고 있기 때문에 가도

---

305 유사한 시각의 비판은 김종원, 앞의 글, 379~380쪽; 瀧澤規起, 앞의 글, pp.17~18 참조.
306 『仁祖實錄』 권22 인조 8년 3월 辛卯(11일).

의 명군을 지원하고 후금군과 대적하는 데 원망이 없을 것이라고 주장하였다.[307] 이원익의 발언 역시 자세히 살펴보면 명군에 대한 지원의 일차적인 동기는 군신의 대의에 있지 재조지은에 있지 않다는 것을 알 수 있다. 따라서 호란기 척화론의 배경이 되었던 대명의리를 파병과 이에 대한 보답 또는 부채 의식이라는 '기브앤테이크'의 관점에서 이해하는 것은 무리가 있다.

공리功利를 배척하고 의리義理를 강조하였던 조선 성리학의 인식 구조에서 보아도, 대명의리가 본질적으로 보상의 차원에서 고수된 것이라고 보기 힘들다. 양보하여 재조지은에 대한 보상적 차원에서 대명의리론 또는 척화론이 주장되었다라고 인정해도, 호란의 패배로 조선이 지불한 대가는 너무 컸다. 저자는 당시 조선의 조야朝野가 이러한 불균형을 판단하지 못할 정도로 어리석었기 때문에 척화론을 제기했다고 생각하지는 않는다. 그리고 통설의 입장을 유지한다면 이미 그 부채의 채권자인 명이 멸망한 이후에도 대명의리와 재조지은이 조선 사회에서 정치적 명분으로서 생명력을 강고하게 유지한 현상도 설명하기 어렵다.[308] 국망 직전의 순간에도 대명의리를 고수하고 재조지은을 결코 부정하지 않았던 당대인들이었지만, 동시에 그들은 '명군의 궁극적 참전 동기가 조선의 구원보다는 명의 본토 방어에 있었다'라고 명확히 인식하였다.[309]

---

307 『仁祖實錄』권1 인조 1년 3월 壬子(22일)

308 한명기, 「'再造之恩'과 조선후기 정치사―임진왜란~정조대 시기를 중심으로」, 『大東文化硏究』59, 성균관대 대동문화연구원, 2007 참조

309 『宣祖實錄』34 선조 26년 1월 戊午(3일); 『仁祖實錄』권1 인조 16년 1월 戊子(24일), "上曰 不然 我國爲倭所有 則只隔一帶水 淸國危矣 後患不可不慮 必盡力救之 壬辰之亂 天朝之來救 豈 徒爲我國乎 其勢然也".

요컨대, 재조지은과 부채의식, 임란 이전 소위 존명·숭명·모화의 사조 가운데 어느 것을 호란기 척화론의 주요 동력으로 더 주목해야 하는가라는 문제는 '재조지은이 없었더라면 명·청 교체기 조선의 선택은 얼마나 달랐을까?, 명 대신 다른 한족漢族 왕조가 성립하였더라도 조선은 대명의리를 과연 고수하였을까?'라는 사고실험思考實驗과 함께 앞으로 학계의 심도 있는 논의가 요구되는 지점이라고 생각한다.

아울러, 재조지은의 실체와 형성 과정에 대해서도 숙고해 볼 여지가 있다. 선행 연구에 의하면, 재조지은은 임진왜란을 제대로 대비하지 못한 선조와 조정 신료들이 전란 극복의 원동력으로 명군의 역할을 강조함으로써 자신들에 대한 백성들과 재야 사대부들의 반발을 무마하려는 과정에서 의도적으로 부각하였던 것으로 설명되었다.[310] 그리고 이러한 의도로 의병이나 수군의 전공은 축소되거나 무시되고 명군 파병에 기여한 호성공신扈聖功臣들의 녹훈錄勳이 더 높게 책정되었으며, 참전 명군에 대한 현창顯彰 사업이 이루어졌다고 보았다. 그리고, 명군이 벽제관 전투의 참패 이후 전투 의지를 상실한 채 일본과의 강화 협상에만 치중한 행태와 명군의 장기 주둔으로 초래된 민폐를 부각하였다. 명군 파병으로 인한 효과보다 부작용이 컸다는 점을 강조한 것이다.

그러나 이러한 해석은 선조를 비롯한 조정 신료들의 정치적 의도가 너무나 순조롭게 조선 사회에서 수용되었다는 점에서 의심해 볼 여지가 있다. 우선 녹훈 과정에서 재조지은이 과대 포장되었다고 반발하는 의병장이나 재야 사대부들의 움직임이 전혀 보이지 않는다.[311] 주지하

---

310 재조지은의 형성과 전개에 대해서는 한명기, 『임진왜란과 한중관계』, 역사비평사, 1999, 67~88쪽 참조.

다시피 의병장들 대부분이 성리학적 소양을 지닌 사림 계층이었으며, 이들은 임진왜란 이전부터 명으로 상징되는 중화문명에 대한 강렬한 지지와 열망을 평소에 품은 자들이었다.[312] 따라서 그들은 누구보다 명군의 참전을 진심으로 감격스러워하고 고마워하였을 가능성이 크다. 무엇보다도, 임진왜란 이후 조선의 정치·외교·사상에 심대하고 지속적 영향을 미친 재조지은의 형성이 선조와 집권층의 책임을 회피하기 위한 전략의 산물이라는 점도 쉽게 받아들이기 힘들다. 덧붙여, 명군이 조선에 주둔하면서 끼친 민폐에도 불구하고, 군사사적 견지에서 볼 때 명군의 파병이 임진왜란의 전세를 역전시킨 가장 결정적 요소였다는 점을 부인하기 힘들다.[313]

요컨대 저자는 재조지은을 조선 전·후기의 대외 관계를 변동시킨 가장 핵심적 동인이라고 보는 관점에 동의하기 힘들다. 즉 조선 후기의 대명의리를 지속하게 했던 것은 재조지은이라기보다, 이미 전쟁 이전에 존재하였던 조선 사회의 지적 분위기와 관련이 있다고 생각한다. 물론 재조지은이 그러한 의식을 강화·확인시키는 촉매 역할을 한 것은 분명한 사실이다.

재조지은 형성 이전 조선 사회의 변화를 고찰한 시도로 계승범의 연

---

311 임진왜란 공신 선정에 대해서는 노영구, 「공신선정과 전쟁평가를 통한 임진왜란 기억의 형성」, 『역사와 현실』 51, 한국역사연구회, 2004 참조.

312 임진왜란 의병장들의 중화 인식에 대해서는 허태구, 「金誠一 招諭 활동의 배경과 경상우도 義兵 봉기의 함의」, 『南冥學硏究』 41, 경상대 경남문화연구원 남명학구소, 2014, 41~46쪽; 계승범, 「임진왜란 초기 倡義 명분과 조선왕조의 正體性」, 『서강인문논총』 47, 서강대 인문과학연구소, 2016, 183~186쪽 참조.

313 조원래, 「明軍의 出兵과 壬亂戰局의 推移」, 『韓國史論』 22, 서울대 국사학과, 1992, 124~ 127쪽; 노영구, 「공신선정과 전쟁평가를 통한 임진왜란 기억의 형성」, 『역사와 현실』 51, 한국역사연구회, 17~18쪽 참조.

구가 주목된다. 그 역시 재조지은이 대명사대對明事大의 절대화를 촉진하였을 것이라는 점은 인정하였다. 그러나, 그는 조선 후기의 대명의리를 지속하게 했던 것은 재조지은이라기보다 전쟁 이전에 발생하였던 조선 사회의 대명인식 전환이라고 설명하였다.

그는 조선 전기 4차례에 걸쳐 이루어진 파병 논의와 중종 대 사대 의식의 질적 변화를 고찰함으로써 조선 전기 지배층이 가졌던 대명관對明觀의 변화를 밝히려고 하였다.[314] 그의 연구에 의하면, 조선은 세종 31년(1449) 명이 몽골 원정을 감행할 때, 세조 13년(1467) 명이 건주여진을 공격할 때, 성종 10년(1479)년 명이 건주여진을 재차 공격할 때, 명의 공식 파병 요청을 받았고 이에 대한 파병 논의를 전개하였다. 중종 38년(1543) 명의 한 관리가 건주여진의 정벌을 건의하면서 조선과의 공동 군사 작전을 제안한 사실이 북경에 머물던 동지사冬至使를 통해 조정에 알려졌을 때, 다시 조정에서 파병 논의가 있었다. 조선은 처음 세 차례의 경우에는 국익을 면밀하게 검토한 다음 파병을 거부하거나 동의하였지만, 마지막 경우에는 명의 공식 요청조차 없었음에도 불구하고 미리 파병을 기정사실화하였다. 그런데, 이때는 출병 반대의 움직임도 없었고 파병 여부에 따라 국익을 저울질해보는 움직임도 없었다고 한다. 즉 16세기 전반 중종 대에 이르면 모화적慕華的 화이관의 확산과 더불어 대명사대와 조선의 국익을 동일시하여 사고하는 움직임이 새로이 나타났다는 것이다. 재조지은 이전부터 대명사대의 절대화라는 경

---

314 계승범의 연구는 다음과 같다. 「파병 논의를 통해 본 조선전기 對明觀의 변화」, 『大東文化研究』 53, 성균관대 대동문화연구원, 2006; 『조선시대 해외파병과 한중관계』, 푸른역사, 2009, 89~145쪽; 『중종의 시대-조선의 유교화와 사림운동』, 역사비평사, 2014, 67~147쪽.

향이 싹 트고 있었다는 점을 논증하고자 한 것이다.

그리고 그 원인으로 ① 천자와의 특별한 관계를 통해 자신의 왕권을 확립하려고 하였던 중종의 저자세적인 대명對明 태도, ② 한족의 문화와 유교 예법을 흠모하는 소중화 의식의 확산과 내복內服 의식의 등장, ③ 주자학의 발달에 따른 배타적 화이관의 팽배, ④ 그 결과 조선陰이 명陽에 순종하는 것을 음양 관계에 기초한 천리天理로 받아들이는 새로운 태도의 등장, ⑤ 더 나아가 명나라를 부모의 나라로 여기는 인식의 확산을 지적하였다.[315] 그는 이와 같은 설명을 통해 조선 전기 대명사대 인식의 심화 원인 및 유교화의 양상에 대한 발전된 견해를 새로운 논증과 함께 제시하였다.

이후 그는 선행 연구에서는 시도되지 않은 대보단大報壇 제례에 대한 '통시대적 접근'을 통하여 조선 후기 중화론中華論의 이데올로기적 성격에 대한 구명究明을 시도하였다.[316] 그의 일련의 연구에 대한 적잖은 서평과 논평이 존재한다는 사실은 그 연구사적 의미와 반향이 결코 작지 않았다는 점을 잘 보여준다.[317] 저자는 재조지은론을 극복하려는 그의 문제의식에 충분히 공감하지만, 중종 대 사대의식 심화의 계기를 설명하며 거론한 요소와 변화의 양상에 대해서는 동의하기 힘들다. 그 이유

---

315 계승범, 「파병 논의를 통해 본 조선전기 對明觀의 변화」, 『大東文化研究』 53, 성균관대 대동문화연구원, 2006, 329~339쪽 참조.

316 계승범, 『정지된 시간-조선의 대보단과 근대의 문턱』, 서강대 출판부, 2011.

317 김호, 「조선 후기의 中華論을 어떻게 이해할 것인가-大報壇의 역사적 의의를 중심으로」, 『정치와 평론』 9, 한국정치평론학회, 2011; 이문기, 「서평-조선왕조의 사대주의와 21세기 대한민국의 국가정체성-계승범, 『조선시대 해외파병과 한중관계』(푸른역사, 2009)」, 『中國學論叢』 38, 고려대 중국학연구소, 2012; 송웅섭, 「중종 대 사대의식과 유교화의 심화-『중종의 시대』의 사대화와 유교에 대한 이해」, 『朝鮮時代史學報』 75, 조선시대사학회, 2015.

는 다음과 같다.

첫 번째로, 변화의 현상과 원인이 혼재되어 있다. ④, ⑤의 양상은 ②, ③이 원인이 되어 출현한 것이거나 ②, ③에 내재된 것으로 보는 것이 더 합리적이다. 명과 조선의 관계를 부모지간으로 설정하는 것 역시 관계의 불변함을 표현하는 당대인들의 메타포이지, 그 관계의 불변함을 존재하거나 지속하게 하는 원인 자체는 아니다. 이와 관련하여, 계승범이 언급한 논거의 희소성과 부적절함이 지적된 바 있다.[318]

두 번째로, 반정으로 즉위한 중종이 이를 승인받기 위해 즉위 초부터 저자세 외교를 펼침으로서 이후 대명 정책의 기조가 변화하였다는 주장의 사실 여부이다. 이 주장의 근거로 중종 32년(1537) 명 황제의 조서詔書를 맞이할 때의 의례가 『번국의주蕃國儀注』에 근거한 사배삼고두四拜三叩頭에서 『대명집례大明集禮』에 근거한 오배삼고두五拜三叩頭로 변화되었음이 지적되었다.[319] 그러나, 이 사안은 조선이 대명사대를 전면적으로 거부하지 않는 한 명의 사신이 결정권을 쥐고 있는 문제로서 조선이 갖고 있는 대명인식의 척도로 제시될 적절한 근거는 아니라고 생각한다. 『번국의주』 역시 명에서 고려에 하사한 대명사대의 매뉴얼이라는 점을 고려해 볼 때, 조선 신료의 문제 제기 역시 자주성의 표명보다 예적禮的 중화 질서에 입각한 보편적 의리와 명분을 추구하는 차원에서 주장된 것이다.[320] 즉위 명분이 부족했기 때문에 중종이 저자세의 대명 외교를 펼쳤

---

318 송웅섭, 위의 글, 383~385쪽 참조.
319 계승범, 「파병 논의를 통해 본 조선전기 對明觀의 변화」, 『大東文化研究』 53, 성균관대 대동문화연구원, 2006, 329~331쪽.
320 참고로, 조선 초의 군신(君臣)들은 중화 보편의 추구와 제후국 명분에 합당한 제도를 고안하기 위해 자발적으로 많은 노력을 기울였다. 영조의(迎詔儀)·고두례(叩頭禮)와 관련된 조·명 간의 갈등을 자주·사대의 관점이 아니라 복수의 '시왕지제(時王之制)'들 가운

다는 설명도, 그 이전 단종의 자리를 찬탈한 세조가 여진의 이중수직二重受職 문제를 놓고 명과 갈등하였음을 놓고 볼 때 직접적인 인과 관계를 설정하기 힘들다.[321]

세 번째로, 파병 문제로 조선 지배층의 대명관을 살펴보려고 한 방법론이다. 군사 문제가 한 나라의 대외 정책이 구현되는 결정적인 지점이라는 데는 동의한다. 그러나, 바로 이러한 점을 고려해 볼 때 앞서 든 네 가지의 파병 사례와 정묘·병자호란기의 주화·척화 여부가 동일한 차원과 성격의 군사 문제인지 의문이다. 전자와 후자는 조선이 파병을 거부하거나 화친을 처음부터 맺었을 경우 명이 받을 수 있는 피해의 규모가 달랐다. 특히, 후자의 경우는 조선이 적과 싸우지 않고 화친을 맺는 행위 자체가 후금을 도와줘 결과적으로 명에게 큰 타격을 가하는 구조라는 점, 나아가 대명 관계의 단절까지 의미한다는 점에서 사대의 명분과 의리에 크게 저촉되는 사안이었다.

네 번째로, 과연 '중종 대 이후 조선의 분위기가 대명사대와 조선의 국익을 동일시하는 것으로 변했는가?'라는 근본적 의문을 제기하지 않을 수 없다. 조선 전·후기 내내 성리학 이해가 심화되거나 중화·사대 인식이 심화되었지만, 이것이 명에 대한 무조건적인 종속을 초래하지는 않았다. 『조선왕조실록』을 살펴보면 명明의 정치·제도·학술·인심에 대한 비판이 명의 문물 전반에 대한 동경과 칭찬만큼이나 많이 기

데 어떤 것을 선택하는지를 놓고 벌어진 양국의 길항(拮抗)으로 해석한 연구도 있다(최종석, 「鞠躬인가 五拜三叩頭인가?-조서를 맞이하는 예식을 둘러싼 조선과 명 사신 간의 갈등에 관한 탐색」, 『韓國文化』 83, 2018, 서울대 규장각한국학연구원, 257~261쪽).

321 세조 대 조선과 명의 갈등은 한성주, 「朝鮮初期 朝·明 二重受職女眞人의 兩屬問題」, 『朝鮮時代史學報』 40, 조선시대사학회, 2007, 18~25쪽 참조.

록되어 있다.[322]

임진왜란 이후 정치·외교와 같은 측면에서 대명 종속성이 심화되었다고 보는 계승범의 견해에도 동의하기 힘들다.[323] 전쟁의 계기로 명의 영향력이 강화된 것은 부인할 수 없는 사실이지만,[324] 전후 맥락을 고려해 볼 때 이러한 현상을 종속적이고 맹목적 사대 인식의 산물로 간주하기보다 명의 파병이라는 특수한 상황이 초래한 비정상적 결과로 보는 것이 더 타당하다. 조선과 명의 사대·자소 또는 조공·책봉 관계는 분명 예제상의 상하위계적 성격을 갖고 있었지만, 명의 이해나 지시가 아무런 제한 없이 관철되는 것은 현실에서뿐만 아니라 그 원리상으로도 성립하기 어려웠다.[325] 양국의 관계는 힘의 강약뿐만이 아니라 의리·명분이 함께 상호작용하는 구조였기 때문이다.

임진왜란 이전 사대론事大論의 성격 및 본질과 관련하여 주목할 인물은 16세기 사림의 거두이자 성리학의 종장宗匠이었던 율곡栗谷 이이李珥이다.[326] 그는 『기자실기箕子實記』를 저술하여 조선과 중국의 문명적 동

---

322 비판의 대상에는 심지어 明太祖 朱元璋도 포함되어 있었다(『宣祖實錄』 권6 선조 5년 12월 辛未(19일), "上曰 高皇帝不取孟子 其意必有所在 對曰 高皇帝警齊王抑人君處 至欲撤孟子從祀 之板 令侍衛士 有敢諫者輒射 直臣錢瑭披胸受矢 高帝以良藥調治 一月得差 孟子位版得不撤 只令 刪削數處 太宗以燕王取國不義 四書三經 令儒臣刪小語 而孟子之刪處還完矣").

323 최근 계승범은 16세기 초중반의 한·중 관계를 정치·외교적 측면의 순응성과 사상·문화적 측면의 비순응성으로 나누어 설명함으로써 기존의 논지를 보완하였다. 계승범, 「16세기 초중반 한중 관계의 이념성과 중층성」, 『東洋史學硏究』 140, 동양사학회, 2017.

324 한명기, 『임진왜란과 한중관계』, 역사비평사, 1999, 31~67쪽; 계승범, 「임진왜란 중 조명 관계의 실상과 조공책봉 관계의 본질」, 『韓國史學史學報』 26, 한국사학사학회, 2012

325 권선홍, 「유교문명권의 국제 관계-책봉제도를 중심으로」, 『韓國政治外交史論叢』 31-2, 한국정치외교사학회, 2010, 120~126쪽; 권선홍, 「유교의 예(禮)규범에서 본 전통시대 동아시아 국제 관계」, 『韓國政治外交史論叢』 35-2, 한국정치외교사학회, 2014, 156~160쪽 참조.

326 이이의 사대관에 대해서는 주로 권선홍, 「유교문명권의 국제 관계-책봉제도를 중심으로」, (『韓國政治外交史論叢』 31-2, 한국정치외교사학회, 2010, 124~125쪽)를 참조하여 서술하였다.

질 의식을 표방한 당대의 대표적 중화주의자였다. 뿐만 아니라, 역대의 사대의례事大儀禮와 예악문물禮樂文物을 근거로 조선이 명목상 외국이지만 제齊·노魯와 같은 내복內服과 다름없다고 하였다. 아울러, 조선은 이해 득실을 고려하지 말고 어떤 상황 속에서도 지성至誠과 의리義理로써 명에 대한 사대를 지속해야 한다고 주장하였다. 그러나, 그가 주장한 '지성사대至誠事大'는 명을 위해 조선의 국익을 말살하거나 일치시키는 맹목적 사대는 결코 아니었다. 번국의 도리로서 요양 지역의 기민饑民을 구제하자는 일각의 주장에 대해 이이는 망설임 없이 조선의 국익을 선택하였다.

국경은 한계가 있고 정치는 서로 관여하지 않으니, 중국의 유민(流民)은 중국이 마땅히 진휼해야 한다. (조선의) 창고 곡식은 유한하고 (중국의) 유민은 무한하니 어찌 능히 다 지급할 수 있겠는가? (…중략…) 어찌 헛된 은혜를 좇아 스스로 나라를 병들게 할 것인가?[327]

위의 사례에서 알 수 있듯이, 대개의 경우 이이에게 명에 대한 사대와 조선의 국익은 결코 모순적으로 충돌하는 것이 아니었다. 이이가 주장한 사대의 예禮란 성심껏 부지런히 조공의 의례를 행하고 각자 자국의 영토를 지키고 백성을 편안케 하자는 내용이었기 때문이다.[328] 이상의 사실로 미루어 볼 때, 조선은 명나라와의 외교 현장에서 사대

---

327 李珥, 『栗谷全書 拾遺』 권5 雜著 「時弊七條策」.
328 권선홍, 「유교문명권의 국제 관계 – 책봉제도를 중심으로」, 『韓國政治外交史論叢』 31–2, 한국정치외교사학회, 2010, 125쪽.

관계 또는 제후국이라는 명분 때문에 일방적으로 자국의 국익을 포기한 것이 아니라, 이러한 틀을 십분 고려·이용하면서 조선의 국익을 추구하였다고 보아야 한다.[329] 따라서 호란기 척화론자들이 주장한 '나라가 망해도 명에 대한 의리는 고수해야 한다'라는 식의 언설言說은 또 다른 차원에서 해명될 필요가 있다.

한국사의 대외 인식이 변화하는 시점을 논하기 위해서는 선행 연구에서 과도기로 치부되어 간과하였던 여말선초에 좀 더 주목하여야 한다. 왜냐하면 이 시기야말로 대외 인식이란 측면에서 명과 조선 쌍방에 중대한 변화가 감지되는 시점이기 때문이다. 결론부터 미리 말하자면, 특히 조선 측의 중화 인식에 대한 질적 전환이 이후의 한·중 관계를 다른 시기와 구별되게 하는 가장 중요한 동인이라고 생각한다.

몽골족이 건국한 원元은 강력한 군사력을 바탕으로 한 세계제국을 구축함으로써, 역설적으로 역대 한족 왕조가 추구하려고 그토록 애썼던 '천하가 곧 중국'이라는 중화 질서의 이념을 현실에서 가장 가깝게 구현한 왕조가 되었다.[330] 이로써 원과 고려의 관계도 이전 형식상으로만 설정된 조공-책봉 관계와 달리 원의 의사가 고려 내정에 상당한 정도로 관철되는 구조로 변하여 약 100여 년 동안 지속되었다. 고려는 '원 간섭기'라 통칭되는 이 기간 동안 원으로부터의 정치적 간섭과 경제적 침탈을 당하여 국내의 정치·사회·경제적 모순이 심화되었음에도 불구하고, 원과의 교류를 통해 성리학·화약·목면·과학지식 등을 능동적으로

---

329 이런 관점에서 볼 때, 흔히 부정적 측면만 부각되는 임진왜란기 대명 외교에 대해서도 그 성과와 한계를 공정하게 재평가할 필요가 있다.

330 윤영인, 「몽골 이전 동아시아의 다원적 국제 관계」, 『만주연구』 3, 만주학회, 2005, 58쪽.

받아들임으로써 이후의 역사 발전과 문화 창달의 계기를 마련하였다.[331]

명은 '북쪽 오랑캐胡虜를 내쫓고 중화中華를 회복시킨다'는 기치 아래 원을 몽골 초원으로 몰아내고, 당 이후 명실상부하게 중원을 통일한 최초의 한족 왕조가 되었다. 명 태조 주원장朱元璋은 건국 직후 두발·복식·언어 등에 깊게 스며든 몽골 풍습을 일소하여 중화제국의 진정한 부흥을 추구하는 한편, 공민왕 18년(1369)과 19년(1370) 두 차례에 걸쳐 『원사元史』를 편찬하여 이민족 왕조인 원을 정통 왕조로 인정하였다.[332] 주원장은 『원사』 편찬을 통해 북원이 존재하였음에도 불구하고 원의 공식 멸망을 선언하고, 명이 원을 계승한 정통임을 주장하였다. 이로써 명은 원이 지배했던 영역에 대한 권리를 주장할 수 있는 근거를 마련하게 된 것이다.

그러나 명은 원과 같이 광범위한 영역의 실질적 지배를 관철할 군사력을 보유하지 못했다. 명은 공민왕 17년(1368) 북경을 점령하고 건국을 선언하였다. 그러나 상도上都에는 북경에서 쫓겨난 원 조정의 세력이, 섬서성陜西省과 감숙성甘肅省 일대에는 코케 테무르擴廓帖木兒가 이끄는 원군의 주력 부대가, 요동에는 나하추納哈出를 비롯한 원의 유장遺將들이 세력을 유지하고 있는 상황이었다.[333]

명은 군사력을 통한 지배의 연장을 꾀하는 대신 조공-책봉 관계의 확대를 통해 중화질서의 이념과 현실의 격차를 줄이는 전래의 방법을

---

331 원 간섭기 고려에 대해서는 장동익, 「려·원 관계의 전개」, 『한국사 20 - 고려 후기의 사회와 대외 관계』, 국사편찬위원회, 1994, 263~306쪽 참조.

332 『元史』 편찬을 둘러싼 논란과 편찬의 정치적 함의는 이성규, 「中華帝國의 팽창과 축소 - 그 이념과 실제」, 『歷史學報』 186, 역사학회, 2005, 119~128쪽 참조.

333 명 건국 직후의 주변 정세에 대해서는 박원호, 『한국사 22 - 조선왕조의 성립과 대외 관계』, 국사편찬위원회, 1995, 253~256쪽 참조.

사용하였다.[334] 책봉과 조공이라는 의례를 통해 관념적 지배를 확대하고자 한 것이다. 이로써 명은 천자가 중화와 이적의 구분 없이 천하를 지배한다는 이념을 관철시킬 수 있었다. 조공-책봉 관계의 확대와 더불어, 예제적 측면에서 바라본 명대 대외 정책의 가장 큰 특징은 명 내부의 내신內臣에게 행하는 예제를 확장하여 외신外臣인 수봉국受封國에게도 동일하게 적용하려고 시도한 점이다.[335] 이는 양국이 직접 대면하는 빈례賓禮에만 관심을 보이고 제후국 내부에서 어떠한 방식의 예제를 시행하는지에 대해 거의 무관심하였던 이전의 중국 왕조와는 상당히 다른 지향을 보인 것이다. 명은 예제의 확장을 통해 제후국에 대한 천자의 관념적 지배를 이전보다 격상시키려고 하였는데, 예제의 확장은 중화의 예교禮敎 질서가 제후국에 시행됨을 의미하였다. 이것은 또한 원과 달리 실질적 지배의 영역이 축소된 명의 상황을 역설적으로 반영하는 것이기도 하였다.

이러한 예제 확장의 지향을 보여주는 대표적 사례는 명의 황제가 제후국의 산천山川에 직접 제사지내려고 한 시도이다.[336] 공민왕 18년(1369) 5월 고려가 예부 상서 홍상재洪尙載를 파견하여 명 태조 홍무제의 즉위를 축하하며 복속의 의사를 표하였다. 주원장은 즉시 공민왕을 고려국왕으로 책봉하면서 고려 지배하의 산천이 자신들의 영역 내職方에 들어온 것으

---

334 명 초기 대외 팽창의 시도와 좌절은 단죠 히로시, 한종수 역, 『영락제-화이질서의 완성』, 아이필드, 2017, 214~263쪽 참조.

335 岩井茂樹, 「明代中國の禮制覇權主義と東アジア秩序」, 『東洋文化』 85, 東洋文化學會, 2005 참조.

336 이하 주원장의 치제 시도에 대해서는 최종석, 「여말선초 명(明)의 예제(禮制)와 지방 성황제(城隍祭) 재편」(『역사와 현실』 72, 한국역사연구회, 2009, 215~227쪽)에 의거하여 서술하였다.

로 간주하여 치제致祭를 시도하였다.[337] 홍무제가 파견한 조천궁朝天宮 도
사道士 서사호徐師昊는 공민왕 19년(1370) 4월 고려에 도착하여 도성 남쪽
에 산천단山川壇을 설치하고, 5월 정유일에는 수산首山인 대화옥신大華嶽神
을 비롯한 여러 산신山神, 수수首水인 대남해신大南海臣을 비롯한 여러 수신
首臣에게 치제하였다. 이같은 시도는 고려뿐만 아니라 안남安南, 점성占城
에도 동일하게 시행되었는데,[338] 이보다 앞서 명은 공민왕 18년(1369) 12
월에 안남의 산山 21개, 강江 6개, 수水 6개와 고려의 산 3개와 수 4개를
명의 사전祀典에 등재하는 조치를 취하였다.[339] 이러한 조치들은 홍무제
자신의 토로대로 전례 없는 것이었다.[340]

이 외에도 명은 고려가 자신의 행정 단위가 아니었음에도 불구하고,
자국 내의 과거정식科學程式을 적용하였다.[341] 이 사례는 원대의 전례를
적용한 것으로서, 원대 과거 시행에 있어 고려인은 이전처럼 외국인으
로 간주되어 빈공과賓貢科에 응시한 것이 아니라 정동행성征東行省에 속
한 민民으로 간주되어 향시鄕試를 보았기 때문이다.[342] 명은 고려와의
문서 교환에도 자국의 관서官署끼리 주고받는 행정문서식인 자문咨文을
사용하게 하였는데, 이 역시 원대에 고려 국왕이 정동행성의 승상丞相

---

337 『高麗史』 권42 「世家 42」 공민왕 19년 4월 庚辰(22일), "朕賴天地祖宗眷祐位於臣民之上郊
　　廟社稷以及岳鎭海瀆之祭不敢不恭. 邇者高麗遺使 奉表稱臣 朕已封其王 爲高麗國王 則其國之境
　　內山川 卽歸職方 考諸古典天子望祭 雖無不通 然未聞行實禮達其敬者".
338 『明太祖實錄』 권48 洪武 3년 1월 庚子(10일), "遣使往安南高麗占城 祀其國山川".
339 『明太祖實錄』 권47 洪武 2년 12월 壬午(21일).
340 『高麗史』 권42 「世家 42」 공민왕 19년 4월 庚辰(22일).
341 명은 안남, 점성 등에게도 고려와 동일한 과거정식을 반포하였다(『明太祖實錄』 권52 洪武
　　3년 5월(己亥). 명이 고려에 반포한 과거 정식은 『高麗史』 권42 「世家 42」 공민왕 19년
　　6월 辛巳(24일)조에 남아 있다.
342 『元史』 권81 選擧1 「科目」.

으로서 원의 관서와 교환하였던 문서 형식을 답습한 것이었다.[343] 원대 고려국왕은 책봉국 군주로서의 위상에 의거하여 원의 관서나 관원 개인에게 '치서致書'라 호칭된 서식의 문서도 사용하였지만, 명대에 들어서자 '인신무외교人臣無外交'의 원칙에 따라 사교私交가 엄격히 금지됨으로써 이 문서식은 소멸되었다.

고려와 그 뒤를 이은 조선은 이러한 명의 요구를 적극 수용함으로써 명과의 관계를 안정시키는 데 효과를 보았다고 평가할 수 있다. 그러나 고려, 특히 조선이 명의 예제를 수용한 것은 단지 명과의 긴장 완화를 의식한 데서 기인한 것만은 아니었다. 이것은 사실상 명의 간섭이나 확인이 미치지 않는 범위의 예제를 조선 스스로 개편하려고 노력한 다양한 시도에서 확인 가능하다.[344]

조선을 개국한 신진 사대부들은 명을 중심으로 하는 중화 질서 속에 제후국으로서 조선의 위치를 자각하면서,[345] 조선의 예제禮制와 문물文物을 중화의 기준에 맞추어 개편하려고 자발적으로 노력하였다. 이들에게 예제는 중화 질서 편입의 중요한 기준이었기 때문이다. 이들은 중화문명의 표준으로 인식되었던 명의 예제와 문물을 선별하여 조선 사회에 적용함으로써 중화의 이상을 조선 땅에서 실현하여 조선을 문자

---

343 정동훈, 「高麗-明 外交文書 書式과 왕래방식의 성립과 배경」, 서울대 석사논문, 2009, 32~33쪽.

344 최종석, 「중화 보편, 딜레마, 창의 메커니즘-조선 초기 문물제도 정비 성격의 재검토」, 『조선시대 예교담론과 예제질서』, 소명출판, 2016, 306~309쪽 참조.

345 『고려사』 편찬 과정에서 고려 제왕(諸王)의 역사를 본기(本紀)가 아닌 세가(世家)로 편입한 것은 이러한 의식을 반영하는 대표적인 사례이다. 고려사 편찬에 따른 난제(難題)와 창의성에 대해서는 최종석, 「『고려사』 세가 편목 설정의 문화사적 함의 탐색」, 『韓國史硏究』 159, 한국사연구회, 2012 참조.

그대로 '동쪽의 주나라東周'로 만들고자 노력하였다.[346] 조선이 명의 예제와 문물을 받아들이려고 한 시도는 명의 압력이나 권고를 의식한 것이라기보다는 중화문명을 적극적으로 이해하고 보편으로 수용한 결과였다. 따라서 이러한 현상의 원인을 명에 대한 정치적, 문화적 예속의 심화로 단정할 수 없다. 이것은 근본적으로 명으로 상징되는 중화문명에 대한 조선인들의 인식, 즉 중화 인식이 질적으로 변화하기 시작했기 때문이다.[347] 다시 말해 중화의 예교禮敎 질서가 조선에서 고려보다 훨씬 더 철저하게 구현될 수 있었던 것은, 명의 이른바 '예제패권주의禮制覇權主義'에 의하여 강제되었기 때문이 아니라 조선 사회 내부에 이러한 중화의 예교 질서를 보편적이고 당위적인 것으로 간주하려는 광범위한 인식이 형성되고 있었기 때문이다.

고려 말 이전의 사대와 중화 문물의 수용에 따른 예제 개편이 당대인들에게 목적이 아닌 수단으로서 받아들여진 데 비해,[348] 여말선초 이후의 사람들에게 예제의 개편은 보편적 중화 질서 속에서 제후국인 자신들의 명분, 즉 분의分義를 결정하는 중요한 작업이었다. 이것은 굴욕적

---

346 鄭道傳, 『三峰集』권7 「朝鮮經國典 上」 「國號」, "蓋以武王之命箕子者 命殿下 名旣正矣 言旣順矣 箕子陳武王以洪範 推衍其義 作八條之敎 施之國中 政化盛行 風俗之美 朝鮮之名 聞於天下後世者如此 今旣襲朝鮮之美號 則箕子之善政亦在所當講焉 嗚呼 天子之德無愧於周武 殿下之德亦豈有愧於箕子哉 將見洪範之學 八條之敎 復行於今日也 孔子曰 吾其爲東周乎 豈欺我哉".

347 최종석, 「고려후기 '자신을 夷로 간주하는 화이의식'의 탄생과 내향화－조선적 자기 정체성의 모태를 찾아서」, 『민족문화연구』74, 고려대 민족문화연구소, 2017; 최종석, 「13~15세기 천하질서하에서 고려와 조선의 국가 정체성」, 『역사비평』121, 역사비평사, 2017 참조.

348 고려에서 가장 화이론적 시각을 가진 성종조차 황제국 제도를 적극 도입했는데, 박재우는 이 현상이 왕과 황제의 차이에 대한 고려 화이론자들의 이해가 깊지 못한 데서 기인하였음을 지적하였다. 박재우, 「고려 君主의 국제적 위상」, 『韓國史學報』20, 고려사학회, 2005, 53~55쪽 참조.

인 것으로 여겨지지도 않았고, 명과 상관없이 반드시 추진해야 하는 올바른 일로 여겨졌을 것이다. 아울러 예제 개편 및 그것의 함의가 성리학을 사상적 토대로 하는 당시 신진 사대부들의 인식론적·사상적 지향에 부합하였을 것임도 염두에 두어야 한다.[349]

이러한 중화 인식의 질적 전환은 대명 관계를 비롯한 조선의 대외 관계에 많은 변화를 가져다주었다. 이를 한마디로 요약하자면 명분名分을 의식한 실리實利의 포기가 아니라, 명분도 의식한 실리의 추구라고 할 수 있다. 제후국으로서의 자각과 예제 개편은 대외 관계에서 추구될 수밖에 없는 국익을 말살시켜버린 것이 아니라, 그 추구가 명분에 의해 정당화될 수 있는 것인지 확인받는 절차를 거쳐 시행되었다고 할 수 있다. 이와 관련된 조선 전기 대외 관계의 중요한 특징은 다음과 같다.

첫 번째로 조선이 제후국로서의 위상을 엄밀하게 의식함에 따라 명으로부터 받는 책봉의 의미도 고려시대와는 비교할 수 없을 정도로 중요시되었다.[350] 물론 이것은 원 간섭기의 경험이 작용한 잔영으로 볼 수도 있지만, 책봉의 이념적 정당성에 동의한 조선 사대부들의 인식 변화를 제쳐 두고는 제대로 이해할 수 없는 현상이다.[351]

---

349 최종석, 「여말선초 명(明)의 예제(禮制)와 지방 성황제(城隍祭) 재편」, 『역사와 현실』 72, 한국역사연구회, 2009, 227~230쪽; 최종석, 「조선 초기 '時王之制' 논의 구조의 특징과 중화 보편의 추구」, 『朝鮮時代史學報』 52, 조선시대사학회, 2010, 26~29쪽 참조. 이와 유사한 맥락에서 자주·사대의 이분법을 탈피하여 세종 대 문물 제도 정비의 성격을 재고찰한 연구로는 문중양, 「세종대 과학기술의 '자주성', 다시보기」, 『歷史學報』 189, 역사학회, 2006, 39~72쪽 참조.

350 고려는 대외 관계에 있어 책봉에 그리 집착하지 않았다. 이는 책봉국이 한족 왕조인 경우에도 다르지 않아서, 12세기 초반에 송은 요나라를 치기 위해 두 차례나 먼저 고려에게 책봉을 제안하였지만, 고려는 이를 모두 거부하였다. 고려 왕권의 정통성에 중국 왕조의 책봉은 별다른 의미가 없는 것이었다. 윤영인, 「몽골 이전 동아시아의 다원적 국제 관계」, 『만주연구』 3, 만주학회, 2005, 55쪽 참조.

두 번째로 여진이나 일본과의 교린을 유지하면서도, 제후국으로서의 위상을 자각한 점이다. '인신무외교'의 원칙에서 볼 때, 조선과 일본 그리고 조선과 여진의 사사로운 교린은 성립할 수 없는 개념이지만, 3자의 이해와 필요에 의해 지속되었고 명은 이 관계를 묵인하다시피 하였다. 흥미로운 점은 조선이 이들과의 교린 시 관직을 주고 신례臣禮를 받는 등 소중화 또는 소천하의 이념을 철저히 관철하려고 하면서도, 흠차관欽差官이 아닌 경차관敬差官의 파견을 통해 명 중심의 중화 질서 속에 자신의 예제적 위치 또한 예민하게 인식하였다는 사실이다.[352]

한편, 임진왜란의 발발은 명에 대한 사대와 대명의리를 불변의 진리이자 당위로 인식하는 조선 사대부들의 신념을 더욱 강화시키는 계기가 되었다. 임진왜란 이후 대명사대나 대명의리는 어느 붕당이나 개인을 막론하고 반드시 준수해야 하는 절대적 기준으로 자리 잡았다. 널리 알려진 바와 같이 광해군 대 명에 대한 원병 파견을 둘러싸고 벌어진 군신 간의 갈등과 광해군의 정치적 고립은 이러한 현상을 반영하는 좋은 사례이다.[353] 광해군 11년(1619) 3월 심하 전투를 전후한 시기에 붕당을 초월한 대부분의 신료들은 명에 대한 지원을 주장하였으며, 광해

---

351 조선 왕권의 정통성과 책봉의 관계에 대해서는 권선홍, 「유교의 예(禮) 규범에서 본 전통시대 동아시아국제 관계」, 『韓國政治外交史論叢』 35-2, 한국정치외교사학회, 2014, 156~157쪽; 조동일, 『동아시아문명론』, 지식산업사, 2010, 196~246쪽 참조.

352 흠차관은 명의 황제가 조선에 파견하는 환관(宦官)의 공식 직함 등을 통칭하는 말인데, 이를 원용하여 조선은 경차관을 대마도에 파견하였다고 한다(정다함, 「朝鮮初期 野人과 對馬島에 대한 藩籬·藩屏 認識의 형성과 敬差官의 파견」, 『東方學志』 141, 연세대 국학연구원, 2008, 258~261쪽). 이와 비슷하게 대일 외교 현장에서 조선은 명을 의식하여 인신(印信)이 아닌 도서(圖書)라 칭해진 인감을 사용하였다(木村 拓, 「十五世紀朝鮮王朝の對日本外交圖書使用の意味─冊封關係の接點の探究」, 『朝鮮學報』 191, 조선학회, 2004, 60~62쪽).

353 한명기, 『임진왜란과 한중관계』, 역사비평사, 1999, 292~301쪽; 계승범, 「광해군대 말엽(1621~1622) 외교노선 논쟁의 실제와 그 성격」, 『歷史學報』 193, 역사학회, 2007, 15~31쪽.

군의 뜻에 동조한 신료들은 윤휘^{尹暉}, 황중윤^{黃中允}, 임연^{任兗} 등 극소수에 불과하였다.[354] 다음 사료에서 보이듯이 광해군 정권의 핵심이라고 할 수 있는 이이첨^{李爾瞻}조차도 대명의리의 고수를 주장하면서 후금과의 화친을 반대하였다.

> 사신(史臣)은 논한다. 심하도다! 이이첨의 간사함이여! 예전에 폐모(廢母)하자는 의견은 죄가 인륜과 기강에 관계되어 악명(惡名)이 돌아가게 되자, 이첨이 실제로는 힘껏 그것을 주장하면서도 공의(公議)에 용납되지 못할 줄 스스로 알고 담당하지 않았다. 몰래 삼사(三司)를 사주하여 대궐에 엎드려 연달아 소장(疏章)을 올리게 하고 신료들을 협박하여 여러 달 동안 정청(廷請)[355]하도록 하여 반드시 (국모를) 폐하고야 말았으니 마치 그 논의가 자기에게서 나오지 않은 것처럼 하였다. 그런데 오늘날 화친을 공박하는 설은 언사도 바르고 의리도 정당하여 아름다운 이름[美名]이 돌아가게 되자, 화친의 논의가 부당하게 넘쳐서 상하가 다 찬동하여 절대 깨뜨릴 수 없는 데도 불구하고 이첨은 팔을 걷어붙이며 앞장 서 홀로 항의의 상소를 올리면서 (후금) 사신의 목을 베고 서신을 불태울 것을 청하는 데까지 이르렀으니, 사람의 간특함이 여기까지 미친단 말인가?[356]

---

354 『光海君日記』권127 광해군 10년 윤4월 甲申(26일), "王以徵兵入送便否 命議二品之上 備邊司請出命牌 會議封入【是時 王不欲應徵兵之擧 屢教備局 使之搪吞遠廣各衙門 而廟堂執不從 乃有廣收庭議之命 二品以上之啓 合口同請 雖以元兇之奸佞 亦知大義之不可犯 而獨尹暉首倡不當送之論 黃中允趙纘韓李偉卿任兗之徒 探媚王意 至以變詐狂悖之言 公然獻議 終致己未之役 送譯通虜 兩帥投降】".

355 신료들이 궁궐 뜰에 나아가 모여 국가 중대사에 대해 건의하는 일.

356 『光海君日記』권142 광해군 11년 7월 丙申(15일)

『광해군일기』의 사관史官은 이이첨의 척화론은 아름다운 이름美名을 훔치려고 했기 때문이라고 비난하였다. 이 대목에서 주목해야 할 것은 '이이첨 개인이 대명의리를 실제 지키려고 하였는가?'라는 문제보다, 후금에 대한 척화의 행위가 당대 조선 사회에서 아름다운 이름을 얻을 수 있게 했던 구조 자체이다.

상황이 이러하였기 때문에 양차의 호란 당시 주화론을 주장한 자들의 정치적 입지는 지극히 좁았다. '국가와 백성의 보전 대對 대명의리의 준수'라는 구도에서 보면 전자를 현실 또는 이해, 후자를 명분 또는 의리로 연결하여 이해할 수 있겠지만, 개인의 차원에서 본다면 주화론을 선제적·공개적으로 제기하는 것은 상당한 정치적 비난과 부담을 감내해야만 하는 행위였다. 당대 조선의 정치 현장에서 척화론은 결코 헛된 명분에 불과한 것이 아닌 강력한 정치적 파워를 가진 담론이었다. 따라서 척화론은 척화론자의 진정성 여부를 떠나 그 개인의 차원에서 보았을 때는 자신의 명예와 정치적 실익實益을 보장하는 수단이 될 수도 있었다. 현종 대 좌의정 허적許積이 삼학사의 사당 건립과 관련된 논의 중에 호란기의 척화론을 "그 당시에 나라의 이해利害를 돌보지 않고 다만 야단스럽게 다투어 과격한 일에만 힘썼습니다. 그 가운데 비록 절의節義를 지킨 사람이 있기는 하였습니다만, 대부분은 분위기에 휩쓸린 논의였습니다"라고 평한 데에는 이러한 맥락이 내재해 있었다.[357]

위에서 인용한 이이첨의 기사에서도 보이듯이 당대 조선 사회에서 척화는 '폐모'만큼이나 한 개인의 정치적 행적을 공격하고 평가하는 기

---

357 『顯宗實錄』권15 현종 9년 7월 甲子(27일). 척화론과 관련된 호명(好名) 풍조에 대해서는 김용흠, 『朝鮮後期 政治史 硏究 I – 仁祖代 政治論의 分化와 變通論』, 혜안, 2006, 256쪽 참조.

준이었다. 따라서 특정인에게 주화론자라는 낙인을 찍는 것은 정적政敵
을 제거하기 위한 효과적 수단이 되기도 하였다. 물론 그 공격의 대상
을 선정하는 데에는 당파성이 개입되는 경우도 있었다. 일례로, 병자호
란 종전 후 최명길 집권기에 주화론자에 대한 공격은 최명길보다 도체
찰사로 남한산성에서 전쟁을 총지휘한 김류와 강도 검찰사였던 그의
아들 김경징에게 집중된 감이 없지 않다.[358] 반면 송시열은 「삼학사전三
學士傳」에서 최명길을 매우 부정적으로 묘사했지만,[359] 병자호란 직전부
터 최명길 못지않게 주화론을 견지하였던 김류에게는 신도비문神道碑文
까지 써주며 그 명문銘文에서 '권도에 통달하였다[達權]'라는 후한 평가
를 내렸다.[360] 아울러 최명길은 김류와 달리 끝내 인조의 묘정廟庭에 배
향配享되지 못하였다.

이와 같이 대명의리에 대한 절대적 공감대가 형성되어 있었기 때문
에, 자연스레 후금과의 화친은 물론이고 교섭 자체도 금기시될 수밖에
없었다. 후금과의 교섭을 통해 군사적 긴장을 완화시키려 했던 광해군
의 의지는 신료들의 비협조로 관철되기 어려운 상황 아래 있었다. 광해
군 13년(1621) 9월 후금에 차관差官으로 파견되었던 만포 첨사 정충신

---

358 종전 직후 김류·김경징 부자에 대한 정치적 공격은 허태구, 「丙子胡亂 江華島 함락의
   원인과 책임자 처벌―金慶徵 패전책임론의 재검토를 중심으로」,『震檀學報』113, 진단학
   회, 2011, 112~118쪽 참조;『仁祖實錄』권35 인조 15년 7월 癸酉(7일), "上謂鳴吉曰 人皆
   以兪伯曾之疏爲直言 然其中亦不無私意 金自點金慶徵 罪無異同 而只言慶徵之罪 且以尹昉之不
   斬慶徵爲罪 予竊疑之".
359 宋時烈,『宋子大全』권213「三學士傳」. 송시열의 「삼학사전」 저술 의도에 대해서는 김일
   환, 「고난의 역사를 기억하기―三學士傳과 三學士碑를 중심으로」,『한국문학연구』26,
   동국대 한국문학연구소, 2003, 59~69쪽 참조.
360 宋時烈,『宋子大全』권160「昇平府院君金公神道碑銘 幷序」, "危急之際 始專軍國 征謀治法 公
   豈不力 敵强勢去 事無奈何 君父之急 曷顧其他 效死之義 匪公不知 達權圖存 先正稱之".

의 경우, 만약 이번 사행이 명나라에 통보되지 않는다면 비록 만 번 죽음을 당한다 하더라도 국왕의 명령을 이행할 수 없다고 공언할 정도였다.[361] 명나라 몰래 후금과 통교하는 것은 비록 국왕의 명령이 있었다 하더라도 훗날 천하의 비난을 면치 못하는 행위였기 때문이다.[362] 광해군 14년(1622) 9월 후금에 발송되었던 국서 역시, 여기에 서명하지 않으려는 신료들의 반발로 미완의 상태로 수개월 간 발송이 보류되기까지 하였다. 서명을 거부한 인물 중에는 인조반정 직후 광해군의 측근으로 간주되어 정충신에 의해 살해되었던 박엽朴燁도 포함되어 있었다.[363]

이러한 분위기는 정묘호란 때 작성된 「인조교서」에서도 확인된다.[364] 인조는 강화도로 피난을 완료한 뒤 교서를 반포하여, 불리한 전황을 전국에 알리면서 대소 신민臣民의 적극적 참전을 독려하였다. 홍명형洪命亨이 작성한 이 교서는 전반부에는 국왕의 책임을 강조하는 내용을 담고 있었다. 다음 제시된 사료는 이때 작성된 교서의 중반부이다.

내가 덕이 없어 큰 난리를 만나 부득불 태왕(太王)이 양산(梁山)을 넘었던 일[365]을 따라 잠시 흉봉을 피하려고, 이에 종묘 사직(의 신주)과 자전(慈殿

---

361 계승범, 「조선 특사의 後金 방문과 明秩序의 균열」, 『한중 관계 2000년 – 동행과 공유의 역사』, 소나무, 2008, 229쪽.

362 『光海君日記』 권169 광해군 13년 9월 戊申(10일), "忠信卽上疏曰 (…中略…) 伏願聖明 亟將送臣偵探之意 敷奏天庭 又言於毛文龍 使他日得免天下煩舌 則豈但使臣之幸 實國家之幸也".

363 『光海君日記』 권178 광해군 14년 6월 己丑(25일), "備邊司祕啓曰 胡書之答 朴燁辭之 睦長欽 又辭之 繼此而出者 誰不欲辭之 人人辭之 則畢竟無可定之日 如不可已 則無寧假作姓名書塡 使不得控辭之爲愈也 答曰 以李譚啓下 以譚名書塡 此後陳疏 勿爲捧入【譚, 時爲禮曹正郎】".

364 「인조교서」의 분석을 통하여 당대의 척화론과 대명의리에 대한 보편적 지지와 공감을 확인한 최근 논문으로는 허태구, 「「인조교서(仁祖教書)」와 척화(斥和)의 시대」, 『나의 자료 읽기, 나의 역사 쓰기』, 경인문화사, 2017 참조.

365 주 문왕(周文王)의 할아버지 태왕(太王), 즉 고공단보(古公亶父)는 적인(狄人)의 침입을

: 인목대비)을 받들고 강도(江都)로 왔다. 도성 사람들이 도로에 넘어지고 온갖 일이 질서를 잃어 팔도가 진동하였으니, 마음이 아프고 낯이 뜨거움은 물론 그 죄가 실로 나에게 있는데 무슨 말을 하겠는가? 적이 안주(安州)를 통과한 이후부터 차인(差人)이 호서(胡書)를 여러 차례 보내와 우호를 통하자고 요구하고 있다. 개돼지 같은 그들의 말을 비록 믿을 수 없지만 우리가 임기응변하여 잠시 전쟁의 화를 완화시키는 계책으로 삼는 것은 부득이한데, 오랑캐의 마음은 헤아릴 수가 없어 심지어 천조(天朝 : 명나라)를 거절하라는 말을 하였다. 군신(君臣)은 하늘과 땅 같아 대의(大義)가 분명하니, 나라가 멸망하더라도 이 제안을 감히 따를 수 없다.[366] (강조는 인용자)

위의 사료에서 강조된 부분은, 대명의리 또는 대명사대에 대한 인조의 절대적이고 당위적 지지를 담고 있다. 여기에서 놓치지 말아야 할 것은 이러한 내용보다, 바로 이 교서가 작성된 시점이다. 이와 같은 메시지가 전쟁 직후 성난 민심을 달래기 위한 국왕의 자책自責 교서에 실렸다는 점에 근거하여 당대의 주류적 심성과 사유가 무엇이었는지 역으로 추정해 볼 수 있다고 단언한다면 무리일까? 대명의리와 척화는 결코 인조반정 주도 세력만의 지향이 아닌 당시 조선 사대부 전체가 공유하는 이념이자 가치였다는 점을 이 사례를 통하여 다시 한번 확인할 수 있다.

위와 같은 정황을 종합적으로 고려해 볼 때, 주화·척화의 논쟁이 당

받아 당시 수도인 빈(豳) 지역을 버리고 양산(梁山)을 넘어 기산(岐山) 아래에 도읍을 정하였다.(한국고전번역원 한국고전종합DB 각주정보 참조)

[366] 『仁祖實錄』 권15 인조 5년 2월 辛丑(4일).

론黨論과 무관하게 제기되었다는 『당의통략黨議通略』의 지적은 당대의 분위기를 정확히 반영한 것이라고 생각한다.[367] 따라서 당대 조선 사대부들의 가장 보편적인 정서를 자극하는 폐모살제廢母殺弟와 배명친후금背明親後金 외교가 인조반정의 명분으로 제기된 것은 결코 우연이 아니다.[368] 인조반정은 정치적 명분으로서 대명의리의 폭발적 위력을 확인시켜 준 대표적 사건이었다. 따라서 인조 대에 발각된 이인거와 심기원의 역모 사건에서 (역모의 사실 여부와 상관없이) 대명의리가 거병擧兵의 명분으로 등장한 것도 자연스레 이해하게 될 것이다.[369]

이와 관련하여 정묘·병자호란 당시 척화론을 끝까지 견지하였던 주체가 인조반정을 일으킨 서인계 공신功臣 집단이 아니었다는 점도 주목된다. 인조와 당시의 집권 세력은 척화론의 입장에 서 있다가[370] 전황이 점점 불리해질수록 주화론에 기우는 양상을 반복하였다. 남한산

---

367 오수창, 「인조 仁祖代 政治勢力의 動向」, 『개정판 조선시대 정치사의 재조명』, 태학사, 2003, 124쪽; 李建昌, 『黨議通略』 「仁祖朝」, "當時朝議 如元宗追崇 及講和斥和之議 雖有異同 不擊西南 故幷不載".

368 계승범, 「계해정변(인조반정)의 명분과 그 인식의 변화」, 『南溟學硏究』, 경상대 경남문화연구원 남명학연구소, 2008,, 443~453쪽 참조.

369 『仁祖實錄』 권17 인조 5년 10월 甲午(1일), "原州牧使洪霶馳啓曰 本月二十六日 臣隨監司崔晛 來到橫城縣 縣居前判擭李仁居來見監司曰 吾欲陳疏云 監司曰 所欲陳者何事 仁居曰 朝廷與奴賊相和 欲起義兵 直向京城 請斬主和奸臣一人頭 仍西下討賊云"; 『仁祖實錄』 권45 인조 22년 3월 己酉(21일), "上變人黃瀷供曰 (…中略…) 十九日更往 則李元老先往 器遠令臣及元老來前曰 天時人事一至於此 將如之何 臣答以何以知之 良久復曰 (…中略…) 丙子以後得罪天下 吾每恥之 爲傾家財 辦銀數千餘兩 募得力士 推心見誠 區區所願 專在扶植綱常 頃者世子出來時 非不欲脅上傳位 而雖奉世子 亦知無可爲 玆不果爲之矣".

370 『仁祖實錄』 권15 인조 5년 2월 丁未(10일), "嗚吉曰 我國自前朝立事金宋 欲不稱臣 其可得乎 維山 國雖亡 豈以不義圖存乎"; 『仁祖實錄』 권15 인조 5년 2월 庚申(23일), "都承旨洪瑞鳳亦上秘箚 請絶和議 相機擊賊 答曰 省箚具悉 箚辭當議處焉"; 『仁祖實錄』 권34 인조 15년 1월 癸亥(23일), "侍講院說書兪棨上疏曰 (…中略…) 殿下必欲盡送前後斥和之人 則大小臣僚 何所取舍 臣於前歲入侍筵席 屢聞領相金瑬斥和之言 以爲信使不可送滿國不當書 以此觀之 則瑬亦斥和之一也 殿下獨不記之耶" 등.

성의 농성 말기에 접어들자 비변사에 포진한 인조반정의 공신 세력들은 인조에게 더 이상 버틸 여력이 없음을 상기시키며 출성 항복을 집단적으로 건의하였다.[371] 오히려 강경한 척화론을 끝까지 주장한 이들은 주로 삼사의 (연소한) 언관이나 전·현직의 하급 관료, 재야의 유생들이었다. 대명의리에 대한 사회 전반의 광범위한 공감과 절대적 지지가 전제되지 않았다면, 재조지은 또한 조선 후기 정치사의 흐름 속에서 정권 교체나 왕권 강화를 위한 논리로 활용되기는 어려웠을 것이다.[372]

이상에서 정리된 내용을 바탕으로 좀 더 첨언하고 싶은 두 가지 문제는 다음과 같다. 첫 번째, 여말선초 중화 인식의 질적 전환을 인정한다면 선행 연구에서 강조되었던 조선 전기의 자주적이고 유연한 외교 노선은 어떻게 설명되어야 할 것인가? 결국 이 문제는 중화 인식의 질적 전환 속에 조선의 국익이 관철될 수 있는 구조는 무엇이었는가라는 질문으로 귀결된다. 두 번째, 조선 사회 전반의 대명의리나 대명사대에 대한 절대적이고 보편적 지지를 어떻게 해석해야 할 것인가? 앞서 보았듯이 양차의 호란 전후로 제기된 척화론은 결코 전쟁의 승리를 자신하거나 명의 지원이나 문책을 의식하여 제기된 것이 아니었다. 또한 척화론이 임진왜란 때의 재조지은에 대한 부채 의식 때문에 전적으로 제기된 것이라고 보기도 어렵다. 따라서 이러한 현상을 명에 대한 사대주의나 청에 대한 민족의 투쟁이란 시각에서 바라본다면[373] 척화론의 본

---

371 『仁祖實錄』 권34 인조 15년 1월 丙寅(26일)

372 재조지은이 조선 후기 정치사에서 활용·지속되는 양상은 한명기, 「'再造之恩'과 조선후기 정치사―임진왜란~정조 대 시기를 중심으로」, 『大東文化硏究』 59, 성균관대 대동문화연구원, 2007 참조.

373 광해군과 삼학사에 대한 긍정적인 이미지가 모순 없이 공존하는 학계와 대중의 분위기는 여기에서 기인한 것이라고 생각한다.

질을 이해할 수 없다.

이러한 이분법적 시각을 탈피하기 위해서는, 당대인들의 대명인식에 두 가지 차원의 인식이 혼재되어 있음을 간파하고 이것을 분리하여 살펴볼 필요가 있다. 그 가운데 하나는 특정 국가로서 명明에 대한 인식이고 다른 하나는 보편 문명인 중화中華를 상징하는 명明에 대한 인식이다. 선행 연구에서는 흔히 인조 22년(1644) 명이 멸망한 이후 이른바 '조선중화주의朝鮮中華主義'가 발생·형성되는 과정에서 후자가 분리·출현한 것으로 이해하였다.[374] 그러나 명에 대한 이 두 가지 인식은 명·청 교체기 이전부터 이미 조선인들의 의식 속에 존재하고 있었으며, 이러한 틀속에서 명과의 관계도 유지되고 있었다고 생각한다. 결론을 미리 말하자면 중화 인식의 질적 전환 내지 심화는 특정 정치체로서 명明에 대한 무조건적 예속을 억제하는 논리를 자체에 내장했다고 생각한다. 이 때문에 선행 연구에서 부각되었던 조선 전기 대외 관계의 자율적 양상이 존재하였던 것이다. 이와 더불어 조선은 중화 인식이 심화됨에 따라 명

---

[374] 유봉학, 『燕巖 一派 北學思想 硏究』, 일지사, 1995, 57~63쪽; 정옥자, 『조선후기 조선중화사상연구』, 일지사, 1998, 14~19쪽.
저자는 기본적으로 이른바 조선중화주의와 연관된 현상을 민족자존이나 왕권강화보다 보편문명의 추구라는 관점에서 재해석하려는 입장이다. 조선중화주의를 중화계승의식으로 명명하여야 한다는 문제 제기도 있었다(허태용, 『조선후기 중화론과 역사 인식』, 아카넷, 2009, 22~24쪽). 그러나 조선중화주의의 본질과 관련하여 그동안 더 간과되었던 중요한 문제는 당대 조선인이 과연 중화의 적통 또는 정통을 계승하려고 하였는지, 그리고 그 내용에 왕통(王統)이 포함되었는지의 여부라고 생각한다.
왕원주의 고찰에 따르면, 새로운 황제국을 세우려는 의식을 가진 당대인들은 매우 드물었다(왕원주, 「조선 후기 북벌대의론의 변화와 영향―'조선중화주의'에 대한 시론」, 『사회과학논집』 40-1, 연세대 사회과학연구소, 2009, 24~27쪽). 그러나, 저자는 이러한 현상이 (1644년에 이미 망한) 현실의 명나라를 의식했기 때문이라는 왕원주의 주장에는 동의하지 **않는다. 이것은 후술하듯이 예적 질서 속에서 제후국의 명분을 자발적이고 당위적으로 인식하면서 보편 중화를 추구한 당대 조선인의 의식에서 초래된 것이라고 생각한다.**

나라에 정치·외교·사상적으로 예속된 것이 아니라, 보편 문명으로서 중화의 기준을 가지고 명나라를 상대화하여 비판할 수 있는 단계까지 이르게 되었다. 따라서 조선 전기와 임진왜란을 거치면서 심화된 중화 인식은 특정 국가로서의 명에 대한 맹목적 종속을 초래하지 않았다.

이미 여러 선행 연구에서 지적된 바 있듯이, 명의 정치·제도·학술·인심을 비판하는 당대 조선인의 기록은 명에 대한 긍정적 서술만큼이나 어렵지 않게 찾을 수 있다.[375] 이러한 기록이 중화문명의 가치에 대한 전면적 부정이나 자주독립의 선언을 의미하는 것은 물론 아니다. 선조 7년(1574)년의 북경 사행에서 질정관質正官 조헌趙憲이 중화문명에 대한 뜨거운 동경을 표출함과 동시에 중화의 이상과 괴리된 명의 현실에 분노를 표출한 사례에서도 알 수 있듯이,[376] 이와 같은 현상은 명이라는 특정 국가를 조선인이 체득한 중화문명의 기준에 의해 비판한 결과라고 보는 것이 더 합리적이다. 조선은 예제를 비롯한 명의 문물과 제도를 자발적으로 이식하려고 많은 노력을 기울였지만, 명에서 유행하고 명나라 사람들이 추천하는 것이라 해도 양명학처럼 자신들이 설정한 중화문명의 기준에 맞지 않는 것은 완강히 거부하였다.[377]

제후국의 분의分義(명분) 못지않게 황제국의 분의도 양국의 관계를 규

---

375 특정 국가로서 명(明)의 현실에 대한 조선인의 비판적 시선은 오항녕, 「17세기 서인산림의 사상—김장생·김상헌을 중심으로」, 『역사와 현실』 8, 한국역사연구회, 1992, 52쪽; 조영록, 「朝鮮의 小中華觀—明淸交替期 東亞三國의 天下觀의 變化를 中心으로」, 『歷史學報』 149, 역사학회, 1996, 116~117쪽; 우경섭, 『조선중화주의의 성립과 동아시아』, 유니스토리, 2013, 33~35쪽 등 참조.

376 大馬進, 권인용·심경호·정태섭·하정식·홍성구 역, 「만력 2년 조선사절의 '중화'국 비판」, 『연행사와 통신사』, 신서원, 2008 참조.

377 윤남한, 『朝鮮時代의 陽明學 硏究』, 집문당, 1982, 177~180쪽 참조.

범적으로 또는 실질적으로 규정하였으며, 독자의 강역과 인구를 다스리는 외번外藩 제후의 통치권은 침해받지 않는 것이라고 당대인들은 생각하였다.[378] 이러한 관점에서 보아야만, 재조지은의 형성기인 임진왜란 당시 발생한 조·명 양국의 수많은 외교 현안과 갈등,[379] 천자가 책봉한 조선의 국왕을 다름 아닌 철저한 중화 이념의 소지자로 알려진 이른바 '순정純正 성리학자性理學者'들이 반정을 통하여 축출한 사실 또한 모순 없이 이해할 수 있게 된다. 요컨대, 중화문명의 상징으로서의 명이 보편이라면 특정 국가로서의 명은 특수가 된다고 할 수 있으며, 보편의 틀 안에서 특수를 비판하는 것은 얼마든지 가능하였다. 따라서, 호란기의 척화론 역시 명이라는 특정 국가에 대한 맹목적 종속 또는 국제 정세에 대한 오판에서 기인한 결과라기보다는, 명이 상징하는 중화문명에 대한 가치를 당대의 조선의 군신君臣과 지식인 전체가 공유하였기 때문이라고 보아야 합리적이다.[380]

---

378 최종석, 「조선 초기 국가 위상과 '聲敎自由'」, 『韓國史硏究』 162, 한국사연구회, 2013, 19~23쪽 참조.

379 예를 들어, 재조지은의 가장 큰 수혜자인 선조조차 명의 강화(講和) 추진에 앞장서 반발하였던 일을 상기해보자.

380 당대 조선인이 중화를 보편적 문명으로 수용하고 고수하려 했다는 것에 대한 추가적 설명을 덧붙이면 다음과 같다. 지금 우리가 수용한 보편 문명이나 그것에 수반된 가치라고 한다면, 불교·기독교·이슬람 등의 세계 종교나 서구에서 기원한 자유주의·민주주의·인권·환경·남녀평등과 같은 것들을 거론할 수 있다. 이글의 주제와 관련하여 한 가지 예를 상상해보자. 건전한 상식을 가진 대한민국의 외교관이라면, 본인이 특정 세계 종교를 독실하게 믿는 신자라 하더라도 자신이 그 종교의 발상 국가에 주재원으로 파견되었을 때, 우리나라의 국익을 깡그리 무시하고 주재국의 국익을 위해 봉사해야 한다고는 상상조차하지 않을 것이며 내면에 갈등을 느끼지도 않을 것이다.

특정 국가로서의 명과 중화 보편 문명을 상징하는 명의 차이는, 유럽과 미국 등지에서 그들 문화와 문명의 뿌리로서 고대 그리스·로마가 수용되는 방식과도 유사한 점이 있다. 구미인(歐美人)들에게 고대 그리스와 로마의 역사·문화는 현재의 주권국가인 그리스와 이탈리아만의 것으로 협소하게 인식되지는 않을 것이다. 이와 유사하게, 당대 조선 병자호란의 강화 협상은 현대인과 다른 당대인들의 심성과 지향을 잘 보여주는 사례이다. 남한산성 농성시 강화 협상의 쟁점이 되었던 것은 영토의 할양이나 전쟁 배상금 등의 사안이 아니라 국서國書의 형식과 항복의 절차 등이었다. 대청 체제의 수립을 조선으로부터 확인받으려고 한 청은 ① 칭신을 표기한 조선의 국서, ② 척화신의 압송, ③ 국왕 인조의 출성 항복을 강화 협상 타결의 전제 조건으로 제시하고 조선을 집요하게 압박하였다. 이러한 모두 행위가 명과의 사대 관계 단절을 의미한다는 것이 너무나 명백하였기 때문에, 척화론자들의 반발은 정묘호란 당시와는 비교할 수 없을 정도로 격렬하였다. 김류와 최명길을 비롯한 극소수의 주화론자들이 국가와 백성의 안녕을 위하여 이 전제 조건을 부득이 받아들이자는 입장인 데 비하여, 김상헌과 정온을 비롯한 다수의 척화론자들은 격렬하게 반발하였다. 그렇다고 이들이 청을 물리칠 뚜렷한 군사적 대안은 갖고 있었던 것은 결코 아니었다.

강화 협상 과정의 검토를 통해 새로이 부각되는 사실은 칭신을 표기하는 국서의 형식에 대한 조선 군신君臣의 태도이다. 이들은 고립무원의 절대적 열세 속에서도 대명의리 또는 대명사대를 상징하는 의례를

인이 보편으로서 수용한 중화문명 역시 중국문화와 구별하여 이해할 필요가 있다. 우리가 공자나 소크라테스를 떠 올릴 때 그들의 국적을 따지지 않듯이 말이다.

다만 현재 우리에게는 중화문명을 중국문화와 분리하여 이해하기 어려운 현실적이고 역사적인 몇 가지 이유가 존재한다. 첫 번째는 주권 침탈의 경험에서 초래된 트라우마 및 조선시대 전통과의 단절이다. 두 번째, 유럽은 로마제국의 붕괴 이후 재통일되지 못하였는데 비해, 중국은 진·한의 통일 이후 약간의 분열기가 있었지만 곧 하나의 거대한 정치체로 통합되어 면면히 존속해 왔다. 게다가 현대 중국의 위상은 지금의 주권 국가인 그리스나 이탈리아와 크게 다르다. 세 번째 유럽 각국은 대부분 로마제국에서 기원했지만, 조선은 중국에 속했던 적이 한 번도 없다. 이와 같이 유럽인이나 미국인들이 고대 그리스·로마문명을 자기 문화와 전통의 한 기원으로 바라보는 데 큰 심적 장애가 없는 상황과는 분명히 큰 차이가 있다.

결코 포기하려 하지 않았다. 이것이 바로 몽골을 상대했던 13세기의 고려와 청을 상대했던 17세기 조선의 선명한 차이를 드러내는 지점이라고 생각한다. 이러한 상반된 태도는 양자가 가진 가치관과 정체성에 기인한다고 보는 것이 자연스러울 것이며, 따라서 이들이 구현했던 대외 관계의 양상이 달랐던 것도 당연하다고 할 수 있겠다. 현대의 연구자들이 고려와 조선시대 대외 관계의 성격을 명확히 구분하듯이,[381] 당대인들도 그들의 대명사대가 통일신라나 고려의 사대와는 다른 성격이라고 믿었다.[382]

김상헌의 사례에서 보았듯이, 당대인들에게 인질·세폐·할지割地보다 훨씬 더 중요한 가치는 군신지의君臣之義를 상징하는 국서의 형식이었고, 이때의 군신지의는 대명의리를 의미하였다. 척화론자들이 진정 우려하였던 것은, 명의 문죄問罪나 보복이라기보다는 대명의리의 포기가 의미하는 윤리와 문명의 붕괴였으며, 천하 사람들과 후대인의 평가였다.[383] 이러한 점을 고려해 볼 때, '북벌의 첫 번째 의리第─義가 명을 위한 복수보다는 춘추대의春秋大義의 고수에 있다고 송시열이 생각했다'는 제

---

381 윤용혁, 「대외 관계」, 한국사연구회 편, 『새로운 한국사길잡이』상, 지식산업사, 2008; 한명기, 「교류와 전쟁」, 위의 책.

382 『仁祖實錄』권34 인조 15년 1월 己未(19일), "吏曹參判鄭蘊上箚曰 (…中略…) 嗚呼 我國之 於中朝 非如麗季之於金元 父子之恩 其可忘乎 君臣之義 其可背乎".

383 『仁祖實錄』권33 仁祖 14년 10월 丁丑(6일), "玉堂 (…中略…) 仍上箚曰 (…中略…) 噫 我國 之於天朝 名分素定 非若羅麗之事唐宋也 壬辰之役 微天朝則不能復國 至今君臣上下 相保而不爲 魚者 其誰之力也 今雖不幸而大禍迫至, 猶當有殞而無二也 不然 將何以有辭於天下後世乎";『仁 祖實錄』권39 인조 17년 12월 戊申(26일), "前判書金尙憲上疏曰 (…中略…) 自古無不死之 人 亦無不亡之國 死可忍從 逆不可爲也 有敗於殿下者曰 人有助宼讐攻父母 殿下必命有司治之 其人雖善辭以自解 殿下必加以王法 此天下之通道也 今之謀者以爲 禮義不足守 臣未暇據禮義以 辨 雖以利害論之 徒畏强隣一朝之暴 不懼天子六師之移 非遠計也 (…中略…) 人皆以 彼勢方强 不從必有禍 臣以爲 名義至重 犯之必有殃 與其負義而終不免危亡 曷若守正而竢命於天乎".

자 권상하權尙夏의 회고는 매우 시사적이다.[384] 국망 직전에서 대명의리를 부정한 조선의 군신은, 이제 다양한 모색과 실천을 통해 화이華夷가 전도된 현실을 견디고 화이가 제 자리로 돌아오는 그날을 기다리며 삶을 지속해야만 하였다. 그 탈출구 가운데 하나는 사史였고, 다른 하나는 예禮였다. 명·청 교체 이후 조선 중화주의의 실천이 대개 이 두 측면과 연관된 것은 바로 이러한 맥락을 반영한 것이라 생각한다.[385]

제3장의 1절과 3절에서 보았듯이, 척화론의 논의 구조에서 명明이라는 특정 국가의 압력이나 시선을 고려하는 것은 부차적인 문제였다. 따라서, 이들에게 주화·척화의 문제는 외교적 진로의 선택이 아닌 문명과 야만, 인간과 짐승을 택하는 실존적 결단의 문제였다. 외교적 현안에 대한 강경론(=매파)과 온건론(=비둘기파)의 대립은 동서고금의 보편적 현상이지만, 대개의 경우 그 본질이 국가의 안전 또는 국익의 추구를 과연 어떻게 할 것인가를 놓고 벌어진 노선의 대립이라는 점에서 조선의 주화·척화 논쟁과는 큰 차이가 있다.

이러한 맥락에서 본다면 '대명의리의 고수를 위해서는 국가가 망해도 어쩔 수 없다'는 류의 발언도 이해의 실마리를 얻게 된다. 무력적 타개를 포함한 여타의 대안이 없는 상황 아래 국가의 존속을 위해 주화론자의 의견대로 화친 이외에 다른 선택지는 없었다. 그러나 양차의 호란 당시 척화론자들이 목숨을 걸고 지키고자 했던 것은 조선이라는 국가

---

384 宋時烈, 『宋子大全』 부록 권19 「記述雜錄─尹鳳九」, "鳳九曰 聞淸愼春諸先生 皆以大明復讎爲大義 而尤翁則加一節 以爲春秋大義 夷狄而不得入於中國 禽獸而不得倫於人類 爲第一義 爲明復讎 爲第二義 然否 曰 老先生之意 正如是矣".

385 조선 후기 대보단 의례 등의 정비와 『존주휘편(尊周彙編)』류의 역사서 편찬 등에 대해서는 정옥자, 앞의 책, 66~183쪽; 허태용, 앞의 책, 194~214쪽 참조.

라기보다 (명이라는 특정 국가도 아닌) 명으로 상징되는 중화라는 보편 문명이었다. 정묘호란 당시 이귀에게 국國은 오랑캐와의 화친을 통해서라도 보존해야 하는 것이었다면,[386] 장유에게 불의不義로 보존된 국國은 차라리 없느니만 못한 것이었다.[387] 명말 청초의 대표적인 반청反淸 지식인 중의 하나였던 청의 고염무顧炎武(1613~1682)는 『일지록日知錄』에서 망국亡國과 망천하亡天下를 구분하고 망천하에는 벼슬하지 않은 필부匹夫의 책임이 있음을 지적한 바 있다.[388] 척화론자들의 발언과 고염무의 발언을 연결하여 생각해 본다면, 척화론자들에게 국國이란 그것이 중화문명의 가치를 담지하고 실천하고 있었을 때에만 유의미했던 것으로 보인다.[389]

남한산성 농성 당시 강화 협상에 임한 조선의 군신이 끝까지 고민하였던 문제는 실질적 항복의 여부라기보다, 예禮를 통해 구현되는 항복의 형식이었다. 대다수 조선인의 입장에서 볼 때 대명의리라는 대의大義와 칭신을 표기한 국서의 형식 등은 결코 분리될 수 없었다. 척화론자와 비슷한 심성은 종교 상징을 대하는 현대의 종교인들에게서도 여전히 찾아볼 수 있다. 종교 상징을 통한 종교 의례의 실천은 독실한 믿음을 가진 해당 종교인에게 단순한 예배 절차라기보다 자신의 존재 이유 및 삶의 가치와도 직결되는 문제이다.[390] 따라서 믿음이 없는 이들에게

---

386 『仁祖實錄』권15 인조 5년 2월 丁未(10일) 아홉 번째 기사, "貴曰 不和則亡 何爲此言".
387 『仁祖實錄』권15 인조 5년 2월 丁未(10일) 네 번째 기사, "維曰 國雖亡 豈以不義圖存乎".
388 顧炎武, 『日知錄』권13 風俗 「正始」, "有亡國 有亡天下 亡國與亡天下奚辨 易姓改號 爲之亡國 仁義充塞 而至於率獸食人 人將相食 爲之亡天下 (…中略…) 是故知保天下 然後知保其國 保國者 其君其臣 肉食者謀之 保天下者 匹夫之賤 與有焉耳矣".
389 저자와 비슷한 맥락의 지적은 이미 권선홍 등이 제기한 바 있다. 권선홍, 『전통시대 중국의 대외 관계』, 부산외대 출판부, 1999, 87쪽.
390 조현범, 「종교의례는 왜 행해지나」, 한국종교연구회 편, 『종교 다시 읽기―소장학자들이

는 아무런 의미가 없는 종교 상징의 훼손이 그들에게는 엄청난 모욕으로 해석되어 폭력 사태를 초래하기도 한다. 종교의 역사를 훑어보면, 순교자殉教者와 배교자背教者를 구분할 때 성상聖像이나 성화聖畫와 같은 종교 상징이 동원되었던 것도 이와 같은 맥락 때문이다. 유사한 현상으로 특정 종교와 연관된 여성 가림 복장의 고수 또는 한말韓末 단발령에 대한 반발 등을 거론할 수 있다. 요컨대, 저자는 17세기 조선의 척화론자들이 명에 대한 맹목적·의존적 의식 때문에 국제 정세를 오판했다고 이해하기보다, 이들의 발언과 행위를 순교자적 맥락에서 재고찰하는 것이 당대의 실상에 좀 더 가깝게 이해하는 접근이라고 생각한다.[391]

아울러 척화론이나 대명의리론이 저항의 양상이라는 측면에서는 근대민족주의와 유사하지만 저항의 지향이라는 측면에서는 상당히 달랐다는 사실도 유념하여야 한다. 청 태종 앞에서 "나는 대명조선국大明朝鮮國의 누신纍臣(옥에 갇힌 신하) 홍익한이다"라고 당당히 외치며 죽음을 택하였다고 알려진 홍익한을[392] 신채호申采浩가 고안한 자주와 사대라는 이분법을 투사하여 민족주의자나 사대주의자로 규정한다면, 이 평가는 역사성의 상실을 대가로 얻은 허상虛像에 지나지 않을 것이다. 이러한 점은 척화론과 대명의리의 정신을 계승한 송시열에 대한 이해에도 동일하게 적용된다.[393]

이야기로 풀어쓴 에세이 종교학』, 청년사, 1999; 이욱, 「성상과 우상」, 위의 책.

[391] 당대 조선인의 심성에는 현대인의 종교적 믿음 또는 보편 가치에 대한 신념과 구별되는 측면도 당연히 존재한다. 그것은 최종석의 지적대로 조선시대 사람들이 어디까지나 예적 질서 속에서 제후국의 명분을 의식하였으며, 종족적으로나 지리적으로 오랑캐(夷)임을 자각하면서 중화의 보편 문명을 딜레마 속에 추구했다는 점이다.

[392] 『仁祖實錄』 권34 仁祖 15년 3월 甲辰(5일).

[393] 송시열에 대한 학계의 상반된 이해에 대해서는 우경섭, 「宋時烈의 世道政治思想 硏究」, 서울대 박사논문, 2005, 1~8쪽 참조.

이와 같은 점을 고려해야만, 중화문명에 대한 수용 양상이 조선과 달랐던 베트남과 일본이 명·청 교체 전후에 보인 (조선과 비교해 볼 때) 상대적으로 무덤덤하거나 실리實利 추구적인 반응을 우열의 시각에서가 아니라 당대의 비교사적 맥락에서 온전히 설명할 수 있게 될 것이다.[394] 아울러 청군의 북경 점령은 별다른 저항 없이 맞이하던 명의 유민遺民들이, 이후의 치발령薙髮令 시행에는 강력하게 저항했던 사실도 이해하게 될 것이다.[395] 청이 만약 치발을 조선에 강요했다면, 그 저항의 강도는 훨씬 더 격렬하고 지속적이었을 것이라고 생각한다.

우리는 흔히 1637년의 출성 항복과 1644년의 북경 함락을 명·청 교체와 화이華夷 질서의 변동이란 차원에서 이해하지만, 당대인들이 받아들인 보편 문명으로서의 중화中華의 위상은 조선 내에서 전혀 동요되지 않았다. 중화문명에 대한 조선시대 사람들의 믿음과 가치 부여는 전혀 흔들리지 않았던 것이다. 외교상의 의례와 대상은 비록 한족 왕조인 명에서 만주족 왕조인 청으로 전환되었지만, 양국 간의 관계를 규정하는 이념·수사·외교 절차의 본질적 변화는 없었다. 두 개의 대명인식이란 관점에서 보면, 단지 현실의 중국 왕조만 교체되었을 뿐이다. 청 역시 만·몽·한의 요소를 복합적으로 갖고 있는 제국이었지만, 중화문명을 부정하기보다 계승하여 적극적으로 통치에 활용하였다.[396] 이

---

394 유인선, 『베트남과 그 이웃 중국』, 창작과비평사, 2012, 228~233쪽; 로널드 토비, 허은주 역, 『일본 근세의 '쇄국'이라는 외교』, 창해, 2013, 160~164쪽 참조.
395 石橋崇雄, 홍성구 역, 『대청제국 1616~1799－100만의 만주족은 어떻게 1억의 한족을 지배하였을까?』, 휴머니스트, 2009, 145~149쪽.
396 패멀라 카일 크로슬리, 양휘웅 역, 『만주족의 역사─변방의 민족에서 청 제국의 건설자가 되다』, 돌베개, 2013, 160~164쪽; 마크 C. 엘리엇, 이훈·김선민 역, 『만주족의 청제국』, 푸른역사, 2009, 70~78쪽 참조.

러한 맥락에서 보아야만, 1907년 고종 퇴위에 이르러서야 공식 폐지된 대보단 제례의 시행도 새로운 해석의 계기를 마련하게 될 것이다.[397]

이 책은 이상과 같이 조선인들의 중화 인식이 전환된 결과, 당대인들의 대명對明인식 속에 '두 개의 대명인식' —①특정 국가로서의 명明에 대한 인식, ②보편적 중화문명을 상징하는 명明에 대한 인식— 이 존재함을 척화론과 대명의리론이 제기되는 맥락을 통해 시론적으로 입증해 보았다.[398] 이러한 가설을 정밀한 논증 아래 조선시대의 대명·대청 관계 전반에 적용시켜 본다면, 기존의 자주와 사대라는 이분법으로 명확히 설명되지 않았던 많은 현상 —조선중화주의, 북벌과 북학, 대보단·만동묘萬東廟 제례, 종계변무宗系辨誣, 한말 위정척사파衛正斥邪派의 대외관 변동— 들이 '두 개의 대명인식' 또는 '두 개의 대청인식'이라는 틀 안에서 새로이 설명될 수 있을 것이라고 기대한다.

---

397 영조의 발언에 근거하여 조선 왕권과의 연관성 속에서 대명의리의 강고한 지속을 설명하려는 고전적인 해석(계승범,『정지된 시간-조선의 대보단과 근대의 문턱』, 서강대 출판부, 2011, 133쪽 등;『英祖實錄』권40 영조 11년 3월 신미(1일) "上引見大臣備堂 左議政徐命均以日寒請寢皇壇親祭 上曰 予欲行臣禮於皇壇 使諸臣知君臣之義耳")은 결과와 원인을 혼동한 순환론적인 설명이라고 생각한다. 조선 후기 국내의 군신 질서가 대명의리를 통해서 담보된다면, 이전의 한·중 관계에서는 왜 이런 현상이 나타나지 않았는지 그리고 어떻게 그것이 가능했는지부터 먼저 설명되어야 한다.

398 대명의리의 성격 규정 또는 중화 인식과 관련하여, 조선시대의 대명인식을 저자와 유사한 취지에서 두 개의 차원으로 나누어 이해해야 한다는 취지의 주장은 여러 연구자에 의해 꾸준히 제기되어 왔다(배우성,『조선과 중화-조선이 꿈꾸고 상상한 세계와 문명』, 돌베개, 2014; 김영식,『중국과 조선, 그리고 중화』, 아카넷, 2018 등).
예를 들어, 이용희는 조선의 대명사대를 '명분에 의한 사대'와 '힘에 의한 사대'로 구분하면서, 당대인들은 전자가 아닌 후자에 심한 굴욕감을 느꼈다고 설명하였다. 우경섭은 당대인의 대명인식을, 혈통과 왕조를 초월해 존재하는 문화적 진리, 즉 도(道)의 담지자를 상징하는 '관념적 중화로서의 명나라'와, 여러 문제점과 한계가 있는 '역사적 실체로서의 명나라'로 구분하였다(이용희·신일철 대담, 「事大主義-그 現代的 解釋을 중심으로」,『韓國民族主義』, 서문당, 1977, 146~153쪽; 우경섭,『조선중화주의의 성립과 동아시아』, 유니스토리, 2013, 33쪽).

제5장

'두 개의 대명인식'과 병자호란

이 책은 병자호란 이전 조선의 종합적 군사력과 국방 태세, 조·청 양국의 갈등과 강화 협상의 쟁점, 전후처리 과정과 척화론의 함의라는 주제를 다루었다. 이를 통해 청과의 무력 충돌이 충분히 예고되었음에도 불구하고 적절한 군비 증강이 이루어지지 못한 조선 사회의 구조적 원인을 구명究明하였다. 그리고 전쟁의 발발 과정과 강화 타결의 전제 조건 등을 분석함으로써 병자호란 당시 양국의 갈등이 '예禮의 실천'이라는 문제에 집중되어 있었음을 밝혔다. 아울러 전력의 열세를 인지하였음에도 불구하고 척화론이 팽배하였던 조선 사회의 분위기를 대명對明인식의 이중적 구조라는 시각으로 설명하고자 하였다. 이상의 연구 결과를 정리하면 다음과 같다.

제2장은 병자호란 이전 조선의 병력과 군량 확보 시도, 조·명 군사 협력의 실상과 한계, 청야입보淸野入保 방어 전술의 한계 등에 대하여 정리하였다.

인조반정의 주도 세력은 광해군의 외교를 배명친후금背明親後金 정책이라 비판하며 집권하였으나, 군사적 열세로 인하여 선제적 무력 도발을 자제할 수밖에 없었다. 후금의 군사적 위협을 무력화하기 위해서는 정예병의 양성과 병력의 충원 등이 절실히 요구되었다. 병력의 부족은 군역 제도의 문란, 노비 인구 과다, 사족들의 병역 기피가 주요 원인이었다. 이와 같은 문제를 근본적으로 해결하기 위한 호패법이 정묘호란 직전 인조 4년(1626)에 본격적으로 시행되었지만 사족층의 격렬한 반발로 인하여 끝내 철폐되고 말았다.

군량 공급도 부실한 국가 재정으로 인하여 원활하게 이루어지지 않았다. 임진왜란이라는 전란의 피해에서 완전히 복구되지 않은 경제 여건과 17세기 동아시아를 강타한 소빙기는 조선의 국가 재정을 더욱 악화시켰고, 이것은 군비의 증강을 제약하는 한 요인이 되었다. 그리고 광해군 대 이후 명 사신의 접대에 소모된 막대한 은과 가도에 주둔한 모문룡의 부대 및 요동 난민에 대한 식량 지원 역시 조선의 경제적 부담을 가중시켰다.

반면 모문룡 휘하의 명군은 근본적으로 본국으로부터의 군량 공급이 원활하지 않아 제 기능을 발휘하기 힘든 상태였고, 조선을 구원하려는 적극적 의지도 갖고 있지 않았다. 후금이 요동의 대부분 지역을 점령한 이후에는 유사시 명의 파병도 거의 불가능한 상황이 되었다. 가도의 동강진을 포함한 명군 전체의 전력에 대해서 인조와 신료들은 이미 반정 초기부터 상당히 비관적 전망을 갖고 있었다. 따라서 당시 조선에서는 임진왜란 때와 같은 명의 직접적 군사 지원을 기대하지는 않았을 뿐만 아니라, 오히려 모문룡의 후금 귀순과 요동 난민의 피해를 우려하며 가도를 토벌해야 한다는 논의마저 제기되는 실정이었다. 정묘호란 당시 북경에 체류하던 김상헌이 후금의 후방을 간접적으로 교란해 달라고 명에게 요청하여 명이 상응하는 조치를 취하였지만, 전쟁의 판세에 결정적 영향을 미쳤던 것으로는 보이지 않는다. 정묘맹약 이후 명은 조선-후금 관계의 밀착을 더욱 의심하였으며, 모문룡 사후 동강진에서는 군란이 발생하여 지휘관이 여러 차례 교체되었다. 이후 명의 정치적·경제적·사회적 혼란이 가중됨에 따라 명은 조선과의 체계적 군사협력을 조율할 능력을 상실하게 되었다. 이러한 사정을 반영하듯이, 심하 전투 이후 병자호란까지 조선 조정의 논의 과정 중에 명에 대한 원병 요청이나 명과의 연합 작전이 구체적이고 진지하게 논의된 사례는 아직까지 발견되지 않는다. 특이한 점은 그럼에도 불구하고, 후금과의 강화를 반대하고 대명의리의 고수를 주장하는 척화론이 정묘호란 이후에도 조선 조야朝野의 압도적 지지를 받았다는 명백한 사실이다.

조선은 후금의 기마병을 대적하기 위해 들판을 비운 뒤, 야전을 피해 방어 거점인 (산)성에 웅거하면서, 화약 병기를 사용하여 적을 방어하는 청야입보의 방어 전술을 채택하였다. 청야입보 전술의 효과를 높이기 위해서는 성곽의 수축과 개축을 비롯하여 수성용 화기 및 화약의 공급, 수성군의 충분한 확보와 훈련, 군량의 공급 등이 원활하게 이루어져야 했으나, 이러한 조치는 부실한 국가 재정과 민심의 반발로 인하여 제대로 시행되지 못하였다.

아울러 청야입보의 전술은 근본적으로 후금(청)이 월등한 공성전 능력을 보유했다면 무력화될 가능성이 높았다. 정묘호란 당시 조선의 방어 전술은 각각의 고립·분산된 수성처守城處가 너무나 빠른 시간 내에 각개 격파당함으로써 그 실효성을 잃고 말았다. 서북 지역에서 가장 좋은 지리적 형세와 충실한 병력을 보유하였던 안주성이 후금군의 공격 개시 24시간 내에 함락당한 것은 청야입보 전술의 한계를 드러낸 대표적 사례이다. 따라서 조선은 적군이 각 수성처의 공략을 생략하고 도성 근처로 신속히 진격하는 직공直攻의 위험성을 충분히 예상하였음에도 불구하고, 대로변에 위치한 성을 부득이하게 방치하고 지세가 험한 인근의 산성으로 방어 거점의 상당수를 옮길 수밖에 없었던 것이다.

제3장에서는 병자호란의 발발 과정, 청군의 전력과 개전 초기의 전황, 남한산성 농성과 강화 협상의 추이와 쟁점을 고찰하였다.

조선과 후금은 정묘맹약 이후에도 세폐의 수량, 조선인 포로의 쇄환, 개시 무역, 요동에서 도망한 한인 난민의 수용, 가도에 주둔 중인 명군에 대한 지원 문제를 놓고 사사건건 충돌하면서 긴장과 갈등의 수위를 점점 높여갔다. 조선이 근본적으로 명과의 '군신지의君臣之義'를 절대 포기할 수 없다고 인식한 반면에, 후금은 궁극적으로 명의 자리를 대체하려고 했기 때문에 양국 간의 재충돌은 불가피하였다.

충돌의 방아쇠를 격발시킨 것은 홍타이지의 황제 즉위였다. 하늘 위에 두 태양이 뜨지 않듯이 하늘 아래 황제는 대명大明의 황제만 존재한다는 것이, 당시 조선 지식인의 일반적 믿음이었다. 인조 14년(1636) 2월 후금은 대규모 사신단을 파견하여, 자국의 황제 존호 진상進上에 형제국 조선도 동참할 것을 요구하였다. 그러나, 이러한 강압은 조정 내외의 격렬한 반발만 불러 일으켰고, 후금의 사신단은 쫓기듯 한양을 떠나야만 하였다. 홍익한과 같은 척화론자는 후금의 한汗이 스스로 황제가 되려는 것은 알 바 아니지만, 존호를 올리는 데 조선이 참여하는 것은 명과의 사대 관계 단절을 의미하기 때문에 절대 수용할 수 없다고 주장하였다. 명의 군사 지원을 기대하기 어려웠던 여건 속에서 나온 그의 발언은 자신의 내재적·당위적 기준에 의해 제기된 것이 분명하다. 같은 해 3월 1일·20일 인조는 척화의 뜻이 담긴 교서를 잇달아 내리며 강약과 존망의 형세를 헤아리지 않고 후금의 요구를 거절하였으므로 전쟁의 화가 멀지 않았다고 예고하였다. 요컨대, 이때의 척화론은 조선의 군사적 우세를 오판하거나 명의 군사적 지원을 기대하면서 제기된 것이 아니었다. 이처럼 인조 대 대외 정책의 배경에는 척화와 대명의리에 기반한 국내 여론의 엄청난 압력이 존재하였다. 이것을 부정할 경우 야기될 체제 위기의 폭발력은, 이른바 중립 외교가 초래한 광해군의 정치적 고립과 이를 틈타 거병에 성공한 인조반정이 반증한다.

마땅한 군사적 대안이 없었던 조선은, 후금 사신단의 귀환 이후에도 나덕헌과 이확을 심양에 사신으로 파견하여 양국 관계를 이전처럼 형제 관계로 유지하려고 시도하였다. 그러나 이들의 파견은 오히려 홍타이지의 조선 친정親征을 결정하는 도화선이 되고 말았다. 인조 14년(1636) 4월 11일, 황제가 된 홍타이지의 즉위를 선포하는 의식이 심양 고궁瀋陽故宮 밖 남교南郊의 천단天壇 주변에서 열렸다. 나덕헌과 이확도 황제 즉위를 축하하는 신하들의 행렬에 강제로 끌려 나갔지만, 구타를 당할지언정 배례拜禮만은 끝내 행하지 않았다. 이와 같은 행위를 통해 조선의 사신들은 홍타이지의 황제 즉위를 인정하지 않는다는 의사를 상징적으로 그러나 더할 나위 없이 명확하게 청 측에 전달하였다. 홍타이지는 이들을 처형할 경우 조선에게 자신이 먼저 맹약을 어겼다는 빌미를 줄 수 있다고 말하며 그대로 방면하여 되돌려 보냈다.

이로써 홍타이지의 황제 즉위에 만·몽·한의 모든 버일러와 신하들이 찬동하였지만, 형제국 조선만 동의하지 않은 셈이 되었다. 대청체제의 수립과 황제 즉위 과정에서 이렇게 비워진 한 조각의 퍼즐을 채우기 위하여, 홍타이지는 자신의 친정親征을 결심한 것으로 보인다.

조선 사신단의 귀환 이후에도 조선은 청과 교섭의 끈을 놓지 않으려 노력하였다. 그러나 청은 홍타이지의 황제 즉위를 기정사실화한 채 조선과의 교섭에 임하였다. 아울러, 조선에 왕자와 척화신을 인질로 보내지 않으면 출병出兵할 것이라 협박하였다. 그러나 조선은 끝내 청의 요구를 받아들이지 않았다. 그 배후에는 척화라는 국내 여론의 거대한 압박이 존재하고 있었다.

병자호란 당시 조선을 압도했던 청군의 군사력은 누르하치 집권 이후 급성장한 건주여진의 경제력이 뒷받침된 결과였다. 후금은 사르후 전투의 승리를 계기 삼아 요동 지역을 장악했는데, 이 과정에서 많은 공성전 경험도 축적하였다. 명의 군사력 ─ 한인 무장과 병사의 투항, 홍이포와 수군의 확보 등 ─ 흡수도 청군의 전력 증강에 중요한 기여를 하였다. 홍타이지는 내몽골의 여러 부족을 복속시킨 뒤, 이들의 군사력도 흡수하여 향후 전개될 정복 활동에 적극 활용하였다.

정묘호란 때보다 최소 두 배 이상의 대병력을 동원한 것으로 추정되는 청은 조선이 방어하는 각 수성처의 공략에 크게 집착하지 않았다. 청군은 조선이 방어하는 수성처를 그대로 지나쳐도 계속 후속 부대가 파견되고 있었기 때문에, 후미 차단의 부담을 느끼지 않고 조선의 내지로 곧바로 진군할 수 있었다. 청군은 선발대와 본대를 분리하여 기동시킴으로써, 선발대로 하여금 강화도로 피난하려는 인조를 견제하는 데 성공하였다. 남한산성을 공략한 청군은 조선군의 장기 농성 가능성을 미리 예측하고 운제雲梯와 화포를 비롯한 공성 기구를 충분히 준비하였다. 이와 같이 청야입보의 방어 전술은 전체적 전력의 열세 속에서 조선이 직공直攻의 위험성을 감수하고 고육지책으로 택한 방어책이었지만, 근본적으로 많은 한계를 갖고 있었다. 문제의 본질은 당시 조선이 이보다 더 나은 군사적 대안을 선택하기 매우 어려웠다는 점에 있었다.

청은 남한산성을 포위한 이래, 자국의 전력이 속속 강화됨에 따라 조선에 대한 압박의 강도를 점차 높여 갔다. 인조 15년(1637) 1월 중순에 이르면 병자호란의 승부는 양국 전력의 심각한 불균형으로 인해 이미 결판난 상태였다. 주화론자의 주장대로 청의 요구 조건을 수용하지 않는 한, 조선이란 국가를 유지할 수 있는 방법은 존재하지 않았다. 남한산성 농성시 강화 협상의 쟁점이 되었던 것은 영토의 할양이나 전쟁 배상금 등의 문제가 아니라 국서의 형식과 항복의 절차였다. 대청제국의 수립을 의례적 절차에 의해 확인받으려고 한 청은 칭신을 표기한 국서 발송, 인조의 출성 항복, 척화파의 압송을 강화 타결의 전제 조건으로 집요하게 조선에 요구하였다. 척화파 신료들에게는 칭신의 국서 발송이, 군왕인 인조에게는 자신의 출성 항복이 가장 예민한 쟁점이었다.

당시 강화 협상에 임한 조선의 군신君臣이 끝까지 고민하였던 문제는 항복의 여부라기보다, 예禮를 통해 구현되는 항복의 형식이었다. 대다수 조선인의 입장에서 볼 때 대명의리라는 대의大義와 칭신을 표기한 국서의 형식 등은 결코 분리될 수 없었기 때문이다. 따라서 척화론자는 전황이 이미 기울어진 상태에서도 대명의리의 고수를 외치며 끝까지 항복을 거부하였다. 이들이 우려하였던 것은 명의 사후 문죄問罪나 보복이 아니라, 대명의리의 포기가 상징하는 윤리와 문명의 붕괴였으며, 이것이 초래하게 될 천하와 후세의 부정적 평가였다.

제4장에서는 병자호란의 전후처리 과정과 척화론의 함의에 대하여 살펴봄으로써 전쟁을 수행한 당사자들의 신념과 가치 체계를 분석해 보았다.

출성 직전 청은 조선에 삼전도 항례의 세세한 절목節目을 미리 조율하여 통보하였다. 이와 같은 절목은 군신君臣 관계 및 사죄를 상징하는 중국 고대의 규범을 그대로 재현하는 것이었다. 삼전도 항례의 핵심은 군신 사이의 신속臣屬을 의미하는 인조의 삼배구고두三拜九叩頭였다. 세 번 절하고 아홉 번 머리를 조아리는 이 의례를 통하여 인조와 인조의 조정에 출사出仕한 조선 신료들은 모두 홍타이지의 신하가 되고 말았다.

정축화약의 여러 강화 조건은 청의 정치적, 경제적, 군사적 침탈의 욕구를 충족시키기 위한 것이었다. 그러나 그 가운데 조선의 군신들을 가장 당혹스럽게 한 것은 바로 사대처의 교체와 대명의리의 포기를 상징하는 여러 의례적 절차 — 명이 수여한 고명誥命과 인신印信의 반납 및 교체, 청 연호의 사용 등 — 였다. 이와 함께 군사를 원조하라는 조병助兵의 조건은 청의 정치적·경제적·군사적 침탈과도 연관되는 사안이었지만, 징발된 조선의 군사가 명 공격에 동참해야 한다는 점에서 무엇보다 대명의리라는 명분에 직결되는 성격을 가진 것이었다. 주화론을 앞장 서 제기하였던 최명길 역시 이 조건을 회피하기 위해 결사적으로 노력하였으나, 조선은 결국 청의 요구를 따를 수밖에 없었다. 청의 무력에 굴복한 조선은 이후 예禮 또는 사事와 관련된 상징된 행위 — 명 연호의 사용, 사직과 과거 미응시, 『존주휘편尊周彙編』 등의 편찬 등 —를 통하여 정신적 상처를 극복하고자 하였다.

종전 이후 패전의 책임자 처벌을 둘러싸고 정치적 갈등이 격화되었다. 사헌부와 사간원을 주축으로 한 언관들은 죽음을 무릅쓰고 싸우지 않은 무장들과 이들을 등용하고 전쟁을 총지휘한 비변사의 대신들에게 패전의 책임을 물은 반면에, 인조와 비변사를 지휘한 대신들은 병자년의 봄·가을에 후금(청)과의 관계를 경솔히 단절하자는 논의를 일으킨 연소한 언관들이야말로 패전을 야기한 주역이라고 비난하였다. 김류를 비롯한 비변사 대신들이 주화-척화의 양론 사이를 오락가락하며 확실한 태도를 정하지 못한 측면은 분명 있다. 그러나 양국의 전력차가 무시할 수 없을 만큼 컸다는 점과 공론公論에 기반한 언관들의 척화론 때문에 비변사의 외교 정책이 크게 제약받았다는 점을 감안한다면 언관들의 주장에는 억지스러운 측면이 없지 않았다.

양사兩司 언관들의 전쟁 책임론에 대해 누구보다 가장 강력한 유감을 표명한 것은 국왕 인조였다. 인조는 척화론자들이 나라의 존망存亡을 돌보지 않고 경솔한 의견을 주장하여 백성들에게 해를 초래하였다고 비난하였다. 그러나 이러한 인조의 주장 역시 전쟁 이전 형세와 강약을 살피지 않고 명에 대한 의리를 지키겠다고 한 자신의 입장을 번복한 것이다.

위와 같은 인조의 입장 이면에는 출성 항복으로 인해 땅에 떨어진 자신의 정통성을 지키려는 의지가 담겨 있었다. 삼전도에서 도성으로 돌아 온 인조가 당면한 현실은 사대부들이 인조의 조정에 출사出仕를 거부하려는 집단적 움직임이었다. 그러나 언관들은 물론이고 인조나 주화론을 제기한 최명길조차 척화론과 대명의리를 근본적으로 부정하지는 않았다. 더욱 정확히 말하자면, 부정할 수 없는 정치적 환경에 처해 있었다.

강도 검찰사 김경징의 아버지 김류와 정치적 갈등 관계에 있던 나만 갑은 『병자록』 「기강도사記江都事」에서 김경징, 이민구, 장신 등의 패전 책임을 강조하였다. 특히 김경징의 비겁하고 무능한 행태를 부각시켰다. 김자점, 심기원 등의 다른 패장들이 유배형에 그친 것과 비교해 볼 때 김경징, 장신 등 강화도 함락 책임자의 자결 처분은 이례적이고 가혹한 것이었다.

청군의 상륙 당시 강도 검찰사 김경징은 소수의 육군 병력을 지휘하면서 다수의 판단 착오와 실책을 저질렀다. 그러나 강화도 방어 작전에 대한 기본적 책임은 여러 사료에서 강조되고 있듯이 강화유수 겸 주사대장 장신의 몫이었다. 장신의 처형 이후에도 대간臺諫을 중심으로 한 조야의 여론은 김경징의 처벌을 집요하게 주장하였다. 그 배경에는 강화도 함락으로 인한 사대부 가족들의 직접적이고 광범위한 피해와 이로 인한 엄청난 공분公憤의 축적이 있었으며, 아울러 종전 이후 패전의 책임을 둘러싼 김류 등의 대신과 이를 공격하는 언관 사이의 갈등이 내재하고 있었다. 아들 김경징에 대한 공격은 아버지 김류의 패전 책임 여부 및 정치적 입지와도 긴밀하게 연동되는 민감한 사안이었다.

강화도 방어 작전의 중심 역할과는 거리가 있었던 김경징이 끝내 처형될 수밖에 없었던 것은 함락 이후 그가 보인 이기적 태도와 행적 때문이었다. 세자빈과 원손, 봉림·인평대군, 노모 등을 남겨두고 홀로 도주한 행위는 강도 검찰사의 임무와 책임뿐만 아니라 부모에 대한 의리마저 저버린 패역무도한 행위였다. 요컨대 김경징의 처벌은 패전의 책임보다 도덕적·의리적 측면의 책임을 물어 시행된 것이었다.

근대 이전 중국이 주도한 동아시아의 국제 관계를 보편 질서로 정당화하는 이데올로기를 중화사상이라고 하는데, 그 밑바탕에는 화華와 이夷를 종족·지리·문화의 중층적 기준에 의해 구분하면서 화華의 절대적 우월성을 강조하는 화이관華夷觀이 있었다. 화이관은 송대 성리학의 이기론理氣論과 결합되면서 더욱 강화되어, 화華·이夷의 관계 역시 힘의 강약이나 상황에 따라 변동될 수 없는 불변의 원칙인 리理 또는 의리義理로 이해되었다.

여말선초는 대외 인식이란 측면에서 명과 조선 쌍방에 중대한 변화가 감지되는 시점이다. 특히 이때 이루어진 중화 인식에 대한 조선 측의 질적 전환이 이후의 한·중 관계를 다른 시기와 구별되게 하는 가장 중요한 동인動因이 되었다.

예제적인 측면에서 바라본 명대 대외 정책의 가장 큰 특징은 명 내부의 내신內臣에게 행하는 예제禮制를 확장하여 외신外臣인 수봉국受封國에게도 동일하게 적용하려고 시도한 점이다. 이러한 명의 태도는 양국이 직접 대면하는 빈례賓禮에만 관심을 보이고 외신 제후국 내부에서 어떠한 방식의 예제를 시행하는지에 대해서는 무관심하였던 이전의 중국왕조와는 상당히 다른 지향을 보인 것이다. 명은 예제의 확장을 통해 제후국에 대한 천자天子의 관념적 지배를 이전보다 격상시키려고 하였는데, 예제의 확장은 중화의 예교禮敎 질서가 제후국에도 시행됨을 의미하였다.

고려와 그 뒤를 이은 조선은 이러한 명의 요구를 적극 수용함으로써 명과의 관계를 안정시켰다. 그러나 고려, 특히 조선이 명의 예제를 수용한 것은 단지 명의 요구를 의식했기 때문은 아니었다. 이것은 사실상 명의 간섭이나 확인이 미치지 않는 범위의 예제도 조선 스스로 개편하려고 노력한 다양한 사례에서 확인된다. 최근 지방 성황제城隍祭의 재편을 비롯한 조선의 문물 정비 논의를 명의 예제와 연결하여 고찰한 일련의 연구를 검토해 보면 이와 같은 정황이 잘 드러난다. 당시 조선은 제후국으로서의 조선의 위상을 예민하게 자각하면서 중화의 문물을 (그들의 표현에 의하면) 풍토風土가 다른 조선 땅에서 실현하기 위해 많은 딜레마들과 씨름하였다.

이와 같은 모습이 명에 대한 예속의 심화에서 비롯되었다고 규정해서는 안 된다. 이것은 명으로 상징되는 중화문명에 대한 인식, 즉 당대인의 중화 인식이 질적으로 바뀐 것에 기인한 현상이다. 중화 질서의 핵심은 예교禮敎였다. 조선 사회 내부에서 중화의 예교 질서가 광범위하게 전례 없이 철저하게 구현된 것은 명의 '예제패권주의禮制霸權主義'에 의한 강요 때문이 아니라, 조선 사회 내부에서 이러한 중화의 예교 질서를 보편적이고 타당한 것으로 간주하고 실현하려는 자발적 움직임 때문이었다.

중화 인식의 질적 전환과 이것을 합리화하는 성리학적 명분론 또는 의리론의 도입은 대명 관계를 비롯한 조선의 대외 관계에 많은 변화를 초래하였다. 이것을 한마디로 요약하자면 명분名分을 의식한 실리實利의 포기가 아니라, 명분도 의식한 실리의 추구라고 할 수 있다. 제후국으로서의 자각과 그 실천에 대한 인식의 전환은 독자적 외교 관계에서 추구될 수밖에 없는 조선의 국익을 말살시킨 것이 아니라, 그 추구가 명분에 의해 정당화될 수 있는 것인지 확인받는 절차를 거쳐 시행되었다고 할 수 있다.

　임진왜란의 발발과 명의 지원은 명에 대한 사대와 대명의리를 불변의 진리이자 당위로 인식하는 조선 사대부들의 심성을 더욱 강화시키는 계기가 되었다. 양차에 걸친 호란을 전후한 시기에 대다수 조선인들은 명과의 사대 관계를 어떠한 상황 속에서도 절대 변경할 수 없는 의리의 차원에서 인식하고 있었다. 척화론과 대명의리론은 외교적·군사적 대안의 선택이라기보다 이해利害를 초월한 의리의 차원에서 조선 내에서 광범위하게 주장되고 자발적으로 지지받았다. 광해군 대 명에 대한 원병 파견을 둘러싸고 벌어진 군신 간의 갈등과 이것이 초래한 광해군의 정치적 고립과 퇴위는 이와 같은 맥락을 보여주는 대표적 사례이다.

　호란을 전후한 시기에 주화론과 주화론자는 격렬한 비난을 받았던 반면에, 척화론은 대안으로서의 성격이 희박하였음에도 불구하고 가장 올바르고 타당한 의견正論으로 인정받았다. 따라서 척화론은 척화론자 개인의 차원에서 보았을 때 자신의 의도와 무관하게 정치적 명예와 이에 수반되는 실리를 보장하는 수단이 될 수 있었다. 당대 조선 사회에서 척화나 대명의리는 '폐모廢母'만큼이나 정치인을 평가하는 보편적인 기준이었으므로, 한 개인의 정치적 행적을 공격하고 평가하는 수단이 되기도 하였다. 물론 그 공격의 대상을 선정하는 데에는 당파성이 개입되기도 하였다.

　최명길은 전황이 불리해질수록 주화론을 강력하게 주장하였지만, 그 역시 척화론과 대명의리의 정당성을 부정한 적은 결코 없었다. 그는 오히려 정축화약 이후 조병助兵의 강화 조건 이행을 회피하기 위하여 목숨을 걸고 노력하였을 뿐만 아니라 명과의 밀통을 시도하다가 심양에 구금되기까지 하였다. 호란 당시 주화-척화 대립의 본질은 대명의리의 부정 또는 포기 여부가 아니라 국망國亡 직전의 극한 상황에서 외복제후外服諸侯인 조선이 어떻게 행동해야 하는가를 놓고서 벌어진 노선의 갈등이었다.

위와 같은 조선 사회 전반의 대명의리에 대한 절대적 지지를 당대의 맥락에서 해석하기 위해서는, 당대인들의 대명인식에 두 가지 차원의 인식이 혼재되어 있음을 간파해야 한다. 그 가운데 하나는 특정 국가로서의 명明에 대한 인식이고 다른 하나는 보편 문명인 중화中華를 상징하는 명明에 대한 인식이다. 조선 전기와 임진왜란을 거치면서 심화된 중화 인식은 특정 국가로서의 명에 대한 무조건적인 종속을 초래하지는 않았다. 오히려 조선은 중화 인식이 심화됨에 따라 자신들이 학습한 중화의 기준을 참고하여 명나라를 비판할 수 있는 단계에 이르렀다. 『조선왕조실록』에 보이는 명의 현실에 대한 수많은 부정적 평가는 명이 상징하는 중화문명의 가치에 대한 전면적인 부정이나 자주독립의 선언이 아니라, 명이라는 특정 국가를 조선인들이 체득한 중화문명의 기준에 의해 비판한 결과물이다.

조선은 국초부터 예제를 비롯한 명의 문물과 제도를 자발적으로 이식하려고 많은 노력을 기울였지만, 명에서 유행하고 명나라 사람들이 강요하는 것이라 해도 양명학처럼 자신들이 설정한 중화문명의 기준에 맞지 않으면 완강하게 거부하였다. 조선과 명의 사대-자소 또는 조공-책봉 관계는 예제상禮制上으로는 상·하 위계의 성격을 갖고 있었지만, 명의 요구나 지시가 아무런 제한 없이 관철되는 것은 현실에서 불가능하였을 뿐만 아니라, 원리상으로도 정당화될 수 없었다. 지성사대至誠事

大를 표방한 조선시대인들이었지만 이와 별개로 독자의 영역과 인구를 가진 외번外藩 제후인 조선의 통치권은 침해받아서는 안 된다고 생각하였다. 이러한 시각에서 접근해야만 임진왜란 이후에도 발생한 조·명 양국 사이의 수많은 외교 현안과 갈등도 모순 없이 이해할 수 있게 된다. 요컨대 중화문명의 상징으로서의 명明이 보편이라면 특정 국가로서의 명明은 특수가 된다고 할 수 있으며, 보편의 틀 안에서 특수를 비판하고 특수와 갈등하는 것은 얼마든지 가능하였다.

이상의 이해를 종합하여 볼 때 호란기의 대명의리론과 척화론 역시 국제 정세에 대한 오판 또는 명이라는 특정 국가에 대한 맹목적 종속에서 기인한 결과라고 보기는 어렵다. 이것은 무엇보다 광해군과 인조를 비롯한 조선의 군신君臣들이 후금(청)의 위협을 분명히 인지하고 조선의 군사력을 강화하기 위해 지속적 노력을 기울였다는 점에서 확인할 수 있다. 다시 말해 대명의리의 고수와 척화론의 제기는 특정 국가인 명에 대한 맹목적 추종의 결과라기보다, 명이 상징하는 중화문명에 대한 가치를 당대 조선의 군신과 사대부가 공유한 데에서 비롯되었다고 생각한다.

이러한 점을 반영하듯이 남한산성 농성 당시 척화론자들이 진정 우려하였던 것은 명의 문책이나 보복이라기보다 대명의리의 포기가 의미하는 윤리와 도덕의 붕괴이자 이것이 초래할 역사의 평가와 천하 사람들의 비난이었다. 이들에게 주화·척화의 문제는 외교적 진로의 선택이 아닌 문명과 야만, 인간과 짐승을 택하는 실존적 결단의 문제였다. 척화의 논의에서 명이라는 특정 국가를 고려하는 것은 부차적 요소였다. 당시 강화 협상에 임한 조선의 군신이 끝까지 고민하였던 문제는 실질적 항복의 여부라기보다, 예禮를 통해 구현되는 항복의 형식이었다.

대다수 조선인의 입장에서 볼 때 대명의리라는 대의大義와 칭신을 표기한 국서의 형식 등은 결코 분리되어 인식되지 않았기 때문이다. 따라서 병자호란을 전후하여 제기된 척화론의 성격은 저항의 양상이라는 측면에서는 근대민족주의와 유사했지만, 저항의 지향이라는 측면에서는 전혀 달랐다. 이러한 맥락에서 보아야만 명이 멸망한 이후에도 조선 사회 내부에서 대명의리가 강고하게 지속된 현상을 민족자존이나 왕권강화라는 기존의 시각을 탈피하여 설명할 수 있게 될 것이다.

끝으로 이 책의 한계이자 앞으로 모색되어야 할 과제를 제시하며 글을 마무리하고자 한다. 첫 번째, 병자호란 이후 인조~현종 대에 이르는 정치사에 대한 새로운 맥락의 정리이다. 김용덕의 기념비적인 「소현세자 연구」가 발표된 이후,[1] 이 시기 정치사 연구는 당파성黨派性에 윤색된 사료와 이를 타개할 새로운 해석틀의 부족으로 인하여 큰 진전을 보지 못한 상태이다. 예를 들어, 소현세자의 죽음에 대하여 현실주의(소현세자)와 주자학적 명분(인조)이 대립한 결과라는 고전적 해석이 있는 반면에,[2] 인조를 친청파로 본 연구,[3] 국가 위기 상황에서 군주권 강화를 위해 종법宗法을 무시한 정치적 현실주의자로 묘사한 연구도 있다.[4] 이처럼 인조를 바라보는 시선의 간극은 무시할 수 없을 만큼 크지만, 아직까지 합의된 견해는 존재하지 않는다.

인조의 측근이자 친청파로 지목된 김자점의 경우 다른 대신들과 달리 봉림대군의 즉위를 지지했다고 알려져 있으나, 그가 다름 아닌 효종

---

1 김용덕, 「昭顯世子 硏究」, 『사학연구』 18, 한국사학회, 1964.
2 위의 글.
3 한명기, 『정묘・병자호란과 동아시아』, 푸른역사, 2009, 193~213쪽.
4 김용흠, 『朝鮮後期 政治史 硏究 I―仁祖代 政治論의 分化와 變通論』, 혜안, 2006, 382~404쪽.

에 의하여 축출된 맥락 역시 일관된 논리로 설득력 있게 제시되지 못한 듯하다. 무엇보다도, 정축하성丁丑下城 당시의 행적 때문에 정계에서 축출된 김상헌이 인조 말년에 복권되고, 비슷한 시기에 최명길이 실각하는 과정에 대해서도 정밀한 검토가 이루어지지 않았다. 병자호란 이후 인조 집권기의 정치적 현상과 맥락을 모순 없이 설명하기 위해서는, 우선 '주화＝친청 대對 척화＝반청'이라는 구도에서 벗어나, 외교적 운신의 폭이 거의 없었던 당시의 상황을 감안하면서 사료를 재구성해야 한다. 주화파 또는 친청파라는 낙인이 당대에 어떤 정치적 효과를 가져다주는 수사修辭였는지에 대해서도 좀 더 고민할 필요가 있다.

두 번째, 안민과 보국을 명분으로 건주여진(후금)과의 무력 충돌을 기피한 광해군의 주장, 같은 이유로 후금(청)과의 즉각적 무력 충돌을 반대한 이귀·최명길의 주화론, 북벌을 위한 효종의 군비 강화 정책을 반대했다고 알려진 송시열·송준길宋浚吉의 이른바 '내수외양론內修外攘論', 이 삼자의 공통점과 차이점에 대해서도 좀 더 천착할 필요가 있다. 형식 논리상으로나 본질적으로 다름없어 보이는 세 부류의 주장이 시대에 따라 왜 상이한 반응과 영향을 야기하였는지에 대한 심도 있는 고민과 해석이 필요하다. 이러한 점을 고려한다면, 논의의 초점은 '병자호란 당시의 척화론은 왜 효종 대와 달리 안민安民보다 대의大義를 우선시할 수밖에 없었는가?'라는 문제에 좀 더 집중되어야만 한다. 그리고, '내수외양론은 왜 주화론과 달리 당시 대다수의 사대부들에게 지지를 받았는가?'라는 질문도 북벌·북학론의 본질과 함께 새로이 해명되어야 할 과제이다.

세 번째, 선행 연구에서 척화론의 배경 또는 동인 중 하나로 지적된 성리학 및 중화 이외에 예禮와 같은 개념에 좀 더 주목할 필요가 있다. 기원이 본래 다른 세 가지는 조선 후기에 매우 긴밀하게 결합되어 상호 작용하였지만, 조선 후기의 중화사상이 주로 대보단과 같은 의례의 차원에서 발현되었다는 점을 상기해 볼 때, 앞으로 예의 당대적 의미와 기능, 그리고 조선 후기 대외 관계 또는 대외 인식과의 연관성에 대해서도 좀 더 깊이 있고 구체적 설명이 필요하다.

참고문헌

1. 사료

1) 연대기

『高麗史』(한국사데이터베이스)

『朝鮮王朝實錄』(한국사데이터베이스)

『承政院日記』(한국사데이터베이스, 한국고전종합DB, 규장각DB)

『備邊司謄錄』(한국사데이터베이스, 규장각DB)

『中國正史朝鮮傳』(한국사데이터베이스)

『明淸實錄』(한국사데이터베이스)

『元史』(Sinica 漢籍電子文獻)

국사편찬위원회 한국사데이터베이스(http://db.history.go.kr/)

한국고전번역원 한국고전종합DB(http://db.itkc.or.kr/)

서울대 규장각한국학연구원 DB(http://kyudb.snu.ac.kr/r)

타이완 중앙연구원 한적전자문헌(http://hanji.sinica.edu.tw/)

2) 문집

이 책에서 참고한 문집은 별도의 표기가 없으면, 한국고전번역원의 한국고전종합DB에 수록된 판본 또는 국역본만을 이용한 것이다.

金榮祖, 『忘窩集』

金堉, 『潛谷遺稿』

金長生, 『沙溪先生遺稿』

金昌協, 『農巖集』

南九萬, 『藥泉集』

朴趾源, 『燕巖集』

宋時烈, 『宋子大全』

申達道, 『晩悟集』(신해진 역, 『17세기 호란과 강화도』, 「江都日錄」 국역문, 역락, 2012)

沈悅, 『南坡相公集』

漁漢明, 『江都日記』(신해진 역, 역락, 2012)

柳成龍, 『西厓全書』(서애전서편찬위원회 국역본, 1991)

柳馨遠, 『磻溪隨錄』(明文堂 영인본, 1991)

尹宣擧, 『魯西先生遺稿』(신해진 역, 『17세기 호란과 강화도』, 「記江都事」(국역문), 역락, 2012)

李貴, 『李忠定公章疏』(이병구 편, 『延平遺事』(영인본), 昌古文化社, 1987)

李敏求, 『東州先生文集』

李民宬, 『紫巖集』(중세사료강독회, 『책중일록-1619년 심하 전쟁과 포로수용소 일기』(번역본),
　　　서해문집, 2014)

李恒福, 『白沙集』

張晩, 『洛西集』(장만장군기념사업회 번역위원회, 2018)

張維, 『谿谷先生集』・『谿谷漫筆』

鄭經世, 『愚伏集』

鄭道傳, 『三峰集』

鄭蘊, 『桐溪集』

趙絅, 『龍洲遺稿』・『龍洲日記』(권오영 역, 용주연구회, 2014)

趙翼, 『浦渚集』

崔鳴吉, 『遲川集』・『遲川續集』・『遲川遺集』(최병진・정양완・심경호 역, 도서출판 선비, 2008)

崔錫鼎, 『明谷集』

3) 기타

姜曰廣, 『輶軒紀事』(北京 : 中華書局出版, 1985), 김한규 역, 『사조선록 역주』 4, 소명출판, 2012)

孔子, 『論語集註』(성백효 역, 전통문화연구회, 2002)

計六奇, 『明季北略』(Chinese Text Project, https://ctext.org/ens)

金萬重, 『西浦漫筆』(심경호 역, 문학동네, 2010)

金尙憲, 『南漢紀略』(신해진 역, 박이정, 2014)

金時讓, 『荷潭破寂錄』(한국고전종합DB)

金指南(1654~?), 『通文館志』(세종대왕기념사업회 국역본, 1998)

羅萬甲, 『丙子錄』(윤재영 역, 韓國自由敎養推進會, 1985)

南礏, 『南漢日記』(신해진 역, 보고사, 2012)

루이스 프로이스, 정성화・양윤선 역, 『임진난의 기록-루이스 프로이스가 본 임진왜란』, 살림,
　　　2008(이 책은 프로이스가 집필한 『일본사(Historia de Japan)』의 일부를 번역한 것임.)

石之珩, 『南漢日記』(이훈종 역, 광주문화원, 1992)

_____, 『南漢解圍錄』(이영삼 역, 전남대 한문고전번역협동과정 석사논문 내 국역본, 2013)

孫武, 『孫子兵法』(유동환 역, 홍익출판사, 2005)

安邦俊, 『默齋日記』(한국고전종합DB)

魏廷喆, 『瀋陽往還日記』(신해진 역, 보고사, 2014)

李建昌, 『黨議通略』(이근호 역, 지만지, 2008)

李肯翊, 『燃藜室記述』(한국고전종합DB)

朱熹, 『朱子封事』「壬午應詔封事」(주자사상연구회 국역본, 혜안, 2011)
趙慶男, 『續雜錄』(한국고전종합DB)
南平曹氏 부인, 『丙子日記』(전형대·박경신 역, 예전사, 1991)

『經國大典』(윤국일 역, 신서원, 2005)
『國朝五禮儀』(法制處 국역본, 1981·1982)
『同文彙考』(동북아역사재단 동북아역사넷, http://contents.nahf.or.kr/)
『萬機要覽』(한국고전종합DB)
『昭顯分朝日記』(이남종·성당제·유연석 역, 민속원, 2008)
『瀋陽日記』(서울대 규장각한국학연구원 동궁일기역주팀 국역본, 민속원, 2008)
『詔勅謄錄』(奎12904의 2, 서울대 규장각한국학연구원 원문검색서비스,
     https://kyudb.snu.ac.kr/index.jsp)
『火器都監儀軌』(奎14596, 서울대 규장각한국학연구원 원문검색서비스,
     https://kyudb.snu.ac.kr/index.jsp)

2. 논저

1) 단행본

강성문, 『韓民族의 軍事的 傳統』, 도서출판 봉명, 1970.
계승범, 『조선시대 해외파병과 한중관계』, 푸른역사, 2009.
_____, 『정지된 시간-조선의 대보단과 근대의 문턱』, 서강대 출판부, 2011.
_____, 『중종의 시대-조선의 유교화와 사림운동』, 역사비평사, 2014.
구범진, 『청나라, 키메라의 제국』, 민음사, 2012.
_____, 『병자호란, 홍타이지의 전쟁』, 까치, 2019.
권선홍, 『전통시대 중국의 대외 관계』, 부산외대 출판부, 1999.
김문식, 『조선 왕실의 외교의례』, 세창출판사, 2017.
김성우, 『조선중기 국가와 사족』, 역사비평사, 2001.
김순자, 『韓國中世 韓中關係史』, 혜안, 2007.
김영식, 『중국과 조선, 그리고 중화』, 아카넷, 2018.
김옥근, 『朝鮮王朝財政史研究』, 일조각, 1984.
김용구, 『세계관 충돌과 한말 외교사 1866~1882』, 문학과지성사, 2001.
_____, 『만국공법』, 小花, 2008.
김용흠, 『朝鮮後期 政治史 研究 I-仁祖代 政治論의 分化와 變通論』, 혜안, 2006.
김종원, 『근세 동아시아관계사 연구-朝淸交涉과 東亞三國交易을 중심으로』, 혜안, 1999.
나카자토 유키(中里融司), 이규원 역, 『전쟁 천재들의 전술』, 들녘, 2004.
남의현, 『明代遼東支配政策研究』, 강원대 출판부, 2008.

노영구,『조선후기의 전술-『兵學通』을 중심으로』, 그물, 2016.

니콜라 디코스모(Nicola Di cosmo), 이재정 역,『오랑캐의 탄생』, 황금가지, 2002.

단죠 히로시(檀上寬), 한종수 역,『영락제-화이질서의 완성』, 아이필드, 2017.

대한민국 육군대학 역, 「機動戰-사르흐전」(부록),『軍事評論』337호, 1998(원서 陸戰史研究普及會 編,『明と淸の決戰』, 東京 : 原書房, 1972)

데라다 다카노부(寺田隆信), 서인범·송정수 역,『중국의 역사-대명제국』, 혜안, 2006.

로널드 토비(Ronald Toby), 허은주 역,『일본 근세의 '쇄국'이라는 외교』, 창해, 2013.

류샤오밍(劉小萌), 이훈·이선애·김선민 역,『여진 부락에서 만주 국가로』, 푸른역사, 2013.

르네 그루쎄(René Grousset), 김호동·유원수·정재훈 역,『유라시아 유목제국사』, 사계절, 1998.

마크C. 엘리엇(Mark C. Elliott), 이훈·김선민 역,『만주족의 청제국』, 푸른역사, 2009.

미야와키 준코(宮脇淳子), 조병학 역,『최후의 몽골유목 제국』, 백산출판사, 2000.

박상섭,『근대국가와 전쟁-근대국가의 군사적 기초 1500~1900』, 나남출판, 1996.

박원호,『明初朝鮮關係史研究』, 일조각, 2002.

배우성,『조선과 중화-조선이 꿈꾸고 상상한 세계와 문명』, 돌베개, 2014.

시노다 고이치(篠田耕一), 신동기 역,『무기와 방어구-중국편』, 들녘, 2001.

아자 가트(Azar Gat), 오숙은·이재만 역,『문명과 전쟁』, 교유서가, 2017.

에릭 힐딩거(Erik Hildinger), 채만식 역,『초원의 전사들』, 일조각, 2008.

옌 충니엔(閻崇年), 장성철 역,『대청제국 12군주 열전』상, 산수야, 2004.

오항녕,『광해군-그 위험한 거울』, 너머북스, 2012.

우경섭,『조선중화주의의 성립과 동아시아』, 유니스토리, 2013.

유근호,『조선조 대외사상의 흐름』, 성신여대 출판부, 2004.

유봉학,『燕巖 一派 北學思想 研究』, 일지사, 1995.

유인선,『베트남과 그 이웃 중국』, 창작과비평사, 2012.

유재성,『丙子胡亂史』, 국방부 전사편찬위원회, 1986.

윤남한,『朝鮮時代의 陽明學 研究』, 집문당, 1982.

윤용출,『조선후기의 요역제와 고용노동』, 서울대 출판부, 1998.

이블린S. 로스키(Rawski Evelyn Sakakida), 구범진 역,『최후의 황제들-청 황실의 사회사』, 까치, 2010.

이삼성,『동아시아의 전쟁과 평화-전통시대 동아시아 2천년과 한반도』I, 한길사, 2009.

이시바시 다카오(石橋崇雄), 홍성구 역,『대청제국 1616~1799-100만의 만주족은 어떻게 1억의 한족을 지배하였을까?』, 휴머니스트, 2009.

이장희,『壬辰倭亂史研究』, 아세아문화사, 1999.

이재호,『韓國史의 批正-李載浩史評集』, 도서출판 宇石, 1985.

이춘식,『中華思想의 理解』, 신서원, 2002.

이태진,『새韓國史-선사시대에서 조선 후기까지』, 까치, 2012.

_____,『朝鮮後期의 政治와 軍營制 變遷』, 한국연구원, 1985.

임계순,『淸史-만주족이 통치한 중국』, 신서원, 2000.

전해종, 『韓中關係史研究』, 일조각, 1970.

정병철, 『'天崩地裂'의 시대, 明末 淸初의 華北社會』, 전남대 출판부, 2008.

정연식, 『일상으로 본 조선시대 이야기』 2, 청년사, 2001.

정옥자, 『조선후기 조선 중화사상 연구』, 일지사, 1998.

정해은, 『고려시대 군사전략』, 국방부 군사편찬연구소, 2006.

제임스 팔레(James Palais), 김범 역, 『유교적 경세론과 조선의 제도들−유형원과 조선 후기』 1, 산처럼, 2008.

조동일, 『동아시아문명론』, 지식산업사, 2010.

존 키건(John Keegan), 유병진 역, 『세계전쟁사』, 까치, 1996.

천제셴(陳捷先), 홍순도 역, 『누르하치−청 제국의 건설자』, 돌베개, 2015.

최소자, 『명청시대 중 · 한관계사 연구』, 이화여대 출판부, 1997.

최이돈, 『朝鮮中期 士林政治構造研究』, 일조각, 1994.

크리스 피어스(Chris Peers), 황보종우 역, 『전쟁으로 보는 중국사』, 수막새, 2005.

토마스 바필드(Thomas J. Barfield), 윤영인 역, 『위태로운 변경−기원전 221년에서 기원후 1757년까지의 유목제국과 중원』, 동북아역사재단, 2009.

패멀라 카일 크로슬리(Pamela Kyle Crossley), 양휘웅 역, 『만주족의 역사−변방의 민족에서 청 제국의 건설자가 되다』, 돌베개, 2013.

패트리샤 버클리 에브리(Patricia Buckley Ebrey), 이동진 · 윤미경 역, 『사진과 그림으로 보는 케임브리지 중국사』, 시공사, 2001.

피터 C. 퍼듀(Peter C. Perdue), 공원국 역, 『중국의 서진−청의 중앙유라시아 정복사』, 도서출판 길, 2012.

필립 T. 호프먼(Philip T. Hoffman), 이재만 역, 『정복의 조건−유럽은 어떻게 세계 패권을 손에 넣었는가』, 책과함께, 2016.

한명기, 『광해군』, 역사비평사, 2000.

_____, 『역사평설 병자호란』 1 · 2, 푸른역사, 2013.

_____, 『임진왜란과 한중관계』, 역사비평사, 1999.

_____, 『정묘 · 병자호란과 동아시아』, 푸른역사, 2009.

허태용, 『조선후기 중화론과 역사 인식』, 아카넷, 2009.

후마 스스무(夫馬進), 권인용 · 심경호 · 정태섭 · 하정식 · 홍성구 역, 『연행사와 통신사』, 신서원, 2008.

*일문 · 중문 논저는 한자의 한국어 발음 순으로, 영문 논저는 알파벳 순으로 배열하였다.

稻葉君山(＝稻葉岩吉), 『淸朝全史』 上, 東京 : 早稻田大學出版部, 1914.

稻葉岩吉, 『光海君時代の滿鮮關係』, 京城 : 大阪屋號書店, 1933.

寺田隆信, 『山西商人の研究』, 京都 : 同朋舍, 1972.

孫文良 · 李治亭, 『明淸戰爭史略』, 江蘇敎育出版社, 1986.

劉家駒, 『淸朝初期的中韓關係』, 臺北 : 文史哲出版社, 1986.

田川孝三, 『毛文龍と朝鮮との關係について』, 京城 : 青丘説叢3, 1932.

篠田治策, 『南漢山城の開城史 : 極東に於けるcapitulationの一例』, 京城, 1930.

池内宏, 『文禄慶長の役 正編』 第1, 東京 : 南満洲鉄道, 1914.

_____, 『文禄慶長の役 別編』 第1, 東京 : 東洋文庫, 1936.

參謀本部 編, 『日本戰史 : 朝鮮役』, 東京, 1924.

Joanna Waley-Cohen, *The Culture of War in China : Empire and the Military under the Qing Dynasty*, London · New York : I.B TAURIS, 2006.

Kenneth M. Swope, *The Military Collapse of China's Ming Dynasty, 1618-44*, New York : Routledge, 2014.

2) 석·박사 학위논문

박지훈, 「宋代 華夷論 研究」, 이화여대 박사논문, 1989.

송웅섭, 「조선 성종대 公論政治의 형성」, 서울대 박사논문, 2011.

우경섭, 「宋時烈의 世道政治思想 研究」, 서울대 박사논문, 2005.

이민웅, 「18세기 강화도 수비체제의 강화」, 서울대 석사논문, 1995.

이희권, 「丙子胡亂中의 主和論 是非에 대한 小考」, 전북대 석사논문, 1975.

장성진, 「광해군 시대 국방 정책 연구」, 국방대 석사논문, 2008.

정동훈, 「高麗-明 外交文書의 書式과 왕래 방식의 성립과 배경」, 서울대 석사논문, 2009.

허태구, 「丙子胡亂의 정치·군사사적 연구」, 서울대 박사논문, 2009.

3) 논문

강석화, 「정묘·병자호란 연구의 현황과 과제」, 『한국 역대 대외항쟁사 연구』, 전쟁기념관, 2014.

계승범, 「조선 감호론 문제를 통해 본 광해군대 외교노선 논쟁」, 『朝鮮時代史學報』 34, 조선시대사학회, 2005.

_____, 「파병 논의를 통해 본 조선전기 對明觀의 변화」, 『大東文化研究』 53, 성균관대 대동문화연구원, 2006.

_____, 「광해군대 말엽(1621~1622) 외교노선 논쟁의 실제와 그 성격」, 『歷史學報』 193, 역사학회, 2007.

_____, 「나선정벌과 신유의 '北征錄'」, 『軍事史研究叢書』 5, 국방부 군사편찬연구소, 2008.

_____, 「조선 특사의 後金 방문과 明秩序의 균열」, 『한중 관계 2000년 - 동행과 공유의 역사』, 소나무, 2008.

_____, 「계해정변(인조반정)의 명분과 그 인식의 변화」, 『南冥學研究』 26, 경상대 경남문화연구원 남명학연구소, 2008.

_____, 「임진왜란 중 조명 관계의 실상과 조공책봉 관계의 본질」, 『韓國史學史學報』 26, 한국사학사학회, 2012.

_____, 「광해군, 두 개의 상반된 평가」, 『韓國史學史學報』 32, 한국사학사학회, 2015.

_____, 「임진왜란 초기 倡義 명분과 조선왕조의 正體性」, 『서강인문논총』 47, 서강대 인문과학연구소, 2016.

_____, 「16세기 초중반 한중 관계의 이념성과 중층성」, 『東洋史學硏究』 140, 동양사학회, 2017.

공병석, 「先秦 禮容 中의 拱手·揖讓과 跪拜禮 探析」, 『東洋禮學』 6, 동양예학회, 2001.

구도영, 「中宗代 事大認識의 변화－大禮議에 대한 別行 파견 논의를 중심으로」, 『역사와 현실』 62, 한국역사연구회, 2006.

구범진, 「역법 문제와 한국사 서술－날짜 표기의 혼란과 오류」, 『歷史敎育』 94, 역사교육연구회, 2005.

_____, 「淸의 朝鮮使行 人選과 '大淸帝國體制'」, 『인문논총』 59, 서울대 인문학연구원, 2008.

_____, 「병자호란과 천연두」, 『민족문화연구』 72, 고려대 민족문화연구원, 2016.

_____, 「병자호란 시기 청군의 강화도 작전－목격담과 조석·조류 추산 결과를 중심으로 한 전황의 재구성」, 『韓國文化』 80, 서울대 규장각한국학연구원, 2017.

_____, 「병자호란 시기 강화도 함락 당시 조선군의 배치 상황과 청군의 전력」, 『東洋史學硏究』 141, 동양사학회, 2017.

구범진·이재경, 「丙子胡亂 당시 淸軍의 構成과 規模」, 『韓國文化』 72, 서울대 규장각한국학연구원, 2015.

변도성·김효원·구범진, 「병자호란 시기 강화도 함락 당일 염하수로의 조석과 조류 추산」, 『한국과학사학회지』 39-3, 한국과학사학회, 2017.

구태훈, 「임진왜란 전의 일본 사회－전국시대 연구 서설」, 『사림』 29, 수선사학회, 2008.

권내현, 「17세기 전반 平安道의 軍糧 운영」, 『朝鮮時代史學報』 20, 조선시대사학회, 2002.

_____, 「17세기 전반 對淸 긴장 고조와 平安道 방비」, 『韓國史學報』 13, 고려사학회, 2002.

권선홍, 「유교문명권의 국제 관계－책봉제도를 중심으로」, 『韓國政治外交史論叢』 31-2, 한국정치외교사학회, 2010.

_____, 「유교의 예(禮)규범에서 본 전통시대 동아시아 국제 관계」, 『韓國政治外交史論叢』 35-2, 한국정치외교사학회, 2014.

기시모토 미호(岸本美緒), 홍성화 역, 「동아시아·동남아시아 전통사회의 형성」, 『역사와 세계』 45, 효원사학회, 2014.

김경래, 「조선 공론정치론에 대한 비판적 검토와 제안－李珥의 公論개념을 중심으로」, 『사학연구』 105, 한국사학회, 2012.

김근하, 「丁丑約條의 성격과 顯宗代 安秋元 사건」, 『朝鮮時代史學報』 78, 조선시대사학회, 2016.

김남일, 「병자호란 시기 『승정원일기』의 전거 자료 『南漢日記』 연구－개수본 『승정원일기』와 『남한일기』·이도장의 『승정원일기』의 비교」, 『韓國史學史學報』 32, 한국사학사학회, 2015.

김두현, 「淸朝政權의 成立과 發展」, 『講座中國史 Ⅳ－帝國秩序의 完成』, 지식산업사, 1989.

김선민, 「人蔘과 疆域－後金－淸의 강역 인식과 대외관계의 변화」, 『明淸史硏究』 30, 명청사학회, 2008.

_____, 「접견례를 통해 본 아이신-다이칭 구룬(Aisin-Daicing Gurun)의 세계」, 『韓國史學史學報』 36, 한국사학사학회, 2017.

김용곤, 「朝鮮 前期 軍糧米의 確保와 運送」, 『韓國史論』 7, 국사편찬위원회, 1980.

_____, 「朝鮮 後期 軍糧米의 確保와 運送-宣祖~顯宗 年間을 中心으로」, 『韓國史論』 9, 국사편찬위원회, 1981.

김용덕, 「昭顯世子 研究」, 『사학연구』 18, 한국사학회, 1964.

김용흠, 「조선 후기 역모 사건과 변통론의 위상-김자점 역모 사건을 중심으로」, 『사회와 역사』 70, 한국사회사학회, 2006.

김인호, 「元의 高麗認識과 高麗人의 對應」, 『韓國思想史學』 21, 한국사상사학회, 2003.

김일환, 「고난의 역사를 기억하기-三學士傳과 三學士碑를 중심으로」, 『한국문학연구』 26, 동국대 한국문학연구소, 2003.

김재호, 「조선후기 군사재정의 수량적 기초 : 규모, 구성, 원천-『賦役實摠』의 분석을 중심으로」, 『朝鮮時代史學報』 66, 조선시대사학회, 2013.

김종수, 「17세기 軍役制의 推移와 改革論」, 『韓國史論』 22, 서울대 국사학과, 1990.

김종원, 「丁卯胡亂時의 後金의 出兵動機-後金의 社會發展過程에서의 社會經濟的 諸問題와 관련하여」, 『東洋史學研究』 12・13, 동양사학회, 1978.

_____, 「서평 : 전근대 외교사 연구의 새로운 모색-『임진왜란과 한중관계』(한명기, 역사비평사, 1999)」, 『역사비평』 50, 역사비평사, 2000.

김준석, 「兩亂期의 國家再造 문제」, 『韓國史研究』 101, 한국사연구회, 1998.

김태영, 「遲川 崔鳴吉의 現實 變通論」, 『道山學報』 9, 도산학술연구원, 2003.

김태호, 「中華-보편 문화의 수용과 해체」, 한국사상사연구회 편, 『조선유학의 개념들』, 예문서원, 2002.

김한규, 「서평 : 『事大主義』(이춘식, 고려대 출판부, 1997)」, 『歷史學報』 156, 역사학회, 1997.

김 호, 「조선 후기의 中華論을 어떻게 이해할 것인가-大報壇의 역사적 의의를 중심으로」, 『정치와 평론』 9, 한국정치평론학회, 2011.

남호현, 「朝淸 關係의 초기 형성 단계에서 '盟約'의 역할-丁卯胡亂期 朝鮮과 後金의 講和 過程을 중심으로」, 『朝鮮時代史學報』 78, 조선시대사학회, 2016.

노기식, 「後金의 遼東進出 前後 만주와 몽골의 關係逆轉」, 『中國學論叢』 12, 고려대 중국학연구소, 1999.

_____, 「홍타이지의 反립단 滿蒙聯盟 확대와 이용」, 『中國學論叢』 13, 고려대 중국학연구소, 2000.

_____, 「滿洲의 興起와 東아시아 秩序의 變動」, 『中國史研究』 16, 중국사학회, 2001.

_____, 「만주의 몽골 차하르 부 병합과 그 의미」, 『中國學論叢』 14, 고려대 중국학연구소, 2001.

_____, 「明代 몽골과 만주의 交替」, 『史叢』 59, 고려대 역사연구소, 2004.

노명호, 「高麗時代의 多元的 天下觀과 海東天子」, 『韓國史研究』 105, 한국사연구회, 1999.

노영구, 「宣祖代 『紀效新書』의 보급과 陣法 논의」, 『軍史』 34, 국방부 군사편찬연구소, 1997.

_____, 「공신선정과 전쟁 평가를 통한 임진왜란 기억의 형성」, 『역사와 현실』 51, 한국역사연구회, 2004.

_____, 「조선 후기 평안도 지역 內地 거점방어체계」, 『韓國文化』 34, 서울대 규장각한국학연구원,

2004.

_____, 「서평 : 동아시아 차원의 정묘·병자호란 이해와 새로운 출발점-한명기의『정묘·병자호란과 동아시아』를 읽고」, 『역사비평』 90, 역사비평사, 2010.

_____, 「인조초~丙子胡亂 시기 조선의 전술 전개」, 『韓國史學報』 41, 고려사학회, 2010.

_____, 「조선-청 전쟁(정묘·병자호란)과 군사제도의 정비」, 『한국군사사 ⑦-조선 후기』 I, 육군본부, 2012.

니콜라 디코스모(Nicola Di Cosmo), 「세계사적 관점에서 본 만주족의 정복」, 『세계사 속의 중앙유라시아』, 서울대 인문학연구원 중앙유라시아연구소 주최 국제학술회의논문집, 2008.

데라다 다카노부(寺田隆信), 「明 崇禎帝」, 진순신 편, 김정희 역, 『마지막 황제』, 솔, 2002.

도요타 히사시(豊田久), 「天下」, 미조구치 유조(溝口雄三) 외편, 김석근·김용천·박규태 역, 『中國思想文化事典』, 민족문화문고, 2003.

도현철, 「高麗末期 士大夫의 對外觀-華夷論을 중심으로」, 『震檀學報』 86, 진단학회, 1998.

마루야마 마츠유키(丸山松行), 「華夷」, 미조구치 유조(溝口雄三) 외편, 김석근·김용천·박규태 역, 『中國思想文化事典』, 민족문화문고, 2003.

문중양, 「세종대 과학기술의 '자주성', 다시보기」, 『歷史學報』 189, 역사학회, 2006.

민경준, 「明·淸교체와 한중관계」, 『한중 외교관계와 조공책봉』, 고구려연구재단, 2005.

민덕기, 「임진왜란기 조선의 북방 여진족에 대한 위기의식과 대응책-'南倭北虜'란 측면에서」, 『韓日關係史硏究』 34, 한일관계사학회, 2009.

민덕식, 「仁祖初의 南漢山城 修築」, 『歷史와 實學』 32, 역사실학회, 2007.

박민수, 「1644년 山海關 전투와 淸軍의 北京 입성」, 『中國史硏究』 110, 중국사학회, 2017.

_____, 「홍타이지 시기(1627~1643) 만주의 對 중국 전략」, 『軍史』 107, 국방부 군사편찬연구소, 2018.

박용옥, 「丙子亂 被擄人 贖還考」, 『史叢』 9, 고려대 역사연구소, 1964.

_____, 「丁卯亂 朝鮮被擄人 刷·贖還考」, 『사학연구』 18, 한국사학회, 1964.

박원호, 『한국사 22-조선 왕조의 성립과 대외관계』, 국사편찬위원회, 1995.

박재광, 「壬辰倭亂期 火藥兵器의 導入과 戰術의 變化」, 『學藝志』 4, 육군사관학교 박물관, 1995.

박재우, 「고려 君主의 국제적 위상」, 『韓國史學報』 20, 고려사학회, 2005.

박지훈, 「南宋 高宗代 主戰派의 華夷論」, 『東洋史學研究』 85, 동양사학회, 2003

박현모, 「정묘호란기의 국내외 정치-국가위기 시의 공론정치」, 『國際政治論叢』 42-2, 한국국제정치학회, 2002.

_____, 「10년간의 위기 : 정묘-병자호란기의 공론정치 비판」, 『韓國政治學會報』 37-2, 한국정치학회, 2003.

부남철, 「조선시대의 대외전쟁과 유교적 和·戰論-임진왜란과 병자호란」, 『동양정치사상사』 5-2, 한국동양정치사상사학회, 2006.

서정흠, 「明末 薩爾滸戰과 그 性格」, 『安東史學』 1, 안동사학회, 1994.

_____, 「팔기제와 만주족의 중국 지배-팔기제의 興衰 滿洲政權의 消長」, 『만주연구』 3, 만주학회,

2005.

손승철, 「서평 : 한명기 저, 『임진왜란과 한중관계』(역사비평사, 1999)」, 『역사와 현실』 35, 한국역사연구회, 2000.

손애리, 「문명과 제국 사이-병자호란 전후시기 주화·척화 논쟁을 통해 본 조선 지식관료층의 國 표상」, 『동양정치사상사』 10-2, 한국동양정치사상사학회, 2011.

송미령, 「天聰年間(1627~1636) 支配體制의 確立過程과 朝鮮政策」, 『中國史研究』 54, 중국사학회, 2008.

송웅섭, 「중종 대 사대의식과 유교화의 심화-『중종의 시대』의 사대화와 유교에 대한 이해」, 『朝鮮時代史學報』 75, 조선시대사학회, 2015.

스즈키 카이(鈴木 開), 「『瀋陽往還日記』에 나타난 仁祖9年(1631) 朝鮮-後金關係」, 『韓國文化』 68, 서울대 규장각한국학연구원, 2014.

_____, 「劉興治와 朝鮮과의 관계에 대하여」, 『만주연구』 19, 만주학회, 2015.

신채식, 「高麗와 宋의 外交關係-朝貢과 冊封關係를 중심으로」, 『한중 외교관계와 조공책봉』, 고구려연구재단, 2005.

심승구, 「조선 후기 무과의 운영실태와 기능-萬科를 중심으로」, 『朝鮮時代史學報』 23, 조선시대사학회, 2002.

_____, 「조선 후기 武廟의 창건과 享祀의 정치적 의미-關王廟를 중심으로」, 『조선시대의 정치와 제도』, 집문당, 2003.

안정희, 「朝鮮初期의 事大論」, 『歷史敎育』 54, 역사교육연구회, 1997.

오수창, 「최명길과 김상헌」, 『역사비평』 42, 역사비평사, 1998.

_____, 「仁祖代 政治勢力의 동향」, 이태진 편, 『조선시대 정치사의 재조명』, 태학사, 2003.

_____, 「청과의 외교 실상과 병자호란」, 『한국사시민강좌』 36, 일조각, 2005.

_____, 「병자호란에 대한 기억의 왜곡과 그 현재적 의미」, 『역사와 현실』 104, 한국역사연구회, 2017.

오오타 히데하루(太田秀春), 「전쟁과 교류-17세기 조선의 일본 성제 도입과 그 전개」, 『문화로 보는 한국사(이태진 교수 정년기념논총)-세계 속의 한국사』 5, 태학사, 2009.

오종록, 「壬辰倭亂~丙子胡亂時期 軍事史 硏究의 現況과 課題」, 『軍史』 38, 국방부 군사편찬연구소, 1999.

_____, 「서애 류성룡의 군사 정책과 사상」, 『류성룡의 학술과 경륜』, 태학사, 2008.

오항녕, 「17세기 전반 서인산림의 사상-김장생·김상헌을 중심으로」, 『역사와 현실』 8, 한국역사연구회, 1992.

왕원주, 「조선 후기 북벌대의론의 변화와 영향-'조선중화주의'에 대한 시론」, 『사회과학논집』 40-1, 연세대 사회과학연구소, 2009.

우경섭, 「인조대 '親淸派'의 존재에 대한 재검토」, 『朝鮮時代史學報』 81, 조선시대사학회, 2017.

유봉학, 「18·19세기 大明義理論과 對淸意識의 推移」, 『한신논문집』 5, 한신대, 1988.

유승주, 「朝鮮後期 '都監'制下의 官營手工業에 대한 一硏究-17세기 초 '火器都監儀軌'의 분석을

중심으로」,『震檀學報』69, 진단학회, 1990.

_____,「朝鮮前期 軍需工業에 관한 一硏究－壬亂 中의 武器製造實態를 중심으로」,『사학연구』32, 한국사학회, 1994.

_____,「丙子胡亂의 戰況과 金化戰鬪 一考」,『史叢』55, 고려대 역사연구소, 2002.

_____,「仁祖의 丁卯胡亂 對策考」,『韓國人物史硏究』3, 한국인물사연구회, 2005.

유재춘,「壬亂後 韓日國交 再開와 國書改作에 關한 硏究」,『江原史學』2, 강원사학회, 1986.

윤남한,「崔鳴吉」,『人物 韓國史』, 博友社, 1965.

윤영인,「서구 학계 조공제도 이론의 중국 중심적 문화론 비판」,『아세아연구』109, 고려대 아세아 문제연구소, 2002.

_____,「몽골 이전 동아시아의 다원적 국제관계」,『만주연구』3, 만주학회, 2005.

_____,「10~13세기 동북아시아 多元的 國際秩序에서의 冊封과 盟約」,『東洋史學硏究』101, 동 양사학회, 2007.

윤용혁,「대외관계」, 한국사연구회 편,『새로운 한국사 길잡이』상, 지식산업사, 2008.

윤유숙,「17세기 朝日間 日本制 武器類의 교역과 밀매」,『史叢』67, 고려대 역사연구소, 2008.

이문기,「서평 : 조선 왕조의 사대주의와 21세기 대한민국의 국가정체성(계승범,『조선시대 해외 파병과 한중관계』, 푸른역사, 2009)」,『中國學論叢』38, 고려대 중국학연구소, 2012.

이상배,「丙子胡亂과 三田渡碑文 撰述」,『江原史學』19・20, 강원사학회, 2004.

이선애,「外國(tulergi gurun)에서 外藩(tulergi golo)으로－17세기 청・할하 관계」,『明淸史硏 究』43, 명청사학회, 2015.

_____,「후금 시기 의례의 정치－의례를 통해 본 對蒙관계」,『史叢』93, 고려대 역사연구소, 2018.

이성구,「春秋戰國 時代의 國家와 社會」,『강좌 중국사 Ⅰ－古代 文明과 帝國의 成立』, 지식산업사, 2006.

이성규,「中華사상과 民族主義」,『哲學』37, 한국철학회, 1992.

_____,「中華帝國의 팽창과 축소－그 이념과 실제」,『歷史學報』186, 역사학회, 2005.

_____,「중화질서」, 서울대 역사연구소 편,『역사용어사전』, 서울대 출판문화원, 2015.

이성무 편,「제2차 집담회－임진왜란을 이겨낸 리더쉽」,『류성룡과 임진왜란』, 태학사, 2008.

이영훈,「한국사 연구에서 노비제가 던지는 몇 가지 문제」,『한국사시민강좌』40, 일조각, 2007.

이용희・신일철 대담,「事大主義－그 現代的 解釋을 중심으로」,『韓國民族主義』, 서문당, 1977.

이 욱,「성상과 우상」, 한국종교연구회 편,『종교 다시 읽기－소장학자들이 이야기로 풀어쓴 에세 이 종교학』, 청년사, 1999.

이은순,「尹拯의 江都受難의 해석」,『朝鮮 後期 黨爭史 硏究』, 일조각, 1988.

이이화,「北伐論의 思想史的 檢討」,『創作과 批評』38, 창작과비평사, 1975.

이장희,「朝鮮前期 邊界守禦와 土兵」,『軍史』2, 국방부 군사편찬연구소, 1981.

_____,「丁卯・丙子胡亂時 義兵硏究」,『國史館論叢』30, 국사편찬위원회, 1991.

_____,「강화실함과 남한산성」,『한국사 29－조선 중기의 외침과 그 대응』, 국사편찬위원회, 1995.

이재경,「병자호란 이후 朝明 비밀 접촉의 전개」,『軍史』103, 국방부 군사편찬연구소, 2017.

이태진, 「丁卯・丙子胡亂과 軍營體制의 發展」, 『韓國軍制史－近世朝鮮 後期篇』, 육군본부, 1977.

_____, 「壬辰倭亂 극복의 사회적 動力」, 『朝鮮儒敎社會史論』, 지식산업사, 1989.

_____, 「조선후기 對明義理論의 변천」, 『아시아문화』 10, 한림대 아시아문화연구소, 1994.

_____, 「자연재해・전란의 피해와 농업의 복구」, 『한국사 30－조선 중기의 정치와 경제』, 국사편찬위원회, 2002.

_____, 「임진왜란을 이겨낸 리더쉽」, 『류성룡과 임진왜란』, 태학사, 2008.

임기환, 「국제관계」, 한국사연구회 편, 『새로운 한국사 길잡이』 상, 지식산업사, 2008.

임유경, 「황경원의 「명배신전」 연구」, 『韓國古典硏究』 8, 한국고전연구학회, 2002.

장동익, 「려・원 관계의 전개」, 『한국사 20－고려 후기의 사회와 대외관계』, 국사편찬위원회, 1994.

장정수, 「병자호란 시 조선 勤王軍의 남한산성 집결 시도와 활동」, 『韓國史硏究』 173, 한국사연구회, 2016.

_____, 「병자호란 이전 조선의 對後金(淸) 방어전략의 수립 과정과 그 실상」, 『朝鮮時代史學報』 81, 조선시대사학회, 2017.

전병철, 「壬辰倭亂期 納粟政策」, 『龍巖車文燮敎授 華甲紀念論叢 朝鮮時代史硏究』, 신서원, 1989.

전해종, 「丁卯胡亂의 和平交涉에 대하여」, 『亞細亞學報』 3, 아세아학술연구회, 1967.

_____, 「丁卯胡亂時 後金軍의 撤兵經緯」, 『白山學報』 2, 백산학회, 1967.

정규복・고헌식, 「「山城日記」의 文獻學的 硏究」, 『敎育論叢』 12, 고려대 교육대학원, 1982.

정다함, 「朝鮮初期 野人과 對馬島에 대한 藩籬・藩屏 認識의 형성과 敬差官의 파견」, 『東方學志』 141, 연세대 국학연구원, 2008.

정동훈, 「명대의 예제 질서에서 조선국왕의 위상」, 『역사와 현실』 84, 한국역사연구회, 2012.

_____, 「冊과 誥命－고려시대 국왕 책봉문서」, 『사학연구』 126, 한국사학회, 2017.

정만조, 「朝鮮 顯宗朝의 公義・私義 論爭과 王權」, 『東洋 三國의 王權과 官僚制』, 국학자료, 1998.

_____, 「양역변통론의 추이」, 『한국사 32－조선 후기의 정치』, 국사편찬위원회, 2006.

정병진, 「入關前 淸의 朝鮮에 대한 '三色人' 刷還要求」, 『明淸史硏究』 37, 명청사학회, 2012.

정병철, 「明末 遼東 沿海 일대의 '海上勢力'」, 『明淸史硏究』 23, 명청사학회, 2005.

정연식, 「화성의 방어시설과 총포」, 『震檀學報』 91, 진단학회, 2001.

정옥자, 「병자호란시 言官의 위상과 활동－三學士에 대한 재평가」, 『韓國文化』 12, 서울대 한국문화연구소, 1991.

정해은, 「서평 : 정묘・병자호란 연구의 새로운 지평, 그리고 남아 있는 문제－한명기, 『정묘・병자호란과 동아시아(푸른역사, 2009)』」, 『역사와 현실』 77, 한국역사연구회, 2010.

조성을, 「17세기 전반 서인관료의 사상－김류・최명길・조익을 중심으로」, 『역사와 현실』 8, 한국역사연구회, 1992.

_____, 「병자호란 연구의 제문제」, 『韓國史學史學報』 36, 한국사학사학, 2017.

조영록, 「朝鮮의 小中華觀－明淸交替期 東亞三國의 天下觀의 變化를 中心으로」, 『歷史學報』 149, 역사학회, 1996.

조원래, 「明軍의 出兵과 壬亂戰局의 推移」, 『韓國史論』 22, 국사편찬위원회, 1992.

_____, 「임진왜란사 연구의 추이와 과제」, 강만길 편, 『조선 후기사 연구의 현황과 과제』, 창작과 비평사, 2000.

조일수, 「인조의 대중국 외교에 대한 비판적 고찰」, 『역사비평』 121, 역사비평사, 2017.

조현범, 「종교의례는 왜 행해지나」, 한국종교연구회 편, 『종교 다시 읽기―소장학자들이 이야기로 풀어쓴 에세이 종교학』, 청년사, 1999.

지두환, 「淸陰 金尙憲의 生涯와 思想―春秋大義論을 중심으로」, 『韓國學論叢』 24, 국민대 한국학 연구소, 2001.

차용걸, 「朝鮮後期 關防施設의 變化過程―壬辰倭亂 前後의 關防施設에 대한 몇가지 問題」, 『韓國史 論』 9, 국사편찬위원회, 1981.

채웅석, 「원간섭기 성리학자들의 화이관과 국가관」, 『역사와 현실』 49, 한국역사연구회, 2003.

최종석, 「여말선초 명(明)의 예제(禮制)와 지방 성황제(城隍祭) 재편」, 『역사와 현실』 72, 한국역 사연구회, 2009.

_____, 「『고려사』 세가 편목 설정의 문화사적 함의 탐색」, 『韓國史硏究』 159, 한국사연구회, 2012.

_____, 「조선 초기 국가 위상과 '聲敎自由'」, 『韓國史硏究』 162, 한국사연구회, 2013.

_____, 「중화 보편, 딜레마, 창의의 메카니즘―조선 초기 문물제도 정비 성격의 재검토」, 박종천 편, 『조선시대 예교담론과 예제질서』, 소명출판, 2016.

_____, 「고려후기 '자신을 夷로 간주하는 화이의식'의 탄생과 내향화―조선적 자기 정체성의 모 태를 찾아서」, 『민족문화연구』 74, 고려대 민족문화연구원, 2017.

_____, 「13~15세기 천하질서하에서 고려와 조선의 국가 정체성」, 『역사비평』 121, 역사비평사, 2017.

_____, 「鞠躬인가 五拜三叩頭인가?―조서를 맞이하는 예식을 둘러싼 조선과 명 사신 간의 갈등에 관한 탐색」, 『韓國文化』 83, 서울대 규장각한국학연구원, 2018.

최효식, 「仁祖代의 國防 施策」, 『東國史學』 19·20, 동국사학회, 1986.

츠치다 겐지로(土田健次郎), 「理」, 미조구치 유조(溝口雄三) 외편, 김석근·김용천·박규태 역, 『中國思想文化事典』, 민족문화문고, 2003.

케네스 M. 스워프, 「순망치한(脣亡齒寒)―명나라가 참전할 수밖에 없었던 이유」, 정두희·이경순 편, 『임진왜란 동아시아 삼국전쟁』, 휴머니스트, 2007.

토가와 요시오(戶川芳郎)·고지마 쓰요시(小島毅), 「禮」, 미조구치 유조(溝口雄三) 외편, 김석 근·김용천·박규태 역, 『中國思想文化事典』, 민족문화문고, 2003.

하세봉, 「근세 동아시아 역사의 공명과 환류」, 『북방사논총』 9, 고구려연구재단, 2006.

하우봉, 「사대교린과 양란」, 한국역사연구회 편, 『한국역사입문』 2, 풀, 1995.

한명기, 「조선과 명의 사대관계」, 『역사비평』 50, 역사비평사, 2000.

_____, 「丙子胡亂 패전의 정치적 파장―청의 조선 압박과 인조의 대응을 중심으로」, 『東方學志』 119, 연세대 국학연구원, 2003.

_____, 「'再造之恩'과 조선후기 정치사―임진왜란~정조대 시기를 중심으로」, 『大東文化硏究』

59, 성균관대 대동문화연구원, 2007.

_____, 「교류와 전쟁」, 한국사연구회 편, 『새로운 한국사길잡이』 상, 지식산업사, 2008.

_____, 「원명교체, 명청교체와 한반도」, 『세계정치12』 30-2, 서울대 국제문제연구소, 2009.

_____, 「류성룡과 쳐명길의 통치론, 외교의 행적을 통해 살피다」, 박현모 외편, 『조선의 통치철학』, 푸른역사, 2010.

_____, 「李适의 亂이 仁祖代 초반 대내외 정책에 미친 여파」, 『全北史學』 48, 전북사학회, 2016.

한성주, 「朝鮮 初期 朝・明 二重受職女眞人의 兩屬問題」, 『朝鮮時代史學報』 40, 조선시대사학회, 2007.

허남린, 「임진왜란과 외교와 군사력 증강의 유교정치」, 『임진란과 국가위기의 문화정치학』, 서울대 규장각한국학연구원 국제워크숍 발표문, 2008.

_____, 「모순과 갈등의 仁政―선조조를 통해 본 유교정치의 재정구조」, 『조선시대 예교담론과 예제질서』, 소명출판, 2016.

허선도, 「壬辰倭亂論」, 간행위원회 편, 『千寬宇先生還曆紀念韓國史學論叢』, 正音文化社, 1985.

허태구, 「17세기 朝鮮의 焰硝貿易과 火藥製造法 發達」, 『韓國史論』 47, 서울대 국사학과, 2002.

_____, 「병자호란 講和 협상의 추이와 조선의 대응」, 『朝鮮時代史學報』 52, 조선시대사학회, 2010.

_____, 「丙子胡亂 江華島 함락의 원인과 책임자 처벌―金慶徵 패전책임론의 재검토를 중심으로」, 『震檀學報』 113, 진단학회, 2011.

_____, 「昭顯世子의 瀋陽 억류와 人質 체험」, 『韓國思想史學』 40, 한국사상사학회, 2012.

_____, 「仁祖 代 對後金(對淸) 방어책의 추진과 한계―守城 전술을 중심으로」, 『朝鮮時代史學報』 61, 조선시대사학회, 2012.

_____, 「崔鳴吉의 主和論과 對明義理」, 『韓國史研究』 162, 한국사연구회, 2013.

_____, 「金誠一 招諭 활동의 배경과 경상우도 義兵 봉기의 함의」, 『南冥學研究』 40, 경상대 경남문화연구원 남명학연구소, 2014.

_____, 「禮의 窓으로 다시 바라본 병자호란과 조선시대 사람들―조선의 대외 관계와 의례」, 지두환 외, 『조선의 국가의례, 五禮』, 국립고궁박물관, 2015.

_____, 「丙子胡亂 이해의 새로운 시각과 전망―胡亂期 斥和論의 성격과 그에 대한 맥락적 이해」, 『奎章閣』 47, 서울대 규장각한국학연구원, 2015.

_____, 「인조반정과 병자호란 이후의 서울」, 서울특별시 시사편찬위원회 편, 『서울2천년사 ⑫ ―조선시대 정치와 한양』, 서울특별시 시사편찬위원회, 2015.

_____, 「청 태종―인조의 항복을 받아내다」, 김보광 외, 『전근대 서울에 온 외국인들』, 서울역사편찬원, 2016.

_____, 「이나바 이와키치(稻葉岩吉)의 丁卯・丙子胡亂 관련 주요 연구 검토」, 『朝鮮時代史學報』 81, 조선시대사학회, 2017.

_____, 「丁卯・丙子胡亂 전후 主和・斥和論 관련 연구의 성과와 전망」, 『사학연구』 128, 한국사학회, 2017.

_____, 「「인조교서(仁祖敎書)」와 척화(斥和)의 시대」, 김인걸・양진석 외편, 『나의 자료 읽기, 나의 역사 쓰기』, 경인문화사, 2017.

허지은, 「丁應泰의 '朝鮮誣告事件'을 통해 본 조·명 관계」, 『사학연구』 76, 한국사학회, 2004.
_____, 「「인조교서(仁祖敎書)」와 척화(斥和)의 시대」, 김인걸·양진석 외편, 『나의 자료 읽기, 나의 역사 쓰기』, 경인문화사, 2017.
_____, 「병자호란 이전 조선의 군사력 강화 시도와 그 한계−인조대 초반 병력 확보와 군량 공급을 중심으로」, 『軍事』 109, 국방부 군사편찬연구소, 2018.
홍선이, 「歲幣·方物을 통해 본 朝淸 관계의 특징−인조 대 歲幣·方物의 구성과 재정 부담을 중심으로」, 『韓國史學報』 55, 고려사학회, 2014.
황이농(黃一農), 「동아시아 과학기술사 발전을 위한 나의 의견」, 『技術과 歷史』 1-1, 한국산업기술사학회, 2000.

江嶋壽雄, 「天聰年間における朝鮮の歲幣について」, 『史淵』 101, 九州大學文學部, 1969.
_____, 「崇德年間における朝鮮の歲幣について」, 『史淵』 108, 九州大學文學部, 1972.
楠木賢道, 「天聰5年の大凌河攻城戰とアイシソ國軍の火砲」, 『自然人間文化−破壊の様相』, 筑波大學大學院 人文社會科學研究科, 2002.
瀧澤規起, 「批評と紹介−韓明基著 壬辰倭亂と韓中關係」, 『千葉大学大学院社会文化科学研究科研究プロジェクト報告書』 37, 千葉大学大学院社会文化科学研究科, 2003.
木村 拓, 「十五世紀朝鮮王朝の對日本外交圖書使用の意味−冊封關係の接點の探究」, 『朝鮮學報』 191, 朝鮮學會, 2004.
米谷均, 「十七世紀前期日朝關係におけろ武器輸出」, 『十七世紀の日本と東アジア』, 山川出版社, 2000.
森岡 康, 「朝鮮捕虜の淸國の價格について」, 『東洋學報』 66, 東洋文庫, 1965.
石少穎, 「丁卯之役 前後朝鮮對東江情勢的關注與踐擔」, 『한중인문학연구』 51, 한중인문학회, 2016.
神田信夫, 「『滿文老檔』に見える毛文龍等の書簡について」, 『朝鮮學報』 37·38, 조선학회, 1966.
辻 大和, 「丙子の乱後朝鮮の対清貿易について」, 『内陸アジア史研究』 30, 内陸アジア史学会, 2015.
岩井茂樹, 「明代中國の禮制覇權主義と東アジア秩序」, 『東洋文化』 85, 東洋文化學會, 2005.
鈴木 開, 「姜弘立の生涯と朝鮮・後金関係−もう一つの朝淸関係前史」, 『明大アジア史論集』 16, 明治大学東洋史談話, 2012.
_____, 「光海君十三年(一六二一)における鄭忠信の後金派遣−光海君時代の朝鮮と後金の関係について」, 『朝鮮史研究会論文集』 50, 朝鮮史研究会, 2012.
_____, 「朝鮮丁卯胡乱考−朝鮮・後金関係の成立をめぐって」, 『史学雑誌』 123-8, 史学会, 2014.
_____, 「朝鮮・後金間の使者往来について(1631〜1633)」, 『駿台史学』 155, 駿台史学会, 2015.
_____, 「丙子の乱直前の朝清交渉について(1634〜1636)」, 『駿台史学』 159, 駿台史学会, 2017.
_____, 「丙子の乱と朝清関係の成立」, 『朝鮮史研究会論文集』 55, 朝鮮史研究会, 2017.
王 剛, 「明末王武緯出使朝鮮與"聯鮮圖奴"之議」, 『溫州大學學報·社會科學版』 24-5, 溫州大學, 2011.
鴛淵一, 「淸初に於ける淸鮮關係と三田渡の碑文 上·中·下1·下2」, 『史林』 13-1·2·3·4, 京都 : 史學硏究會, 1928.
田中宏巳, 「淸朝の興隆と滿洲鑛工業−紅夷砲製造を中心として」, 『史苑』 34-1, 立教大學史學會,

1974.

田川孝三, 「瀋館考」, 『小田先生頌壽記念朝鮮論集』, 京城 : 大阪屋号書店, 1934.

───, 「瀋獄問題について (上)」, 『青丘學叢』 17, 青丘學會, 1934.

中村榮孝, 「滿鮮關係の新史料 : 清太宗朝鮮征伐に關する古文書」, 『青丘學叢』 1, 青丘學會, 1930.

浦廉一, 「明末清初の鮮滿關係上に於ける日本の地位 1・2」, 『史林』 19-2・3, 京都 : 史學研究會, 1934.

Nicola Di Cosmo, "Military Aspects of the Manchu Wars against the Čaqars", *The Warfare, in inner Asian History*, Nicola Di Cosmo(ed.), Leiden · Boston · Köln : BRILL, 2002.

───, "Did Guns Matter? Firearms and the Qing Formation", *World Historical and East Asian times in the Ming-Qing Transition*, Lynn A. Struve(ed.), Cambridge and London : Harvard University Press, 2004.

찾아보기

(ㄱ)

(재)한국연구원 한국연구총서 목록